Baedeker
Allianz Reiseführer

Lombardei

Mailand
Oberitalienische Seen

VERLAG KARL BAEDEKER

Hinweise zur Benutzung

Sternchen (Asterisken) als typographische Mittel zur Hervorhebung bedeutender Bau- und Kunstwerke, Naturschönheiten und Aussichten, aber auch guter Unterkunfts- und Gaststätten hat Karl Baedeker im Jahre 1844 eingeführt; sie werden auch in diesem Reiseführer verwendet: Besonders Beachtenswertes ist durch * einen vorangestellten 'Baedeker-Stern', einzigartige Sehenswürdigkeiten sind durch ** zwei Sternchen gekennzeichnet.

Zur raschen Lokalisierung der Reiseziele von A bis Z auf der beigegebenen Reisekarte sind die entsprechenden Koordinaten der Kartennetzmaschen jeweils neben der Überschrift in Rotdruck hervorgehoben: Mailand **G/H 8**.

Farbige Streifen an den rechten Seitenrändern erleichtern das Auffinden der Großkapitel des vorliegenden Reiseführers: Die Farbe Blau steht für die Einleitung (Natur, Kultur, Geschichte), die Farbe Rot für die Sehenswürdigkeiten, und die Farbe Gelb markiert die praktischen Informationen.

Wenn aus der Fülle von Unterkunfts-, Gast- und Einkaufsstätten nur eine wohlüberlegte Auswahl getroffen ist, so sei damit gegen andere Häuser kein Vorurteil erweckt.

Da die Angaben eines solchen Reiseführers in der heute so schnellebigen Zeit fast ständig Veränderungen unterworfen sind, kann der Verlag weder Gewähr für die absolute Richtigkeit leisten noch die Haftung oder Verantwortung für eventuelle inhaltliche Fehler übernehmen. Auch lehrt die Erfahrung, daß sich Irrtümer kaum gänzlich vermeiden lassen.

Baedeker ist ständig bemüht, die Qualität seiner Reiseführer noch zu steigern und ihren Inhalt weiter zu vervollkommnen. Hierbei können ganz besonders die Erfahrungen und Urteile aus dem Benutzerkreis als wertvolle Hilfe gar nicht hoch genug eingeschätzt werden. Vor allem **Ihre Kritik, Berichtigungen und Verbesserungsvorschläge sind uns stets willkommen**. Sie helfen damit, die nächste Auflage noch aktueller zu gestalten. Bitte schreiben Sie in jedem Falle an die

Baedeker-Redaktion
Karl Baedeker GmbH
Marco-Polo-Zentrum
Postfach 31 62
D-73751 Ostfildern.

Der Verlag dankt Ihnen im voraus bestens für Ihre Mitteilungen. Jede Einsenderin und jeder Einsender nimmt an einer jeweils zum Jahresende unter Ausschluß des Rechtsweges stattfindenden Verlosung von drei JRO-Leuchtgloben teil. Falls Sie gewonnen haben, werden Sie benachrichtigt. Ihre Zuschrift sollte also neben der Angabe des Buchtitels und der Auflage, auf welche Sie sich beziehen, auch Ihren Namen und Ihre Anschrift enthalten. Die Informationen werden selbstredend vertraulich behandelt und die persönlichen Daten nicht gespeichert.

Titelbild: Galleria Vittorio Emmanuele II. in Mailand

◂ *Giangurgolo – eine der Figuren der Commedia dell'arte (gezeichnet von Maurice Sand; 1823–1889)*

Vorwort

Dieser Reiseführer gehört zur neuen Baedeker-Generation. In Zusammenarbeit mit der Allianz Versicherungs-AG erscheinen bei Baedeker durchgehend farbig illustrierte Reiseführer in handlichem Format. Die Gestaltung entspricht den Gewohnheiten modernen Reisens: Nützliche Hinweise werden in der Randspalte neben den Beschreibungen herausgestellt. Diese Anordnung gestattet eine einfache und rasche Handhabung. Der vorliegende Band hat die norditalienische Region Lombardei mit ihrer Hauptstadt Mailand zum Thema. Darüber hinaus bezieht er auch die oberitalienischen Seen Lago Maggiore, Ortasee, Luganer See, Comer See und Gardasee mit ein, auch wenn diese teilweise in der Schweiz bzw. in den Regionen Piemont und Venetien liegen. Der Reiseführer gliedert sich in drei Hauptteile: Im ersten Teil wird über die Lombardei im allgemeinen, Naturraum, Klima, Pflanzen und Tiere, Bevölkerung, Wirtschaft, Geschichte, Berühmte Persönlichkeiten sowie Kunst und Kultur berichtet. Eine Sammlung von Literaturzitaten leitet über zum zweiten Teil, in dem die Reiseziele – Städte, Landschaften und Seen – mit ihren Sehenswürdigkeiten beschrieben werden. Einige *Specials* behandeln eng mit der Lombardei verbundene Themen.

Der stimmungsvolle alte Hafen in Desenzano. In dem größten und lebendigsten Ort am Gardasee findet jeden Dienstag ein bunter Wochenmarkt statt.

Daran schließt ein dritter Teil mit praktischen Informationen, die dem Besucher das Zurechtfinden vor Ort wesentlich erleichtern. Sowohl die Reiseziele als auch die Informationen sind alphabetisch geordnet. Die Baedeker Allianz Reiseführer zeichnen sich durch Konzentration auf das Wesentliche aus. Sie enthalten eine Vielzahl eigens entwickelter Pläne und zahlreiche farbige Abbildungen. Zu diesem Reiseführer gehört eine ausführliche Reisekarte, auf der die im Text behandelten Reiseziele anhand der jeweils angegebenen Kartenkoordinaten leicht zu lokalisieren sind. Wir wünschen Ihnen mit dem Baedeker Allianz Reiseführer viel Freude und einen erlebnisreichen Aufenthalt in der Lombardei!

Baedeker
Verlag Karl Baedeker

Inhalt

Natur, Kultur Geschichte
Seite 8 – 59

Reiseziele von A bis Z
Seite 60 – 259

Praktische Informationen von A bis Z
Seite 260 – 312

Baedeker Specials

Ciao Lom

Selbst Italienurlauber "kennen" die Lombardei vermutlich nur von eher beiläufigen Zwischenstopps auf der Autobahn in Richtung Süden. Dabei passieren sie – oft sogar noch schneller als erlaubt – zwischen Alpen und Po-Ebene eine der interessantesten Regionen Italiens. Klar, Venedig hat seine Kanäle und Brükken, Rom seine Treppen, die Toskana ihre Hügel. Womit kann die Lombardei aufwarten? Da sind natürlich die abwechslungsreichen Landschaften, die von den bis zu 4000 m hohen Bergen der Berninagruppe im Veltlin, deren Gipfel hervorragende Möglichkeiten für Wanderer und Skisportler bieten, bis hinunter in die fruchtbare Po-Ebene reichen. Zwischen diesen beiden Extremen liegen die oberitalienischen Seen: Mit ihren anmutigen Höhenrücken, der das Mittelmeer vorwegnehmenden Blütenpracht, prachtvollen Villen und hübschen Städtchen gehören sie zum Schönsten, was Italien zu bieten hat.

Schon die Römer hatten in der Region Heerlager gegründet und die Seen als Verkehrswege genutzt; im Mittelalter verliefen hier die wichtigsten Straßen in Richtung Norden, auf denen Heere, Kaufleute und Pilger verkehrten. Die Lombardei galt immer als Schlüssel zu Italien; und sie ist es auch heute noch. Am deutlichsten wird dies in Mailand. Die norditalienische Metropole und heimliche Landeshauptstadt ist Handels-, Medien-, Mode- und Designzentrum; ihr Piccolo Teatro und die Scala genießen bei Theater- und Opernfreunden Weltruhm. Die Stadt ist eines der attraktiv-

Reis

Die Lomellina ist Italiens zweitwichtigstes Reisanbaugebiet.

Bellagio

Im Park der noblen Villa Melzi am Comer See

Isola Bella

Die Borromäische Insel – Italiens "Garten Eden"

bardia

sten Kunstreiseziele in Italien mit römischen und frühchristlichen Kunstschätzen neben solchen der Romanik, der Gotik und der Renaissance. In der Provinz liegen weitere kunstreiche Städte, leider oft versteckt hinter Industrieanlagen und gar nicht malerischen Vorstädten. Aber wer sich auf Entdeckungstour begibt, sich auch von dem häufig dichten Verkehr nicht entmutigen läßt, der wird belohnt. Denn die größeren und kleineren Städte der Lombardei sind wahre Schatzkästlein, schön und wertvoll, jedoch häufig unerkannt. Hier vereinen sich hochentwickelte Industrie, Handwerk und Kunst. Bergamo ist die Stadt des Harlekin, Cremona schon seit Stradivari die des Geigenbaus, Como ist Zentrum der Seidenindustrie und in Vigevano konzentriert sich Italiens Schuhherstellung. Der Bogen der Sehenswürdigkeiten reicht von über 6000 Jahre alten Felszeichnungen, römischen Ruinen, über bezaubernde mittelalterliche Städtchen mit Burgen, Palästen und immer wieder Plätzen zum Träumen bis zu den allerneuesten Kreationen aus den Ateliers der Architekten, Designer und Modemacher. Dazwischen warten Museen mit Sammlungen auf, die zu den wertvollsten im ganzen Land gehören. Italienischer ist vermutlich keine Region, was sich übrigens auch in der schmackhaften Küche und den wenig bekannten lombardischen Weinen bemerkbar macht.

Valcamonica

Bis zu 6000 Jahre alte Felszeichnungen, Spuren der unbekannten Camunen

Sirmione

Die zinnenbewehrte Rocca Scaligera

Riva

So präsentiert sich das Städtchen am Nordende des Gardasees vom Wasser aus.

LUCA

Natur, Kultur Geschichte

Zahlen und Fakten

Allgemeines

Italien

Die Lombardei ist eine Region in Oberitalien

Geographische Lage

Die Lombardei (ital. Lombardia) ist eine der 20 Regionen, in die Italien eingeteilt ist. Ihre Hauptstadt ist Mailand. Die Lombardei liegt in Oberitalien und grenzt im Norden an die Schweizer Kantone Tessin, Graubünden und Engadin; im Westen schließt die oberitalienische Region Piemont an, im Süden Emilia-Romagna und im Osten Veneto und Trentino-Alto Adige. Die

◂ *Sie gilt als die schönste Wasserburg Oberitaliens: die Rocca Scaligera in Sirmione.*

Lage und Größe (Fortsetzung)

Länge der lombardischen Grenze beträgt insgesamt 1393 km. Nach Piemont, Sizilien und Sardinien ist die Lombardei mit einer Gesamtfläche von 23 872 km^2 die viertgrößte Region Italiens, sie hat etwa die gleiche Größe wie die Toskana (22 993 km^2) und Emilia-Romagna (22 124 km^2). Ihre Fläche entspricht 7,9 % der Gesamtfläche Italiens.
Die Region Lombardei gibt es seit 1946, also seit dem Zeitpunkt, als Italien durch Volksabstimmung Republik wurde. In ihrer heutigen Ausdehnung besteht sie aber bereits seit dem Wiener Kongreß im Jahr 1815, damals war sie Teil des lombardisch-venezianischen Königreichs. Schon über Jahrhunderte hatte es eine Lombardei gegeben, die allerdings andere Ausmaße als die heutige Region hatte.

Bedeutung

Innerhalb Italiens hat die Lombardei eine gesonderte Position, die wesentlich durch die Lage begründet ist. Sie liegt im Übergangsbereich zwischen den südlichen Alpen und der norditalienischen Tiefebene und war immer schon eine bevorzugte Region an den wichtigsten Verbindungsstraßen zwischen Ost und West und vor allem zwischen den Ländern nördlich der Alpen und dem Mittelmeerraum. Stets war dieser Landstrich von einer gewissen Dynamik geprägt, in dem sich die unterschiedlichen Kultureinflüsse bemerkbar machten.

Name

Der Name Lombardei leitet sich von den Langobarden ("Langbärten") ab, einem germanischen Stamm, der 569 in die Alpentäler und in die Po-Ebene kam und ein bedeutendes Königreich aufbaute. Als "Longobardia" wurde nach und nach das Gebiet bezeichnet, das im Gegensatz zur "Romania" nicht byzantinisch beeinflußt war.
Begriffe aus dem Bankwesen wie Lombardsatz oder Lombardkredit oder Straßennamen wie Lombard Street in Londons Bankenviertel oder Lombardsbrücke in Hamburg stehen in Zusammenhang mit der Lombardei bzw. den Lombarden. Als Lombarden wurden zunächst christliche Kaufleute aus norditalienischen Städten bezeichnet, die dafür bekannt waren,

Name (Fortsetzung)

daß sie Geld- und Pfandleihgeschäfte tätigten, bei denen sie das kirchliche Zinsverbot umgingen. Später wurde die Bezeichnung generell für italienische Kaufleute gebraucht.

Wappen

Das Wappen der Lombardei ist auf vielen Broschüren und Lebensmittelprodukten der Region abgebildet. Dargestellt ist die sogenannte keltische Rose, ein weißes Sonnensymbol auf grünem Grund, das mitunter auch als Zeichen des Lebens verstanden wird. Die "rosa celtica" oder auch "rosa camuna" wurde als Felseinritzung in einigen Alpentälern gefunden, so auch in der lombardischen Valcamonica – ein Tal, das von den Camunen besiedelt war, die vermutlich keltischer, u. U. aber auch ligurischer Abstammung waren.

Verwaltungsgliederung

Die Lombardei ist verwaltungsmäßig in elf Provinzen gegliedert: Bergamo (2771 km^2), Brescia (4784 km^2), Como (1251 km^2), Cremona (1770 km^2), Lecco (816 km^2), Lodi (782 km^2), Mantova (2339 km^2), Milano (1983 km^2), Pavia (2965 km^2), Sondrio (3212 km^2) und Varese (1199 km^2). Bis 1992 gab es nur neun Provinzen, als jüngste sind dann Lecco und Lodi dazugekommen. Die elf Provinzen sind in insgesamt 1546 Gemeinden unterteilt, was im italienischen Vergleich mit Abstand die größte Zahl von Kommunen in einer Provinz ist – in der etwa gleich großen Toskana gibt es beispielsweise nur 287. Die kleinste Gemeinde der Lombardei hat allerdings auch nur eine Fläche von 1,1 km^2 (Fiorano al Serio in der Provinz Bergamo).

Autokennzeichen

Bisher kann man oft noch an den ersten Buchstaben der italienischen Autokennzeichen erkennen, in welcher Provinz die Autos gemeldet sind: BG (Bergamo), BS (Brescia), CO (Como), CR (Cremona), LC (Lecco), LO (Lodi), MN (Mantova), MI (Milano), PV (Pavia), SO (Sondrio), VA (Varese). Mittlerweile ist man aber dazu übergegangen, die Wagen nur mit Buchstaben, angefangen bei AA, und Zahlen einzutragen, so daß nicht mehr zu sehen ist, woher ein Auto kommt.

Naturraum

Allgemeines

Die Lombardei teilt sich in zwei sehr unterschiedliche Landschaften, die durch eine kleine Übergangszone, ein Seengebiet, verbunden sind. Der Norden ist von Gebirge, das auf über 4000 m ansteigt, und hügeligem Vorgebirge geprägt, während sich in der südlichen Hälfte die weite Po-Ebene erstreckt. Die Erhebungen ganz im Südwesten, jenseits des Po, gehören bereits zum Apennin. Gebirge machen 40,6 % des Gesamtterritoriums aus, Hügelland 12,5 % und Flachland 46,9 %. Innerhalb der Lombardei gibt es einen Höhenunterschied von rund 4000 m: Der höchste Punkt der Region ist die Punta Perrucchetti im Berninamassiv (4021 m ü.d.M.) – die eigentliche Spitze des Piz Bernina (4051 m) liegt unmittelbar nördlich der Grenze auf Schweizer Gebiet –, der niedrigste Punkt befindet sich bei Quatrelle (11 m ü.d.M.), dem Ort, an dem der Po die Lombardei verläßt.

Landschaftsgeschichte

Die Entwicklung der alpinen Region erfolgte während der Kreide und im Tertiär durch Auffaltung der Erdkruste. Gesteinsschichten wurden in mehreren Phasen von ihrem ursprünglichen Ort abgelöst, hochgehoben und mitunter mehr als 100 km über andere Gesteinspakete geschoben. Bedeutend waren für das heutige Landschaftsbild die späteren Eiszeiten, in denen das ganze Gebiet überformt wurde. Die Alpentäler waren mit Eisschichten von Dicken zwischen 500 und 1200 m ausgefüllt. Gebirgsrücken wurden zu scharfkantigen Graten geschnitten, schmale Vertiefungen zu breiten Tälern ausgehobelt, tektonische Gräben durch Gletscher vertieft. Die größten Vertiefungen sind heute durch die oberitalienischen Seen ausgefüllt. Die südlichen Begrenzungen der oberitalienischen Seen, also die kleineren Höhen des voralpinen Hügellands mit den vielen kleinen Seen, wurden durch abgelagerte Moränen gebildet.

Landschaftsgeschichte (Fortsetzung)

Die Po-Ebene war einst der äußerste nordwestliche Ausläufer der Adria, der sich zwischen Alpen und Apennin schob. Durch Anhebung der Erdkruste und Anschwemmungen bzw. Ablagerungen von grobem Material, das durch die Flüsse transportiert wurde, bildete sich allmählich Landfläche. Noch im Mittelalter gab es hier größere Sumpfgebiete.
Der Apennin, der das Landschaftsbild der Lombardei nur im äußersten Südwesten prägt, ist in der alpinen Faltungsperiode entstanden.

Gebirge

Die höchsten lombardischen Alpengipfel liegen ganz im Norden in der Berninagruppe. Sie bilden die Grenze zu den benachbarten Schweizer Kantonen und stellen die Wasserscheide dar, die die Einzugsgebiete von Rhein und Inn im Norden und der Adda im Süden trennt. Die Bergamasker Alpen mit der höchsten Erhebung am Pizzo di Coca (3052 m ü.d.M.) ziehen sich südlich der Adda vom Comer See im Westen bis zu dem Taleinschnitt Valcamonica im Osten. Östlich und nordöstlich der Valcamonica steigen die Gipfel des Adamello (3554 m) und der Ortlergruppe an – die Spitze des Ortlers (3899 m) liegt bereits im Trentino. Westlich des Comer Sees erstreckt sich der Ostteil der Tessiner Alpen mit Höhen bis 2245 m (Pizzo di Gino). Die lombardischen Voralpen, die nicht wie die höheren Alpenregionen aus kristallinen Felsen, sondern aus Sedimentgestein – hauptsächlich Kalkstein – bestehen, ziehen sich von Varese über Como, Bergamo und Brescia bis zum Gardasee.

In der Valle Seriana bei Bergamo

Pässe

Seit Menschengedenken haben die Alpenpässe als Verbindungen zwischen Norden und Süden durch die schwer zugängliche Gebirgswelt eine Rolle gespielt. Die wichtigsten Pässe der Lombardei sind das Stilfser Joch (Passo dello Stelvio, 2757 m ü.d.M.), der Splügen-Paß (Passo dello Spluga, 2115 m), der Passo di San Marco (1985 m), der Passo del Tonale (1883 m) und der Passo dell'Aprica (1176 m). In Grenznähe liegen auf Schweizer Gebiet der Passo del Bernina (2323 m), der Passo di San Bernardino (2065 m) und der Passo del Maloja (1815 m).

Seen

Die oberitalienischen Seen, die ihre merkwürdige längliche Form den großen Gletschern der Eiszeiten verdanken, reihen sich wie eine Kette von West nach Ost aneinander: der Ortasee, Lago di Orta (18,2 km²; maximal 143 m tief), der Lago Maggiore (212,2 km²; Tiefe 372 m), der Luganer See, Lago di Lugano (50,5 km²; Tiefe 288 m), der Comer See, Lago di Como (145,9 km²; Tiefe 410 m), der Iseosee, Lago d'Iseo (65,3 km²; Tiefe 251 m), der Idrosee, Lago d'Idro (10,9 km²; Tiefe 122 m) und der größte und längste See, der Gardasee, Lago di Garda (370 km²; Tiefe 346 m).

Am Comer See

Kleinere und runde Seen sind der Lago di Varese (15 km²; Tiefe 26 m), der Lago di Comabbio und der Lago di Monate im Westen bei Varese, der Lago di Annone (5,7 km²; Tiefe 11 m), der Lago di Pusiano (5,3 km²; Tiefe 24 m) und der Lago di Alserio südwestlich von Lecco sowie die von der Adda gespeisten Seen Lago di Garlate und Lago di Olginate südlich von Lecco. Westlich des Lago d'Iseo erstreckt sich der Lago di Endine.

Po

Mit einer Gesamtlänge von 652 km ist der Po der längste Fluß Italiens. Er entspringt in der Region Piemont südwestlich von Turin in den Cottischen Alpen und mündet südlich von Venedig in einem ausgedehnten Delta in die Adria. Ab dem Zufluß des Ticino bei Pavia ist der Po schiffbar. Der heutige Name hat seinen Ursprung im lateinischen "Padus". Die Griechen nannten den Fluß "Eridanos" (Gabenbringer).

Zuflüsse des Po

Die Lombardei wird von zahlreichen Flüssen durchzogen, die alle direkte oder indirekte Zuflüsse des Po sind. Die größten von ihnen sind Zu- und Abflüsse der oberitalienischen Seen: die Adda, mit 313 km der viertlängste Fluß Italiens, durchfließt den Comer See, der Ticino (248 km) den Lago Maggiore, der Oglio (280 km) den Lago d'Iseo, der Chiese den Lago d'Idro. Weitere Flüsse sind die Olona, der Lambro und die Mella, ein Nebenfluß des Oglio, sowie der Brembo und der Serio, beides Nebenflüsse der Adda. Neben dem längsten Fluß Italiens fließt in der Lombardei auch der kürzeste Fluß des Landes: Bei Varenna mündet der Fiumelatte in den

Comer See, ein nur 250 m langer Fluß, der über einen Hang mit 36 % Gefälle herabsprudelt und dadurch die milchige Farbe (Fiumelatte = Milchfluß) erhält. Der Fiumelatte hat schon das Forschungsinteresse von Plinius d. Ä. und später von Leonardo da Vinci erweckt, da er alljährlich im Oktober verschwindet und erst in der zweiten Märzhälfte wieder zu fließen beginnt. Man nimmt an, daß sich im Innern des Berges ein großes Wasserbecken befindet und der Fluß den Überlauf des Beckens nach der Schneeschmelze darstellt.

Zuflüsse des Po (Fortsetzung)

Die Po-Ebene (Pianura padana oder Padania) südlich der Alpen hat eine Länge von mehr als 400 km und eine Breite von bis zu 150 km. Hier werden die Wasser aller in dieser Region aus den Alpen kommenden Flüsse gesammelt, zahlreiche größere Wasserarme durchziehen die Ebene. Auffällig ist das Fehlen einer größeren Stadt am Ufer des Po. Der Fluß führt ein Eigenleben abseits der Metropolen, da er seinen Weg durch die Sand- und Lehmböden der tiefgelegenen Bassa pianura ständig neu suchen mußte, das Flußbett wechselte seine Lage immer wieder. Während es anderswo gerade an Flüssen und in Flußtälern Ansiedlungen gibt, war ein Leben am Po stets zu gefährlich. So ist der Fluß – obwohl er die Lebensader der Region darstellt – nicht direkt in das Leben der Städte und in das Verkehrsnetz integriert. Durch das ständige Mitführen von Schwebstoffen und Sanden, die sich wegen des geringen Gefälles am Boden absetzen, wird zudem das Flußbett stets erhöht, so daß der mittlere Flußspiegel teilweise mehrere Meter über dem Umland liegt. Verheerende Hochwasser mit Dammbrüchen und ausgedehnten Überschwemmungen waren nach starken Regenfällen und zur Zeit der Schneeschmelze üblich. 1951 gab es eine Flutkatastrophe, bei der weiter östlich im Po-Delta 50 000 Menschen obdachlos wurden. Erst in letzter Zeit glaubt man, die Überschwemmungen durch Eindämmungen unter Kontrolle bekommen zu haben.

Po-Ebene

Südlich des Po, im Oltrepò Pavese, geht die Ebene nach Süden hin wieder in eine zunächst hügelige, dann bergige Region über. Die Lombardei reicht im Oltrepò Pavese bis in die nördlichen Ausläufer des Apennin, der sich von hier aus über den gesamten "Stiefel" hinunterzieht. Die höchste Erhebung im lombardischen Teil des Apennin ist der Monte Lesima mit 1724 m.

Apennin

Die Bergregion der Lombardei verfügt über viele Thermal-Mineralquellen, die größtenteils schon von den Römern genutzt wurden. Die natriumbicarbonat- und schwefelhaltigen Quellen von S. Pellegrino Terme (358 m ü.d.M.) sind die bekanntesten der Lombardei. Die am höchsten gelegenen sind die schwefel- und salzhaltigen Quellen bei Bormio (1225 m ü.d.M.), weiter südlich gibt es in der Valcamonica bei Boario Terme (225 m ü.d.M.) und im Nachbarort Angolo Terme schwefel- und kalkhaltige Thermalquellen. Seit der Antike werden die 69 °C warmen radioaktiven Schwefelquellen in Sirmione (68 m ü.d.M.) am Gardasee aufgesucht. Einen lebhaften Kurbetrieb gibt es heute außerdem in Salice Terme (173 m ü.d.M.) mit Thermalquellen, die am Nordrand des Apennin sprudeln.

Mineralquellen

Klima

So unterschiedlich die Landschaftszonen der Lombardei sind, so verschieden sind die klimatischen Gegebenheiten in der Region. Generell wird die Lombardei der subkontinentalen Klimazone zugerechnet. Jedoch gibt es nicht nur die extrem unterschiedlichen Klimabereiche des nördlichen Hochgebirges und der südlichen Ebene, sondern außerdem einzelne Mesoklimazonen an den oberitalienischen Seen.

Allgemeines

Die Gebirgszonen im Norden zeichnen sich durch lange, schneereiche Winter aus. Die Wintersportgebiete gelten als schneesicher, bis März gibt es hier Niederschläge in Form von Schnee. Im April muß man mit häufigen

Hochgebirge

Klima im Hochgebirge (Fortsetzung)

Regenfällen rechnen. Die durchschnittliche Niederschlagsmenge ist in den einzelnen Tälern sehr unterschiedlich. Das Veltlin ist in den Sommermonaten relativ trocken – als Jahresdurchschnittsmenge werden in Sondrio 1088 mm, in Tirano weiter östlich sogar nur 693 mm gemessen. Die Valchiavenna westlich des Veltlin weist dagegen die höchsten Werte in ganz Italien auf (1602 mm). Bekannt sind die Gebirge für die milden Herbstmonate.

Seengebiet

Das mit Abstand angenehmste Klima der Lombardei ist an den Seen zu finden. Die großen oberitalienischen Seen mildern das kontinentale Klima ihrer gebirgigen Umgebung, außerdem werden sie durch die hohen Gebirge vor nordischen Klimaeinflüssen geschützt. Dadurch sind die Sommer angenehm warm und niemals zu heiß, die Winter dagegen weniger kalt. Die mittleren Wintertemperaturen liegen bei 4 °C und darüber. Während die Sonnenscheindauer in der Po-Ebene im Winter auf 60 Stunden pro Monat sinkt, ist sie an den oberitalienischen Seen doppelt so hoch. Deutlich wird das Mesoklima anhand der Vegetation – an vielen Seen findet man Pflanzen aus dem mediterranen Bereich wie Zitrusbäume, Oliven oder Feigen. Für das gute Gedeihen der Pflanzen sorgen allerdings auch häufige Regenfälle. Am Comer See wird eine Jahresdurchschnittsmenge von 1275 mm gemessen, im südlicheren Brescia am Alpenrand dagegen nur 880 mm.

Po-Ebene

Die Po-Ebene zeichnet sich durch feucht-warme bis heiße, oftmals schwüle Sommer aus. Die Winter sind dagegen relativ kalt, die winterlichen Temperaturen können bis zu 22 °C unter denen im Sommer liegen. Innerhalb der Lombardei sind dies die höchsten Unterschiede im Jahresverlauf. Mit 10,5 °C hat Mailand die niedrigste Jahresdurchschnittstemperatur Italiens, im Januar liegt sie bei 3,1 °C, im Juli bei 21,8 °C. Pro Jahr gibt es 35 bis 40 Frosttage in der Po-Ebene, als Extremwerte sind -15 °C gemessen worden. Die Sonne scheint hier im Frühjahr 543 Stunden lang, im Sommer 757, im Herbst 365 und im Winter 170. Die durchschnittliche Niederschlagsmenge an insgesamt 59 Regentagen beträgt 732 mm – also erheblich weniger als wenige Kilometer weiter nördlich an den Seen. Berüchtigt sind die häufigen Nebel, die es in der Po-Ebene zwischen November und Februar aufgrund der hohen Feuchtigkeit gibt. Mailand hat über 50 Nebeltage im Jahr. Die lombardische Hauptstadt ist zudem durch eine überdurchschnittlich hohe Luftverschmutzung belastet.

Apennin

In der nördlichen Apenninregion ist das Klima etwas ausgeglichener, sowohl die Sommer als auch die Winter sind relativ mild. Diese Klimazone liegt bereits im Einflußbereich der Adria und des Tyrrhenischen Meeres.

Pflanzen und Tiere

Allgemeines

Auch die Tier- und Pflanzenwelt der Lombardei wechselt mit den Landschaften. Eine relativ intakte Natur findet man noch in einigen abgelegenen Gebieten der Alpen, aber selbst in den Bergen sind weite Bereiche bedroht. Die zersiedelte Po-Ebene vor allem um Mailand herum ist kein geeigneter Lebensraum mehr für Tiere und Pflanzen.

Pflanzen

Alpenvegetation

Besonders im Veltlin findet man noch eine interessante und recht große Pflanzenvielfalt. Unterhalb der kargen und schroffen Matten- und Felszone breiten sich Lärchen- und Fichtenwälder aus, an deren Rändern Bärentraubensträucher und Wacholder wachsen. In der darunterliegenden Laubwaldstufe kommt man durch Buchen- und Eichenwälder, dazwischen stehen Eschen, Linden, Kastanien und Ahorn. An Alpenblumen wachsen hier unterschiedliche Enzianarten (10 verschiedene *Gentiana*-Arten), Hahnenfuß (*Ranunculus glacialis* und *Ranunculus alpestris*), diverse Veilchen – Sumpfveilchen (*Viola palustris*), Zweiblütiges Veilchen (*Viola biflora*) und Stiefmütterchen (*Viola tricolor*) –, die rostblättrige Alpenrose, Kuhschelle, Akelei und Primelarten wie die duftende Schlüsselblume.

Baedeker Special

Ein folgenreicher Sturz

Phaeton, eines der vielen Kinder des Sonnengottes Helios, war von einem Freund provoziert worden, der seine göttliche Abstammung bezweifelte. Daraufhin machte sich Phaeton wütend auf den Weg zu seinem Vater. Helios versprach, alles zu tun, um seinem Sohn zu helfen. Und als dieser auf die Idee kam, der Vater solle ihm als Beweis einen Tag lang seinen Sonnenwagen ausleihen, konnte Helios nicht mehr zurück – auch wenn ihn sofort böse Vorahnungen überkamen. Er zeigte seinem Sohn, wie Wagen und Tiere handzuhaben sind, wie die Lenkung funktioniere und daß er eigentlich immer nur in einem leichten Bogen in Richtung Westen fahren müsse. Als es aber soweit war, konnte Phaeton die Pferde nicht im Zaum halten und verlor die Kontrolle über das Sonnengefährt. Überall wo er mit dem Fahrzeug vorbeiraste, verbrannten Himmel und Erde. Fassungslos sah sich Zeus zum Eingreifen gezwungen – und mit einem kräftigen Blitzschlag warf er den jungen Himmelsstürmer aus dem Wagen. Dieser stürzte jäh herab und landete im Fluß Eridanos, dem heutigen Po. Die Heliaden, Helios' Töchter, standen am Ufer des Eridanos und waren Zeuginnen des Absturzes. Sie trauerten und weinten um ihren Halbbruder Phaeton, woraufhin sie in Pappeln verwandelt wurden – am Ufer des Po in der Ebene, wo sie bis heute ihren Platz haben.

Subtropische Vegetation

Eine Besonderheit stellt klimatisch und damit auch hinsichtlich der Flora der Bereich der oberitalienischen Seen dar. Hier gibt es dank des ausgeglichenen milden Klimas – mitunter auch nur an einzelnen Uferabschnitten – eine üppige mediterrane Vegetation, die einen parkähnlichen Charakter erzeugt. Sehr plötzlich kommt man in Gebiete, in denen Zitronen- und Orangenbäume angepflanzt werden können, man findet Zypressen, Olivenhaine, Obstplantagen mit Apfel-, Kirsch- und Pfirsichbäumen, Mandelbäume, sogar Korkeichen und Johannisbrotbäume, Judasbäume, Agaven und Palmen, sowie Mimosen, Azaleen, Kamelien, Agapanthus, also eine typische Mittelmeerflora.

Po-Ebene

Die Po-Ebene ist fast durchgehend kultiviert, die Böden eignen sich zum Anbau von Reis, Mais, Getreide, Soja und Sonnenblumen. Ein charakteristischer Baum ist die Pappel, und endlose Pappelreihen und -haine bestimmen das Landschaftsbild. Pappeln werden zur Entwässerung eingesetzt, dienen allerdings auch zur industriellen Papierherstellung, da sie relativ schnell wachsen.

Apenninvorland

In den Hügeln des Apenninvorlandes findet man wiederum eine mediterrane Flora, die sich allerdings von der an den Seen dadurch unterscheidet, daß sie wildwachsend ist. Man trifft auf Buchsbaum, Judasbaum und Pinie, schließlich eine Macchia mit Strauchgewächsen wie Zistrosen, Erdbeerbaum, Lorbeer und Myrthe.
Als Kulturpflanzen werden Wein und Obstbäume angebaut.

Tiere

Hochalpen

Sofern nicht durch Kahlschläge oder sonstige Eingriffe der natürliche Lebensraum zerstört worden ist, gibt es in den höheren Bergregionen noch eine typische Alpenfauna. Gemsen, die in Rudeln leben und als gute Klet-

Tiere in den Hochalpen (Fortsetzung)

terer bekannt sind, Steinböcke, die sich im Sommer oberhalb der Baumgrenze, im Winter in tieferen Lagen aufhalten, sowie Edelhirsche sind hier zu Hause. Die bis zu 60 cm großen Murmeltiere bevorzugen die sonnigen Alpenhänge. Unter den Vögeln kann man Steinadler, Raben und Alpendohlen – ebenfalls Rabenvögel, die in der Nähe von Berghütten oft in großer Zahl auftreten – beobachten. Im Veltlin leben nahezu 240 verschiedene Vogelarten. Auch die Alpensalamander und Alpenmolche gehören zur charakteristischen Fauna der Region. Beide sind Amphibien, wobei der unter Naturschutz gestellte schwarze Alpensalamander die einzige Spezies unter den Amphibien ist, die sich vermehrt, ohne ins Wasser einzutreten. Die Kleinen bleiben im Mutterleib, bis sich die Metamorphose vollzogen hat. Der Alpensalamander lebt in 700 bis 3000 m Höhe. Schließlich sind die Schmetterlinge auffällig. Am häufigsten sind zwei Apollofalter-Arten zu sehen, der Apollo mit einer Flügelspannbreite von 7 bis 8 cm, der in einer Höhe bis 2600 m lebt, und der etwas kleinere, schwarz-rote Alpenapollo.

Fische

In den zahlreichen lombardischen Gewässern gibt es zwar insgesamt große Fischmengen, aber bei genauer Betrachtung weisen besonders die Seen einen sehr unterschiedlichen Fischbestand auf. So hat sich der Comer See beispielsweise noch eine recht große Artenvielfalt erhalten können – Karpfen, Schleie, Hechte, Aale leben hier. Der Gardasee bietet den Fischen dagegen kaum noch akzeptable Lebensbedingungen. In der oberen Adda und in den Nebenflüssen gibt es zahlreiche Forellen.

Naturschutz

Weite Teile der Po-Ebene sind heute vollkommen zersiedelt und von einem entsprechenden Straßennetz durchzogen. Die größeren Städte sind durch Industrie- und Autoabgase belastet, die sich als Dunstglocke über die Ebene legen. Mit autofreien Innenstädten hat man erste Schritte für eine bessere Luftqualität unternommen. Der Po gilt als einer der am stärksten verschmutzten Flüsse Europas. Die Verseuchung des Wassers und der Uferzone durch unzureichend oder gar nicht geklärte Abwässer und durch

Blick vom Stilfser Joch auf das Ortler Massiv.

Naturschutz (Fortsetzung)

Pestizide aus der Landwirtschaft, Zementierung und Trockenlegung von Altwässern und die Anpflanzung von Pappeln zur industriellen Nutzung statt der natürlichen Auenwälder stellen ungeheure Belastungen und Gefährdungen für die ganze Region dar.
In den Alpen ist dagegen viel Unheil durch großflächige Rodungen, Begradigungen von Bächen und Geländeplanierungen für Skipisten angerichtet worden. Die Folgen sind starke Erosion, Bergrutsche und natürlich – in den Bergen wie in der Ebene – die Zerstörung der Lebenswelt von Pflanzen und Tieren, die hier beheimatet waren.
Um dieser Entwicklung zumindest ansatzweise Einhalt zu gebieten, sind in der Lombardei 23 Gebiete unter Naturschutz gestellt und über 60 Naturschongebiete angelegt worden.

Parco Nazionale dello Stelvio

Der Parco Nazionale dello Stelvio, der von der Schweiz, der Lombardei und dem Trentino gemeinsam betreut wird, ist der größte italienische Nationalpark. Er wurde 1935 auf einem Gebiet gegründet, das teilweise zur Lombardei und teilweise zum Trentino gehört. 1977 erweiterte man den Park und verband ihn mit dem Schweizer Nationalpark des Engadin. Er erstreckt sich über eine Gesamtfläche von 134 620 ha, davon gehören 61 823 zur Lombardei. Eine der Attraktionen des Stilfser-Joch-Parks ist der 3899 m hohe Ortler auf Trentino-Gebiet. In erster Linie soll in dem Nationalpark die hochalpine Natur der Ortlergruppe geschützt werden. U. a. leben hier Hirsche, Gemsen, Steinböcke, Königsadler, Auerhahn, Alpenschneehuhn. Die Vegetation ist teilweise noch auf die Eiszeiten zurückzuführen. In dem Gebiet liegen außerdem mehr als 100 Gletscher, von denen der Ghiacciaio dei Forni mit 2000 ha Fläche der größte Italiens ist.

Parco Regionale Lombardo della Valle del Ticino

Der Ticino-Park ist 1980 als erster "Flußpark" Europas eröffnet worden. Er umfaßt das Flußbett des Ticino zwischen seinem Austritt aus dem Lago Maggiore und der Einmündung in den Po sowie einen weiten Uferstreifen und bedeckt eine Gesamtfläche von 90 000 ha.

Bevölkerung

Statistik

Italien hat insgesamt 57,3 Mio. Einwohner, davon leben 8,9 Mio. in der Lombardei. Auf knapp 8 % der Gesamtfläche wohnen also 15,6 % der Italiener. Die durchschnittliche Bevölkerungsdichte beträgt 373 Einw./km², was im italienischen Schnitt sehr hoch ist – der Landesdurchschnitt beträgt 190 Einw./km². Zum Vergleich: Die etwa gleich große Toskana hat eine Bevölkerungsdichte von nur 153 Einw./km². Die Lombardei wird allerdings noch von der benachbarten Emilia-Romagna und der Campania mit der Hauptstadt Neapel übertroffen.
Zwischen 1951 und 1971 hat es in der Lombardei einen starken Zuzug gegeben, die Bevölkerungszahl stieg von 6,5 auf 8,5 Mio. Dieser Zuwachs war Voraussetzung und Folge eines in dieser Zeit einsetzenden ökonomischen Aufschwungs. In den siebziger Jahren verringerte sich das Wachstum, und in den achtziger Jahren war es zeitweilig sogar negativ.
Die am dichtesten besiedelte Ecke der Lombardei ist die Provinz Mailand mit einer Dichte von 1876 Einw./km² – mit einer massiveren Zahl kann nur noch die Provinz Neapel aufwarten (2643 Einw./km²). Obwohl Wohnraum knapp ist, gibt es doch nach wie vor starke Zuzugstendenzen. Das andere Extrem ist die Provinz Sondrio im Nordosten mit nur 55 Einw./km², was in ganz Italien kaum unterboten wird – Ausnahmen sind eine Provinz in der Toskana, eine auf Sardinien und das Aosta-Tal im Nordwesten Italiens.

Sprache

Amtssprache ist Italienisch, wobei man in der Lombardei wie in den Nachbarregionen galloitalienische Dialekte spricht, die sich wesentlich von den Dialekten in den südlicheren Gebieten Italiens unterscheiden. Eine gänzlich andere Sprache, Ladinisch oder Rätoromanisch, spricht ein kleiner Teil der Bevölkerung im abgelegenen Berggebiet von Livigno im Nordosten.

Bevölkerung

Religion

Fast die gesamte Bevölkerung ist römisch-katholisch, seit 1984 ist die katholische Religion jedoch keine Staatsreligion mehr. Nur ein sehr geringer Teil ist protestantisch, orthodox, jüdisch oder muslimisch. In Mailand findet man allerdings – wie in anderen europäischen Metropolen auch – eine große Vielfalt an kleineren religiösen Gemeinden, die von der anglikanischen Kirche bis zu buddhistischen Gemeinschaften reicht.

Bildungswesen

In Italien besteht eine neunjährige Schulpflicht zwischen dem 6. und 14. Lebensjahr. Obligatorisch ist eine 5jährige Grundschulzeit und anschließend über 3 Jahre der Besuch einer Mittelschule. Am Ende eines Schuljahres muß eine Prüfung absolviert werden, mit deren Bestehen die Schüler in die nächste Klasse versetzt werden. Der Gymnasialabschluß berechtigt zum Hochschulstudium. In der Lombardei gibt es insgesamt neun Universitäten, die staatlich, privat oder kirchlich sind.

Familienverband

Familie und Heimatort sind für die meisten Italiener von großer Bedeutung. Die Universitätsstadt Pavia beispielsweise ist bekannt dafür, daß es hier unter der Woche wesentlich lebhafter zugeht als an den Wochenenden. Grund dafür: Ein Großteil der 25 000 Studenten fährt an den freien Tagen "nach Hause", d. h. in das Haus der Eltern. Wer seine Ausbildung nicht auswärts absolviert, wohnt während dieser Zeit in der Regel bei den Eltern. Erst mit der Eheschließung wird das elterliche Haus endgültig verlassen. Oftmals ist es aber nicht nur Bequemlichkeit oder Familienzusammenhalt, der die Kinder daran hindert, alleine zu wohnen, sondern auch die schwierige Situation auf dem Wohnungsmarkt. Die festen Familienstrukturen haben sich in ländlichen Bezirken fast durchgängig noch erhalten, wohingegen sie sich in den großen Städten allmählich auflösen. Neben der Heirat ist das Zusammenleben ohne Trauschein mittlerweile auch üblich geworden. Seit Anfang der siebziger Jahre können italienische Ehen geschieden werden, seit 1975 gibt es ein neues Familienrecht und seit 1977 ein Gesetz über die Gleichberechtigung von Frauen und Männern am Arbeitsplatz. Frauen sind auch in Italien durch Berufstätigkeit unabhängiger geworden, stehen aber beispielsweise mit der anfallenden Hausarbeit meist allein da – in der Alltagsrealität ist Gleichberechtigung in vielen Bereichen nicht besonders ausgeprägt.

Nord-Süd-Gefälle

Ein großes italienisches Problem ist das starke Nord-Süd-Gefälle des Landes, das u. a. in der ersten Begeisterung für die Lega Nord zum Ausdruck kam (einige Erklärungen zur separatistischen Lega Nord im Kapitel "Geschichte", S. 29). Viele Lombarden und generell viele Norditaliener fühlen sich aber der Bevölkerung in der Mitte und im Süden Italiens nicht sehr verbunden. Nicht nur in politischer und wirtschaftlicher Hinsicht gibt es große Unterschiede, sondern auch in gesellschaftlicher, die u. a. mit der Industrialisierung des Nordens zusammenhängen. So sind die Frauen im Norden weit mehr in den Arbeitsprozeß eingegliedert als im Süden. Dies und die größere Macht der Kirche in Süditalien sind die Gründe dafür, daß auch die Familienstruktur dort noch enger ist.

Lebensqualität

Einer Untersuchung der Zeitschrift "Sole – 24 Ore" zufolge wurde Ende 1996 Sondrio in der Valtellina unter 134 Städten Italiens als Ort mit der besten Lebensqualität eingestuft – weit vor Cremona (Platz 15), Mantua (36), Brescia (43), Pavia (45), Mailand (58) oder Bergamo (69). Bei genauerer Betrachtung liegt Sondrio in Sachen "öffentliche Ordnung" auf Platz 1, während Mailand landesweit das schlechteste Ergebnis hatte, dafür hat Mailand mit seinem Lebensstandard die besten Noten, Sondrio liegt auf Platz 3.

Politisches System

Italiens Parlament sitzt in Rom und besteht aus dem Senat mit 315 Senatsmitgliedern und der Abgeordnetenkammer mit 630 Abgeordneten. Die Mitglieder, die die 20 Regionen Italiens vertreten, werden alle fünf Jahre für eine Legislaturperiode gewählt. Beide Kammern sind an der Gesetzgebung und Kontrolle der Regierung beteiligt. Seit der Reform des Wahl-

Politisches System (Fortsetzung)

rechts 1993 werden 3/4 der Senatoren nach dem Mehrheitswahlrecht und 1/4 nach dem Verhältniswahlrecht gewählt. Die Regierung wird aus dem Ministerpräsidenten und den Ministern gebildet, wobei 1993 einige Ministerien gestrichen wurden. Die Funktion des italienischen Staatspräsidenten, der jeweils für eine Amtszeit von 7 Jahren gewählt wird, geht über die der reinen Repräsentation weit hinaus – er kann durch ein aufschiebendes Veto die Gesetzgebung beeinflussen und das Parlament auflösen, Gesetzesentwürfe können nur mit seiner Zustimmung im Parlament eingebracht werden, und er ernennt den Ministerpräsidenten.

Wirtschaft und Verkehr

Wirtschaft

Die Lombardei ist heute eine der wirtschaftlich stärksten Regionen in Italien. Noch zu Beginn des 20. Jh.s war die lombardische Wirtschaft überwiegend von Landwirtschaft und Handel geprägt. Ab den fünfziger Jahren gab es dann innerhalb kürzester Zeit eine breitgefächerte industrielle Entwicklung. Der hauptsächliche Aufschwung erfolgte zwischen 1950 und 1970, Ende der achtziger Jahre wurden rund ein Fünftel aller in Italien erstellten Güter und Dienstleistungen im Großraum Mailand produziert. In den neunziger Jahren verzeichneten die Regionen Veneto, Emilia-Romagna, Trentino-Alto Adige und Marche größere Wachstumsraten, dennoch gilt die Lombardei nach wie vor als Motor der wirtschaftlichen Entwicklung in Italien. Mit 700 000 Unternehmen werden in der Lombardei 21 % des nationalen und 3,7 % des EU-Bruttosozialprodukts erwirtschaftet.

Import/Export

Über die Lombardei werden 30 % der landesweiten Exporte und 37 % aller Importe abgewickelt. Der Exportanteil bei Ausrüstungen für Luft- und Raumfahrtindustrie liegt bei 39 %, bei den High-Tech-Produkten sogar bei 43 %. Der wichtigste Außenhandelspartner ist Deutschland.

Industrie

Der allgemeine wirtschaftliche Aufschwung hing im wesentlichen mit der Entwicklung der Industrie zusammen. Besonders stark sind die Bereiche Maschinenindustrie, Textilproduktion, Chemie, Holzverarbeitung und Nahrungsmittelproduktion. Die lombardische Industrie zeichnet sich dadurch aus, daß sie mit einem breiten Fächer von Branchen vertreten ist.
Die Maschinenindustrie konzentriert sich in den Provinzen Mailand, Varese und Brescia, Textilindustrie (Baumwolle, Seide, Wolle und Kunstfaser) in den Provinzen Como und Varese, Holzverarbeitung und Möbelfertigung gibt es vor allem im Hinterland von Como und in der Brianza nördlich von Mailand. Chemische und petrochemische Unternehmen haben in den Provinzen Mailand, Pavia, Cremona und Mantua ihren Standort.
Einige Branchen haben sich auf engstem Raum entwickelt und sind dort nach wie vor konzentriert: Die Valtrompia nördlich von Brescia ist traditionell bekannt für Waffenherstellung und -export, Como für Seidenverarbeitung, Vigevano (Provinz Pavia) für Schuhproduktion.
Nachdem es in der ersten Hälfte der neunziger Jahre einige Stillegungen von Produktionsanlagen gegeben hat – so bei dem Reifenkonzern Pirelli am Nordrand von Mailand und bei dem Computerhersteller Olivetti in der Kleinstadt Crema –, reagierte man mit einer Initiative zur Investitionsförderung. Durch neue Vereinbarungen zur Gründung von Joint-ventures bzw. durch Industrieansiedlung ausländischer Firmen soll die Region gestärkt werden.

Handwerk

In der Lombardei gibt es zahlreiche kleinere und mittlere Handwerksunternehmen. In erster Linie sind dies Betriebe zur Holzverarbeitung (Möbel). Cremona ist berühmt für die kleinen Handwerksbetriebe, die Streichinstrumente herstellen.

Landwirtschaft

Seit den fünfziger Jahren verzeichnet die Landwirtschaft Zuwachsraten, wenn auch nicht in dem Maß wie die Industrie. Die Lombardei ist aber in-

Wirtschaft und Verkehr

Landwirtschaft (Fortsetzung)

zwischen eines der wichtigsten Landwirtschaftszentren Italiens – Mitte der neunziger Jahre übertraf die Region erstmals die landwirtschaftliche Produktion der Nachbarregion Emilia-Romagna, die bis dahin landesweit die stärkste war. Insgesamt verfügt die Lombardei über 1,1 Mio. ha landwirtschaftlicher Nutzfläche. Ein Großteil der Landwirtschaft ist in der wasserreichen Po-Ebene konzentriert, wo als wichtigste Produkte Reis, Mais, Soja, Sonnenblumen und Getreide angebaut werden. Der Parma-Schinken, der als Produkt der Nachbarregion Emilia-Romagna verkauft wird, wird in nicht geringen Teilen in der lombardischen Provinz Mantua erzeugt.

Weinanbau

Die Lombardei verfügt über 13 Weinanbaugebiete, in denen DOC-Prädikatsweine (Denominazione d'origine controllata) erzeugt werden. 37 000 ha Anbaufläche gibt es in der Region, 2 Mio. hl werden alljährlich produ-

Weinanbau im Veltlin

ziert (von rund 7 Milliarden hl in ganz Italien) – die Lombardei gehört also nicht zu den wirklich großen italienischen Weinregionen. Die Hauptanbaugebiete liegen im Veltlin (Provinz Sondrio) im Norden, in der Franciacorta (Provinz Brescia) südlich des Lago d'Iseo, am südlichen Gardasee und im Oltrepò Pavese (Provinz Pavia) im Südwesten.

Tertiärsektor

Das Wachstum der Industrie in den fünfziger und sechziger Jahren ging vor allem auf Kosten des primären und tertiären Sektors. Im Lauf der siebziger Jahre verlor die Industrie etwas an Gewicht und zwar zugunsten der privaten und öffentlichen Dienstleistungen.
Der Fremdenverkehr spielt in der Lombardei im Landesvergleich keine allzugroße Rolle, obwohl ein gutes Angebot besteht: 150 000 Betten für 15 Mio. Gäste im Jahr, was bedeutet, daß die Hotels im Schnitt nur zu 30 % ausgelastet sind. Die wichtigsten Tourismusgebiete sind der Gardasee sowie die Skigebiete bei Bormio, Livigno und im Veltlin. Durch den in ländlichen Gegenden angebotenen "Agriturismo" versuchen viele kleinere Landwirte ihre Existenz zu festigen.

Verkehr

Durch die Lage zwischen Alpen und Mittelmeerraum war die Lombardei immer schon ein wichtiges Durchzugsgebiet. Verkehrsverbindungen für Händler, aber auch Wege für die vielen Völker, die hier durchgezogen oder eingefallen sind, gibt es seit Menschengedenken. Die ersten angelegten Verbindungen waren die Römerstraßen. Die Öffnung und der Ausbau der wichtigsten Alpenpässe, die mit Maultieren und Pferden und bis zum Ersten Weltkrieg noch mit Kutschen erklommen wurden, brachten dem Handel zwischen den Ländern nördlich der Alpen und den Mittelmeerländern beträchtlichen Aufschwung. 1237 wurde der Gotthard-Paß eröffnet, 1882 der Gotthard-Tunnel. Die berühmte Stilfser-Joch-Straße wurde 1820–1825 gebaut. Wichtige Handelswege waren auch die Gewässer. An den oberitalienischen Seen gab es teilweise bis in die dreißiger Jahre des 20. Jh.s keine ausgebauten Straßen, der Verkehr – so auch die Verbindung zu den Pässen – lief häufig über das Wasser.
Schließlich bildeten die Kanäle, die die Po-Ebene durchzogen, ein sehr wichtiges Verkehrssystem, das ebenfalls auf die Römer zurückgeht. In der Renaissance wurde das Kanal- und Flußnetz so weit ausgebaut, daß Mailand über Wasserwege mit Venedig verbunden war – ein uralter Traum der Mailänder Herrscher, die über keinen großen Fluß verfügten wie die anderen europäischen Metropolen und somit über keine direkte Seeverbindung. Der Naviglio Grande, der Mailand mit dem Ticino und dem Lago Maggiore verbindet, wurde um 1200 gebaut, in späteren Jahrhunderten erweitert. Über ihn wurden dann auch die Steine für den Dombau vom Steinbruch am Lago Maggiore bis ins Zentrum gebracht. An den Kanalbauten soll angeblich Leonardo da Vinci mitgewirkt haben, dem auch Teile des Bewässerungssystems der Lomellina zugeschrieben werden. Er hat wohl teilweise die Wehre und Stauanlagen entwickelt. Heute existiert nur noch ein kleiner Teil dieses Kanalsystems, die meisten der künstlichen Wasserwege wurden in den dreißiger Jahren zugeschüttet. Mailand ist über Kanäle und Flüsse heute noch direkt mit dem Lago Maggiore, mit dem Lago di Como und mit dem Po, also auch mit der Adria, verbunden.

Straßen

Die Lombardei verfügt über ein gut ausgebautes Autobahn- (545 km) und Straßennetz (28 000 km), das vor allem um Mailand herum sehr engmaschig ist. Allerdings sind die Autobahnen zwischen Mailand und Brescia, zwischen Mailand und Varese und zwischen Mailand und Como großenteils überlastet, auch die Straßen im Großraum von Mailand werden den Anforderungen des ständig zunehmenden Verkehrs nicht mehr gerecht. Nachdem für den Straßenbau lange Zeit keine Gelder genehmigt wurden, sind 1996 insgesamt 650 Mrd. Lire für 18 Straßenbauprojekte zur Verfügung gestellt worden. Unter anderem soll eine Autobahnverbindung zwischen Varese und Bergamo mit Anbindung an den Flughafen Malpensa hergestellt werden.

Flugverkehr

Drei internationale Flughäfen gibt es in der Lombardei: Mailand-Linate, Mailand-Malpensa und Bergamo. Der größte Flughafen ist Linate wenige Kilometer östlich von Mailand, der mit 6 Mio. Passagieren pro Jahr am Rande seiner Leistungsfähigkeit ist. Derzeit wird der Flughafen Malpensa ca. 50 km nordwestlich von Mailand zum zentralen Flughafen in Norditalien ausgebaut. Bis zur Jahrtausendwende soll das Projekt Malpensa 2000 fertiggestellt sein – zusammen mit den Passagieren von Linate sollen dann insgesamt 25 Mio. Fluggäste in der Lombardei landen und starten können.

Eisenbahn

Eisenbahnschienen führen auf einer Länge von 1860 km durch die Region. Zwischen Mailand und Malpensa ist die Einrichtung des Malpensa-Expreß vorgesehen.

Schiffahrt

Als einzige Binnenwasserstraße Italiens wird der Po als leistungsfähiger Transportweg mit mehreren Verbindungs- und Stichkanälen ausgebaut. Auf den oberitalienischen Seen gibt es nur Personenverkehr.

Geschichte

Vorgeschichte und Antike

Die ältesten menschlichen Spuren von ca. 4000 v. Chr. sind in den Alpen gefunden worden. Sie stammen vermutlich von dem prähistorischen Stamm der Camunen.

Die ersten bekannten Bewohner Oberitaliens waren die (nicht indogermanischen) Ligurer, die ab etwa 1600 v. Chr. in dem Gebiet zwischen der heute nach ihnen benannten Küste und der nordwestlichen Po-Ebene siedelten. Im 6. Jh. v. Chr. drangen aus dem Süden die Etrusker bis ins Gebiet von Mantua vor. Sie gründeten Städte, darunter Felsina (Bologna) und Melpum, das spätere Mediolanum (heute Mailand), waren begabte Handwerker und trieben erfolgreich Handel. Ab dem 5. Jh. v. Chr. wurde Oberitalien von dem großen europäischen Keltensturm aus dem Norden überflutet. Auf sie gehen u. a. die Städte Bergamo und Como zurück. Ihrem Eroberungsdrang stellten sich die Heere Roms entgegen. Stück für Stück brachten diese Norditalien unter ihre Herrschaft, und nach der Niederschlagung der Karthager im Zweiten Punischen Krieg (218–201 v. Chr.) hatten sie Oberitalien unterworfen – die Keltenstämme hatten sich nämlich geschlossen hinter Hannibal gestellt – und es zur Provinz Gallia Cisalpina gemacht. Zur Sicherung ihrer Herrschaft legten die Römer ein Straßennetz an, so auch die Via Aemilia von Rimini nach Piacenza. Ursprünglich sind es Heeresstraßen mit Militärstationen im Abstand einer Tagesreise. Aus diesen entwickelten sich rasch blühende Siedlungen, u. a. Pavia (Ticinum), Como (Novum Comum), Lodi Vecchio (Laus Pompeia), Cremona, Mantua und Brescia (Brixia). Einen stetigen Aufstieg erlebte Mailand: Unter Augustus wurde die Stadt im Jahr 15 v. Chr. Hauptort der Region, die aufgrund ihres landwirtschaftlichen Reichtums und ihrer verkehrsgünstigen Lage zu einem der höchstentwickelten Landesteile des Imperium Romanum wurde. 286 n. Chr. erhielt Mailand sogar den Rang einer Hauptstadt. Seit dem Edikt von Mailand im Jahr 313 war das Christentum gleichberechtigte Staatsreligion, und in allen größeren Städten entstanden Bischofssitze, einer der bedeutendsten in Mailand. Die Kaiser Gratian, Valentinian und Theodosius I. machten Mailand zur Kaiserresidenz.

Etrusker

Kelten

Römer

Oberitalien zur Zeit der Völkerwanderung

Fremde Völker in Oberitalien

Im Verlauf der Völkerwanderung seit dem Beginn des 3. und vor allem vom 5. bis zum 9. Jh. n. Chr. fielen immer öfter fremde Völker über die Alpen in Oberitalien ein. 404 war Rom so unsicher geworden, daß der Kaiser nach Ravenna zog. 410 plünderten Westgoten Rom, 452 erlitt Mailand durch die Hunnen das gleiche Schicksal. 476 schließlich setzte der Germanenfürst Odoaker den letzten weströmischen Kaiser ab und rief sich selbst zum König von Italien aus. Schon 493 wird er im Auftrag Ostroms vom Ostgotenkönig Theoderich besiegt, der bis 526 ein Ostgotenreich in Italien regierte; eine seiner Residenzstädte war Pavia.

Langobarden

569 brach ein weiteres Volk in Oberitalien ein, die aus Pannonien (Ungarn) kommenden Langobarden. Im Nu eroberten die "Langbärte" ganz Nord-

Völkerwanderung, Langobarden (Fortsetzung)

und Mittelitalien. Hauptstadt ihres Königreichs wurde Pavia. Sie gaben der Lombardei ihren Namen, verteidigten das Land gegen weitere Angriffe von Fremdvölkern, bauten die in den Gotenkriegen zerstörten Städte wieder auf, übernahmen die alten Verwaltungsstrukturen und die Religion der einheimischen Bevölkerung. Ende des 7. Jh.s war der langobardische Adel sprachlich und kulturell völlig romanisiert. Konflikte erwuchsen den expansionslustigen Langobarden jedoch mit den um ihren Einfluß fürchtenden Päpsten. Deren Absichten werden an einer der berühmtesten Fälschungen der europäischen Geschichte deutlich: Zwischen 750 und 760 stellten päpstliche Schriftgelehrte Urkunden einer nie stattgefundenen Schenkung des Kaiser Konstantins an den Papst Silvester her. Diese sollten beweisen, daß der Papst von dem römischen Kaiser Konstantin die Stadt Rom sowie die Westhälfte des Imperiums geschenkt bekommen habe. Unter Berufung auf diese Dokumente rief der Papst 754 den Frankenkönig Pippin zu Hilfe. In verschiedenen Feldzügen zwang Pippin die eigentlich befreundeten Langobarden zu Gebietsabtretungen an den Papst, die als sog. Pippinsche Schenkung in die Geschichte eingingen und zur Einrichtung des Kirchenstaates führten. Die endgültige Zerschlagung des Langobardenreichs unternahm Pippins Sohn Karl der Große, und im Jahr 774 setzte er sich in Pavia die Eiserne Krone der Langobarden aufs Haupt, er war nun Rex Francorum et Langobardorum, König der Franken und Langobarden. Aus Dank dafür krönte ihn der Papst im Jahre 800 zum römischen Kaiser.

Franken

Gründung des Kirchenstaates

Karl der Große

Aufstieg und Niedergang der Stadtrepubliken

Dreiteilung Italiens

Für die nächsten 300 Jahre gehörte Oberitalien als Reichsitalien zum Frankenreich. Damit war die politische Dreiteilung Italiens, die bis ins 19. Jh. dauern sollte, besiegelt: Im Süden und im Norden des Landes gab es fortan wechselnde Herrscher, in Mittelitalien bildete sich der Kirchenstaat heraus. Eines der Hauptprobleme wurde der Machtkampf zwischen deutschen Kaisern und Päpsten, der unter dem Begriff Investiturstreit in die Geschichte einging und jenes politische Vakuum schuf, in dem die oberitalienischen Städte zu freien Gemeinden wurden.

Nach dem Tode Karls war die fränkische Herrschaft in Oberitalien schnell abgebröckelt. Verschiedene miteinander rivalisierende Adelsgeschlechter lösten einander als Rex Italiae, italienische Nationalkönige, ab. Als die Situation immer verworrener wurde, rief der Papst erneut den deutschen König zu Hilfe. 951 besiegte Otto I. den letzten italienischen Nationalkönig und wurde dafür in Rom zum Kaiser gekrönt. Zur Sicherung seiner Macht bediente sich Otto einer alten Einrichtung: Seit dem Jahr 325 waren alle Städte des Reiches Bischofssitze und die Bischöfe immer auch Träger der weltlichen Autorität mit allen Rechten. Auf diese Einrichtung griff Otto nun zurück, indem er den Bischöfen die weltliche Lehnshoheit über die Städte und ihre Territorien erneut übertrug und ihre wirtschaftliche Stellung durch großzügige Schenkungen stärkte. Dieser Schritt war um so erfolgreicher, da nur der Kaiser das Recht auf Einsetzung der Bischöfe (Investitur) besaß. Allerdings dauerte es nicht lange, bis es zum offenen Konflikt mit dem Papst kam, der sich im sog. Investiturstreit (1075–1122) entlud. Dieser endete mit einer völligen Niederlage des deutschen Königs, als Heinrich IV. im Winter 1077 barfuß und im Büßerkleid den Gang zur Burg Canossa antreten und sich dort dem Papst Gregor VII. unterwerfen mußte. Dieser Ausgang hatte aber auch für die Bischöfe Folgen, da die bischöflichen Stadtherren fortan ihren weltlichen Konkurrenten ohne militärische Unterstützung durch den Kaiser gegenüberstanden.

Investiturstreit

Soziale Spannungen

In Oberitalien war es im 11. Jh. zu sozialen Spannungen gekommen. Durch Handel und Gewerbe sowie durch die profitablen Kreuzzüge waren die Städte wirtschaftlich erstarkt. Neben dem Adel war eine neue Bevölkerungsschicht entstanden, das Bürgertum, die Boni homines, dazu zählten Kaufleute, Gewerbetreibende, Handwerker und die sog. Judices und Notarii, juristisch Gebildete. Im Laufe der Zeit wuchs deren Stellung und das

Soziale Spannungen (Fortsetzung)

Interesse nach mehr Unabhängigkeit. Sie verbündeten sich mit dem niederen Adel (Valvassores), der gegen den erklärten Willen des meist fränkischen hohen Adels (Capitanei) und der hohen Geistlichkeit die Erblichkeit seiner Lehen durchzusetzen versuchte. Der um Vermittlung angerufene Kaiser Konrad II. stellte sich auf die Seite der Valvassoren und erklärte die Lehen des niederen Adels 1037 für erblich. Für Unruhe sorgte auch die Pataria, eine von Mailand ausgehende, auf die Lombardei übergreifende Volksbewegung, die zunächst religiös, später politisch revolutionär war und das Regiment der – vom Kaiser eingesetzten – hohen Geistlichkeit und des Stadtadels sowie kirchliche Mißstände wie Priesterehe und Käuflichkeit kirchlicher Ämter (Simonie) bekämpfte. Das Papsttum bediente sich zeitweilig der Pataria, rückte aber wieder davon ab, als diese sich gegen die Reichskirche zu wenden begann. Die Gewinner all jener Zwistigkeiten waren die Städte. Im Versuch, sie auf die Seite der einen oder anderen Partei zu ziehen, wurden ihnen nach und nach wichtige Zugeständnisse gemacht und weltliche Rechte (Zölle, Gerichte, Markt-, Hafen-, Münzrechte) überlassen. Am Ende dieser Entwicklung war die einstige Bischofsstadt zu einer autonomen Stadtrepublik, Comune, mit eigenen Organen geworden. In vielen Städten wurden in Anlehnung an die römisch-antike Tradition Konsuln gewählt, die eigentlichen politischen Leiter der Comune. Als engerer Ausschuß bildete sich der Rat mit 500 bis 1000 Mitgliedern. Ein gewählter Podestà, der zur Garantie seiner Unabhängigkeit aus einer anderen Stadt kommen mußte, hatte für sechs bis zwölf Monate die Polizeigewalt inne. Es gab einen öffentlich überprüfbaren Rechnungsverwalter. Als immer mehr untere Volksschichten Einfluß gewannen, erhielten diese ihren eigenen Vertreter, den Capitano del Popolo. Die ersten Konsuln gab es in Cremona bereits 1031, in Pavia 1084, in Mailand 1097 und in Como 1109; in Parma ist 1244 der erste Capitano del Popolo bezeugt.

Pataria

Il Comune

Staufer und Stadtrepubliken

Fast zwei Jahrzehnte war kein deutscher König mehr in Italien erschienen. Die Stadtrepubliken waren mächtig geworden. Ihren Machtanspruch beschränkten sie nicht mehr nur auf die Verwaltung des Stadtgebietes, sondern auch auf das Umland, Contado. Das führte zu heftigen Auseinandersetzungen mit den Nachbarkommunen, die man mit Hilfe wechselnder Bündnispartner zu besiegen versuchte. Da hatte mit dem Staufer Friedrich I. Barbarossa (1151–1190) in Deutschland ein Mann die Krone übernommen, der seine kaiserliche Autorität wiederherstellen wollte, sowohl gegenüber dem Papst als auch gegenüber den Stadtrepubliken. Unter dem Vorwand, für Ordnung sorgen zu wollen, erschien Barbarossa 1154 in Oberitalien. Seine Absicht war, von den Städten all jene Rechte (Regalien) zurückzuverlangen, für deren Besitz sie keine urkundlichen Belege nachweisen konnten. Die Kommunen waren gespalten: Mächtige Städte wie Mailand erlaubten sich eine radikale antikaiserliche Politik, andere, kleinere Städte wie Como, Pavia oder Cremona versprachen sich von einer kaiserfreundlichen Haltung Unterstützung in ihrem Kampf gegen zu machthungrige Nachbarkommunen. Zunächst wurde die Auseinandersetzung in Gerichtsverfahren geführt. Eine Wende brachte das Jahr 1162: Friedrich belagerte Mailand, die Stadt mußte schließlich kapitulieren und wurde dem Erdboden gleichgemacht. Nun formierte sich Widerstand, unterstützt auch vom Papst. 1167 gelang es einem kirchlichen Gesandten, die bisher uneinigen Städte im Kloster von Pontida (bei Bergamo) in der ersten Lombardischen Liga gegen die Staufer zusammenzuführen. Mit vereinten Kräften wurde dem kaiserlichen Heer in der Schlacht von Legnano 1176 eine vernichtende Niederlage beigebracht. Auch in weiteren Feldzügen gelang es Friedrich nicht, die in Städtebünden organisierten Kommunen zu besiegen. Im Frieden von Konstanz 1183 mußte er den Städten ihr Recht auf freie Wahl der Konsuln sowie die Regalien innerhalb der Stadtmauern garantieren. 60 Jahre später wiederholte sich die Niederlage der Staufer, als sich die oberitalienischen Städte in einer zweiten Liga gegen Friedrich II. (1212–1250) zusammengeschlossen hatten und dem Kaiser den Rückweg abschnitten. Friedrich starb 1250 in Süditalien und mit ihm der Anspruch des deutschen Kaiserhauses auf ein italienisch-deutsches Gesamtreich.

Lega Lombarda

Untergang der Stadtrepubliken

Dessen ungeachtet erlebte die Lombardei einen wirtschaftlichen Aufschwung. Im 12. und 13. Jh. trug der Bau des Naviglio Grande, des ersten großen Kanals, zur besseren Be- und Entwässerung der Lombardei bei; die Öffnung des Gotthard-Passes 1237 brachte dem Handel einen weiteren Auftrieb. Innerhalb der Städte tobten Kämpfe zwischen rivalisierenden Familien. Diese waren, je nachdem wem sie ihre Privilegien verdankten, in Ghibellinen (kaiserliche) oder Guelfen (päpstliche) sowie in Popolaren oder in die führenden Patrizierfamilien und Stadtadel gespalten. Ihre Kriege zerstörten die Grundlagen der Stadtrepubliken, an die Stelle der Kommunen traten die Signorien. Zeugen dieser unruhigen Zeiten sind die Geschlechtertürme, jene dicht nebeneinander stehenden Turmbauten, die den Familien bei ihren Fehden als Zuflucht dienten und von denen es in Pavia über 200 gegeben haben soll.

Signorie

Stadtansicht von Pavia. Bernardino Lanzi malte die Stadt mit ihren vielen Türmen 1522 an die Wand der Kirche S. Teodoro in Pavia.

Die Signorie war die zunächst nur zeitlich befristete Herrschaft eines kriegserprobten Herrschers, in der Hoffnung, die streitenden Parteien auseinanderzuhalten. Die Inhaber dieser Gewaltherrschaft auf Zeit nutzten jedoch ihr Amt, um selbst die Macht zu ergreifen, und gegen Ende des 13. Jh.s hatten sich in mehreren Kommunen einzelne Familien durchgesetzt, die sich zu Dynastien entwickelten. Um ihre Positionen zu sichern, bedienten sich die Signori aller Mittel, von Schrecken, Gewalt, Mord und Krieg über Diplomatie bis zur Prachtentfaltung. Am anschaulichsten beschreibt sie Machiavelli in seinem Werk "Il Principe" ("Der Fürst"). Zu den bekanntesten Namen gehören die Malatesta in Rimini, ab 1272 die Bonacolsi und ab 1328 die Gonzaga in Mantua, ab 1257 die Torriani, ab 1277 die Visconti und als ihre Nachfolger die Sforza in Mailand, die Este in Ferrara, die Rusca und Vitani in Como, die Bentivolglio in Bologna, die Suardi in Bergamo und viele andere.

Bildung von Dynastien

Am erfolgreichsten waren die gefürchteten Visconti aus Mailand, die sich ab 1311 ein riesiges oberitalienisches Reich eroberten, darunter Como,

Die Visconti in Mailand

Die Visconti in Mailand (Fortsetzung)

Bergamo, Piacenza, Pavia, Cremona, Vercelli, Tortona und Alessandria. Ihre Erfolge ließen sie von Architekten, Bildhauern, Malern und Dichtern in Stein fassen, auf Leinwand bannen oder in Gedichtform preisen. 1395 kaufte sich Gian Galeazzo Visconti sogar einen Herzogstitel. Es war die Zeit der Condottiere, der Söldnerführer, mit deren Hilfe die Fürsten ihre Macht aufrechterhielten. Der Machthunger der Visconti schien unstillbar, bis er die zweite Großmacht in Norditalien, die Lagunenstadt Venedig, auf den Plan rief und den großen oberitalienischen Krieg zwischen den beiden Städten auslöste. Erst der Frieden von Lodi 1454 stellte für die nächsten 40 Jahre ein Gleichgewicht zwischen den fünf größten Mächten in Italien her, zwischen Mailand (Sforza), Venedig (Stadtrepublik), Florenz (Medici), Genua (Stadtrepublik), dem Kirchenstaat, dem Haus Savoyen und den Königreichen Neapel und Sizilien.

Oberitalien vom 15. Jh. bis zur Gegenwart

Während Venedig und die zu seinem Herrschaftsbereich gehörenden Städte Bergamo, Brescia und Cremona bis ins 19. Jh. friedliche Zeiten erlebten, brach über das Herzogtum Mailand die Katastrophe herein, es wurde zum Spielball zwischen den Franzosen und den Habsburgern. Zunächst erlebte die Stadt unter dem Condottiere Francesco Sforza (um 1450–1466), dem Schwiegersohn des letzten Visconti-Herrschers, und seinem Nachfolger Ludovico Sforza, genannt il Moro (1494–1500), eine Periode des Friedens. Mailand war vor Paris und London die bevölkerungsreichste Stadt Europas. Il Moro hatte außer dem Baumeister Bramante auch Leonardo da Vinci an seinen Hof gerufen. Wirtschaftlich war er ebenfalls erfolgreich, u. a. veranlaßte er den Reisanbau und die Anpflanzung von Maulbeerbäumen, die Seidenraupenzucht eröffnete neue Märkte, Mailänder Seide genoß Weltruf.

Franzosen gegen Habsburger

Da erschien 1499 die Armee Ludwigs XII. von Frankreich vor den Toren der Stadt, verschleppte il Moro nach Frankreich, wo er 1508 in einem Gefängnis starb, und nahm das Herzogtum für die französische Krone in Besitz. Wegen der drohenden Fremdherrschaft in Italien bat der Papst den damaligen Hauptgegner Frankreichs, den habsburgischen Kaiser Karl V., um Unterstützung. Von den Eidgenossen ließ er sich ebenfalls militärische Hilfe garantieren. In einem Krieg, der die halbe Lombardei verwüstete und 1525 in Pavia entschieden wurde, setzte sich der spanische Zweig der Habsburger durch. Die Franzosen wurden aus Italien vertrieben und Francesco II. Sforza 1529 zum Herzog von Mailand ernannt. Nachdem dieser ohne Nachfolger starb, zog der Kaiser Mailand als erledigtes Reichslehen ein, Mailand gelangte an die spanischen Habsburger. Auch die eidgenössische Unterstützung hatte ihren Tribut gefordert: Bellinzona, Locarno und Lugano, heute zum Tessin gehörend, fielen an die Schweiz, 1798 folgte das Veltlin.

Österreicher in Oberitalien

Der Spanische Erbfolgekrieg (1701–1714) beendete die spanische Vorherrschaft in Oberitalien. Die Lombardei und Mantua gelangten an die österreichischen Habsburger. Die Gebiete südlich des Po (Oltrepò Pavese, die Lomellina und Novara) fielen an Carlo Emanuele III. von Savoyen. Die Regierung Kaiserin Maria Theresias (1765–1790) und ihres Sohns Joseph II. schränkte zunächst die Privilegien der oberitalienischen Adeligen ein, u. a. durch die Einführung der Besteuerung, die sich nach der Größe des Besitzes und nach dem Einkommen richtete. Dafür wurde erstmals das Land erfaßt, 1760 in der Lombardei das Kataster eingeführt. Neue Straßen, Kanäle und Bewässerungsanlagen wurden gebaut, die Schulen für jedermann geöffnet. 1760 studierten in Pavia lediglich 150 Studenten, nach der Einführung des neuen Schulrechts erhöhte sich die Zahl auf 1000. Trotz der Neuerungen erfaßten die Ideen und Forderungen der französischen Revolution einen Großteil der lombardischen Bevölkerung,

Napoleon in Oberitalien

und als Napoleon mit seinem Heer in Italien eindrang und am 15. Mai 1796 in Mailand einzog, wurde er von vielen mit großem Jubel empfangen. Die Lombardei, das Veltlin, die Stadtstaaten Bologna, Ferrara, Modena und Reggio wurden zunächst zur

Republik Cisalpina

Republik Cisalpina zusammengefaßt mit Mailand als Haupt-

18. Jahrhundert (Fortsetzung)

Königreich Italien

stadt. 1801/1802 wurde die Cisalpinische Republik in eine italienische Republik und, nachdem Bonaparte sich 1804 zum Kaiser gekrönt hatte, zum Königreich Italien umgewandelt. Das Land erhielt eine eigene Verfassung, die sich an die der französischen Republik von 1795 anlehnte, u. a. wurde die Pressefreiheit garantiert. Die Staatsgewalt wurde in Legislative und Exekutive getrennt, die Souveränität des Volkes und die Gleichheit der Bürger garantiert. Napoleon führte auch die Präfekturen ein und schuf damit die Verwaltungsgebiete, die auch heute noch existieren.

Restauration und Risorgimento

Nach dem Sturz Napoleons entschied der Wiener Kongreß 1814/1815, die Lombardei an Österreich zurückzugeben. Die Restauration der alten Feudalordnung brachte der nationalen Einigungsbewegung zunehmend Nahrung. Intellektuelles Zentrum des Risorgimento, der nach der 1847 gegründeten Zeitschrift benannten Einigungsbewegung um Giuseppe Garibaldi (1807–1882), wurde Mailand, das politisch-militärische Zentrum wurde Turin, die Hauptstadt des benachbarten, aber bis dahin nach Frankreich orientierten savoyardischen Königshauses. 1848 erfolglos, 1859–1861 erfolgreich, wurden die Österreicher aus Oberitalien vertrieben, 1870 die Truppen des Kirchenstaates geschlagen und so die über 1000 Jahre unterbrochene Verbindung mit Süditalien wieder hergestellt. Am 14. März 1861 nahm Vittorio Emanuele II. von Piemont auf Beschluß des neugewählten ersten italienischen Parlaments den Titel "König von Italien" an, die Hauptstadt wurde von Turin nach Florenz verlegt.

Zweiter Weltkrieg

Im September 1940 trat Italien auf der Seite Deutschlands in den Zweiten Weltkrieg ein. Nach dem Sturz Benito Mussolinis im Juli 1943 schloß es mit den Alliierten einen Waffenstillstand. Mussolini zog sich in das deutsch besetzte Oberitalien zurück und gründete im September in Salò am Gardasee die Repubblica Sociale Italiana; im April 1945 wurde er auf der Flucht bei Tremezzo am Comer See von Partisanen ermordet. Nach einem Referendum, in dem sich im Juni 1946 64,1 % der lombardischen Wähler für die Republik ausgespochen hatten, dankte Vittorio Emanuele III. ab.

Republik Italien

Seit der nationalen Einigung hat Norditalien eine steile Karriere zu einem der ökonomisch stärksten Gebiete Europas hinter sich. Mailand ist heute die zweitgrößte Stadt und unbestritten das wirtschaftliche und kulturelle Zentrum Italiens.

Gegenwart

1992 lösten großangelegte Ermittlungen in einer Bestechungsaffäre in Mailand eine sprichwörtliche Lawine aus. Die "mani pulite" (saubere Hände), eine Säuberungskampagne Mailänder Richter, löste die Zerschlagung des seit fast fünfzig Jahren bestehenden, restlos verkrusteten Regierungssystems aus. Bei den Parlamentswahlen 1992 erhielt die Democrazia Cristiana die Quittung für Korruption, Ämtermißbrauch und Mißwirtschaft. Der unerwartete Sieger hieß damals Silvio Berlusconi, Begründer der Bewegung Forza Italia, im Bündnis mit der separatistischen Lega Nord von Umberto Bossi und der neofaschistischen Alleanza Nazionale von Gianfranco Fini. 1994 verließen die Lega Nord und eine christdemokratische Splittergruppe die Koalition der rechten Mitte und brachten so die Regierung Berlusconi zu Fall. Ihr Nachfolger war eine "Regierung der Technokraten" unter Lamberto Dini. Seit 1996 regiert nun der parteilose Wirtschaftswissenschaftler Romano Prodi mit dem Bündnis "Ulivo" (Ölbaum), einer Mitte-Links-Allianz.

Padania libera

Im September 1996 sorgte Bossis Lega Nord nochmals für Unruhe, als er wie angekündigt in Venedig die Unabhängigkeit Padanias ausrief, des vom Po (lateinisch Padus) durchflossenen Norden Italiens. Immerhin hatten 1996, bei den letzten Parlamentswahlen, 3,77 Mio. Bürger Norditaliens der Lega ihre Stimme gegeben. Dennoch ist die Gefahr einer Sezession Italiens nicht sonderlich groß, die wenigsten glauben an Bossis Phrasen von einer unabhängigen Republik, von der Abschaffung des Italienischen als Staatssprache, der Einführung des Englischen im Außenverkehr und von lokalen Dialekten im Innern. Auch haben Untersuchungen ergeben, daß ein Großteil der Wähler Bossis nicht aus wohlhabenden Norditalienern,

Padania libera (Fortsetzung)

sondern vielmehr aus nach Norditalien zugereisten Süditalienern besteht. Dennoch zwingt die Lega das Land, sich einigen drängenden Problemen zu stellen: Da ist der enorme Unterschied zwischen Nord- und Süditalien sowie die Ineffizienz des italienischen Zentralstaates. Vor allem die drei "reichen" Nordregionen Lombardei, Piemont und Venetien tragen den größten Teil der Steuerlast, mit dessen Hilfe die teure, aber wenig wirkungsvolle Mezzogiorno-Politik bezahlt wird. Ein Beispiel soll genügen: Nur 1,73 % der staatlichen Infrastrukturinvestitionen werden im Nordosten Italiens investiert, der 22 % des nationalen Bruttoeinkommens erwirtschaftet. Das führt zu großen Versäumnissen. So flossen in den vergangenen zehn Jahren in den Straßenbau Venetiens gerade 3000 DM pro zugelassenem Auto, ins südliche Apulien dagegen über 13000 DM. Die Folge: Das Musterland mit dem veralteten Verkehrssystem droht an den eigenen Hochleistungen zu ersticken – ein Problem, das übrigens den gesamten Norden des Landes betrifft und den hier mit dem Auto Reisenden manchmal zur Verzweiflung treiben kann.

Berühmte Persönlichkeiten

Hinweis

Die nachstehende, namensalphabetisch geordnete Liste vereinigt Persönlichkeiten, die durch Geburt, Aufenthalt, Wirken oder Tod mit der Lombardei verbunden sind und oft überregionale Bedeutung erlangt haben.

Hl. Ambrosius
(ca. 339 – 397)
Bischof von Mailand

Ambrosius wurde um das Jahr 339 als Sohn eines römischen Beamten in Trier geboren. Er schlug die Ämterlaufbahn ein und war zunächst Statthalter in Liguria und Aemilia. 374 wurde er zum Bischof von Mailand gewählt. Unter seiner Führung gewann die Mailänder Kirche hohes Ansehen und sogar eine gewisse Eigenständigkeit gegenüber Rom. Seine Hauptaufgabe sah Ambrosius darin, das Christentum als Staatsreligion zu festigen. Das Werk des Kaisers Konstantin, der 313 mit dem Mailänder Toleranzedikt den Christen Glaubensfreiheit gewährt hatte, setzte Ambrosius in gewisser Weise fort – allerdings war er Verfechter des orthodox katholischen Glaubens. Konstantins Nachfolger Konstantius II. hatte die Lehre der christlichen Arianer zur allgemeingültigen Glaubenslehre erklärt. Zwischen Arianern und Katholiken entzündete sich daraufhin der folgenschwere sog. Arianische Streit mit der Kernfrage: Ist Jesus seinem Vater wesensgleich, wie die orthodoxen Katholiken meinten, oder nur wesensähnlich, wie die Arianer behaupteten? Als Bischof von Mailand begann Ambrosius einen unbarmherzigen Kampf gegen die Anhänger der arianischen Lehre. Er schrieb die berühmten "Ambrosianischen Gesänge", die sich bis heute erhalten haben: "Ehre sei dem Vater und dem Sohne und dem heiligen Geist" ließ er die orthodoxen Katholiken singen statt des arianischen "Ehre sei dem Vater *durch* den Sohn *im* heiligen Geist". Indem er den wahrscheinlich in Syrien beheimateten hymnischen Chorgesang in der Kirche einführte, trug er wesentlich zur Entwicklung der frühchristlichen Musik bei. Der heilige Augustinus wurde durch ihn zum Christentum bekehrt und 387 von ihm getauft. Auf Drängen von Ambrosius erhob Kaiser Theodosius 391 das Christentum zur Staatsreligion. Am 4. April 397 starb Ambrosius in Mailand. Seine sterblichen Überreste sind in der Krypta der Mailänder Kirche S. Ambrogio aufbewahrt. Mailand hat Ambrosius zum Stadtheiligen auserkoren und feiert am 7. Dezember seinen Festtag.

Sofonisba Anguissola
(um 1535 – 1625)
Malerin

Eine außergewöhnliche Frau war Sofonisba Anguissola, die um 1535 als älteste von insgesamt sieben Kindern einer angesehenen Patrizierfamilie in Cremona zur Welt kam. Nicht so ungewöhnlich war, für die damalige Zeit, daß die Aristokratentochter eine gute Ausbildung erhielt. Außergewöhnlich war, daß sie die Malerei als Beruf wählte, und eine kleine Sensation war, daß sie in dieser Männerdomäne auch erfolgreich war. Bei Bernardino Campi, dem eleganten Manieristen, erhielt sie eine solide Zeichenausbildung. Das eigentlich Malerische lehrte sie Bernardino Gatti, dessen leonardeskes Interesse an der Physiognomie, dessen lombardische Freude an dunklen Tonabstimmungen und Interesse an ganzfigurigen Darstellungen sich in Sofonisbas Werken wiederfinden lassen – obwohl sie aus diesen Erfahrungen etwas ganz Eigenes machte. Schon früh bereiste sie die Höfe von Mantua, Piacenza und Padua, um die Fürsten und Regenten zu porträtieren. Auch ihre Selbstbildnisse wurden zu begehrten Sammelobjekten. Zu ihren besonderen Eigenschaften gehörte die Fähigkeit, das Persönliche ihres Gegenübers sowie psychologische Prozesse einzufangen. Auf einer

Sofonisba Anguissola (Fortsetzung)

leider schlecht erhaltenen Zeichnung präsentiert sie ihr Können: Ein kleiner Junge faßt in einen Korb mit lebenden Krebsen und wird in den Finger gezwickt. Der unerwartete Schmerz, Schrecken und Verblüffung stehen ihm ins Gesicht geschrieben. Das ihm zur Seite stehende Mädchen tröstet ihn liebevoll, kann jedoch ihre Belustigung nicht ganz verbergen. Sofonisbas Fähigkeit, Alltagserlebnisse, Gefühls- und Gemütsregungen so offen darzustellen, war in der Renaissance noch unüblich. Ihre Zeitgenossen wurden auf sie aufmerksam, selbst Michelangelo interessierte sich für die junge Malerin und gab ihrem Vater schriftlich künstlerische Anleitungen. Im Jahr 1559 erhielt sie von Philipp II. die Einladung nach Madrid an den Königshof. Vierzehn Jahre lebte Sofonisba im Rang einer Hofdame der Königin in Spanien. Aus dieser Zeit ist leider wenig über ihre künstlerische Tätigkeit bekannt, da es ihrem Stande nicht geziemte, die Gemälde zu signieren, auch wurde sie nicht, wie ihre männlichen Kollegen, mit Geld entlohnt. Statt dessen erhielt sie reiche Geschenke und Privilegien sowie eine jährliche Rente. Nach ihrer Heirat mit einem sizilianischen Edelmann übersiedelte Sofonisba 1573 nach Palermo. Mit ihrem zweiten Gatten, einem Genueser Kapitän, lebte sie ab 1581 35 Jahre in Genua und ihre letzten Lebensjahre wieder in Palermo. Hier machte 1624, ein Jahr vor ihrem Tod, ein junger Maler der berühmten, inzwischen hochbetagten Kollegin seine Aufwartung, der Flame Antonis van Dyck. In seinem "Italienischen Skizzenbuch" schildert er die Begegnung mit der fast erblindeten, geistig immer noch regen alten Dame: "Als ich ihr Porträt malte, gab sie mir einen Hinweis, das Licht betreffend: Es sollte nicht zu steil von oben hereinfallen, weil die Runzeln in ihrem Gesicht sonst zu scharfe Schatten werfen würden."

Gae Aulenti (geb. 1927) Architektin, Designerin, Bühnenbildnerin

Die Architektin, Designerin und Bühnenbildnerin Gae Aulenti gehört als eine der wenigen Frauen zur Spitze der italienischen Designerwelt. Gaetana Aulenti wurde am 4.12.1927 in Palazzolo am Oglio geboren. In den fünfziger Jahren studierte sie Architektur am Mailänder Polytechnikum, wo sie später selbst auch als Dozentin tätig war. 1955–1965 war sie Redakteurin bei der Zeitschrift "Casabella". Gae Aulenti ist eine außerordentlich vielseitige Entwerferin. Nie ist sie nur Architektin gewesen, sondern hat früh auch schon Möbel gestaltet und sogar Theaterkostüme und Bühnenbilder. In den siebziger Jahren hat sie in Zusammenarbeit mit dem Regisseur Luca Ronconi Bühnenbilder und Kostüme, u. a. für eine Inszenierung des "Barbier von Sevilla" in Paris, entworfen. Sie war für Olivetti, Knoll International und Fiat tätig, entwarf Möbel für Poltronova, Lampen für Francesconi, Candle, Artemide und Martinelli. Früh machte sie sich mit der Gestaltung der Ausstellungsräume für Olivetti in Paris einen Namen.
Gae Aulenti ist bekannt für ihre Fähigkeit, Bestehendes zu erforschen, zu verstehen und Neues darauf zu beziehen. Eben dies war einer der Gründe, weshalb man sie für die Umgestaltung von historischen Bauwerken heranzog. Ihre herausragenden Arbeiten hat sie in Venedig und Paris geleistet. In Venedig wurde sie mit der Restaurierung des Palazzo Grassi, eines im 17. Jh. als Wohnhaus gebauten Palastes, beauftragt. Die Gestaltung der Säle im Palazzo Grassi, der heute Ausstellungsort für Gegenwartskunst ist, ist ihr Werk. In Paris leitete sie den Umbau des Gare d'Orsay zum Museum und des Musée National d'Art Moderne im Centre Pompidou, wofür sie 1977 als Chevalier de la Légion d'Honneur ausgezeichnet wurde.

Gaetano Donizetti (1797–1848) Komponist

Der ob seiner Arbeitswut scherzhaft "Dozzinetti" (von italienisch dozzina, Dutzend) genannte Gaetano Donizetti kam 1797 im Armenviertel Bergamos, unterhalb der Porta San Alessandro (Borgo Canale 14), zur Welt.

Gaetano Donizetti (Fortsetzung)

51 Jahre später starb er im Palazzo Scotti als anerkannter und wohlhabender Mann. Mit seinem Zeitgenossen Vincenzo Bellini gehört Donizetti zu den wichtigsten Komponisten des italienischen Melodramas. Allerdings blieb sein rastloses und innerlich zerrissenes Leben nicht ohne Folgen: Seine Arbeitswut – er schuf 611 Werke, darunter Messen, Märsche, Lieder und Quartette, Klavierstücke, Madrigale, Konzerte und 71 Opern –, sein ungeheurer Lebenshunger, sein zuweilen grandioser Egoismus, all dies forderte seinen Tribut. Als er fast mit Gewalt aus einem Sanatorium bei Paris, wo ihn dubiose Freunde unter Verschluß hielten, nach Bergamo entführt wurde, war es bereits zu spät. Er starb nur zwei Jahre später in geistiger Umnachtung.

Seine Ausbildung verdankte er dem aus Bayern stammenden Opernkomponisten Johann Simon Mayr (1763–1845), der in Bergamo die Scuole caritatevoli di musica, ein Internat für musikbegabte Kinder armer Leute, ins Leben gerufen hatte, und in der Donizetti zu den zwölf ersten Schülern gehörte. Mayr ermöglichte ihm auch, seine Studien in Bologna fortzusetzen. 1818 kam in Venedig seine erste Oper "Enrico di Borgogna" zur Aufführung; 1822 ließ er sich in Neapel nieder, wo er 1827 zum Direktor des Königlichen Neapolitanischen Theaters ernannt wurde. Später feierte er große Erfolge auf zahlreichen europäischen Bühnen. Zu seinen unbestrittenen Hauptwerken zählen "Der Liebestrank" (1832), "Lucia von Lammermoor" (1835), "Don Pasquale" (1842); zu den Wiederentdeckungen der letzten Jahren gehören darüber hinaus "Anna Boleyn", "Lucrezia Borgia", "Die Regimentstochter" und "Maria Stuart".

Eleonora Duse (1858–1924) Schauspielerin

Eleonora Duse, 1858 in Vigevano geboren, stammte väterlicherseits aus einer Komödiantenfamilie und mußte, da ihre Mutter an Schwindsucht erkrankt war, schon mit zwölf Jahren mit der Schauspieltruppe ihres Vaters als Heldin oder liebende Frau auftreten. Bereits als junges Mädchen identifizierte sie sich völlig mit ihrer Rolle und schaffte den Durchbruch als Schauspielerin bereits mit 18 Jahren in Neapel. Als Charakterdarstellerin verkörperte sie die Frauengestalten in den Dramen von Dumas, Ibsen, Maeterlinck und Gabriele d'Annunzio, mit letzterem verband sie auch eine jahrelange Liebesbeziehung. Die beiden lernten sich 1894 in Venedig kennen, wo sie zwischen ihren zahlreichen Auslandstourneen immer Quartier nahm. Die Künstlerin hoffte darauf, gemeinsam mit d'Annunzio (→ *Baedeker Special* S. 143) das italienische Theater reformieren zu können. George Bernhard Shaw, der die Duse in Paris sah, war von ihr begeistert und sagte: "Die Duse hat mich in dem oft wankenden Glauben bestärkt, daß ein Schauspielkritiker tatsächlich Diener einer ... hohen Kunst ist."

Von 1906 bis 1921 unterbrach die Duse ihre Bühnentätigkeit. Im Jahr 1924 fuhr Eleonora Duse zu einem Gastspiel nach Pittsburgh in den Vereinigten Staaten, wo sie am 21. April 1924 starb. Nach Überführung des Leichnams auf dem Schiff "Duilio" wurde Eleonora Duse am 13. Mai 1924 ihrem Wunsch gemäß auf einem kleinen Friedhof in Asolo beigesetzt. Während die Schauspielerin von vielen Menschen gefeiert wurde, war ihr Leben zeitweise von Angst und Depressionen überschattet.

Isabella d'Este
(1474–1539)
Markgräfin von Mantua

Isabella d'Este gilt als eine der bedeutendsten weiblichen Persönlichkeiten der Renaissance und wurde geradezu als Frauenideal ihrer Zeit gefeiert. 1474 wurde sie als Tochter von Eleonora von Aragon und Ercole I. in Ferrara geboren. Mit 16 Jahren heiratete sie den Markgrafen von Mantua, Francesco Gonzaga. Isabella d'Este wird – ebenso wie ihre sehr jung gestorbene Schwester Beatrice d'Este, die mit Ludovico il Moro in Mailand residierte – als geistvoll und hochgebildet beschrieben. Unter der Führung der selbstbewußten Frau entwikkelte sich der Hof von Mantua zu einem der glänzendsten der damaligen Zeit, die Atmosphäre war von humanistischen Idealen geprägt. Isabella d'Este holte die führenden Künstler und Musiker nach Mantua und machte die Stadt damit zu einem kulturellen Zentrum der italienischen Renaissance. Sie war die erste Kunstsammlerin der Renaissance und verfügte über hervorragende Sachkenntnisse; die kostbarsten Bildwerke, u. a. von Corregio und Tizian, erwarb sie für ihren Hof. Leonardo da Vinci und Tizian fertigten Porträts von ihr, Andrea Mantegna arbeitete für sie; Bellini allerdings lehnte ab, da er nicht nach einem streng ausgearbeiteten Programm arbeiten wollte – eine Aussage, die auf den Einfluß der Herzogin auf die Gestaltung ihrer Umgebung schließen läßt. Bekannt ist ihr Wohnbereich im Palazzo Ducale mit dem Studierzimmer, Studiolo genannt, das sie nach ganz eigenen Vorstellungen ausstatten ließ. In diesen Räumlichkeiten sind ihre zahlreichen, mitunter schwer zu entschlüsselnden Sinnsprüche und Symbole erhalten, für deren Erfindung sie viel Zeit aufbrachte. Mit zahllosen Personen pflegte sie Korrespondenz, ca. 2000 Briefe sind erhalten. Isabella d'Este hatte drei Töchter und drei Söhne. Bekannt wurde sie in ihrer Mutterrolle vor allem in Zusammenhang mit der Liebesbeziehung, die ihr ältester Sohn und Lieblingskind Federico zu Isabella Boschetti hatte. Sie mißbilligte sowohl diese außereheliche Verbindung als auch die Person Isabella Boschettis deutlich und war über Jahre hinweg über den Mißgriff ihres Sohnes bekümmert. 1539 – zwanzig Jahre nach ihrem Mann – starb Isabella d'Este.

Dario Fo
(geb. 1926)
Schauspieler,
Bühnenbildner,
Dramatiker

"Ich wollte nicht Hamlet spielen, sondern Clown werden" – dieses Zitat aus seinem "Kleinen Handbuch des Schauspielers" sagt eine ganze Menge über den großen Mann der italienischen Literatur des 20. Jh.s: Dario Fo wurde 1926 in S. Giano/Leggiuno am Lago Maggiore als Sohn eines Eisenbahners und einer Bäuerin geboren. Seit den frühen fünfziger Jahren schreibt der studierte Architekt Theaterstücke, welche die Geschichte Italiens widerspiegeln. Zunächst entwarf er politisch-satirische Revuen für Rundfunk und Fernsehen, von 1958 an entwickelte er dann mit seiner Frau Franca Rame, die schon als Kind in der Wandertruppe ihres Vaters mitspielte, volkstümliche Farcen in der Tradition der Commedia dell'arte (→ *Baedeker Special* S. 53). Ab 1970 macht er mit einer eigenen Truppe "La Comune" politisches Theater, vorwiegend in Mailand. Bislang schrieb er rund 70 Stücke, die in 30 Sprachen übersetzt und unzählige Male inszeniert wurden. Allen gemeinsam ist die Aufnahme aktueller Themen, die beißende Kritik an den herrschenden Klassen und dem Klerus, die Satire auf die bürgerliche Doppelmoral, aber auch die ironische Darstellung eines gutgläubigen Volkes, das sich so leicht über den Tisch ziehen läßt. Seine Auftritte zeichnen sich stets durch den direkten Kontakt mit dem Publikum und Provokation aus. Damit handelte er sich über 40 Gerichtsverfahren, Festnahmen direkt auf der Bühne und Auftrittsverbote im Fernsehen ein. 1997 erhielt der Schauspieler, Bühnenbildner und Autor für seine Leistungen als Dramatiker den Nobelpreis für Literatur. Damit würdigt die Schwedische Akademie einen Autor, "der in der Nachfolge der mittelalterlichen

Dario Fo (Fortsetzung)

Gaukler die Macht geißelt und die Würde der Schwachen und Gedemütigten wiederaufrichtet".
Zu seinen bekanntesten Stücken zählen "Mistero Buffo" (1969), "Bezahlt wird nicht" (1974), "Der zufällige Tod eines Anarchisten" (1978), "Offene Zweierbeziehung" (1983), "Zufällig eine Frau: Elisabeth" (1984), "Hilfe, das Volk kommt", "Die Heroine" und zuletzt "Der Teufel mit den dicken Titten" (1997). Die deutschen Ausgaben gibt der Rotbuch-Verlag in Hamburg heraus.

Claudio Monteverdi (1567–1643) Hofmusiker und Komponist

Claudio Monteverdi wurde am 15. Mai 1567 in Cremona geboren. Er gilt als innovativster Komponist seiner Zeit und als eine der genialsten Persönlichkeiten in der Musikgeschichte überhaupt. Von 1590 bis 1612 war er als Hofmusiker der Gonzaga in Mantua tätig, zunächst als Sänger und Violaspieler, dann ab 1601 als Kapellmeister. Anschließend verbrachte er dreißig Jahre in Venedig, dort war er bis zu seinem Tod am 29. November 1643 leitender Kirchenmusiker am Markusdom. Sein Leben war von schweren Zeiten überschattet. Seine Frau starb, als er 40 Jahre alt war, sein jüngster Sohn wurde von der Inquisition verhaftet, und in Venedig erlebte er eine Pestepidemie mit, die in 16 Monaten 40000 Opfer forderte. Dazu kam ein achtjähriger Kampf gegen den Musiktheoretiker Artusi.
Die Bedeutung Monteverdis liegt vor allem in der Entwicklung eines neuen Stils. Die polyphone Mehrstimmigkeit des Spätmittelalters und der Renaissance beherrschte er in vollendeter Form, wie seine frühen Stücke zeigen. Doch sehr bald verlagerte er mehr und mehr das Gewicht auf eine einzelne Hauptstimme, die akkordisch begleitet wurde. Das Wort und dessen Inhalt bekamen nun entscheidende Bedeutung, die Musik wurde der Sprache untergeordnet und nicht umgekehrt. Unter Sprache verstand er die gesamte Bandbreite des menschlichen und leidenschaftlichen Ausdrucks. Diesen versuchte er in musikalische Motive umzusetzen, was Ende des 16. Jh.s eine unerhörte Neuigkeit war. Daß er zudem mit gewagter Harmonik arbeitete und für das damalige Ohr Dissonanzen produzierte, ließ die Kritiker aufhorchen und laut werden: Er verstoße gegen die musikalischen Regeln, wurde bemängelt. Das Anwendungsfeld für Monteverdis neuen Stil war die Oper, in der er seinen "stile expressivo" realisieren konnte. Die bahnbrechende Oper "Orfeo", die das Zeitalter der Barockoper einleitete, wurde 1607 in Mantua uraufgeführt. In der Ouvertüre zum "Orfeo" kamen nicht nur handlungsvorbereitende Motive vor, sondern auch repräsentative: Musikalisch verarbeitete er die Fanfare des Hauses Gonzaga.

Plinius der Ältere (23/24–79) Historiker und Schriftsteller

Eine der bekanntesten Persönlichkeiten der Antike ist der Historiker und Schriftsteller Plinius der Ältere, der im Jahr 23 oder 24 in Como, dem damaligen Comum Novum, geboren wurde. Gaius Plinius Secundus entstammte einem wohlhabenden Rittergeschlecht, das im Gebiet des Comer Sees ansässig war. Er war als kaiserlicher Beamter und Offizier tätig, zuletzt als Flottenkommandant. Die 37 Bücher der "Naturalis Historia", eines seiner beiden großen historischen Werke, hat die Zeiten überdauert und diente bis ins 18. Jh. hinein als wichtige Wissensquelle. Heute vermittelt sie einen hervorragenden Eindruck vom damaligen Wissensstand, von der wissenschaftlichen Haltung und dem Weltbild. Plinius behauptete, er hätte dafür über 2000 Werke von 516 Autoren berücksichtigt, viele kannte er wahrscheinlich jedoch nur vom Hörensagen. Seine Beschreibungen sind meist pragmatische Aufzählungen, die wohl in erster Linie auf Weitergabe von Wissen abzielten. Plinius d. Ä. kam am 24. August 79 in Stabiae beim Ausbruch des Vesuvs ums Leben.

Plinius der Jüngere (61/62–113) Schriftsteller, Jurist, Politiker

Der Neffe von Plinius d. Ä. war Plinius der Jüngere, der im Jahr 61 oder 62 ebenfalls in Como geboren und von Plinius d. Ä. adoptiert wurde. Auch Gaius Plinius Caecilius Secundus war als Schriftsteller, erfolgreicher Rechtsanwalt und welterfahrener Konsul eine Berühmtheit. Er besaß mehrere Villen am Comer See, von denen ihm zwei besonders zusagten: die Tragoedia und die Commedia. "Beide haben ihren Reiz", schreibt er, "diese bietet die Nähe zum Wasser, jene den weiten Ausblick; ... die eine

Plinius d. J.
(Fortsetzung)

spürt nichts von den Wellen und die andere läßt sie spritzend brechen ..." Die Tragödie stand wohl dort, wo sich heute die Villa Serbelloni (Bellagio) befindet, die Komödie wahrscheinlich unter den Mauern von S. Stefano in Lenno – zumindest hat man dort einen Grabstein mit der Inschrift "Calpur. Fab." entdeckt, vermutlich der von seiner Frau Calpurnia. Von Plinius d. J. sind mehrere Bücher mit Privatbriefen erhalten, darunter eines mit Briefen an Trajan, durch die er als Literat bekannt wurde und in denen man einiges über die Behandlung der Christen erfährt. In zwei Schriften an Tacitus beschreibt er den Vesuvausbruch, bei dem sein Onkel ums Leben kam. Plinius d. J. war 111/112 oder 112/113 in Bithynien als Statthalter eingesetzt und starb um 113 am Comer See.

Theodelinde
(† 627)
Langobardische
Königin

Theodelinde wurde als Tochter des bayrischen Herzogs Garibald I., der um 570 regierte, geboren. 589 heiratete sie den Langobardenkönig Authari, der sich zur Abwehr von Angriffen der Byzantiner u. a. mit den Bayern verbünden wollte. 590 wurde er in Pavia ermordet. Nach seinem Tod heiratete Theodelinde in dem kleinen Städtchen Lomello westlich von Pavia den Turiner Herzog Agilulf und schuf damit die Voraussetzungen für dessen Nachfolge im Amt des Königs und die Festigung der langobardischen Macht. Theodelinde wählte Monza als Residenzstadt, wo noch heute ihre Votivkrone aufbewahrt wird. Die rührige Königin ging in die Geschichte ein, da sie bei den Langobarden den Wechsel vom arianischen zum katholischen Glauben bewirkte. Der katholischen Bayerin gelang es, ihren Mann Agilulf umzustimmen und soweit zu beeinflussen, daß er der katholischen Kirche Schutz gewährte und sich Rom anschloß. 603 wurde der Sohn Adaloald getauft und Theodelinde zu diesem Anlaß von Papst Gregor dem Großen, mit dem sie lebhaft Korrespondenz führte, reichlich beschenkt.

Giuseppe Verdi
(1813–1901)
Opernkomponist

Der in der zweiten Hälfte des 19. Jh.s bedeutendste italienische Opernkomponist feierte große Erfolge an der Mailänder Scala und hinterließ den Mailändern nach seinem Tod sein Vermögen.
Giuseppe Verdi wurde am 10. Oktober 1813 in Le Roncole bei Busseto (Parma) geboren und wuchs dort als Sohn eines Gastwirts auf. Als er sieben Jahre alt war, wurde ein Gönner auf sein Talent aufmerksam und ließ ihm Musikunterricht geben. Später heiratete Verdi die Tochter dieses Mannes. Seine musikalische Karriere nahm ihren Lauf. Schon früh wurde er Leiter des örtlichen Orchesters. Mit 26 Jahren fiel er bei einem Gastdirigat von Haydns Schöpfung in der Scala auf. Er erhielt daraufhin den Auftrag, eine Oper für die Scala zu schreiben – "Oberto, Conte di San Bonifazio" hieß dieses Werk. Mit der Uraufführung des "Rigoletto" (1851) in Venedig – der Oper, die in Mantua spielt – begann eine Reihe von sich ständig steigernden Bühnenerfolgen. Weltruhm erlangte er mit dem "Troubadour" (1853), mit "La Traviata" (1853) und schließlich vor allem mit "Aida" (1871). Indem er mit seiner Musik die Charaktere der dargestellten Personen in ihrer Tiefe erfaßte und ausdrückte, die Personen musikalisch quasi zeichnete, gelang ihm eine Erneuerung der italienischen Oper. Verdi war Sympathisant des Risorgimento, der nationalen Einigungsbewegung; seine frühen Werke wie "Nabucco" stehen damit in Zusam-

Giuseppe Verdi (Fortsetzung)

menhang. Die Vertreter dieser Bewegung liebten ihn als wichtigen Repräsentanten der nationalen Kultur und versteckten ihre politische Parole zur Einigung Italiens unter der Herrschaft Piemonts hinter seinem Namen: **V**ittorio **E**manuele **R**é **d'I**talia. 1861 erhielt er sogar einen Sitz im ersten Parlament des neuen Königreichs. Den Dichter von "I promessi sposi", Alessandro Manzoni, bewunderte und verehrte er als Patriot. Ihm ist das Verdi-Requiem gewidmet, dessen Autograph im Scala-Museum ausgestellt ist. Privat verbrachte der als etwas verschlossen und zurückgezogen geschilderte Verdi die meiste Zeit auf seinem Landgut bei Busseto, wo er sich oft der Landwirtschaft und Gärtnerei widmete und das Komponieren sein ließ. Frühzeitig schon war Verdi sozial engagiert. Seine erste Frau und seine zwei Kinder starben. Seine zweite Ehe blieb kinderlos. Am Ende seines Lebens wohnte er in Mailand in einer Suite des Grand Hotel et de Milan, wo er am 27. Januar 1901 starb. Sein Millionenvermögen, das er hauptsächlich durch die "Aida"-Aufführungen verdient hatte, vermachte er zu großen Teilen einem Heim für alte Musiker in Mailand.

Vergil (70 – 19 v. Chr.) Dichter

Am 15. Oktober 70 v. Chr. wurde Publius Vergilius Maro in Andes, dem heutigen Pietole, bei Mantua geboren und wuchs dort auf dem Landgut seiner Eltern in dem nach ihm benannten Landstrich Virgilio auf. Als durch Landverteilung an die Veteranen des Oktavian das Anwesen verlorenging, zog Vergil nach Rom, wo er in Maecenas, einem wohlhabenden und kunstsinnigen Freund von Augustus, einen Gönner fand – daher bis heute die Bezeichnung Mäzen. Fortan widmete Vergil, der nach Neapel umzog, sein Leben seinem dichterischen Werk. In seinen Hirtengedichten, in denen die Sehnsucht nach einem ungekünstelten Landleben zum Ausdruck kommt, zeigt er sich als einfühlsamer Naturbeobachter. Er traf damit genau den Nerv der überreizten Hauptstadtgesellschaft. Seinem Mäzen widmete er die "Georgica", ein Lehrgedicht über die Landwirtschaft, für das der Grieche Hesiod Vorbild war. Die "Georgica", die der städtischen Bevölkerung die Zusammenhänge und die Ordnung der ländlichen Welt erklärt und über Wettervorzeichen, Baumzucht, Bienenzucht und Landbau informiert, gilt als eines der schönsten Werke der römischen Literatur überhaupt. Am bekanntesten ist aber seine "Aeneis", ein Heldenepos, an dem er elf Jahre schrieb. Kurz vor der Vollendung starb Vergil nach der Rückkehr von einer Griechenlandreise in Brundisium, heute Brindisi; in Neapel liegt er begraben. Hermann Brochs Roman "Tod des Vergil" gilt der Sterbestunde des großen Dichters, Dante hat ihn in seiner "Göttlichen Komödie" zum Begleiter durch die Unterwelt gewählt.

Alessandro Volta (1745 – 1827) Physiker

Aus Como stammt der weltberühmte Physiker Graf Alessandro Volta – am 18. Februar 1745 wurde er dort geboren. Volta war als Professor in Como und an der damals europaweit berühmten Universität in Pavia tätig. Er hat auf dem Gebiet der Elektrizität bahnbrechende Erkenntnisse erzielt: Der Anatom Luigi Galvani aus Bologna hatte zwar den elektrischen Strom entdeckt, aber erst Alessandro Volta gelang die wissenschaftliche Erklärung dieses Phänomens. Er entwickelte die Voltasche Säule, eine nach ihm benannte Serienschaltung spannungserzeugender Elemente, die als erste wirklich funktionierende elektrische Stromquelle gilt. In der Maßeinheit für die elektrische Spannung ist sein Name verewigt. In Como ist ihm der Tempio Voltiano gewidmet, in dem einige seiner Erfindungen zu sehen sind, darunter die ersten von ihm hergestellten Batterien. Alessandro Volta starb am 5. März 1827 in Como.

Kunst und Kultur

Kunstgeschichte

Frühgeschichtliche Spuren

Früheste Kulturspuren sind in der Lombardei in der Alpenregion erhalten. In der Valcamonica, einem Tal nördlich des Lago d'Iseo, lebten Angehörige eines vermutlich halbnomadischen Volksstamms, die allgemein als Camunen bezeichnet werden. Ob sie keltischen oder ligurischen Ursprungs waren, ist nicht wirklich geklärt. Sicher ist jedoch, daß sie der Nachwelt ein ausgesprochen reichhaltiges Kulturgut hinterlassen haben. Seit der Jungsteinzeit sind hier Felseinritzungen entstanden, die zum einen Zeugnis ablegen von einer Besiedlung etwa ab dem 4. Jt. v. Chr., zum anderen eine Ahnung vom damaligen Leben geben. Anhand der Darstellungen sind die Eingravierungen zeitlich relativ exakt zu bestimmen, steinzeitliche, bronzezeitliche und eisenzeitliche Kultur kommt auf den Felsen zum Ausdruck. Das ganze Tal ist voll von Felsgravierungen, immer wieder werden neue Stellen entdeckt. Am bekanntesten sind die Einritzungen im Nationalpark bei Capo di Ponte (→ *Baedeker Special* S. 243). Als schönste Felsblöcke können die Massi di Cemmo am Ortsrand von Capo di Ponte gelten, auf denen eine kunstvolle Komposition von systematisch angeordneten Hirschen zu sehen ist. Der Hirsch war in jener Zeit das begehrteste Jagdtier, wahrscheinlich auch ein Kulttier. Weitere Spuren der neolithischen Zeit gibt es in der Valtellina (Veltlin), leicht zugänglich sind sie dort im Parco delle Incisioni Rupestri bei Grosio, wo insbesondere der Felsblock Rupe Magna relativ gut erkennbare Figuren aufweist. Im Palazzo Besta in Teglio werden sehr gut erhaltene jungsteinzeitliche Stelen aufbewahrt, auf denen Jagdtiere, Sonnensymbole und Spiralzeichen dargestellt sind. Die Stelen werden als wichtige Hinweise auf einen damals verbreiteten Sonnenkult angesehen, die Sonnensymbole als Attribute der Gottheit.

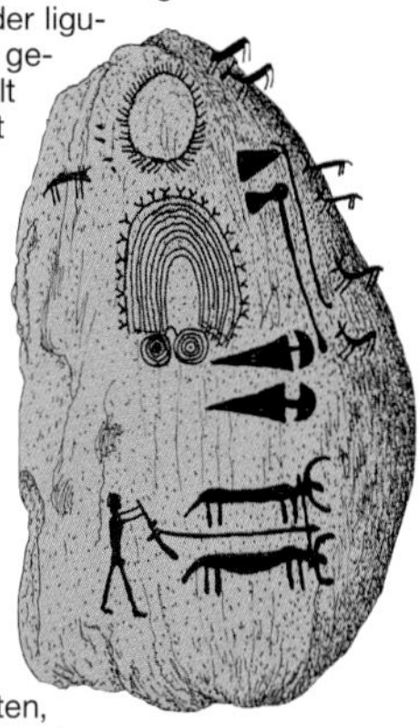

Unter den Felsgravuren in der Valcamonica sind auch römische Schriftzeichen erhalten, so daß man weiß, daß diese Kultplätze noch zu römischer Zeit benutzt wurden. Auch christliche Kreuzsymbole sind entdeckt worden

Kulturspuren anderer Völker, die in vorrömischer Zeit in die Lombardei eindrangen, sind vergleichsweise spärlich. Zwischen 800 und 200 v. Chr. wurde Oberitalien von der Golasecca-Kultur, benannt nach dem Fundort eines Gräberfeldes bei Somma Lombardo südlich des Lago Maggiore, geprägt. Ihre Bedeutung lag offenbar in einer Vermittlerrolle zwischen dem südlichen und dem nördlichen Alpenraum. Die Golasecca-Kultur wurde ab dem 6. Jh. v. Chr. durch die von Süden her in die südliche Lombardei vordringenden Etrusker beeinflußt. Die keltischen Cenomanen, die in der Zeit nach dem 5. Jh. v. Chr. aus dem Norden über die Alpen in den norditalienischen Raum kamen, brachten die La-Tène-Kultur in den südlichen Alpenraum.

Römer

Im 3. Jh. v. Chr. machten die Römer Machtansprüche in Oberitalien geltend, bis etwa 400 n. Chr. prägten sie das kulturelle Bild der Region. In ihrer Herrschaftszeit entstand im ganzen römischen Reich ein gut ausgebautes Straßensystem. In Oberitalien wurde etwas südlich der Lombardei 187 v. Chr. zwischen Rimini und Piacenza die wichtige Via Aemilia angelegt. Kleinere Straßen verbanden die römischen Städte der Lombardei wie Brixia (Brescia), Novum Comum (Como), Laus Pompeia (Lodi Vecchio), Mediolanum (Mailand), Ticinum (Pavia). Auch das Kanalsystem, das man in späteren Jahrhunderten in eindrucksvoller Weise ausweitete, wurde in dieser Zeit initiiert. Imposante Tempelanlagen, Amphitheater, Thermen, Stadttore wurden gebaut. Römische Adelsfamilien ließen sich ihre Villen in den schönsten Landstrichen errichten, so in den voralpinen Hügeln bei Varese und natürlich an den oberitalienischen Seen. Am Comer See hatte die berühmte Familie Plinius mehrere Landsitze; Plinius d. J. besaß die zwei Villen "Tragoedia" und "Comedia". Zeugnisse dieser reichen Kultur sind in der Lombardei heute nur noch vergleichsweise selten. Einen recht guten Eindruck der damaligen Bauweise und Lebensart kann man sich in Brescia und am Gardasee in Sirmione und in Desenzano verschaffen. In Sirmione wurden die bekannten Grotten des Catull (1. Jh. n. Chr.) gebaut, im 4. Jh. n. Chr. die Villa in Desenzano. In Brescia sind Teile des römischen Forums und des Kapitols mit den Resten eines Tempels (1. Jh. n. Chr.) mit herrlichen Mosaiken und eines großen Theaters (3. Jh. n. Chr.) erhalten. Die Statue der Victoria aus dem 1. Jh. n. Chr. – heute Wahrzeichen der Stadt Brescia – wird in einem angeschlossenen Museum aufbewahrt.

Bei den sog. Grotten des Catull handelt es sich nicht um die Reste der einstigen Villa des Dichters, sondern eher um einen Kaiserpalast oder um eine Thermenanlage.

Frühchristliche Zeit

Einige Zeit nach der Anerkennung des Christentums (313 n. Chr.) wurde mit dem Bau von Kirchen begonnen. Dabei übernahm man Elemente der römischen Architektur. Auf der Suche nach einer geeigneten Form für die Versammlungsräume der Gemeinde besann man sich auf die römische Markt-

Frühchristliche Zeit (Fortsetzung)

halle oder Halle für Gerichtsverhandlungen. Von dieser Gebäudeform leitet sich die frühchristliche Basilika mit der meist im Osten an den Chor angefügten Apsis ab, die in den Gerichtsgebäuden als Podium für den Richtenden gedient hatte. Über Jahrhunderte wurde das Grundschema der Basilika beibehalten und variiert, Querschiff, Vorhalle und Campanile kamen im Lauf der Zeit dazu. Säule und Rundbogen wurden aus dem römischen Formenrepertoire übernommen.

Auch wurden Teile aus älteren Bauwerken in Neubauten übernommen. In einigen Kirchen der Lombardei, wie in der Rotonda in Mantua, stößt man auf römische Säulen. Ein eindrucksvolles Beispiel ist auch die Kirche S. Lorenzo Maggiore in Mailand, vor der eine Reihe von 16 korinthischen Säulen eines römischen Tempels steht.

Komplette Kirchenbauten aus frühchristlicher Zeit, also aus dem 4. Jh., sind in der Lombardei nicht mehr vorhanden, sie wurden in der Regel durch spätere Bauten in den Folgejahrhunderten ersetzt. Auf Gründungen aus dieser Zeit gehen aber einige bedeutende Kirchen zurück, u. a. die Mailänder Kirchen S. Ambrogio und S. Lorenzo Maggiore, die unter dem Erzbischof Ambrosius entstanden (→ Berühmte Persönlichkeiten). In der Kirche S. Ambrogio sind mit einem Campanile und mit der Anlage der Vorhalle, wie sie für frühchristliche Basiliken üblich waren, noch vorromanische Anteile erhalten. Im Innern ist die Darstellung des hl. Ambrosius an der Decke der Grabkapelle S. Vittore in Ciel d'Oro aus dem Jahr 470 zu sehen, ein eindrucksvolles Beispiel eines frühchristlichen Mosaiks. Aus dem frühen 5. Jh. stammt der Stilicho-Sarkophag, in S. Ambrogio, der für den weströmischen Regenten Flavius Stilicho angefertigt wurde.

Mit der Kirche S. Lorenzo Maggiore in Mailand hat die Lombardei ein für die Geschichte des abendländischen Kirchenbaus sehr interessantes Werk zu bieten: Die Kirche geht ebenfalls auf einen ersten Bau aus dem 4. Jh. zurück und ist einer der frühesten Zentralbauten des Christentums.

Langobarden

Als erstes Volk, das nach den Wirren der Völkerwanderung und den Zerstörungen der Städte durch kriegerische Auseinandersetzungen für eine längere Phase die Regierung übernahm, prägten die Langobarden ab 569 die Kultur Norditaliens. Sie brachten ihre eigene Grabmal- und Goldschmiedekunst mit, die sich durch einen starken Hang zur ornamentalen Verzierung mit abstrakten Motiven auszeichnete. Flechtband, Flechtmotive und stilisierte Pflanzen sind die hauptsächlichen Elemente. Die Liebe zur reichen Dekoration wirkte in der Lombardei von diesem Zeitpunkt an in fast allen Stilepochen nach. So hielt sich beispielsweise Jahrhunderte später die Gotik mit ihrer ausgeprägten Ornamentkunst aufgrund dieser Tradition in der Lombardei länger als anderswo in Italien. Auch wichtige Bausegmente der lombardischen Renaissance – wie die Fassade der Certosa di Pavia und der Vierungsturm der S. Maria delle Grazie in Mailand – zeigen im Vergleich mit den strengen Renaissancebauten in anderen Regionen ausgesprochen filigranes Schmuckwerk und folgen damit letztlich noch der Vorliebe der Langobarden.

Ein schönes Beispiel langobardischer Goldschmiedekunst: Kreuz des Berengar, 9. Jh., Domschatz in Monza

Schöne Beispiele langobardischer Goldschmiedekunst sind in Monza zu sehen. Im Dom wird die "Eiserne Krone" der Langobarden aufbewahrt, mit der sich nach den verschiedensten Herrschern schließlich auch noch Napoleon zum König von Italien krönen ließ. Im angeschlossenen Museum ist die bekannte "Henne mit Küken" aus dem 6. Jh. zu sehen.

Unter den Langobarden war der Ort Castelseprio, dessen Überreste nach dem Zweiten Weltkrieg ausgegraben wurden, sehr bedeutend. Hier hat ein recht spektakulärer Freskenzyklus aus dem 7. Jh. die Zeiten überdauert, an dem der byzantinische Stil auffällt und der dadurch den Kunsthistorikern einige Rätsel aufgab. Man nimmt heute an, daß in langobardischer Zeit Wanderkünstler aus Byzanz in der Lombardei tätig waren; einer dieser Maler hat vielleicht dieses Werk geschaffen.

Karolinger

Aus dem 8. und 9. Jh., also aus der sich anschließenden karolingischen Epoche, sind ebenfalls einige Zeugnisse erhalten. Zwei wichtige Werke des 9. Jh.s sind wiederum in S. Ambrogio in Mailand zu sehen: der Altare d'Oro mit Reliefarbeiten aus vergoldetem Silberblech und der Altarbaldachin mit reichhaltiger Dekoration aus bemaltem Stuck. In Brescia findet man mit dem Desideriuskreuz das wohl hübscheste Stück dieser Zeit.

Romanik

Architektur

Durch die wiederbelebte Landwirtschaft und den Handel vergrößerten sich zwischen dem 11. und 13. Jh. die Städte, in denen die Kathedralen mit den davorliegenden Marktplätzen zum Mittelpunkt des religiösen und gesellschaftlichen Lebens wurden. Erste kleine Rathäuser entstanden. Architektur und Steinmetzkunst vom 7. bis zum 18. Jh. sind in der Lombardei vor allem verbunden mit den nach ihrer Herkunft benannten Maestri comacini, Maestri Intelvesi oder Comasken (→ *Baedeker Special* S. 104). Als eine der ältesten romanischen Basiliken der Welt gilt S. Michele in Pavia. Sie wurde im 12. Jh. über den Resten einer Kirche aus dem 7. Jh. gebaut, die Krönungskirche der Langobarden gewesen war. Was S. Michele auszeichnete, heute aber durch Luftverschmutzung nahezu völlig zerstört ist, ist die

Die romanische Bauplastik an der Kirche S. Michele in Pavia – einer der Höhepunkte einer Lombardeireise.

hervorragende romanische Bauplastik; vergleichbares ist aber auch andernorts in der Lombardei zu finden. Kapitelle und vor allem Portale führen mit ihren aus dem Stein gehauenen pflanzlichen und figürlichen Dekorationen ein wahres Eigenleben. Besonders der Portalbereich war in der Romanik der bevorzugte Ort für figürliche Darstellungen. Zu sehen sind u. a. Kämpfe zwischen Heiligen und dämonischen Ungeheuern. Die Portalplastik galt in erster Linie dem Abwehren der dämonischen Einflüsse, die aus Richtung Westen kamen und den Osten als geheiligte Himmelsrichtung, in der das Grab Jesu und meist auch der Chor einer Kirche lag, angriffen. Gegen diese Kräfte gingen die Heiligen in Stein mit aller Macht vor. Ein schönes Beispiel ist der Erzengel Gabriel über dem Portal von S. Michele, der den bösartigen Lindwurm mit dem Fuß im Zaum hält. Durch Abbildungen, so meinte man, könnten die Dämonen zur Räson und das Göttliche näher gebracht werden. Die Fassade, die hier bei S. Michele wie auch an

Romanik, Architektur (Fortsetzung)

anderen lombardischen Kirchen oft höher als das Kirchenschiff ist, spiegelt den architektonischen Aufbau des Innenraums deutlich wider. Ein weiteres wichtiges Merkmal der lombardischen Romanik ist die Zwerggalerie, die sich an der Giebellinie entlangzieht und an vielen lombardischen Kirchen zu finden ist. Die Zwerggalerie wurde im 12. Jh. in der Lombardei entwikkelt und fand von hier aus ihren Weg nach ganz Europa.

Auch S. Ambrogio in Mailand ist ein wichtiges Beispiel lombardischer Romanik. Sie wurde Vorbild für viele andere Kirchen, da hier für die Konstruktion der Decke erstmals in Italien ein Kreuzrippengewölbe ausgeführt wurde statt des bis dahin üblichen Tonnengewölbes. S. Ambrogio hat kein Querschiff, was ein generelles Charakteristikum der romanischen Bauten in der Lombardei ist.

Ein völlig anderer Aufbau liegt zwei Kirchen aus dem 11. Jh. in Mantua und in Brescia zugrunde, die als Rotunden errichtet wurden; die kleine Rundkirche in Almenno S. Bartolomeo bei Bergamo wurde im 12. Jh. gebaut. Vorbild für solche Zentralkirchen war im allgemeinen die Jerusalemer Grabeskirche bzw. die antike Tradition, Herrscher in Rotunden beizusetzen – ein Brauch, der über die klassische in die christliche Kultur Einzug gehalten hatte.

S. Tomè in Almenno bei Bergamo

In den Alpentälern trifft man auf zahlreiche kleinere romanische Kirchen, die allein schon durch das Material – grobe Steinquader – und ihre Schmucklosigkeit meist sehr archaisch wirken. Zwei schöne Beispiele sind in Capo di Ponte in der Valcamonica mit den Kirchen S. Siro und S. Salvatore zu sehen.

Malerei

Unter den Malereien der Romanik gilt die doppelseitig bemalte ikonenartige Tavola di S. Agata (13. Jh.) in Cremona als Höhepunkt.

Gotik

Architektur

Während in der ersten Hälfte des 12. Jh.s vielfach noch Bauten der Romanik entstanden, kam 1135 mit den Zisterziensern die Gotik in die Lombardei. In diesem Jahr wurde die Abtei Chiaravalle Milanese gegründet und nach französischem Vorbild in schlichter Zisterziensergotik errichtet. Zum Bau neuer Kathedralen im gotischen Stil entschloß man sich nur in Städten, die in dieser Zeit einen starken wirtschaftlichen Aufschwung erlebten; in den meisten anderen Städten gab es bereits romanische Kathedralen, die allenfalls erweitert oder umgebaut wurden. Die unglaubliche Detailliebe der Gotik, die sich bei den großen französischen Kathedralen zeigte, wurde vorbildlich. In der Lombardei, in der die langobardische Ornamentkunst stets gegenwärtig zu sein schien, konnten Dekoration und Ausschmükkung nun bis zur Vollendung ausgeschöpft werden. Letztlich zeugt auch der Mailänder Dom, vielmehr seine mit Akribie zum Abschluß gebrachte jahrhundertelange Baugeschichte, mit über 3000 Figuren an den Außenmauern von dieser typisch lombardischen Vorliebe. Ein Glanzstück des gotischen Kirchenbaus ist der Dom von Monza, dessen Fassade lombardische und toskanische Stilelemente vereinigt.

In der Übergangszeit von der Spätgotik zur Renaissance arbeiteten zwei bedeutende lombardische Architekten des 15. Jh.s in Mailand und Umgebung. Guiniforte Solari (1429–1481) und Giovanni Solari (ca. 1440–1484)

Gotik, Architektur (Fortsetzung)

waren in dieser Phase an den Bauarbeiten des Mailänder Doms maßgeblich beteiligt. Guiniforte Solari entwarf den ausgewogenen spätgotischen Westteil der Mailänder Kirche S. Maria delle Grazie. Ende des 14. Jh.s wurde mit der Certosa di Pavia eine der eindrucksvollsten Kirchen der Lombardei begonnen; in der zweiten Hälfte des 15. Jh.s waren auch hier Guiniforte und Giovanni Solari als Baumeister tätig.
Ab dem 13. Jh. entstanden zunehmend auch bedeutende Profanbauten in den Zentren der Städte, die deutlich Zeugnis von der immer größeren politischen und wirtschaftlichen Macht der Kommunen ablegen. Zu den eindrucksvollsten Beispielen gehören die repräsentativen Paläste im Zentrum von Mantua. Ein schöner Bau aus dem späten 13. Jh. ist die Loggia dei Militi in Cremona mit der offenen Halle im Untergeschoß. Die alten Rathäuser, meist Palazzo Broletto genannt, die in fast allen kleineren lombardischen Städtchen an den zentralen Plätzen stehen, entstanden teilweise in dieser Zeit – das vielleicht schönste Beispiel ist das alte Rathaus von Mantua; der Broletto von Pavia, mit dessen Bau bereits im 11. Jh. begonnen worden war, ist das älteste Rathaus der Lombardei überhaupt. Gotische Festungsarchitektur aus dem 13. und 14. Jh. ist in Mailand (Castello Sforzesco), in Mantua (Castello S. Giorgio), in Pavia (Castello Visconteo) und in Vigevano (Castello Sforzesco) zu sehen. Schließlich sind auch die letzten erhalten gebliebenen Geschlechtertürme, die zur Verteidigung und als Fluchtmöglichkeit in den Auseinandersetzungen zwischen Guelfen und Ghibellinen dienten, mittelalterliche Zeugen.

Malerei

In verschiedenen Kirchen sind noch Wandmalereien der Gotik erhalten. Das beeindruckendste Beispiel ist sicher der Freskenzyklus von Masolino im Baptisterium in Castiglione Olona. Er entstand in der Übergangszeit; zwar ist er noch deutlich der Spätgotik verhaftet, in der menschlichen Darstellung zeigen sich jedoch die Anfänge der Renaissance.

Renaissance

Architektur

Die Theorien der Renaissance-Architekten aus Rom und Florenz, die Rückgriffe auf die Ideen der Antike, gelangten nicht allzu schnell in die Lombardei. In Mantua entstand mit der Kirche S. Andrea ab 1472 ein Werk, das als Initialbau der Renaissance in der Lombardei bewertet wird, während Brunelleschi in Florenz schon seit Jahrzehnten Renaissancebauten entworfen

S. Maria delle Grazie in Mailand

Renaissance, Architektur (Fortsetzung)

hatte. S. Andrea wurde nach Plänen von Leon Battista Alberti (um 1404 bis 1472) gebaut, der sowohl als Baumeister als auch als innovativer Kunsttheoretiker bekannt war. Sein an antiken Vorbildern orientiertes Konzept prägte die Sakralbauten noch über Jahrhunderte, der von ihm entwickelte Einheitsraum wurde im Barock weitergeführt.
In Mailand arbeiteten Leonardo da Vinci (1452–1521) und Donato Bramante (1444–1514) am Hof von Ludovico il Moro. Bramante entwarf mit der Vierung von S. Maria delle Grazie eines der schönsten Beispiele sakraler Renaissancearchitektur. Der harmonisch gegliederte und reich dekorierte Vierungsturm mit einem umlaufenden Galerieband diente mehreren Architekten als Vorlage für Kirchenbauten in der Lombardei – besonders in Crema wird das Vorbild deutlich. Überhaupt ist die Kirche S. Maria delle Grazie das beste Beispiel für das Nebeneinander von Spätgotik und Frührenaissance. Nur gut 20 Jahre nach dem spätgotischen Westteil (1463 bis 1469) entstand der Ostteil im Stil der Frührenaissance (ab 1490), beiden ist deutlich anzumerken, daß sie verschiedenen Stilepochen angehören.
Ein sehr vielseitiger Künstler des 16. Jh.s war der Maler, Architekt und Bildhauer Pellegrino Tibaldi (1527–1596), der als bevorzugter Baumeister von Erzbischof Carlo Borromeo in Mailand u. a. am Dom tätig war. Aber auch in anderen lombardischen Städtchen, wie Como und Umgebung, Monza und Lodi, sind seine Werke erhalten.
Relativ zahlreich sind die Stadtpaläste, die in der Renaissance entstanden sind. Die Gonzaga in Mantua ließen die letzte Erweiterung und Ausgestaltung ihres Palazzo Ducale im Stil der Renaissance vornehmen. In Cremona stehen mehrere Stadtpaläste des späten 15. und frühen 16. Jh.s, einige stammen von Bernardino de Lera († 1518), der zu der Zeit in Cremona ein angesehener Architekt war, und in Sabbioneta bei Mantua entstand in der 2. Hälfte des 16. Jh.s die "ideale Stadt", deren städtebaulicher Entwurf auf der Architekturlehre Vitruvs (1. Jh. n. Chr.) beruhte.

Öffentliche Plätze

Erwähnt werden müssen auch die Platzanlagen der Renaissance wie die Piazza Ducale in Vigevano, die Ende des 15. Jh.s vermutlich nach Entwürfen von Bramante gebaut wurde und als schönster der italienischen Frührenaissance gilt. Die Piazza della Loggia in Brescia wurde zwischen dem späten 15. Jh. und im 16. Jh. unter venezianischem Einfluß angelegt.

Malerei

Eines der berühmtesten Bildwerke der Renaissance – das "Abendmahl" von Leonardo da Vinci – ist in Mailand im Refektorium der Kirche S. Maria delle Grazie zu sehen (→ *Baedeker Special* S. 45). Im Palazzo Ducale in Mantua sind die Fresken von Andrea Mantegna (1431–1506), die in die Kunstgeschichte eingegangen sind, erhalten; in der Camera degli Sposi wurde von Mantegna eine für damalige Verhältnisse vollkommen neuartige illusionistische Öffnung der Raumdecke ausgeführt, die daraufhin von verschiedenen begeisterten Malern imitiert wurde.
Viele lombardische Maler haben sich in dieser Zeit innerhalb der Region einen Namen gemacht. Im 15. und 16. Jh. arbeiteten viele Maler-Familien, die ihr Wissen an die nachfolgende Generation weitergaben – ein typisches Beispiel sind die Cremoneser Maler der Campi-Familie Antonio Campi (1522/23–1587), Bernardino Campi (1522–1590), Giulio Campi (ca. 1502–1572). Während einer Reise durch die Lombardei trifft man häufig auf die Werke von Vincenzo Foppa (1427 bis ca. 1515), Gerolamo Savoldo (1480 bis ca. 1548), Alessandro Bonvicino, genannt Moretto (1498–1554) und Gerolamo Romanino (1484 bis ca. 1559) aus Brescia, in deren Werken sich lombardische mit venezianischen Stilelementen vermischten; weiter sieht man Malereien von Gian Francesco Bembo (1460 bis 1526), Bonifacio Bembo (1440–1478), Bernardino Gatti (1495–1575), Boccaccio Boccaccino (ca. 1465–1525), Camillo Boccaccino (1501–1546) und schließlich von Malern, die zumeist in Mailand tätig waren wie Bernardino Luini (1480/85–1532), Andrea Solario (1468/70–1524), Ambrogio Bergognone (ca. 1453 bis ca. 1523) und Gaudenzio Ferrari (1480–1546).

Manierismus

Der Manierismus als Stilform der Hochrenaissance hat in der Lombardei im 16. Jh. eine besondere Ausprägung erfahren. Der bekannteste Palast

Mit Geduld und Lösungsmittel

Hände weg! Was machen Sie denn da, Signora! hört Pinin Brambilla einen Museumswärter rufen. Wenn Giuseppina Brambilla, Italiens renommierteste Restauratorin und Leonardo-Expertin, "ihre" Kunstwerke nach schier endlosen Mühen wieder den Museumswänden übergeben hat, darf sie ihnen keinen Schritt mehr zu nahe treten. Wie erwachsen gewordene Kinder seien ihr die Gemälde, die ihr durch die lange Arbeit ans Herz gewachsen sind und dann mit einem Mal entzogen werden.

Restauratorin bei der Arbeit an Leonardo da Vincis "Abendmahl"

Diese Gefahr besteht beim Abendmahl vorerst allerdings nicht. Jesus und seine Jünger begleiten sie jetzt schon seit 1980 – länger vielleicht, als ihr lieb ist –, und ein Auseinandergehen ist nicht in Sicht. In mühsamer Kleinarbeit arbeitet sich Pinin Brambilla Farbschüppchen für Farbschüppchen, Zentimeter für Zentimeter, Jahr für Jahr voran. Sie und ihre Mitarbeiter reinigen die Oberfläche von "falschen" Spuren, die ihre Vorgänger durch andere Restaurierungsmethoden, durch schlichtes Übermalen und Erneuern von aufgetretenen Lücken in Leonardos Gemälde hinterlassen haben. Nach ersten monatelangen Untersuchungen hatte die Restauratorin festgestellt, daß jahrhundertelang ein verfälschtes Werk zu sehen war. Sie versucht nun, das Original, das sich unter Schmutz, Staub und mehreren Farb- und Lackschichten befindet, freizulegen und zu fixieren. Eine Arbeit, bei der man stundenlang mit Pinzette und Skalpell unter einem Mikroskop hantiert. Später wird an den Stellen, an denen nichts mehr erhalten

ist, mit feinstem Pinsel ein neutraler Farbton aufgetragen, der sich unauffällig in die Umgebung einpaßt – wiederum mit Blick durchs Mikroskop. Wie anstrengend – geistig und körperlich – diese Arbeit ist, kann der Laie kaum ermessen. Manchmal gibt es monatelange Arbeitspausen, in denen neueste Analysen ausgewertet werden und das weitere Vorgehen überlegt wird. Ein internationales Komitee verfolgt und berät das Geschehen.
Schon nach kurzer Restaurierungszeit sprach man vom "Wunder von Mailand" und von der "Wiederauferstehung des Leonardo". Sogar der damals 84jährige Staatspräsident Pertini wollte das sensationelle Zwischenergebnis sehen. Ein Teil der rechten Hälfte war restauriert, und plötzlich schien sich an dieser Stelle ein ganz anderes Gemälde aufzutun. Die Farben des Originals waren erheblich heller und flacher, wie ausgedünnt – und für manchen Kunstfreund, dem die geheimnisvolle Tiefe und würdige Ausstrahlung der jahrhundertealten Patina fehlte, erst einmal gewöhnungsbedürftig. Man sah plötzlich klare Gesichter, Stickereien in der Tischdecke, eine angeschnittene Orange, die Reflexe der Gewänder in den Zinntellern, Gobelins im Hintergrund. Vor allem aber ist der Ausdruck der Gesichter viel feiner und gefühlvoller, als die Übermalungen vorgaukelten.

Die Restaurierung von Pinin Brambilla ist bereits die siebte, die an diesem Gemälde vorgenommen wird. Im 18. Jh. begann die lange Geschichte der Rettungsversuche, seit Mitte des 19. Jh.s gab es Diskussionen um die beste Methode. Kunsthistoriker stritten untereinander, Kunstkritiker und Restauratoren waren sich nicht einig. Lange hielt man das Übermalen der Teile, die sich abgelöst hatten, für angemessen. Im Zuge solcher Überlegungen muß auch der Bart von Simon ganz rechts entstanden sein – auf älteren Abbildungen ist er noch zu sehen. An dieser Stelle ist die Änderung für Außenstehende am ehesten nachzuvollziehen, sofern eine alte Abbildung zum Vergleich zur Verfügung steht. 1908 nahm man erstmals einen Reinigungsversuch vor. Im Jahr 1943 schlug in der Klosteranlage eine Bombe ein, das Wandgemälde blieb jedoch erhalten, da man es sorgfältig geschützt hatte. In den fünfziger Jahren des 20. Jh.s gab es eine Restaurierung, die man für die endgültig letzte hielt, man glaubte, das Vorhandene für immer gerettet zu haben. Ende der sechziger wurde aber schon wieder eine feine Mikroflora auf den Farben entdeckt.

Das derzeitige, von Olivetti gesponsorte Projekt zum Erhalt des "Abendmahls" begann nach einer Alarmmeldung Ende der siebziger Jahre. Damals wurde ein Riß von zwei Metern Länge in der Wand mit dem weltberühmten Gemälde festgestellt. Während sich bis dahin alle ausschließlich um die Wand- bzw. Gemäldeoberfläche gekümmert hatten, galten die Rettungsversuche jetzt plötzlich auch noch der Statik der Wand. Man beschloß, eine Metallkonstruktion hinter die 70 cm dicke Mauer zu ziehen, außerdem sollten Kontrollinstrumente installiert werden, um herauszufinden, weshalb die Nordwand des Refektoriums in Bewegung ist. Eigentlich wußten die Mailänder die Gründe aber bereits. Der dichte Autoverkehr draußen auf dem Corso Magenta und vor allem die alle paar Minuten vorbeipolternde schwere

Manierismus (Fortsetzung)

aus dieser Epoche ist der damals vor den Toren von Mantua erbaute Palazzo del Tè, den sich Federico II. Gonzaga von Giulio Romano (1499–1546), dem Raffael-Schüler und berühmtesten lombardischen Architekten seiner Zeit, 1525–1535 bauen ließ. Sein Entwurf, in dem der spielerische Umgang mit den Formen der Antike fasziniert, hat als eines der bedeutendsten norditalienischen Bauwerke des Manierismus Architekturgeschichte geschrieben. Auch die Fresken, die Romano für den Palazzo del Tè entworfen hat, allen voran die in der Sala di Psiche und in der Sala dei Giganti mit der Darstellung des Kampfes der Titanen gegen die Götter im Olymp, haben Berühmtheit weit über die Grenzen von Mantua hinaus erlangt.
Manieristische Elemente weisen auch einige Stadtpaläste auf, wie der 1558 in Mailand erbaute Palazzo Marino (gegenüber der Scala).

Straßenbahn erschüttern alle Gebäude – bis heute. Noch gefährlicher scheint für das Gemälde jedoch die Staub- und Smogluft zu sein, die lange Zeit ungehindert in das Refektorium gelangte und drinnen ähnlich hoch konzentriert war wie draußen auf dem Corso. Während die Tram nach wie vor am Abendmahl vorbeirumpelt und sich die Autoschlange zur Rush-hour ihren Weg bahnt, setzte man sich gegen die Luftbelastung mit einer doppeltürigen Schleuse zur Wehr, die jeweils nur von einer Handvoll Besuchern langsam passiert werden darf. Wenn es nach Pinin Brambilla gegangen wäre, hätte man den Raum von Anfang an schließen und eine "keimfreie" Zone herstellen müssen, denn etwas Staub und Feuchtigkeit werden immer noch von draußen hereingetragen und drohen ihre Anstrengungen zu einer nicht enden wollenden Sisyphusarbeit zu machen. Wegen der Streitigkeiten zwischen Denkmalpflegern für Kunstwerke und Denkmalpflegern für Bauwerke gab es auch ewig keine Klimaanlage.

Feuchtigkeit, Temperaturschwankungen, Schimmel sind nach wie vor die größten Feinde des Gemäldes. Neben allen Unbilden von außen tauchte nach einigen Jahren des Restaurierens ein weiteres Problem auf: Man befürchtete, mit weiteren Reinigungen an einigen Stellen die letzten Reste der Originalfarbe abzutragen. Nach zehn Jahren Arbeit sagte Pinin Brambilla, sie habe unter einigen Übermalungen des "Abendmahls" überhaupt kein Original mehr gefunden, das gelte vor allem für die linke Hälfte. Nur noch die Komposition sei von Leonardo da Vinci. Der Kopf von Judas beispielsweise sei eigentlich gar nicht mehr da. In diesem Fall muß man also auch in Zukunft mit der Fälschung vorlieb nehmen.

Angeblich soll sich Ludovico il Moro, der Auftraggeber des Werkes, über die Langsamkeit geärgert haben, mit der Leonardo da Vinci gearbeitet hat – er brauchte für das "Abendmahl" etwa drei Jahre. Was Ludovico il Moro nicht wußte, war, daß Lenardo da Vinci sich für dieses große Thema besonders viel Zeit nahm. Immer wieder soll er die Arbeiten für längere Zeit unterbrochen haben, manchmal auch stundenlang auf dem Gerüst gestanden und überlegt haben, ohne einen Pinselstrich auszuführen. Voraussetzung für dieses langsame Arbeiten aber war, daß er nicht die gebräuchliche Freskenfarbe verwendete, die auf den noch nassen Putz gemalt wird, sich unabtrennbar mit der Wand verbindet und schnelles Arbeiten erfordert. Um langsamer malen zu können, nahm er stark auf Feuchtigkeit reagierende Temperafarbe, die damals noch nicht erprobt war – und bereits nach zehn Jahren erste Ablösungserscheinungen zeigte. Ein Experiment also, das gründlich schiefgegangen ist. "Das Werk beginnt sich zu zersetzen", soll damals ein Augenzeuge namens Antonio de Beatis geäußert haben. "Liegt es an der Feuchtigkeit der Mauer, oder woran?"

Andy Warhol fand eine ganz eigene Lösung für das "Cenacolo", als er 1987 in Mailand eine umstrittene Hommage an Leonardo inszenierte und eine Gruppe von 22 Bildern ausstellte, auf denen er das "Abendmahl" im Siebdruckverfahren mehrmals gedoppelt, seriell gereiht und in Segmente zerlegt hatte.

17. und 18. Jahrhundert

Die Zeit des Barock und des Neoklassizismus hat in der Lombardei wenige wichtige bauliche Spuren hinterlassen. Für Mailand mag einer der Gründe die Pest im Jahr 1630 gewesen sein, der nahezu die Hälfte der Stadtbevölkerung zum Opfer fiel. Im Barock sind allerdings viele Innenräume älterer Kirchen ausgestaltet worden, zum Teil wurden die oftmals als unpassend empfundenen überladenen Dekorationen später wieder beseitigt. Noch erhalten ist die reiche Innenausstattung in der Wallfahrtskirche in Tirano im Veltlin. Barockfassaden sind den Dombauten in Mantua und in Vigevano vorgesetzt worden. Schließlich ist der Kapellengang des Sacro Monte bei Varese mit seinen 15 kleinen Zentralbauten im 17. Jh. entstanden. Als Architekt und Maler hat sich Pietro Ligari aus Sondrio (1686 bis 1752), der im Veltlin und in Mailand gearbeitet hat, einen Namen gemacht.

17. und 18. Jahrhundert (Fortsetzung)

Das wohl bedeutendste Bauwerk des 18. Jh.s ist die Mailänder Scala, die von Giuseppe Piermarini (1734–1808), einem damals in Mailand sehr bekannten Architekten, entworfen wurde. Von ihm stammt auch der Palazzo Reale bei Monza. Unter den Palazzi des 18. Jh.s sind besonders die Villen am Comer See zu erwähnen, so die klassizistische Villa Carlotta mit einem Terrassengarten im italienischen Stil, die Villa d'Olmo und die im 18. Jh. umgebaute Villa Serbelloni in Bellagio.

19. und 20. Jahrhundert

Das vielleicht bekannteste lombardische Bauwerk aus der zweiten Hälfte des 19. Jh.s ist die Galleria Vittorio Emanuele II. in Mailand, die berühmte Passage mit der in damaliger Zeit in Europa oft eingesetzten Glaskonstruktion sowie einer Ausgestaltung mit neoklassizistischen Elementen (s. Titelbild). Zur selben Zeit wurde der Cimitero Monumentale in Mailand angelegt, wo Historismus par excellence zu sehen ist; in heute kurios erscheinender Form wurden hier alle nur erdenklichen Möglichkeiten des Imitierens ausgeschöpft. Erwähnt werden müssen auch die wenig bekannten Brücken über den Po – einige sind nach dem Vorbild der großen französischen Eisenkonstruktionen aus der zweiten Hälfte des 19. Jh.s entstanden wie der Ponte della Becca (1912) südlich von Pavia. Zwischen 1912 und 1931 wurde der monströse Mailänder Bahnhof Stazione Centrale mit übersteigerten neoklassizistischen und Jugendstil-Elementen errichtet.

Eine Welt für sich, der Cimitero Monumentale in Mailand

Jugendstil

Der Jugendstil (ital. Stile liberty) hatte mit Giuseppe Sommaruga (1867 bis 1917) seinen größten Architekten. Er baute u. a. mehrere Wohnhäuser in Mailand. In S. Pellegrino Terme entstand ein bekanntes Jugendstilensemble, bestehend aus Grand Hotel, Kuranlagen und Kasino. Romolo Squadrelli und Luigi Mazzocchi waren die Architekten.

Futurismus

1910 fand in Mailand ein Treffen italienischer Maler statt, an dem u. a. Carlo Carrà, Umberto Boccioni, Luigi Russolo und Tommaso Marinetti teilnahmen. Es wurde ein erstes futuristisches Manifest verabschiedet, das auch der in Rom lebende Giacomo Balla unterzeichnete. Der Futurismus richtete sich gegen jede Art von Traditionalismus – Architektur, Malerei und Musik waren seine Ausdrucksformen. Viele Werke dieser Künstler sind in Mailand in den Kunstsammlungen des 20. Jh.s zu sehen.

Faschistische Architektur

Während des Faschismus wurden viele Aufträge an neoklassizistisch arbeitende Architekten vergeben. Städtebauliche Anlagen der dreißiger Jah-

Faschistische Architektur (Fortsetzung)

re fallen vor allem in Brescia (Piazza della Vittoria) und in Varese (Piazza Monte Grappa) auf. Der bevorzugte Baumeister Mussolinis war Marcello Piacentini.

Neuere Architektur

Unter den Architekten der letzten Jahrzehnte haben sich in der Lombardei u. a. Marco Zanuso (Neubau des Nuovo Piccolo Teatro in Mailand) und Vittorio Gregotti (Hauptsitz der Feltrinelli-Stiftung in Mailand) einen Namen gemacht. Der 1931 in Mailand geborene, 1997 tödlich verunglückte Aldo Rossi war Italiens bekanntester zeitgenössischer Architekt. Dennoch war er in der Lombardei kaum tätig. Zu Beginn der siebziger Jahre entwarf er den Wohnblock Gallaratese in Mailand, der weniger als ein funktionales Gebäude denn als eine Art Großplastik konzipiert ist. Viele Architekten des 20. Jh.s sind gleichzeitig als Designer tätig, die Übergänge zwischen beiden Bereichen sind fließend. Freunde moderner Architektur können die Sammelmappe "Auf den Spuren der modernen Architektur im Tessin" bestellen, in der die interessantesten Beispiele moderner Architektur u. a. am Lago Maggiore und am Luganer See zusammengestellt sind (bei der kantonalen Tourismusorganisation, → Praktische Informationen, Auskunft).

Design

Italienisches Design wird meist mit Mailand identifiziert. Die bedeutendsten Designer haben oder hatten hier ihre Büros. Und auch die Ursprünge für die Entwicklung des italienischen Designs im 20. Jh. liegen in der lombardischen Metropole. Verschiedene soziale, ökonomische und kulturelle Gründe spielten eine Rolle: Das relativ kühle und industrielle Mailänder Design war nach dem Krieg Ausdruck einer Hinwendung zu den in Europa vorherrschenden rationalen und liberalen Tendenzen, andererseits der kritischen Distanz zur eigenen eher traditionsgebundenen, akademisch-provinziellen Kultur. Als zweites spiegelte das Mailänder Design die Annäherung zwischen der Unternehmerwelt und der kreativen Welt der Entwerfer wider. Einen Bedarf an Designern spürten als erste der Industrielle Adriano Olivetti sowie das mittlerweile zur Industrie gewordene Kunsthandwerk in der Brianza, die in den sechziger Jahren alle Aufmerksamkeit auf das Design richteten, um sich von anderen Produkten zu unterscheiden. Ettore Sottsass (geb. 1917), der nach dem Krieg nach Mailand kam, hat jahrelang bei Olivetti mitgearbeitet und eine neue Form der Zusammenarbeit zwischen Designer und Unternehmer in die Wege geleitet – dergestalt daß der Designer direkt an der Produktion beteiligt ist und nicht als außenstehender Fachmann nur zeitweilig für bestimmte gestalterische Aufgaben dazugeholt wird. Eines seiner bekanntesten Stücke – eines der populärsten des damaligen italienischen Designs überhaupt – ist die 1969 für Olivetti entworfene tragbare Schreibmaschine "Valentine". Unter anderem hat Sottsass auch Geschäftsräume für die Bekleidungsfirma Esprit und verschiedene Artikel für Alessi gestaltet. Für Alessi arbeiteten u. a. auch Aldo Rossi und Achille Castiglioni. Castiglionis Konzept der späten fünfziger und sechziger Jahre sah vor, Alltägliches und ewig Bekanntes in neuem Zusammenhang neu zu präsentieren – so funktionierte er einen Fahrradsitz zu einem durchgestylten Hocker um. Ein wichtiges Ereignis in der Mailänder Designerwelt war der Zusammenschluß einer Gruppe von Architekten und Designern zur Gruppe Memphis, die Sottsass Ende der siebziger Jahre ins Leben rief und zu der er vier Jahre lang gehörte. Memphis' Konzept richtete sich gegen das bisher gängige, nämlich die Form der Funktion unterzuordnen. Sottsass attackierte also seine eigene, lange Zeit verfolgte Vorgehensweise. Man wollte in den Entwürfen nun nicht mehr allein die Ratio berücksichtigen, sondern endlich für die Sinne arbeiten. In diesem Zusammenhang entstand Sottsass' bekannter Raumteiler "Carlton". Zu der Gruppe gehörte auch Matteo Thun, dem mit der Stehleuchte "Chicago Tribune" der Durchbruch gelang – eine Hommage an den Architekten Adolf Loos, der ein Zeitungsgebäude ähnlichen Aussehens entworfen hatte. Auch Thun ist, wie viele seiner Designerkollegen, Architekt. Ein erfolgreiches

Design (Fortsetzung)

Duo waren über Jahre Marco Zanuso (geb. 1916) und der Deutsche Richard Sapper, ihr erster großer Erfolg war das Klappkofferradio "TS 502". Marco Zanuso betätigt sich derzeit hauptsächlich als Architekt. Alessandro Mendini, der Chefredakteur von "Casabella" und "Domus" war, entwikkelte den "Proust-Sessel", der mit einem pointillistischen Tupfenschwarm überzogen ist und der das Markenzeichen Mendinis wurde. Das Design italienischer Autos haben Rodolfo Bonetto (Ferrari, Lancia, Fiat) und Giorgetto Giugiario (Alfa Romeo, Fiat) entworfen. Eine der bekanntesten Mailänder Designer ist die Architektin und Designerin Gae Aulenti (→ Berühmte Persönlichkeiten).

Mode

Bekleidungsdesign spielt in der Lombardei schon seit Jahrhunderten eine Rolle. Die Handelswege, auf denen Stoffe aus dem Orient nach Europa transportiert wurden, verliefen durch Norditalien. Como war ein bedeutendes Handelszentrum, später wichtiger Ort der Textilproduktion. Im 18. Jh. wurden in der Lombardei nördlich von Mailand und bei Mantua Maulbeerbäume für die Seidenraupenzucht angepflanzt. Es entstanden die ersten Seidenspinnereien. Heute wird Seide hauptsächlich in den großen Manufakturen in Como verarbeitet. Das Rohmaterial wird importiert, das Design liefern Mailänder Modeschöpfer.

Mailänder Mode genießt seit den siebziger Jahren weltweit einen hervorragenden Ruf – wenn Mailänder Modedesigner ihre neuesten Kreationen vorstellen, kommt die Prominenz von überall her angereist. Weltberühmt ist auch die "Milano Collezioni", die von Giuseppe Modenese, dem Begründer der wichtigsten Modemessen in Italien, ins Leben gerufen wurde. Als "König der Mailänder Mode" wird Giorgio Armani bezeichnet, als "Weltmeister im Weglassen, Vereinfachen, Reduzieren aufs Wesentliche". Sein klassischer Stil steht dem wilden, farben- und musterfrohen, mitunter hemmungslosen und überladenen von Gianni Versace gegenüber. Die Bedeutung, welche die Modeschöpfer in ihrer Heimatstadt haben, wurde nach dem tödlichen Attentat auf Gianni Versace im Sommer '97 deutlich – die Nachricht ließ niemand gleichgültig. Gianni Versace hat neben Mode auch Theaterkostüme entworfen, Robert Wilson engagierte ihn für zwei Aufführungen an der Scala. Als Modedesigner-Ehepaar haben sich Rosita und Tai Missoni einen Namen gemacht. Sie haben ihr gemeinsames Lebenswerk in Varese begonnen, wo sie auf schlichten Webstühlen einfache Streifenmuster produzierten. Streifen und Zacken sind ihre Markenzeichen. Krizia startete ihre Karriere in Mailand, sie ist für ihre Tiermotive bekannt. Als genialer Moderebell, als Punk unter den Modedesignern, gilt der Mailänder Franco Moschino, der mit provozierenden Schriftzügen arbeitet und Entwürfe anderer Modeschöpfer kopiert. Die jüngsten sind derzeit Domenico Dolce (geb. 1959) und Stefano Gabbana (geb. 1963), die 1985 erstmals bei einer Talentshow der "Milano Collezione" ihre Modelle zeigten. Dolce & Gabbana-Boutiquen gibt es mittlerweile weltweit. Was die Modebranche heute vor allem prägt, ist das wilde Kopieren von Entwürfen. Die Grenze zwischen den klassischen Modedesignern und den Kopierern ist nicht mehr eindeutig, und das natürlich nicht aus stilistischen Gründen, wie vielleicht von Moschino einst angestrebt, sondern aus ökonomischen.

Traditionelles Handwerk und Kunsthandwerk

Allgemeines

Wer Sinn für handgefertigte Produkte hat, kommt in mehreren Orten der Lombardei auf seine Kosten.

Musikinstrumente

In Cremona werden Streichinstrumente gebaut, womit an die große Tradition der berühmten Familien Guarneri, Amati und Stradivari angeknüpft wird (→ *Baedeker Special* S. 123). Seit 1937 gibt es hier eine Geigenbauschule und derzeit mehr als 30 Werkstätten. Wer sich für die aufwendige Herstellung von Saiteninstrumenten interessiert, hat in Cremona die Gele-

Handwerk und Kunsthandwerk, Musikinstrumente (Fortsetzung)

In einer Geigenbauwerkstatt

genheit, beim Bau eines Instruments zuzusehen. Im Museo Stradivariano werden alte Modelle ausgestellt und einzelne Schritte des Instrumentenbaus auf Schautafeln dargestellt. In Crema nordwestlich von Cremona werden Orgeln gebaut.

Schuhe

Die italienische Schuhfabrikation hat ihr Zentrum in Vigevano bei Pavia. Hier und in Mailand kann man mit etwas Glück noch Handwerksbetriebe finden, in denen Schuhe nicht maschinell, sondern nach Maß angefertigt werden.

Topfsteinprodukte

Der Norden der Lombardei ist bekannt für seine Topfsteinprodukte (Pietra ollare), die besonders im Veltlin und im benachbarten Valmalenco angefertigt werden. Der grünliche Topfstein war schon zu römischer Zeit bekannt, er wurde von Plinius d. Ä. in seiner "Naturalis Historia" erwähnt. "Ollare" kommt von dem lateinischen "olla", ursprünglich ein Ölgefäß der Römer, später eine Bezeichnung für Ton- oder Steingefäße ganz allgemein. Heute werden im Veltlin aus groben Blöcken von Topfstein an einer Drehbank Töpfe zur Zubereitung von Speisen wie Schmorfleisch etc. herstellt. Als Souvenir werden aber auch Salzgefäße, Kaffeekannen, Zukkerdosen und dergleichen angefertigt.

Flickenteppiche

Der Veltliner Flickenteppich "Pezzotto" ist ebenfalls ein bekanntes Produkt dieser Region. Als Material für die Teppiche dienen Stoffstücke aus Wolle, Seide, Baumwolle, Leinen. Früher wurden Kleidungsstücke in Streifen geschnitten und an Webstühlen zu Teppichen verarbeitet. Mit dem Weben des Pezzotto verdiente sich die Bergbevölkerung in den langen Wintermonaten zu Hause ihr Geld. Heute gibt es kleine Werkstätten, in denen der Pezzotto mit modernem Design hergestellt wird.

Literatur

Allgemeines

Aus der Lombardei stammen einige wenige, aber dafür große Schriftsteller, die in der europäischen Literatur eine wichtige Rolle gespielt haben.

Vergil (→ Berühmte Persönlichkeiten), der Dichter der "Aeneis", wurde in der Nähe von Mantua geboren. Auch Plinius d. Ä. (→ Berühmte Persönlichkeiten) und sein Neffe Plinius d. J. (→ Berühmte Persönlichkeiten) waren in der Lombardei beheimatet. Beide sind in Como geboren und waren dem Comer See stets verbunden – die Adelsfamilie der Plinii stammte vom Lago di Como. In der "Naturalis Historia" von Plinius d. Ä. ist einiges über den norditalienischen Raum nachzulesen.

Torquato Tasso (1544–1595), der Dichter, dessen bewegtes und von tragischen Elementen durchzogenes Leben Goethe zu einem Schauspiel inspiriert hat, arbeitete lange am Hof der d'Este in Ferrara. Die Jahre von 1579 bis 1586 verbrachte er zwangsweise in einem Klosterhospital. Verfol-

Literatur, Allgemeines (Fortsetzung)

gungswahn, der am Hof der d'Este ausgelöst worden war, und angebliche Tobsuchtsanfälle hatten zu dem Aufenthalt geführt. Vincenzo Gonzaga holte ihn nach Mantua, wo er eine Tragödie schrieb. Sein Hauptwerk ist das Renaissance-Epos "Das befreite Jerusalem", in dessen erster Fassung der Stammbaum der d'Este auf eine der Hauptfiguren, den Ritter Rinaldo, zurückgeführt wird. Claudio Monteverdi (→ Berühmte Persönlichkeiten), der den Dichter am Hof der Gonzaga kennenlernte, hat eine Szene daraus als Madrigal vertont.

Commedia dell'arte

Ein wichtiger Meilenstein der italienischen Dichtkunst war die Commedia dell'arte, die sich ab 1545 entwickelt hat (→ *Baedeker Special* S. 53). Den Niedergang der Commedia dell'arte brachte Carlo Goldoni (1707 – 1793), der Student an der Universität von Pavia war. Er leitete Mitte des 18. Jh.s eine Reform des italienischen Theaters ein und ersetzte die Commedia dell'arte, die ihm zu seicht erschien, durch Komödien mit starkem psychologischem Gehalt und genauen Charakterzeichnungen, die meist in volkstümlichem Milieu spielten.

Der wichtigste Dichter der italienischen Romantik ist Alessandro Manzoni (1785 – 1873). Er wurde in Mailand geboren und ist in Lecco am Comer See aufgewachsen. 1805 ging er nach Paris, wo er sich aufklärerischen Kreisen anschloß; später wurde er überzeugter Katholik. In seinen Werken thematisierte er Abschnitte der Geschichte Norditaliens – wie in "Adelchi" (1822), einem Drama der Langobardenzeit – und die göttliche Vorsehung, z. B. in der "Ode auf den Tod Napoleons" (1821). Berühmt wurde er vor allem mit seinem Roman "I promessi sposi" ("Die Verlobten"), in dem er ein realistisches Bild der italienischen Gesellschaft des 17. Jh.s zeichnete. Der Roman spielt zum Teil in Lecco, wo man heute noch die verschiedenen Schauplätze ausmachen kann (→ Die Lombardei in Zitaten). "I promessi sposi" ist insgesamt fünfmal verfilmt worden, die Kostüme werden in Lecco im Museum aufbewahrt. Außerhalb Italiens erlangte Manzonis Roman im 19. Jh. Berühmtheit, heute gehört er für italienische Schüler nach wie vor zur Pflichtlektüre. Ein enger Freund Manzonis war Giuseppe Verdi (→ Berühmte Persönlichkeiten), der anläßlich des Todes von Manzoni sein berühmtes Requiem komponierte.

Der exzentrische Dichter Gabriele d'Annunzio (1863 – 1938), der nicht nur als Dichter und Journalist, sondern auch durch seine politischen Aktivitäten Aufsehen erregte, wohnte zuletzt am Gardasee (→ *Baedeker Special* S. 143).

Dario Fo, 1926 in San Giano/Leggiuno am Lago Maggiore geboren, ist ein Schauspieler, Regisseur und Dramatiker des 20. Jh.s, der weit über Italiens Grenzen hinaus bekannt ist. 1997 erhielt er den Literaturnobelpreis. "Die Stärke Fos liegt darin, daß er Texte schafft, die gleichzeitig amüsieren, engagieren und Perspektiven vermitteln", erklärte die Akademie. Fo ist außerdem Gründer und Leiter des Mailänder Theaterkollektivs La Comune, das gesellschaftskritische und politische Agitationsstücke spielt und sich dabei Stilelementen sämlicher Epochen des europäischen Theaters bedient (→ Berühmte Persönlichkeiten).

Musik

Ein Großteil der europäischen Musikgeschichte ist in Italien geschrieben worden, lombardische Musiker hatten daran zeitweilig großen Anteil.

Kirchenmusik

Durch das Mailänder Edikt im Jahr 313, welches das Christentum als gleichberechtigte Staatsreligion anerkannte, entwickelte sich in diesem Raum sehr bald die frühchristliche Kirchenmusik. Damals entstanden die Hymnen des hl. Ambrosius (→ Berühmte Persönlichkeiten), die er zur Unterstützung der Orthodoxen in ihrem Kampf gegen die Arianer schrieb. Die "Mailändischen" oder "Ambrosianischen Gesänge" der Liturgie haben sich bis heute erhalten. Von der Ambrosianischen Liturgie leitete sich Ende des 6. Jh.s der von Papst Gregor dem Großen eingeführte Gregorianische Ge-

Baedeker Special

Seid ihr alle da?

Wußten Sie, daß Kasperle und Hanswurst Nachfahren des aus Bergamo stammenden Harlekin sind, einer der Figuren der Commedia dell'arte? Die Commedia dell'arte, die auf römische und griechische Vorbilder, den Karneval in Venedig, auf mittelalterliche Gelehrtenkomödien sowie das Volkstheater zurückgeht, entstand in Oberitalien um 1550. Ihr Name betont den professionellen Charakter dieses Theaters, "commedia" bedeutet Theater, "arte" bezeichnete nicht wie heute Kunst, sondern Handwerk, Gewerbe, und unterschied das Berufstheater von den gelegentlichen Darbietungen von Gauklern, Jongleuren oder Akrobaten. Ursprünglich sprach man von der "commedia all'improviso", "commedia a soggetto". Später in Frankreich, wo die italienischen Schauspieler ab dem 17. Jh. große Erfolge feierten, hieß sie "comédie italienne" – im Gegensatz dazu nannten die französischen Schauspieler ihr Theater "comédie française" – bis heute der Name des französischen Nationaltheaters. In der Commedia dell'arte waren nur der Handlungsverlauf und die Szenenfolge festgelegt. Der Dialog wurde improvisiert, doch legten sich die Darsteller ein persönliches Repertoire an Monologen und Dialogen an, ebenso von Clownspäßen, den sog. Lazzi. Die regelmäßig wiederkehrenden Personen waren: Pantalone, ein hager-ziegenbärtiger, lüsterner, alter und geiziger venezianischer Kaufmann, il Dottore, ein geschwätziger Gelehrter aus der Juristenstadt Bologna, il Capitano Spavento, ein spanisch radebrechender Prahlhans. Die fröhlichen und lebenslustigen Zanni (ital. Diener) Arlecchino und Brighella aus Bergamo und der keß-boshafte Pulcinella aus Neapel sind die Seele der Commedia. Sie waren ursprünglich Bauern, die die Not aus ihrer Heimat vertrieben hatte und die in der Stadt als Diener ihr Glück suchten. Ihre weibliche Entsprechungen sind die flinken, gewitzten hübschen Zofen Colombina, Diamantina oder Smeraldina. Nicht fehlen durften schließlich die Innamorati, das Liebespaar. Alle Personen außer Zofe und Innamorati waren komische Figuren in stets gleicher Maske und gleichem Kostüm und damit typische Vertreter eines sozialen Status. Thema war immer eine verworrene Liebesgeschichte, an deren glücklichem Ende die lüsternen, intriganten und prahlerischen Gockel ihre Lektion erhalten hatten, die Innamorati sich in die Arme sanken und Colombina dem Arlecchino verheißungsvoll zublinzelte ...
Im 18. Jh., dem Aufklärungszeitalter, war die Commedia dell'arte in Routine erstarrt. Zu ihren wichtigsten Kritikern gehörte Carlo Goldoni. In zahlreichen Theaterstücken strebte er aber auch ihre Vollendung an, man denke nur an sein Lustspiel "Der Diener zweier Herren". Seine Stoffe nahm er aus dem Alltagsleben, seine Personen sind meist nicht mehr lächerlich, eher rührend. Er brachte die "Natur" auf die Bühne und nahm den Schauspielern die Maske ab.
Bereits im 16. Jh. trugen italienische Schauspielgruppen die Commedia auch ins Ausland. Als komödiantisches Theater hat sie das Lustspiel aller europäischen Literaturen befruchtet, unter ihrem Einfluß standen u. a. Molière und Shakespeare. Ihre prallen Typen und Stoffe wirken bis heute nach. Charlie Chaplins oder Buster Keatons Stummfilmkomik, Marcel Marceaus Pantomimen, der "Barbier von Sevilla", ein alter Geizhals bei Nestroy, ein Revolver-Prahlhans im Western, selbst die Figuren des absurden Theaters von Pirandello bis Ionesco und das Volkstheater des Dario Fo – dies alles nährt sich mehr oder weniger aus der Tradition der Commedia dell'arte.

Kirchenmusik (Fortsetzung)

sang ab. Boethius (→ Pavia) hat um 500 die musiktheoretische Schrift "De institutione musicae" verfaßt. Um 1000 begann man, mehrstimmig zu singen. Um 1100 wurde mit dem Mailänder Traktat in der Geschichte der Mehrstimmigkeit ein Akzent gesetzt, erstmals wurde eine Stimmkreuzung eingeführt, der Verlauf der beiden Stimmen war also nicht mehr nur wie bisher parallel.

Weltliche Liedkunst

An den Höfen der oberitalienischen Städte, vor allem in Mailand bei den Visconti und Sforza und in Mantua bei den Gonzaga, blühte ab dem 14. Jh. die weltliche Liedkunst auf. Ausschlaggebend war die Entwicklung der italienischen Sprache zur Literatursprache; vorrangig wurden Texte von Petrarca und Boccaccio vertont. Man hörte Balladen oder Madrigale, die von Schäferidyllen und der Liebe handelten, oder die Caccia, in der es um die Jagd oder sonstige turbulente Ereignisse ging. Am Hof der Gonzaga waren um 1600 der aus Cremona stammende Claudio Monteverdi (→ Berühmte Persönlichkeiten) tätig sowie über 40 Jahre der in Mantua geborene Salomone Rossi (ca. 1570–1630), der Sonaten und mehrstimmige Madrigale komponierte.

Instrumentalmusik

Im 16. Jh. vollzog sich auf italienischem Boden die Emanzipation der reinen Instrumentalmusik, die nun als selbständiger Zweig neben den Gesang trat. Sonaten, Concerti grossi, Ouvertüren, Suiten und Solokonzerte wurden komponiert. Die Bedeutung der Instrumentalmusik brachte Phänomene wie die Blüte des Geigenbaus in Cremona (→ *Baedeker Special* S. 123) und die Virtuosität italienischer Geiger hervor.

Oper

Ebenfalls auf italienischem Boden – in Florenz – entstand um 1600 die Oper, die sich aus höfischen Festveranstaltungen bzw. aus den Pastoraldramen des 16. Jh.s entwickelte. Monteverdis 1607 in Mantua uraufgeführter "Orfeo" gilt als Initialwerk der Barockoper. Im 17. Jh. war Venedig Opernzentrum Norditaliens. Der zentrale Operntypus war bis Ende des 18. Jh.s die Opera seria mit einem Wechsel von Rezitativen, in denen der Handlungsverlauf wiedergegeben wurde, und Da-capo-Arien zur Affektdarstellung. Zu Beginn des 18. Jh.s entstand – ausgehend von Neapel und Rom – aus heiteren Zwischenstücken der mittlerweile erstarrten Opera seria die Opera buffa, die mit ihren Texten teilweise an die Commedia dell'arte (→ *Baedeker Special* S. 53) anknüpfte. Obwohl sich auch in anderen europäischen Ländern eine starke Opernkultur entwickelte, blieb die italienische Oper weiterhin weltbedeutend – im 19. Jh. mit Werken von Gioachino Rossini (1792–1868), Vincenzo Bellini (1801–1835) und Gaetano Donizetti (→ Berühmte Persönlichkeiten), und schließlich mit den Opern von Giuseppe Verdi (→ Berühmte Persönlichkeiten) und Giacomo Puccini (1858–1924).

20. Jahrhundert

Zu den wichtigsten Komponisten des 20. Jh.s gehörte ohne Zweifel der aus Venedig stammende Luigi Nono (1924–1990). Zwischen 1955 und 1962 schrieb er zahlreiche Chorstücke mit antifaschistischen Texten. Ab Mitte der siebziger Jahre begann er mit Experimenten zu Raumdynamik und Mikrointervallen. Es entstand eine sehr fein differenzierte Musik an der Grenze der Hörbarkeit, die neue Möglichkeiten der Wahrnehmung ermöglichen sollte.

Die Lombardei in Zitaten

Die nachstehende kleine Sammlung von ausgewählten Literaturzitaten ist alphabetisch nach Autoren geordnet.

Hinweis

Dante Alighieri
(1265–1321)

Sobald dies Wasser dort beginnt zu strömen,
Heißt es nicht mehr Benacus, sondern Mincio,
Bis nach Governo, wo zum Po es mündet.
Zum Flachland kommt es dann nach kurzem Laufe,
In dem es sich zum Sumpfe ausgebreitet
Und oft im Sommer schon viel Schaden brachte.
Dorthin ist jenes wilde Weib gekommen
Und fand ein Land inmitten jener Sümpfe,
Noch unbebaut und fern von Menschensiedlung.
Dort blieb sie, jedem Umgang zu entfliehen,
Und trieb mit ihren Dienern ihre Künste;
Dort lebte sie, und dort ward sie begraben.
Dann haben Leute, die zerstreut erst wohnten,
sich dort versammelt an dem sichern Orte,
Der rings umgeben war von jenem Sumpfe.
Sie bauten ihre Stadt auf den Gebeinen,
Und ihr zulieb, die diesen Ort gefunden,
Ward ohne Zauber Mantua ihr Name.

Die göttliche Komödie, Teil 1. Die Hölle, Ernst Klett Verlag, Stuttgart 1968

Carlo Goldoni
(1707–1793)

Es gibt einen kürzeren Weg von Brescia nach Mailand, als ich wählte, ich hatte aber Lust, Bergamo zu sehen, und wählte also den Weg über diese Stadt.
Als ich so das Land der Harlekine durchwanderte, sah ich mich allenthalben nach einer Spur von dieser komischen Person um, welche die Seele des italienischen Theaters ausmachte; ich konnte aber weder jene schwarzen Gesichter noch jene kleinen Augen noch jene Kleider von vierfarbigem Tuch entdecken, die schon allein zum Lachen reizen; dafür sah ich die Hüte mit Hasenschwänzen besetzt, die bei den Bauern dieser Gegend ein großer Putz sind. Von der Maske, vom Charakter und von dem Ursprung der Harlekine werde ich in einem eigenen Kapitel, das ich der Geschichte der vier Masken des italienischen Theaters bestimmt habe, reden.
Bei meiner Ankunft in Bergamo stieg ich in einem Gasthofe in der Vorstadt ab, da nicht leicht ein Fuhrwerk in der Stadt, die sehr hoch und abhängig liegt, einkehrt. Ich ging zu Fuß nach der Wohnung des Gouverneurs, die genau den Gipfel von diesem steilen Berg einnimmt.
Dieser Weg ermüdete mich außerordentlich; ich verwünschte meine Neugierde, die mich an einen Ort gelockt hatte, wo ich niemand kannte.

Geschichte meines Lebens und meines Theaters, Winkler-Verlag, München 1968

Johann Wolfgang von Goethe
(1749–1832)

Sähe ich Mailand jetzt im Herwege und käme aus den Gebürgen in diese weite Gegend, diese frei gelegne Stadt, zögen sich die fernen Apenninen ahndungsvoll am Horizont hin, was würde ich für Hymnen singen und für Freude unter diesem schönen Himmel am Obste usw. haben. Nun ist mir

Johann Wolfgang von Goethe (Fortsetzung)

verwöhnten Römer nichts recht und ich bin doch sonst eine genügsame Seele.
Gestern war ich auf dem Dom, welchen zu erbauen man ein ganzes Marmorgebirg in die abgeschmacktesten Formen gezwungen hat. Die armen Steine werden noch täglich gequält, denn der Unsinn oder vielmehr der Armsinn ist noch lange nicht zustande.
Ich sah die Hügel um den Comer See, die hohen Bündner und Schweizer Gebirge vor mir wie ein Ufer liegen, an dem ich nach einer wunderlichen Fahrt wieder landen werde. Wir waren am 22. abends hier und gedenken, wie ich schon aus Rom schrieb, über Chiavenna und Chur zu gehen, den Splügen zu versuchen, den Adula zu grüßen und dann ein wenig seitwärts nach Konstanz zu rücken.

Goethes Briefe, Hamburger Ausgabe in 4 Bänden, Bd. II, Christian Wegner Verlag, Hamburg 1968

Heinrich Heine (1797–1856)

Von Brescia selbst weiß ich ebenfalls wenig zu erzählen, indem ich die Zeit meines dortigen Aufenthalts dazu benutzte, ein gutes Pranzo einzunehmen. Man kann es einem armen Reisenden nicht verdenken, wenn er den Hunger des Leibes früher stillt als den des Geistes. Doch war ich gewissenhaft genug, ehe ich wieder in den Wagen stieg, einige Notizen über Brescia vom Cameriere zu erfragen; und da erfuhr ich unter anderen: die Stadt habe 40 000 Einwohner, ein Rathaus, 21 Kaffeehäuser, 20 katholische Kirchen, ein Tollhaus, eine Synagoge, eine Menagerie, ein Zuchthaus, ein Krankenhaus, ein ebenso gutes Theater, und einen Galgen für Diebe, die unter 100 000 Taler stehlen.
Um Mitternacht arrivierte ich in Mailand, und kehrte ein bei Herrn Reichmann, einem Deutschen, der sein Hotel ganz nach deutscher Weise eingerichtet. (...)
Indessen eine Merkwürdigkeit Mailands, die in jeder Hinsicht die größte ist, kann ich nicht unerwähnt lassen – Das ist der Dom.
In der Ferne scheint es, als sei er aus weißem Postpapier geschnitzelt, und in der Nähe erschrickt man, daß dieses Schnitzwerk aus unwiderlegbarem Marmor besteht. Die unzähligen Heiligenbilder, die das ganze Gebäude bedecken, die überall unter den gotischen Krondächlein hervorgucken, und oben auf allen Spitzen gepflanzt stehen, dieses steinerne Volk verwirrt einem fast die Sinne. Betrachtet man das ganze Werk etwas länger, so findet man es doch recht hübsch, kolossal niedlich, ein Spielzeug für Riesenkinder. Im mitternächtlichen Mondschein gewährt es noch den besten Anblick, dann kommen all die weißen Steinmenschen aus ihrer wimmelnden Höhe herabgestiegen, und gehen mit einem über die Piazza, und flüstern einem alte Geschichten ins Ohr (...).

Reise von München nach Genua; aus: Werke Bd. I, C .H. Beck'sche Verlagsbuchhandlung, München 1973

Hermann Hesse (1877–1962)

Es war beinahe Nacht, als ich in Cremona ankam, und es war ein weiter Weg unterm Regenschirm bis ans andere Ende der Stadt, wo mein Gasthof lag. (...) der Gasthof erwies sich als einer von jenen, die man nur alten und bewährten Freunden im Vertrauen nennt, und als ich dort eine Gemüsesuppe und eine Forelle aus dem Gardasee mit gutem Wein genossen hatte, war ich so voll guter Reisestimmung, daß ich noch in der Nacht und trotz des Regens ausging, um einen ersten neugierigen Blick in die Stadt zu tun.
Ich war nicht weit gegangen, da nahm mich ein stilles, im Regen plätscherndes Plätzchen mit schönen Arkaden auf, ich schloß den Schirm und ging zufrieden unter den Bögen weiter, übersprang rasch eine dunkle, schmale Quergasse, erreichte einige mächtige Steinstufen und kam erregt und voll Spannung in ein gewaltiges Gebäude, unter hohen Gewölben durch in einen Hof und jenseits in ein neues Gewölbe; mächtige Pfeiler spiegelten sich nach außen in einem neuen, regennassen Platz, ich trat ins Freie, blickte verwundert auf und sah mit einem einzigen, überraschten

Hermann Hesse (Fortsetzung)

Blick den Domplatz vor mir liegen (ein außerordentlich schönes und kühnes architektonisches Bild.) Übermächtig über der kleinen Piazza stieg die Fassade des Domes in bleicher Helligkeit empor, wunderbar abgewogen und in sich begnügt, über dem großen Portal undeutliches Skulpturenwerk und eine schöne, riesige Rosette, daneben leicht und elegant zwei Reihen kleiner Rundbogen, auf lieblich leichten, feinen Säulchen, und oben als Giebellinie zwei ungeheure, leere, kühne Voluten. Das alles trat gleichzeitig vors Auge, voll Musik und köstlicher Abgestimmtheit, und daneben sprang ein unsäglich hoher Turm stolz und beinahe fürchterlich in die Höhe, oben mit kleinen zarten Säulengalerien in die Nacht verlaufend.
Im (rinnenden) Regen blieb ich stehen und sog den wunderbaren Anblick in mich ein, beglückt und erschüttert von der Größe und frechen Kühnheit dieser Bauten.

Italienischer Reisetag; aus: Italien, Suhrkamp Verlag, Frankfurt am Main 1983

D. H. Lawrence (1885–1930)

Der Padrone erklärte mir, daß die Zitronen und die süßen Apfelsinen immer auf dem Stamm der bitteren Orange gezogen würden. Die aus dem Samen der Zitronen und süßen Apfelsinen gezogenen Schößlinge verkümmern. Die Pflanzer züchten deshalb die alte Bitterorange nur, um ihre Stämme zu veredeln.
Und die Maestra – das ist die Lehrerin mit den schwarzen Handschuhen, die uns italienischen Unterricht erteilt – belehrt uns, daß Franz von Assisi die Zitrone eingeführt habe, als er an den Gardasee kam und eine Kirche und ein Kloster gründete. Gewiß, die Kirche des Heiligen Franziskus ist sehr alt, halb zerfallen, und das Kloster weist einige schöne, echte Skulpturen mit Laubwerk und Früchten an den Pfeilern auf, die den heiligen Franz mit der Zitrone in Verbindung zu bringen scheinen. Ich stelle mir gern vor, wie er hier umherpilgert, mit einer Zitrone in der Tasche. Vielleicht machte er im heißen Sommer einen Fruchtsaft. Doch Bacchus ging ihm im Getränkehandel voraus.
Der Signore schaut auf seine Zitronen und seufzt. Ich glaube er haßt sie. Sie lassen ihn im Stich. Im Einzelhandel kosten sie das ganze Jahr über 5 Pfennig. "Aber das ist teuer, beinahe teurer als in England", meine ich. "Schon gut", weiß die Lehrerin, "weil Sie sizilianische Exportfrüchte beziehen. Però – eine von unseren Zitronen ist soviel wert wie zwei von anderswo her."
Wahr ist es, daß diese Zitronen ein köstliches Aroma und köstlichen Duft haben, aber ob ihre spezielle Zitronengüte den doppelten Wert der gewöhnlichen Frucht hat, ist wohl die Frage. Apfelsinen verkauft man für 45 Pfennig das Kilo – für 20 Pfenning bekommt man etwa 5 kleine. Die Limonen werden in Salò nach Gewicht verkauft, man macht den als Cedro bekannten Likör daraus. Eine Limone kostet ungefähr 1 Mark das Stück, mitunter auch mehr, aber dann läßt die Nachfrage nach. Die Zahlen zeigen, daß der Gardasee sich den Zitronenanbau nicht mehr lange wird leisten können. Manche Plantagen sind schon zerfallen und immer häufiger sieht man das Schild 'Da vendere – zu verkaufen'. Wir verließen den Schatten des Zitronen-Hauses, und traten auf das Dach des Wasserspeichers. Am Rande des Daches setzte ich mich. Der Padrone stand hinter mir; eine schäbige, wacklige Figur, hob er sich da oben auf dem Dach vom Himmel ab, eine kleine Figur des Zerfalls wie die Zitronen-Häuser.

Twilight in Italy, 1916; aus: Italienische Dämmerung, Diogenes, 1985

Rosa Luxemburg (1870–1919)

In Berlin wäscht man die Wäsche in der Küche, aber in Maderno wäscht man sie am Ufer des Sees. Die Frauen, die die Wäsche am Seeufer waschen, werden im Italienischen lavandaie genannt. Jeden Tag trocknen eine Menge Hemden, Unterhosen und Taschentücher am Ufer des Sees, aber zwischen den Unterhosen, den Hemden und Taschentüchern sind Zwischenräume, durch die die Fremden oft die Schönheit des Sees und Gebirges bewundern können.

Gesammelte Briefe, Bd. 1, Dietz Verlag, Berlin 1984

Die Lombardei in Zitaten

Franca Magnani (1925–1996)

Aber *das* Symbol einer italienischen Weihnacht bleibt der Panettone, den nichts Ähnliches aus dem Ausland zu verdrängen vermochte. Die Geschichte des Panettone geht auf das lombardische Mittelalter zurück, auf den damaligen Brauch des Hausherrn, am Weihnachtstag Scheiben eines großen Brotlaibes – daher der Name Panettone – zu schneiden und diese, als gutes Omen, zu verteilen.

Mein Italien, Kiepenheuer & Wisch, Köln 1997

Alessandro Manzoni (1785–1873)

Jener Arm des Comer Sees, der sich nach Süden wendet und dessen Gestade zwischen zwei fortlaufenden Gebirgsketten so buchtenreich ihrem Vordrängen und Zurückschwingen folgt, verengt sich fast urplötzlich und nimmt, zwischen einem Vorgebirge zur Rechten und einer weiten Uferhalde gegenüber, Gestalt und Verlauf eines Stromes an. Die Brücke, welche ebenda beide Ufer verbindet, dürfte diese Verwandlung wohl noch augenfälliger machen und den Punkt bezeichnen, wo der See aufhört und die Adda wieder beginnt. Dann aber, wenn die Uferränder sich abermals voneinander entfernen, um die Wellen sich ausbreiten und in neuen Buchten aufs neue verebben zu lassen, wird das Gewässer wiederum als See bezeichnet (...).
Lecco, die wichtigste Ortschaft, welche dem Gebiet auch ihren Namen gibt, liegt nicht weit von der Brücke entfernt am Seeufer, ja zuweilen im See selbst, wenn dieser ansteigt. Heute ist es ein großer Marktflecken und auf dem besten Wege, Stadt zu werden. Zu der Zeit, in der sich die Vorgänge abspielten, die wir erzählen wollen, war der schon beachtliche Ort auch eine Feste und hatte daher die Ehre, einen Kommandanten zu beherbergen, und den Vorzug, eine feste Garnison von spanischen Soldaten zu besitzen. Diese brachten den Frauen und Mädchen der Umgebung Unterwürfigkeit bei und walkten hin und wieder einen Ehemann oder Vater tüchtig durch. Gegen Ende des Sommers verfehlten sie niemals, in die Weingärten auszuschwärmen, um die Traubenfülle zu lichten und den Winzern die Mühsal der Lese zu erleichtern.

I promessi sposi; zitiert aus: Die Verlobten, dtv klassik, 1995

Lady Mary Wortley Montagu (1689–1762)

Liebes Kind, Lovere Sept. 5 1749 (Lago d'Iseo)
Ich habe mich an diesem Wasser wieder erholt und kann wohl sagen, daß ich mich nun gerade beim Schreiben bei so guter Gesundheit fühle, wie schon seit Jahren nicht mehr. Ich stehe früh auf, schnuppere abends noch ein wenig Luft am Wasser, entdecke immer wieder neue Stellen am Ufer und neue Wege an den Berghängen, über die sich Wein und Obstbäume ziehen, dazwischen Wasserfälle und eine Vielfalt herrlicher Ausblicke. Ich glaube, ich habe diesen Platz schon einmal beschrieben. Er entspricht wirklich den entzückendsten Vorstellungen des Romantischen. Ich ließ mich noch nicht einmal dazu überreden, hier wegzufahren, um in Bergamo den Markt zu besuchen, obwohl ich eigentlich gemußt hätte.

Zitiert und übersetzt nach: The Complete Letters of Lady Mary Wortley Montagu, Volume II, 1721–1751, Oxford 1966

Franziska Gräfin zu Reventlow (1871–1918)

Ich glaube, Ascona ist wie ein Tropenklima, das einen allmählich auffrißt. Man hat immer Blei in den Beinen und im Kopf. Am besten läßt es sich noch auf dem See aushalten, d. h. jetzt, wo es etwas kühler wird. Wir haben von einem verreisten Bekannten jetzt ein kleines Segelboot zur Verfügung und setzen täglich unser Leben aufs Spiel. Neulich habe ich meinen Zahnarzt mitgenommen, der aufs Segeln brannte und damit er mir keine Rechnung schickt, und hätte ihn beinah ertränkt. Wir kamen in Sturm und strandeten schließlich. Dank meiner Geistesgegenwart ging es aber noch gut ab, aber ich habe nun den ganzen Abend von Kopf bis zu Füßen in nassen Kleidern gesessen, und das ist mir anscheinend nicht besonders bekommen, um so mehr, als es zwei Tage hintereinander stattfand. Ja, so lebt man hier und ist trotz allen Übeln immer ganz vergnügt.

Briefe 1890–1917, hrsg. v. Else Reventlow, Fischer Taschenbuch Verlag, Frankfurt am Main 1977

Franziska Gräfin zu Reventlow (Fts.)

Johann Gottfried Seume (1763–1810)

In Lodi aß ich wohl ruhiger zu Mittage als Bonaparte, wenn ich mir gleich nicht so viel Ruhm erwarb, und konnte gemächlich den Posten besehen, wo man geschlagen hatte. Unter andern guten Sachen traf ich hier die schönsten Kirschen, die ich vielleicht je gegessen habe. Wenn gleich das alte Laus Pompeji nicht gerade hier lag, so ist doch wohl der Name daraus gemacht und der Ort daraus entstanden: wenigstens wird das hier auf einem Marmor am Rathause behauptet. Die Männer von Lodi müssen ein sinnreiches Geschlecht sein; das sah man an ihren Schildern. Unter andern hatte ein Schuhmacher auf dem seinigen einen Genius, der sehr geistreich das Maß nahm.
Hier in Mailand verlasse ich nun Hesperien ganz, und bin schon längst nicht mehr in dem Lande, wo die Zitronen blühn. In Rom sagte man, daß das Erdbeben vorigen Monat den Dom von Mailand sehr beschädigt habe; es ist aber kein Stein heruntergeworfen worden. Dieses gotische Gebäude streitet vielleicht mit dem Münster in Straßburg um den Vorzug, ob es gleich nicht vollendet ist, und es nun vielleicht auch nie werden wird.

Spaziergang nach Syrakus im Jahre 1802, aus: Werke in 2 Bänden, Bd. 1, hrsg. v. J. Drews, Deutscher Klassiker Verlag, Frankfurt am Main 1993

Stendhal (Marie Henri Beyle) (1783–1842)

Die Ebene zwischen Mailand und Pavia ist die reichste Europas. Alle Augenblicke sieht man Kanäle mit fließendem Wasser, die das Land befruchten. Die Straße begleitet den Schiffahrtskanal, auf dem man von Mailand nach Venedig oder nach Amerika fahren kann; aber man wird oft am hellen Mittag von Räubern angefallen. Die österreichische Fremdherrschaft wird der Räuber nicht Herr. Trotzdem genügte in jedem Ort ein Gendarm, der, sobald er eine ungewöhnliche Ausgabe bemerkt, den Bauer fragte: "Woher stammt dieses Geld?"
Von Pavia will ich nichts sagen; man findet das Wissenswerte in allen Reisebeschreibungen. Der Leser kann mir dafür danken, daß ich ihm zwanzig Seiten über das berühmte Naturalienkabinett erspare. (...)
Ich reise nach Pavia, um die jungen Lombarden zu sehen, die an der hiesigen Universität, der gelehrtesten Italiens, studieren. Ich bin äußerst zufrieden darüber. Fünf oder sechs Mailänder Damen, die wußten, daß ich in Pavia Aufenthalt nähme, gaben mir Aufträge für ihre Söhne. Ich lud diese jungen Leute zum Essen in meinen Gasthof und in meine Theaterloge ein und erzählte ihnen viel von Napoleon und von Moskau.
Welch ein Unterschied gegen die Göttinger "Burschen!" Die Jugend von Pavia hat nicht die rosigen Wangen der Göttinger Studenten; ihr Blick verliert sich nicht in zärtlicher Betrachtung des Traumlandes. Sie ist mißtrauisch, scheu, schweigsam; (...) Kommt ihnen ein weibliches Wesen in den Weg, sie verwandelt sich der finstere Ernst dieser jungen Patrioten in einen anderen Ausdruck. Eine Pariser Modedame, die nach Pavia käme, kriegte einen furchtbaren Schreck; sie hielte alle diese Jünglinge für Briganten. Darum eben liebe ich sie. Sie spielen keine Sanftmut, Lustigkeit und noch weniger Sorglosigkeit.

Reise in Italien, Rome, Naples et Florence en 1817, Eugen Diederichs Verlag, München 1996

Vergil (70–19 v. Chr.)

Ich will als erster mit mir, wenn nur das Leben mir ausreicht,
Von Aoniens Hügel die Musen ins Vaterland führen;
Will idumäische Palmen zuerst dir, Mantua, reichen,
Will auf grünender Flur einen Tempel von Marmor dir bauen,
Nahe dem Wasser, woselbst in langsamer Krümmung der große
Mincius irrt und die Ufer bedeckt mit schwankendem Schilfrohr.

Georgica (Landbau), aus: Werke in einem Band, übersetzt von R. Seelisch und W. Hertzberg, Aufbau-Verlag, Berlin und Weimar 1966

Reiseziele von A bis Z

Routenvorschläge

Hinweise

Die folgenden Routenvorschläge sind auf der zum Buch gehörenden Reisekarte leicht zu verfolgen.
Das Fahren im verkehrsreichen Großraum von Mailand erfordert viel Geduld und gute Nerven, man sollte hier mit längeren Fahrzeiten rechnen. In der Po-Ebene, abseits der Metropole Mailand, kommt man dagegen normalerweise zügig voran.
Die Routenvorschläge berühren einen Großteil der Sehenswürdigkeiten in der Lombardei, auch lassen sich die meisten erweitern oder kombinieren.
Orte, die im Kapitel "Reiseziele von A bis Z" als Hauptstichwort beschrieben sind, erscheinen in der Routenbeschreibung in **halbfetter Schrift**. Die übrigen erwähnten Orte können über das Register gefunden werden. Die Kilometerangaben in den Überschriften beziehen sich auf die Hauptroute, Abstecher sind nicht mitgerechnet.

1. Von Mailand über Monza, Bergamo, Brescia, Cremona, Crema, Lodi, Pavia und zurück nach Mailand (ca. 265 km)

Allgemeines

Die Rundfahrt, die man gut mit dem 2. Routenvorschlag kombinieren kann, bietet die Möglichkeit, fast alle kleineren und größeren Städte in der Po-Ebene kennenzulernen. Je nachdem, wieviel Zeit zur Verfügung steht, kann man die Aufenthalte in den Orten länger oder kürzer gestalten – für Mailand sollte man mindestens zwei Tage, für Bergamo und Brescia mindestens einen Tag, für Cremona und Pavia mindestens einen halben Tag rechnen.
Die geschäftige Metropole ****Mailand** ist ein guter Einstieg für eine Reise durch die Lombardei. Kulturschätze und lombardisches Leben bekommt man hier in Hülle und Fülle geboten. Starke Zersiedlung prägt nicht nur Mailand und sein Umland, sondern auch ***Monza**; einen schönen Ausgleich bietet der Abstecher in den riesigen Park der Villa Reale nördlich von Monza, in dem allerdings im Autodromo wiederum Autos ein Rolle spielen.
Von Monza aus ist man über die Autobahn E 64 in Richtung Nordosten sehr schnell in ****Bergamo**, deren zauberhafte Città alta man unbedingt auch abends erleben sollte.
Nächste Station ist Brescia, das man über die E 64 in Richtung Südosten nach ca. 48 km erreicht. Möglich ist auch ein Schlenker zum Südufer des ***Iseosees**, das man zwischen Sarnico und Iseo – beides hübsche kleine Städtchen – abfahren kann. ***Brescias** recht nüchtern wirkendes Zentrum ist voll kultureller Schätze, für die man sich Zeit nehmen sollte. Einen schönen Blick auf die Stadt hat man vom Kastell aus.
Wiederum führt eine schnelle Verbindung über die Autobahn E 70 oder die Parallelstraße (SS 45 bis) zügig zum nächsten Ziel, nach ****Cremona**, der Stadt des Geigenbaus. Die einzigartige Piazza kommt besonders abends zur Geltung, wenn sie beleuchtet wird.
Von Cremona aus kommt man über die SS 415 in das kleine ***Crema**; einen Blick lohnen zwei Kirchen, die fast am Weg liegen – der Santuario

◀ *Einer der Höhepunkte in der Lombardei: die Certosa di Pavia*

Route 1 (Fortsetzung)

della Misericordia und die Kirche S. Maria di Bressanoro, beide etwas nördlich von Castelleone. Crema sollte man nicht verlassen, ohne der sehenswerten Kirche S. Maria della Croce am nördlichen Stadtrand einen kurzen Besuch abzustatten.
Ein Abstecher führt nach Soncino, wo eine der besterhaltenen Burgen der Lombardei steht.
Über die SS 235 geht es weiter in Richtung Westen nach ***Lodi**, das man möglichst nicht nur während der Siesta erleben sollte, da die kleine Stadt dann wie ausgestorben wirkt. In Lodi überquert man die Adda, die aus den Alpen kommt, das Veltlin und den Comer See durchfließt und schließlich kurz vor der Mündung in den Po Lodi passiert. Unbedingt lohnend ist ein Abstecher nach *Lodi Vecchio, der Vorgängerstadt von Lodi.

Routenvorschläge in der Lombardei

Die oberitalienischen Seen (Comer See, Luganer See, Gardasee, Lago Maggiore, sowie der Iseosee) werden im Kapitel "Reiseziele" im Rahmen von Rundfahrten beschrieben.

Man fährt von Lodi aus weiter die SS 235 in Richtung Westen und überquert östlich bzw. westlich von Sant'Angelo Lodigiano die Flüsse Lambro und Olona. In der Umgebung von Pavia sieht man zunehmend das satte Grün der Reisfelder, die Stadt selbst kündigt sich mit der Domkuppel – einer der größten in Italien – und ihren schlanken Geschlechtertürmen an. Die schönste Einfahrt in ****Pavias** historisches Zentrum führt im Stadtgebiet am Ufer des Ticino entlang.
Auf dem Rückweg nach Mailand gehört ein Halt zur Besichtigung der großartigen ****Certosa di Pavia** nördlich von Pavia zu den eindrucksvollen Erlebnissen dieser Rundfahrt.

2. Von Brescia über Mantua nach Cremona (ca. 191 km)

Allgemeines

Auf dieser etwas kürzeren Strecke kann man sich Zeit für drei wichtige Städte im Südosten der Lombardei nehmen. Interessant ist die Tour vor allem in kunstgeschichtlicher Hinsicht, da man sich zunächst in Brescia einen Überblick über fast alle wichtigen geschichtlichen Epochen der Lombardei verschaffen kann; in der Gonzaga-Stadt Mantua werden einem in erster Linie Werke der Hoch- und Spätrenaissance geboten, die über Italiens Grenzen hinaus berühmt wurden, Cremona schließlich rundet das Bild der lombardischen Städte mit einer hervorragenden Piazza und mit Spuren einer lebendigen Musikgeschichte ab.
Für jede Stadt sollte man mindestens einen vollen Tag Zeit zur Verfügung haben. Die Tour läßt sich mit Route 1 gut kombinieren.
Ausgangspunkt ist **Brescia**, die zweitgrößte Stadt der Lombardei, die auf den ersten Blick nicht besonders anziehend erscheint. Im Zentrum hat sie indes ein breites Spektrum an Sehenswertem zu bieten, das von der Zeit der römischen Herrschaft bis hin zur Platzanlage aus den dreißiger Jahren des 20. Jh.s reicht. Von Brescia aus nimmt man die SS 236 in Richtung Südosten. Man überquert den Fluß Chiese bei Montichiari und fährt dann kurz vor Castiglione delle Stiviere in die Provinz Manuta ein. Von Castiglione delle Stiviere mit der nach dem dort geborenen Luigi Gonzaga benannten Kirche S. Luigi geht es weiter in Richtung Mantua. Über den Mincio, der hier zu den Seen Lago Superiore, Lago di Mezzo und Lago Inferiore gestaut ist, fährt man nach ****Mantua** ein.
Wer die Einfahrt besonders eindrucksvoll gestalten möchte, kann vor Mantua auf die SS 482 abbiegen, die Stadt im Norden umfahren und über die Brücke von Nordosten aus direkt auf die Altstadt zufahren – das Panorama mit Kastell, mittelalterlichen Geschlechtertürmen, Kirchtürmen und der Kuppel von S. Andrea liegt in seiner ganzen Schönheit vor einem. Ein bis zwei Tage sind nötig, um die bedeutenden Sehenswürdigkeiten der Stadt zu besichtigen und die schönen Platzanlagen in Ruhe auf sich wirken zu lassen.

Abstecher nach S. Benedetto Po

Wer genügend Zeit hat, kann einen Abstecher in Richtung Südosten nach *S. Benedetto Po machen, wo die Besichtigung des Benediktinerklosters lohnt. Von Mantua aus führt die SS 413 nach S. Benedetto Po, bei Camatta überquert sie den Po an einer relativ schmalen Stelle.
Man kann denselben Weg zurück nehmen und westlich von Mantua auf die SS 420 in Richtung Sabbioneta biegen. Eine andere Möglichkeit ist der etwas verschlungenere Weg über die kleinen Straßen direkt in Richtung Westen. Zunächst geht es eine hübsche Strecke am Po entlang; man kommt über Portiolo und Mottegiana, überquert bei Borgoforte den Po, folgt der Straße nach Westen bis Campitello und biegt dort auf die SS 420 nach ***Sabbioneta**, wo man die Überreste einer "idealen Stadt der Renaissance" kennenlernt.
Von Sabbioneta geht es über die SS 420 nach Casalmaggiore, hier biegt man zunächst auf die SS 343 ein, anschließend folgt man den Schildern in Richtung ****Cremona**. Nach Möglichkeit sollte man einen Abend in Cremona zur Verfügung haben, denn die abendliche Stimmung auf der erleuchteten Piazza ist ein einzigartiges Erlebnis. Von Cremona aus ist man über die E 70 oder die parallel laufende SS 45 bis schnell wieder in Brescia.

3. Von Bergamo über den Comer See, Veltlin, Valcamonica, Iseosee nach Bergamo zurück
(Alpen- und Seentour; ca. 262 km)

Allgemeines

Diese Route führt in den nördlichen Teil der Lombardei, d. h. vom südlichen Alpenrand in das Gebiet der oberitalienischen Seen und dann bis an den Rand der Hochalpen an der Grenze zur Schweiz. Man kann die Tour beliebig ausdehnen, z. B. mit einer Rundfahrt um einen der oberitalienischen Seen. Darüber hinaus bieten sich zahlreiche Abstecher in die teils sehr schönen kleinen Nebentäler an.

Route 2
(Fortsetzung)

Nirgends wird die Alpenrandlage besser deutlich als in **Bergamo** mit der tiefer gelegenen Città bassa und der schönen, höher gelegenen Città alta, der ersten Erhebung der südlichen Alpenausläufer. Eine Standseilbahn führt zur Altstadt hinauf, und von hier aus hat man einen weiten Blick nach Süden in die Po-Ebene.
Man verläßt Bergamo in westlicher Richtung und fährt über die SS 342 auf Lecco am **Comer See** zu. Sehr schnell verläßt man die Ebene und kommt in das Gebiet der ersten, schon bis fast 600 m ansteigenden Berge. Bei Cisano biegt man auf die SS 639 und folgt nun fast 100 km der Adda – sofern man den von der Adda durchflossenen Lago di Como dazurechnet. Das Adda-Tal ist hier südlich von Lecco sehr breit. Der Fluß weitet sich an dieser Stelle zu mehreren Seen; zuerst passiert man den Lago di Olginate und fährt dann am Ufer des Lago di Garlate entlang bis nach Lecco hinein.

In Corenno Plinio am Comer See

Die "Stadt der Verlobten" (→ Die Lombardei in Zitaten) bietet nur wenige Sehenswürdigkeiten, hat aber einen kleinen, recht lebendigen Stadtkern, durch den ein Bummel lohnt, sowie ein besonders schönes Umland.
Von Lecco aus bieten sich für die Weiterfahrt zwei Möglichkeiten:
Für die erste Möglichkeit nimmt man die Straße direkt am Ufer des Comer Sees. Aufpassen muß man bei der Abzweigung gut 6 km nördlich von Lecco; hier sollte man die kleine Küstenstraße Richtung Varenna nehmen; die SS 36, die direkt nach Bellano führt, ist zwar schneller, jedoch sehr tunnelreich. Auf der kleineren Straße fährt man durch die Orte, die direkt am Ufer liegen. Besonders lohnend ist das malerische *Varenna mit seinen alten Villen und Gärten. Von hier aus sieht man **Bellagio auf der kleinen Landzunge liegen und am gegenüberliegenden Westufer *Menaggio.
Die zweite Möglichkeit führt ab Lecco durch die *Valsassina und dann bei Bellano ans Ufer des Lago di Como. Diese Variante dauert allerdings wesentlich länger, da die Straße zwar landschaftlich sehr schön, aber äußerst kurvenreich ist. Die Berge erreichen hier Höhen von über 2000 m. Man

Route 3
(Fortsetzung)

passiert die Bergorte Ballabio, Introbio, Primaluna und Cortenova und kann einen Abstecher nach Barzio machen. Von Bellano aus erreicht man nach etwa 5 km das südlich gelegene Varenna, einen der schönsten Orte der Ostküste.
Ab Bellano geht es weiter auf der kleineren Uferstraße. Schon kurz hinter Bellano wird das Ufer wieder weniger romantisch. Man kommt durch Dervio und schließlich bei Colico an den nördlichsten Teil des Lago. Kurz hinter Colico erreicht man den Zufluß der Adda in den See. An dieser Stelle führt die Straße nach Osten direkt in Richtung *️**Veltlin** (Valtellina).

Abstecher nach
Chiavenna

Wenige Kilometer hinter Colico kann man die Adda überqueren und über die SS 36 in Richtung Chiavenna fahren. Die Straße führt am Lago di Mezzola vorbei und dann am Flußufer entlang in das an der Mera gelegene Chiavenna. ***Chiavenna** ist bekannt für seine Grotti (ital. grotto = Höhle), eher einfache, gemütliche Gartenlokale, die teilweise in den Hang hineingebaut sein können. Man trifft sie auch im benachbarten Tessin häufig an. Das Städtchen selbst hat einen kleinen, recht idyllischen Ortskern und einige Sehenswürdigkeiten.

Vom nördlichen Ende des Comer Sees aus folgt man über einen weiten Abschnitt der SS 38, die durch das gesamte ***Veltlin** führt. Die Straße ist meist belebt, aber zügig zu befahren. Wer mit mehr Muße durch das Veltlin fahren möchte, kann an den meisten Stellen auf die sehr kleinen Parallelstraßen ausweichen. Morbegno gilt als Eingang in das Tal. Südlich und nordöstlich sind schon die ersten Abstecher in die Seitentäler möglich: in die Valle del Bitto und in die Valmasino. Etwa 25 km hinter Morbegno liegt ***Sondrio**, die Provinzhauptstadt, mitten in der Valtellina. Die Gipfel, die um die kleine Stadt aufragen, sind meist schneebedeckt. Sondrio ist vergleichsweise untouristisch und lohnt einen kurzen Aufenthalt. Hübsch ist der Hauptplatz Piazza Garibaldi, besonders viele Sehenswürdigkeiten gibt es jedoch nicht. Auch hier bietet sich ein Abstecher in ein Seitental an; die Valmalenco zieht sich direkt im Norden von Sondrio in das Hochgebirge. Von Sondrio in Richtung Osten sollte man in jedem Fall die Strada Panoramica dei Castelli nehmen. Bei schönem Wetter ist dies der wohl romantischste Teil der Fahrt durchs Veltlin. Von der Straße bieten sich nicht nur schöne Blicke, sie führt auch an hübsch gelegenen Kirchlein vorbei, und links und rechts breiten sich Weinhänge und kleine Obstplantagen aus. In *Teglio lohnt eine Besichtigung des Palazzo Besta, des kulturellen Höhepunkts der Region.

Abstecher nach
Bormio

Von Teglio aus kann man die Fahrt an der Adda entlang über Tirano und Grosio bis nach *Bormio oder ***Livigno** ausdehnen. Bormio ist ein hübsch gelegener Bergort mit altem Ortskern. Hinter Bormio steigt die Straße dann zum berühmten Stilfser Joch an (2757 m).

Unterhalb von Teglio überquert man die SS 38 und gleich darauf die Adda. Die SS 39 führt dann in Serpentinen den Hang hinauf, und man verläßt die Valtellina am Passo di Aprica. Weiter geht es über Aprica und Edolo durch waldiges Gebirge, und bei Edolo biegt man auf die SS 42, die durch die ***Valcamonica** in Richtung Süden führt.
Sogleich fällt auf, daß die Valcamonica schmaler und weniger besiedelt ist als das Veltlin. Das Tal bietet imposante Landschaftseindrücke, die Berggipfel im Norden sind das ganze Jahr über schneebedeckt. Unbedingt zu empfehlen ist ein längerer Halt in Capo di Ponte, wo im Nationalpark auf der Höhe von Naquane die berühmten Felsgravuren zu sehen sind. In Richtung Süden zum Iseosee hin wird das Tal etwas weiter. Kurz hinter Boario Terme muß man sich entscheiden, ob man am Westufer des Lago d'Iseo oder am Ostufer entlang fahren möchte.
Mit dem ***Iseosee** erreicht man einen der schönen, aber unbekannten oberitalienischen Seen. Die Orte an der Ostküste sind relativ stark durch die Uferstraße SS 510 beeinträchtigt, auf der man in kurzer Zeit nach Iseo, einem der beiden touristischen Hauptorte des Sees, gelangt. Wer mehr

Route 3 (Fortsetzung)

Zeit hat, fährt die sehr kleine SS 469 am Westufer entlang. Man kommt zunächst durch das größere Lovere, dann durch einige untouristische Ortschaften und landet schließlich in Sarnico an der Südwestecke, dem anderen touristischen Hauptort des Lago d'Iseo. Auf jeden Fall sollte man eine Bootsfahrt zur Insel *Monte Isola machen, der größten Insel auf einem europäischen Binnensee. Vom Lago d'Iseo sind es nur knapp 20 km bis zum verkehrsreichen Großraum von Bergamo.

4. Von Pavia über Vigevano, die Lomellina ins Oltrepò Pavese (Po-Ebene und Apennin; ca. 195 km)

Allgemeines

Diese reizvolle Tour führt durch die Provinz Pavia und damit durch eine noch unbekannte Gegend der Lombardei. Neben den beiden kulturell interessanten Städten bietet die Provinz abwechslungsreiche Landschaften: für Liebhaber des Flachlands die weite, wenig besiedelte Ebene der Lomellina, und jenseits des Po – Oltrepò Pavese – eine ausgesprochen liebliche, von Weinhängen durchzogene Hügelregion, die in die nördlichen Ausläufer des Apennin übergeht.

Für **Pavia**, die Stadt mit ihrer hübschen Silhouette mit den mittelalterlichen Geschlechtertürmen und der großen Domkuppel, braucht man mindestens einen halben Tag, – die wenige Kilometer nördlich gelegene **Certosa di Pavia** nicht eingerechnet. Pavia ist eingebettet in eine schöne Flachlandschaft. Die Stadt liegt am Ufer des breiten Ticino, der etwa 8 km südöstlich der Stadt in den Po mündet.
Die nordwestlich von Pavia gelegene Stadt ***Vigevano** erreicht man auf den Straßen links oder rechts des Ticino. Die kleinere und wenig befahrene Straße SS 526 führt von Pavia nach Abbiategrasso, von dort aus geht es auf der SS 494 bis nach Vigevano. Oder man biegt in Bereguardo links ab, überquert den Ticino und folgt der Straße, bis man auf die Hauptstraße nach Vigevano kommt. Die schnellste Möglichkeit führt von Pavia in Richtung Süden, bis man auf die Straße nach Vigevano und Mortara stößt, die sich nach 13 km teilt. In Vigevano erwartet den Besucher die Piazza Ducale, einer der schönsten Plätze in der Lombardei aus der Frührenaissance.
Auch wenn man bei der südlicheren Anfahrt nach Vigevano schon ein Stück durch die *Lomellina gekommen ist, sollte man nicht auf die Fahrt in den kaum besiedelten westlichen Teil dieser Landschaft mit ihren weiten Mais- und Reisfeldern verzichten. Im Sommer zeichnen sich insbesondere die Reisfelder durch ein sattes, frisches Grün aus. Das flache, von vielen kleinen Wasserarmen und Kanälen durchzogene Gebiet reicht bis zu den Flüssen Sesia und Po, die gleichzeitig die westliche Grenze der Lombardei zur Provinz Piemont bilden. Im Prinzip kann man jede möglichst kleine Straße für die Tour durch die Lomellina wählen. Ein kurzer Halt bietet sich in Lomello 15 km südlich von Mortara an. In diesem einst bedeutenden Landstädtchen, in dem Theodelinde mit dem Langobardenkönig Agilulf getraut wurde, ist die Kirche S. Maria Maggiore mit dem dazugehörigen Baptisterium sehenswert. Von Lomello aus fährt man nach Sannazzaro de Burgondi und nimmt dort die Straße in Richtung Süden.
Auf einer herrlichen Brücke überquert man den Po und fährt in das ***Oltrepò Pavese** – von Pavia aus "jenseits des Po" – hinein. Man nimmt die Straße nach Voghera, das nicht besonders lohnend ist. Dafür ist der Kurort Salice Terme südlich von Voghera ausgesprochen hübsch, so daß man hier Quartier nehmen kann, um die liebliche Landschaft des Oltrepò Pavese mit ihren Weinhängen und den auf Hügeln gelegenen Kastellresten zu erkunden. Als Rundfahrt durch dieses etwas abgeschiedene Gebiet bietet sich eine Tour von Salice Terme über Ponte Nizza bis nach Varzi an. Von Varzi, das schon an den Hängen des nördlichen Apennin liegt, kann man die wenig befahrene Straße in Richtung Apennin nehmen, vorbei am Monte d'Alpe, weiter in Richtung Norden über Romagnese, Carmine und schließlich nach Stradella. Von hier führt die SS 617 nach Pavia zurück. Der Ponte della Becca überquert den Po an der Mündung des Ticino.

Reiseziele von A bis Z

Ascona

E 4

Schweiz, Kanton Tessin
Höhe: 205 m ü.d.M.
Einwohnerzahl: 4700

**Lage und Allgemeines

Ascona liegt malerisch am Nordufer des → Lago Maggiore (Langensee; in Italien auch Verbano genannt), in einer natürlichen Bucht. Zu Anfang des 20. Jh.s entdeckte eine Gruppe "Weltverbesserer" das beschauliche Fischerdorf und ließ sich auf dem Monte Verità nieder (→ *Baedeker Special* S. 153). Ihnen folgten alsbald Touristen, ebenfalls angezogen von dem überaus milden Klima, der schönen Lage und der mediterranen Vegetation, und Ascona entwickelte sich zu einem mondänen Kurort – was die Vielzahl der die schönen Hügel überziehenden Luxusvillen belegt. Heute erwartet den Ascona-Besucher ein alter, recht intakter, autofreier Borgo (Ortskern) mit reizvollen Bürgerhäusern, Galerien, Boutiquen und einigen

Ortsbild

Die schöne Uferpromenade Piazza Motta

Ortsbild (Fortsetzung)

kunsthistorischen Sehenswürdigkeiten. Die von Leben und Treiben erfüllte Piazza Motta, die schöne Uferpromenade, ist vom Frühling bis zum Herbst ein beliebter Treffpunkt und lädt mit ihren gemütlichen Cafés und Restaurants zur unterhaltsamen Entspannung ein.

Veranstaltungen

Alljährlich finden von Ende August bis Mitte Oktober die Settimane Musicali di Ascona, die Musikwochen, statt. Im September treffen sich hier Puppenspieler aus aller Welt zum internationalen Marionettenfestival.

Geschichte

Ausgrabungen bei S. Materno belegen, daß das strategisch günstig gelegene Gebiet seit der Bronzezeit (etwa 800 v. Chr.) besiedelt war. Zeugnisse ligurischer und keltischer, später dann römischer Bewohner sind im archäologischen Museum von → Locarno zu sehen. Im Mittelalter schützten vier Burgen den Marktflecken, diese wurden jedoch 1518 von den Eidgenossen zerstört. "Entdeckt" wurde Ascona allerdings von jenen "Heiligen vom Berg", die dem Ort einen Hauch von Extravaganz verliehen und seinen Ruf international verbreiteten.

Sehenswertes in Ascona und Umgebung

Uferpromenade Piazza Motta

Ausgangspunkt einer Stadtbesichtigung ist die schöne Uferpromenade Piazza Motta mit ihren mächtigen Platanen und den schönen mit Loggien und Arkaden verzierten Gebäuden. Das Rathaus (Municipio) mit seinem Portikus entstand im 16. Jh. für Bartolomeo Papio.

*Casa Serodine

Westlich gegenüber steht die Casa Serodine, auch Casa Borrani genannt, der 1620 erbaute Stadtpalast der Familie Serodine, allesamt Baumeister und Künstler. Die prunkvolle dreistöckige Fassade zieren barocke Stuckarbeiten von Giovanni Battista Serodine (1587–1626), Bruder des Malers Giovanni Serodine (um 1594–1630); über den Fenstern erkennt man u. a. die Madonna mit Kind (Mitte), Adam und Eva (links), König David und Bathseba (rechts). Der darüber verlaufende Stuckfries erzählt die Geschichte der beiden alttestamentarischen Paare. Sehenswert ist auch der elegante Innenhof (hier befindet sich das Fremdenverkehrsbüro).

Pfarrkirche SS. Pietro e Paolo

An der Piazza S. Pietro erhebt sich die Pfarrkirche SS. Pietro e Paolo, eine dreischiffige Säulenbasilika, deren Campanile schon von weitem sichtbar ist. Im Jahre 1264 erstmals erwähnt, wurde sie 1530–1535 grundlegend erneuert. Das Innere ist mit drei hervorragenden Altarbildern von Giovanni Serodine ausgestattet, eine Marienkrönung (um 1623), "Christus in Emmaus" und "Die Söhne des Zebedäus", die Gewölbefresken (1783) sind von Pietro Francesco Pancaldi-Mola. Dessen Bruder Giovanni Battista schuf das Grabmal der Brüder Vacchini im nördlichen Seitenschiff.

"Madonna mit der Eiche"

*S. Maria della Misericordia

Durch enge Gassen gelangt man zur östlich gelegenen Kirche S. Maria della Misericordia. Sie wurde 1399–1442 an der Stelle eines älteren Gotteshauses erbaut, der Campanile mit seinem kegelförmigen Aufsatz folgte 1488. Ihr Innenraum ist mit dem bedeutendsten spätgotischen Freskenzyklus der Schweiz geschmückt. Die Wandbilder im Chor, an der Nordwand Szenen aus dem Alten, an der Südwand Szenen aus dem Neuen Testament, entstanden im frühen 15. Jh., die Fresken des Schiffs im 16. Jahrhundert. Das Polyptychon des Hochaltars mit der Schutz-

S. Maria della Misericordia (Fortsetzung)

mantelmadonna zwischen den Heiligen Dominikus und Petrus Martyr im Mittelpunkt malte der Asconeser Giovanni Antonio de Lagaia 1519. Beachtenswert ist außerdem das Fresko der Madonna della Quercia (Madonna mit der Eiche), umgeben von den Pestheiligen Sebastian und Rochus, an der südlichen Langhauswand (Mitte 16. Jh.).

Collegio Pontificio Papio

Das der Kirche angeschlossene Collegio Pontificio Papio ist eine Stiftung des Patriziers Bartolomeo Papio (1526 bis 1580). Es entstand 1585–1602 nach Plänen von Pellegrino Tibaldi, einem aus Puria im Valsolda (Provinz Como) stammenden Baumeister, von dem einige Kirchen und Paläste in der Lombardei sind (u. a. in → Como, am → Comer See und in → Pavia). Besonders schön ist der Innenhof mit seinen beiden Arkadengeschossen und den toskanischen Säulen. Das Gebäude beherbergt heute eine Privatschule.

Museen

Ascona besitzt mehrere Museen. Das Museo Comunale d'Arte Moderna zeigt neben wechselnden Ausstellungen moderner Kunst vor allem das Werk der russischen Expressionistin Marianne von Werefkin, die einige Jahre bis zu ihrem Tod 1938 in Ascona lebte (Via Borgo 34; geöffnet: März–Dez. Di.–Sa. 10.00–12.00, 15.00–18.00, So. 10.00–12.00 Uhr). Im Museo Epper, dem erweiterten ehemaligen Atelierhaus des Künstlerpaares Ignaz (1892–1969) und Mischa Epper (1901–1978), werden Holzschnitte und Bilder des Schweizer Expressionisten und Skulpturen seiner Frau gezeigt (Via Albarelle 14; geöffnet: Apr.–Okt. Di.–Fr. 10.00–12.00, 15.00 bis 18.00, So. 15.00–18.00 Uhr, in den Sommermonaten jeweils 20.00 bis 22.00 Uhr).

*Monte Verità Museumspfad

Über die Via Borgo und die Strada della Collina erreicht man den 321 m hohen Monte Verità, Hausberg des Ortes. An der Stelle der einstigen sog.

Ascona (Fortsetzung)

→ *Baedeker Special* S. 153

Licht-und- Luft-Hütten der Utopisten stehen heute das 1927 von Emil Fahrenkamp im Bauhausstil erbaute Hotel Monte Verità und im großen Park die Casa Anatta – benannt nach dem Sanskritwort für Seele –, einst Wohnsitz der Lebensreformer. In diesem "originellsten Holzhaus der Schweiz" sind heute die Ideen und die Geschichte der Reformbewegung in und um Ascona seit 1869 dokumentiert. Zwei weitere Gebäude aus der Gründerzeit sind erhalten, die um 1900 als Gästehaus erbaute Casa Selma, und ein Holzpavillon im Stil von 1900, hier sind das 1923 gemalte Panoramagemälde "Klare Welt der Seligen" ("Chiaro Mondo dei Beati") des Balten Elisar von Kupffer sowie weitere Dokumente ausgestellt (gemeinsame Öffnungszeiten: Apr.–Okt. Di.–So. 14.30–18.00 Uhr).

Madonna della Fontana

Ein markierter Weg führt zur turmlosen Wallfahrtskirche Madonna della Fontana, die 1617–1677 am Nordabhang des Monte Verità über einer Quelle erbaut wurde. Im Innern schmücken Fresken aus dem 17. Jh. die Wände. Nach der Überlieferung soll hier im 15. Jh. ein stummes Hirtenmädchen die Quelle entdeckt und ihre Sprache wiedergefunden haben. Vermutlich gab es hier jedoch bereits ein keltisches Quellheiligtum.

Losone

Nordwestlich von Ascona erstreckt sich rechts der Maggia die Nachbargemeinde Losone (239 m; 5000 Einw.) mit zahlreichen schönen Granithäusern, den Rustici (15.–18. Jh.); eine moderne Antwort hierauf ist die Casa Bianda (Via Ubrio 6), ein wehrhaft erscheinender Wohnzylinder des Tessiner Architekten Botta von 1989. Besuchenswert sind auch die drei Ortskirchen: S. Lorenzo wurde 1597 an der Stelle eines 1243 erwähnten Gotteshauses erbaut, um 1776 barockisiert und 1894 nochmals verändert. Sie besitzt einen bemerkenswerten Altar von Giuseppe Buzzi (1751), Gemälde von Pancaldi und Orelli sowie kunstvolle Beichtstühle und ein schönes Taufbecken (1580). Die 1799 errichtete Kirche S. Giorgio im gleichnamigen Ortsteil geht auf einen Bau des 11. Jh.s zurück, von dem noch der Campanile und der Chor erhalten sind; im Inneren befinden sich Fresken von Nicolao da Seregno und Antonio da Tradate (14./15. Jh.). Das Innere von S. Rocco, 1584 erbaut und im 19. Jh. erweitert, malte Giovanni Antonio Vanoni 1860 aus. Das Gemälde der Muttergottes mit den Pestheiligen Sebastian und Rochus hinter dem Altar ist von 1614.

Arcegno

Westlich oberhalb von Losone liegt inmitten von Kastanienwäldern das alte Bergdorf Arcegno (400 m; 300 Einw.) mit seinen urwüchsigen Häusern. Die Pfarrkirche Sant'Antonio Abate (14. Jh., im 17. Jh. erweitert) besitzt eine bemalte Fassade (17. Jh.) sowie Freskenreste des 14.–16. Jh.s im Inneren. An der Straße nach Losone steht die um einen Bildstock von 1692 erbaute barocke Kapelle Madonna della Valle; im Chor befindet sich ein 1593 datiertes Fresko (Gottesmutter mit Kind zwischen den hll. Antonius und Rochus).

Ronco

→ Lago Maggiore

Bergamo

L 6

Provinzhauptstadt
Höhe: 249–365 m ü.d.M.
Einwohnerzahl: 117 000

Lage und Bedeutung

Bergamo, die Hauptstadt der gleichnamigen Provinz, liegt nordöstlich von Mailand am Fuß der Bergamasker Alpen, wo die beiden Alpentäler von Brembo und Serio in die Po-Ebene einmünden. Sie ist Verkehrs- und Handelszentrum mit bedeutender Nahrungsmittel-, Maschinenbau-, Zement- und Textilindustrie. Ihre Bedeutung spiegelt sich nicht zuletzt im Autoverkehr wider, der immer dichter wird, je mehr man sich der Stadt nähert.
Eigentlich besteht Bergamo aus zwei verschiedenen Stadtbereichen: In der Ebene breitet sich die Città bassa aus, die geschäftige Unterstadt,

**Stadtbild

deren Bild durch moderne Bauten und Industriebetriebe geprägt ist. Auf einem Bergrücken, rund 120 m oberhalb des Flusses Serio, liegt die Città alta, die ganz mittelalterlich gebliebene Oberstadt mit ihrem Labyrinth enger Gassen und zahlreichen Kunstschätzen.

Blick über die Dächer von Bergamos Città alta

Geschichte

Als die Römer im 2. Jh. v. Chr. das Municipium Bergomum gründeten, bestand bereits seit über 200 Jahren eine gallische Siedlung namens Berghem (= Berg und Heim). Im Jahr 575 machten die Langobarden die Stadt zum Herzogssitz, ab 776 folgte die Herrschaft deutscher Könige und Kaiser. Bereits 1098 gründeten Kleinadelige, Händler und Zünfte in Bergamo eine Gegenregierung zum kaisertreuen Bischof. Der Konflikt erlebte 1165 seinen Höhepunkt, als die Stadt Mitglied der Lombardischen Liga wurde, den Bischof entmachtete und die Stadtrepublik ausrief. Die beiden folgenden Jahrhunderte waren von inneren Kämpfen zwischen Ghibellinen (Kaisertreue, darunter die Familie der Suardi) und Guelfen (darunter die Familie Colleoni) bestimmt. 1295 geriet Bergamo unter die Gewaltherrschaft der Mailänder Familie Visconti, aus der es sich 1428 befreite, indem es sich der Republik Venedig unterwarf. 1437 versuchten die Visconti, das vor ihren Toren gelegene Bergamo zurückzuerobern. Aber Bartolomeo Colleoni, Condottiere im Dienste Venedigs, bereitete ihnen eine vernichtende Niederlage, und aus Dank errichteten die Bürger Bergamos ihrem Retter die Grabkapelle in ihrer Stadtkirche S. Maria Maggiore. Zum Schutz vor weiteren Eroberungsversuchen wurde die Oberstadt ab 1561 ummauert und durch eine Bastion gesichert. Nun folgte eine lange wirtschaftliche und kulturelle Blütezeit. Nachdem Napoleon die Republik Venedig aufgelöst hatte, fiel Bergamo 1815 an Österreich, 1859 an das Königreich Sardinien und im Zuge der Einigung an Italien.

Bergamo ist Geburtsstadt des Harlekin, einer der Hauptfiguren der Commedia dell'arte (→ *Baedeker Special* S. 53), und des Opernkomponisten Gaetano Donizetti (1797 – 1848; → Berühmte Persönlichkeiten), dem zu Ehren die Stadt jedes Frühjahr Musikwochen veranstaltet.

Sehenswertes in der **Città alta

Allgemeines und Anfahrt

Die Altstadt Bergamos besitzt unzählige historische Winkel, Gassen und Plätze mit schönen alten Gebäuden, die man am besten auf verschiedenen Spaziergängen entdeckt. Die vielen einladenden, gemütlichen bis luxuriösen Bars und Restaurants, die verführerisch duftenden Konditoreien, Bäckereien und Lebensmittelläden sorgen für das leibliche Wohl.
Die Oberstadt ist für den Autoverkehr gesperrt (die Zufahrt zu den Hotels jedoch gestattet). Es empfiehlt sich, zu Fuß oder mit dem Bus bis zum Viale Vittorio Emanuele zu fahren, wo sich die Talstation der seit 1887 verkehrenden Standseilbahn, Funicolare di Città alta, befindet. Von hier aus ist man in wenigen Minuten auf dem ehem. Marktplatz, dem Mercato delle Scarpe. Über die Via Gombito gelangt man zur Piazza Vecchia, dem Ausgangspunkt der nun folgenden Beschreibung. Es gibt aber auch eine regelmäßige Busverbindung zwischen Unter- und Oberstadt.

Le Mura

Bergamos Città alta wurde zwischen 1561 und 1590 im Auftrag Venedigs mit einem rund 5 km langen Mauergürtel und 16 Bastionen gesichert. Für die besterhaltene Stadtbefestigung Oberitaliens mußten rund 800 Gebäude abgebrochen werden. Die vier alten Stadttore dienen auch heute noch als Durchlässe.

*Piazza Vecchia

Die zwischen 1440 und 1493 angelegte Piazza mit ihrem von acht Löwen umgebenen Brunnen in der Mitte (1780) bildet zusammen mit dem Domplatz das Zentrum der Oberstadt.

Piazza Vecchia und Torre Vecchia

Cappella Colleneoni

Torre Civica

Der 54 m hohe Stadtturm geht auf einen im 12. Jh. erbauten Wehrturm der Familie Suardi zurück; der Glockenaufsatz folgte im 17. Jahrhundert. Wer die 230 Stufen nicht scheut, genießt einen herrlichen Blick auf die Stadt und das Umland. Nur von hier oben übersieht man die durch mehrere Anbauten verdeckte Kirche S. Maria Maggiore mit ihrem mit Schiefer gedeck-

Bergamo

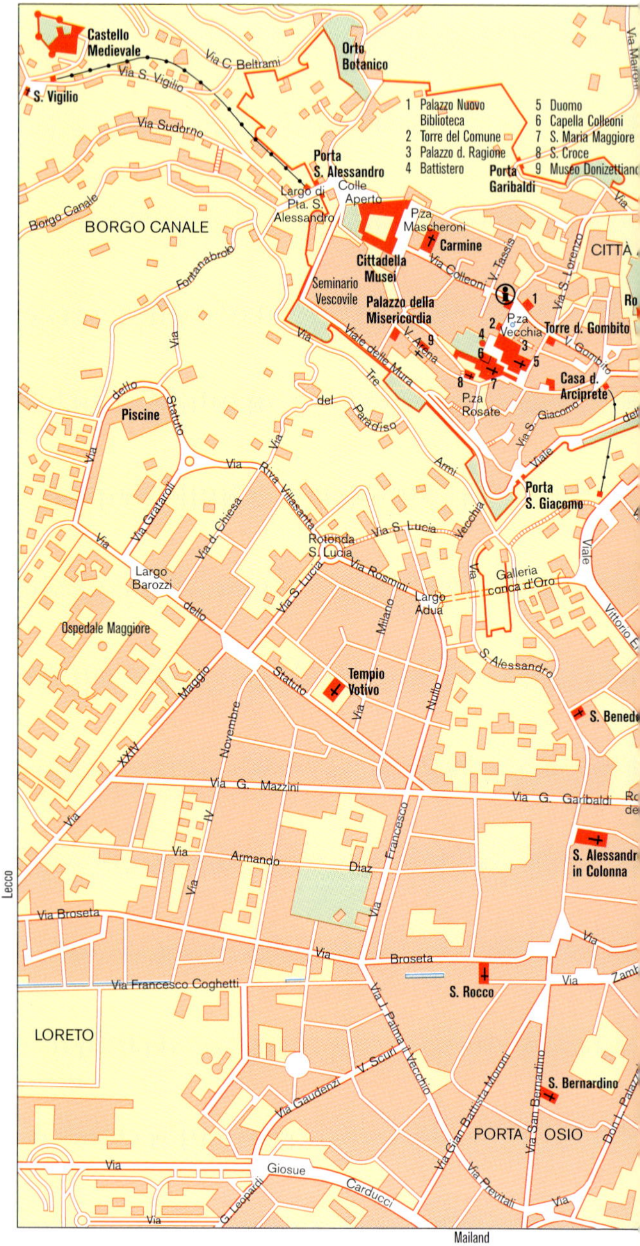

Castello Medievale
S. Vigilio
Via C. Beltrami
Via S. Vigilio
Via Sudorno
Orto Botanico
1 Palazzo Nuovo Biblioteca
2 Torre del Comune
3 Palazzo d. Ragione
4 Battistero
5 Duomo
6 Capella Colleoni
7 S. Maria Maggiore
8 S. Croce
9 Museo Donizettiano
Porta S. Alessandro
Porta Garibaldi
Largo di Pta. S. Alessandro
Colle Aperto
Borgo Canale
BORGO CANALE
P.za Mascheroni
Carmine
Cittadella Musei
Via Colleoni
V. Tassis
Via S. Lorenzo
CITTÀ
Seminario Vescovile
Palazzo della Misericordia
P.za Vecchia
Torre d. Gombito
V. Gombito
V. Arena
Viale delle Mura
Casa d. Arciprete
P.za Rosate
Via S. Giacomo
Fontanabrob
Via
dello Statuto
Piscine
Via del Paradiso
Tre
Armi
Viale
Porta S. Giacomo
Via
Via Riva Villasanta
Via S. Lucia
Vecchia
Via Gratarolli
Via d. Chiesa
Rotonda S. Lucia
Via Rosmini
Via
Galleria conca d'Oro
Viale Vittorio E
Largo Barozzi
Largo Adua
Milano
Ospedale Maggiore
dello Statuto
S. Alessandro
Tempio Votivo
Via
Nullo
Maggio
XXIV
Novembre
IV
S. Benede
Via G. Mazzini
Via G. Garibaldi
Via
Francesco
S. Alessandr in Colonna
Via Armando Diaz
Via
Via Broseta
Via Broseta
Via
Via Francesco Coghetti
S. Rocco
Via Zamb
LORETO
Via I. Palma il Vecchio
V. Scuri
Via Gaudenzi
Via Gian Battista Moroni
Via San Bernardino
S. Bernardino
PORTA OSIO
Via Giosue Carducci
Via Previtali
Via
G. Leopardi
Via
Lecco
Mailand

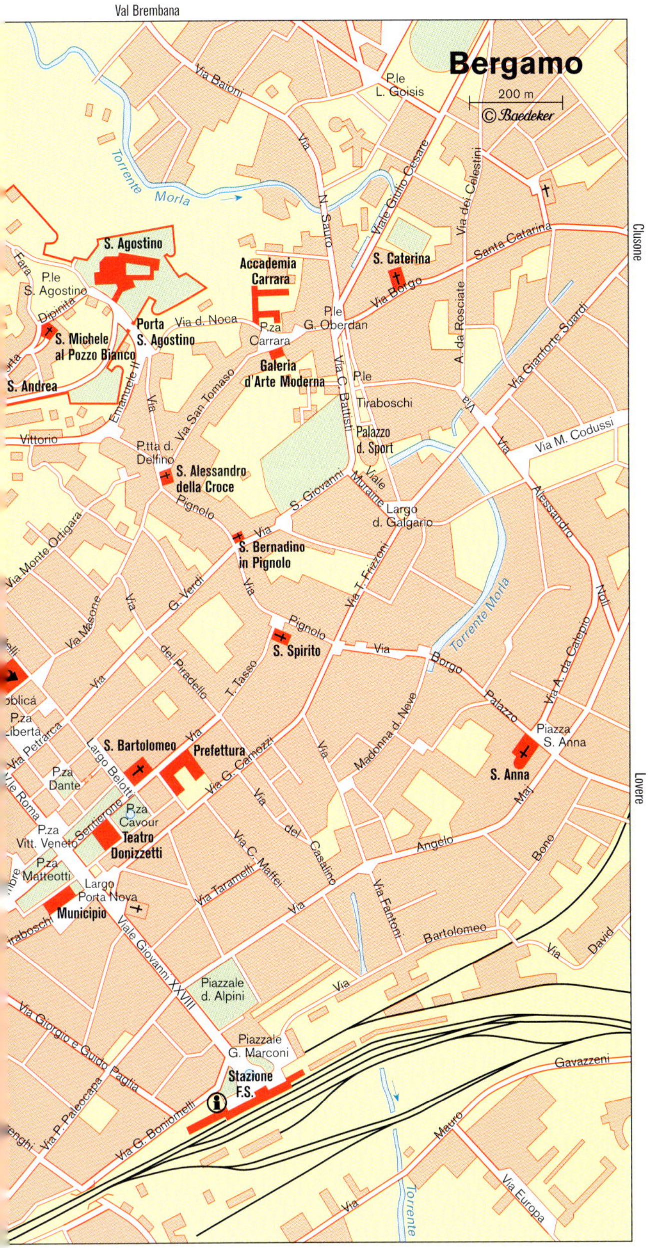
Val Brembana
Bergamo
200 m
© Baedeker
Clusone
Lovere
Via Baioni
P.le L. Goisis
Torrente Morla
Via N. Sauro
Viale Giulio Cesare
Via dei Celestini
S. Agostino
Accademia Carrara
S. Caterina
Santa Catarina
Via Borgo
Fara
P.le S. Agostino
Dipinita
Porta S. Agostino
Via d. Noca
P.za Carrara
P.le G. Oberdan
S. Michele al Pozzo Bianco
S. Andrea
Galeria d'Arte Moderna
Via C. Battisti
P.le Tiraboschi
A. da Rosciate
Via Gianforte Suardi
Via San Tomaso
Emanuele II
Vittorio
Palazzo d. Sport
Via M. Codussi
P.tta d. Delfino
S. Alessandro della Croce
S. Giovanni
Viale Muraine
Largo d. Galgario
Via Alessandro
Pignolo
Via Monte Ortigara
Via S. Bernadino in Pignolo
Via T. Frizzoni
Via Masone
Via G. Verdi
Torrente Morla
Noli
S. Spirito
Via Borgo Palazzo
Via A. da Calepio
del Piradello
T. Tasso
Madonna d. Neve
Piazza S. Anna
S. Anna
P.za Libertà
Via Petrarca
Largo Belotti
S. Bartolomeo
Via Prefettura
Via G. Camozzi
Maj
P.za Dante
Viale Roma
P.za Cavour
Teatro Donizzetti
Sentierone
P.za Vitt. Veneto
Via del Casalino
Via C. Maffei
Angelo
Bono
P.za Matteotti
Largo Porta Nova
Municipio
Via Taramelli
Via Fantoni
Tiraboschi
Viale Giovanni XXIII
Bartolomeo
Via David
Piazzale d. Alpini
Via
Via Giorgio e Guido Paglia
Piazzale G. Marconi
Stazione F.S.
Gavazzeni
Via P. Paleocapa
Via G. Bonomelli
Mauro
Via Europa
Torrente

Oberstadt, Torre Civica (Fortsetzung)

ten Dach (geöffnet: Nov.–Febr. Sa., So., Fei. 10.00–12.00, 14.00 bis 16.00, im Okt. bis 18.00; März tgl. 10.00–12.00, 14.00–18.00, Apr. bis Sept. tgl. 9.00–12.00, 14.00–20.00, Fr., Sa. bis 23.00 Uhr).

*Palazzo della Ragione

Der Palazzo della Ragione, auch Palazzo Vecchio genannt, das frühere Rathaus, nimmt den Süden des Platzes ein. Der heutige Bau mit seiner offenen Arkadenhalle im Erdgeschoß, dem venezianischen Maßwerk und dem Relief des Markuslöwen auf der Hauptfassade entstand 1538–1554 an der Stelle einer bereits 1160 erwähnten "Casa nova consulum". Die überdachte Außentreppe von 1453 führt zum Obergeschoß, in dessen Salone delle Capriate wertvolle Fresken des 14., 15. und 16. Jh.s zu sehen sind, die aus anderen Gebäuden abgenommen und hierhergebracht worden sind, darunter die "Drei Philosophen" von Bramante (1477) und "Justizia zwischen den Heiligen Alessandro und Vincenzo" von Filippo Zanchi (1547). Unter den Arkaden des Palazzo befindet sich ein riesiger Meridian (Giovanni Albrici; 1798). Durch die Scheibe (im mittleren Bogen des Südportikus) fällt ein Sonnenstrahl. Übers Jahr hinweg folgt er jeweils zu Mittag der auf den Boden gezeichneten Kurve. Vor dem Palast steht eine Statue des Dichters Torquato Tasso (G. B. Vismara, 1681).

Biblioteca Civica Palazzo Nuovo

Den Norden des Platzes nimmt die zwischen 1611 und 1690 im Stil der Hochrenaissance erbaute Biblioteca Civica ein (Architekt Vincenzo Scamozzi), deren Fassade erst 1919 vollendet wurde. Die Bibliothek besitzt u. a. einige großartige Werke der Buchmalerei und Handschriften.

Die langgestreckten Bauten, welche den Platz im Osten und Westen einrahmen, beherbergen zur Freude der Bergamasken als auch der Besucher eine Reihe von Cafés und Restaurants.

*Piazza del Duomo

Durchschreitet man die Arkadenhalle des Palazzo della Ragione, so steht man auf dem Domplatz, dem ältesten Kern von Bergamo, der ebenfalls von bedeutenden Bauten umgeben wird.

Dom S. Vincenzo

Linker Hand erhebt sich der Dom mit seiner neoklassizistischen Fassade (1886). Der heutige Bau entstand an der Stelle einer langobardischen Bischofskirche, die 1207 einer romanischen Basilika weichen mußte. Im 15. Jh. wurde sie nach Plänen von A. Filarete umgebaut und 1680 bis 1688 schließlich von C. Fontana vollendet.

Die Kirche ist mit zahlreichen Werken aus dem 15. bis 18. Jh. ausgestattet, beachtenswert sind das "Martyrium des Bischofs S. Giovanni" von Gian Battista Tiepolo (1743; in der Apsis) und das Chorgestühl von Giovanni A. Sanz (17. Jh.).

*S. Maria Maggiore

Das bestimmende Gebäude des Domplatzes ist S. Maria Maggiore, in deren Langhausfassade ab 1472 die Cappella Colleoni eingebaut wurde (s. unten). Die dreischiffige Kirche entstand in mehreren Phasen (1137 bis 1160; nach 1187 und Mitte des 14. Jh.s). Sie besitzt keine Fassade, da sich im Westen der Bischofspalast, die sog. Aula, anschließt. Auch im Osten steht die Kirche nicht frei; hier folgt auf ihre Apsis das 1810 im neoklassizistischen Stil erbaute sog. Ateneo. Ihre beiden Zugänge im Norden und Süden des Querschiffs versah Giovanni da Campione um 1350 mit Vorhallen im gotischen Stil, deren säulentragenden Löwen man in der Lombardei öfters begegnet. Auffällig ist die Baldachinarchitektur über dem Nordportal: Im unteren Laubengang wird die Reiterstatue des hl. Alexander von zwei Heiligen eingerahmt; darüber thront eine Madonna mit Kind, ebenfalls zwischen zwei Heiligen (ein Werk von Andreolo de'Bianchi, 1398).

Bis auf wenige Freskenreste aus dem 14. Jh. im Querhaus, darunter "Szenen aus dem Leben des hl. Eligius" und "Abendmahl" (gleich neben dem Nordeingang) sowie der "Lebensbaum in der Version des hl. Bonaventura" (1347; gegenüber), stammt die Innenausstattung der Kirche vor allem aus dem 16. bis 18. Jh. Beachtenswert sind die toskanischen und flämischen Wandteppiche (16. und 17. Jh.), das Wandgrab für Kardinal Guglielmo Longhi (Giovanni da Campione, um 1330; im Südschiff), daneben das Denkmal für Gaetano Donizetti (Vincenzo Vela, 1855; links davon das Grab seines Lehrers Simon Mayr) und der Beichtstuhl von Andrea Fantoni (1704). Zu den Schätzen gehören jedoch das Holzkruzifix aus dem 14. Jh. und vor allem das Chorgestühl, das Gian Francesco Capoferro und Giovanni Belli

Oberstadt, S. Maria Maggiore (Fortsetzung)

1522–1555 schufen. Die vorderen Brüstungsfelder sind Meisterwerke der Intarsienkunst (gewöhnlich sind sie hinter ornamentierten Holzplatten versteckt und nur sonntags zu sehen). Sie stellen, nach Vorlagen von Lorenzo Lotto, Szenen aus dem Alten Testament dar: "Zug durch das Rote Meer", "Sintflut", "Arche Noah", "Judith und Holofernes", "David und Goliath".

*Cappella Colleoni

An die nördliche Vorhalle der S. Maria Maggiore grenzt die beeindruckende Cappella Colleoni mit ihrer überreich geschmückten Renaissance-Fassade aus schwarz-weiß-rotem Marmor. 1472 beauftragte Bartolomeo Col-

Nur von der Torre Civico übersieht man die Kirche S. Maria Maggiore mit der eingebauten Cappella Colleoni; davor steht die kleine Taufkapelle.

leoni den Paveser Bildhauer und Architekten Giovanni Antonio Amadeo mit dem Bau einer Familiengrabkapelle (Amadeo war etwas später auch an der Fassade der → Certosa di Pavia maßgeblich beteiligt). Bei Colleonis Tod 1475 war die Kapelle noch nicht fertig, Arbeiten an der Innenausstat-

Oberstadt, Cappella Colleoni (Fortsetzung)

tung zogen sich bis ins 19. Jh. hin, das Bronzegitter vor der Kapelle folgte sogar erst 1913. Die Fassadenplastik, die Taten des Herakles im Sockelfries, Medaillons mit Kaiser- und Heiligenporträts entlang der Eckpfeiler, dazwischen feine Ornamente, sollten die Taten und den Glanz des im Dienste Venedigs erfolgreichen Feldherrn aus altem Bergamasker Geschlecht verherrlichen.
Die Grabmäler der Colleoni im Innern sind auch von Amadeo: Vier auf Löwen ruhende Säulen tragen den reliefierten großen Sarkophag des Bartolomeo, darüber ruht seine Gemahlin in einem entsprechend kleineren Sarkophag, dazwischen eine Reihe von Heldenstatuen. Über allem thront die vergoldete Reiterstatue des Condottiere, ein Werk des Nürnberger Schnitzers Sixtus Frey (1501); gegenüber befindet sich das Nischengrab Medea Colleonis († 1470) mit einer lebensgroßen Liegefigur der Lieblingstochter Bartolomeos, ebenfalls von Amadeo, aus der vom Vater gestifteten Dominikanerkirche S. Maria della Basella bei Urgnano. Beachtenswert sind außerdem die Fresken über die Geschichte Johannes des Täufers in der Kuppel von G. B. Tiepolo (1733), die "Heilige Familie" von der schweizerischen Malerin Angelika Kauffmann (1789) sowie zwei Chorbänke von Giovanni A. Sanz mit wertvollen Intarsien von Giacomo Caniana (1780–1785).

Battistero

Rechts von der Cappella Colleoni steht die 1340 von Giovanni da Campione erbaute Taufkapelle. Das Marmorachteck befand sich ursprünglich in der Kirche S. Maria Maggiore. Nachdem die Taufe 1660 in den Dom verlegt wurde, baute man das Baptisterium ab und erst 1898 an der heutigen Stelle wieder auf. Die acht Ecken werden durch Statuen der Tugenden betont; im Innern ein Taufbecken, dessen Reliefs das Leben Jesu schildern.

*S. Croce

Südwestlich von S. Maria Maggiore (links von ihrer südlichen Vorhalle) steht in einem ummauerten Vorgarten die romanische Kapelle S. Croce (Ende 11. Jh.), die erst 1885 an diese Stelle versetzt wurde.

Die kleine Rundkirche S. Croce ist ein schönes Beispiel lombardischer Romanik.

Durch die mit Fresken aus dem 13. und 14. Jh. geschmückte Halle der Aula, des ehem. Bischofspalastes, gelangt man auf die Piazza Duomo und Piazza Vecchia zurück.

Oberstadt (Fortsetzung) Aula

Über die Via Gombito und die Via San Lorenzo erreicht man die Rocca, die Festung. Auf dem Felsplateau befand sich einst das römische Kapitol mit einem Jupitertempel. Mit dem Bau der Festung war 1331 unter Johann von Luxemburg begonnen worden, Azzone Visconti stellte sie fertig. Die Venezianer verstärkten sie u. a. durch den Rundturm. Weitere Ausbauten folgten 1850 unter den Österreichern. Heute befindet sich hier das Museo del Risorgimento (seit einiger Zeit geschlossen) sowie der Parco delle Rimembranze, ein kleiner Park. Sehr schön ist der Blick vom Turm auf die Ober- und Unterstadt Bergamos (geöffnet: tgl. 9.00–12.00, 15.00–20.00 Uhr).

Rocca

Die westliche Fortsetzung der Via Gombito ist die Via Colleoni. Bei Haus Nr. 3 gelangt man durch einen Durchlaß in einen Hof, in dem eine Säule aus dem 16. Jh. einen auf den Hinterbeinen stehenden Löwen trägt, das Wappen der Suardi; Haus Nr. 4 ist das 1803 von Ludwig Pollak entworfene und 1807 eröffnete sog. Sozialtheater. Einst faßte es über 1300 Zuschauer; heute finden hier Wechselausstellungen statt.
Haus Nr. 10 ist die Casa Colleoni, der erste Wohnsitz des Condottiere; 1466 gründete er hier den Luogo Pio della Pietà, eine Stiftung für mittellose Mädchen. Im Erdgeschoß sind Fresken aus dem 15. Jh. und in einem Saal das "Bildnis von Bartolomeo Colleoni" von G. Battista Moroni zu sehen; im ersten Stock ist eine kleine Sammlung zum Leben Colleonis untergebracht.

Via Colleoni

Teatro Sociale

Von der Piazza Mascheroni durchquert man die Torre della Campanella (1355; im 19. Jh. verändert) und steht dann auf der Piazza della Cittadella, im Innenhof der 1355 von den Visconti erbauten Zitadelle. Im Innern sind Museen untergebracht: Das Museo Archeologico zeigt prähistorische, frühchristliche und langobardische Funde, u. a. Werkzeuge, Keramiken und Münzen (geöffnet: Di.–So. 9.00–12.30, 14.30–18.00 Uhr).
Im Museo di Scienze Naturali E. Caffi, einem kleinen naturgeschichtlichen Museum, sind u. a. eine Schmetterlingssammlung, eine Kräutersammlung sowie das Skelett eines Mammuts zu sehen (geöffnet: Di.–So. 9.00 bis 12.00, 14.30–17.30 Uhr).

Cittadella

Museen

Vor der Cittadella liegt der Colle Aperto, ein großer, belebter Platz. Von hier sind es nur einige Schritte zur Station von Bergamos zweiter Standseilbahn (Funicolare), die nach San Vigilio hinauffährt. Oben liegt die 894 erstmals erwähnte alte Festung, Castello, die bis ins 15. Jh. ausgebaut wurde. Ursprünglich war sie durch einen unterirdischen Gang mit der Città alta verbunden. Von hier oben genießt man einen herrlichen Blick auf die Stadt und ihr Umland.

San Vigilio

Die Via Arena beginnt auf der Rückseite der S. Maria Maggiore an der gleichnamigen Piazzetta.
Rechts liegt der Palazzo della Misericordia. Er beherbergt die Musikschule und das Museo Donizettiano. Mit einigen Erinnerungsstücken, u. a. Noten, Briefen, Dokumenten und Bildern, dem Flügel, auf dem viele Werke entstanden, wird hier Leben und Werk des Komponisten Donizetti dokumentiert (→ Berühmte Persönlichkeiten; Via Arena 9; geöffnet: März–Sept. Di.–Sa. 9.00–12.30, 14.30–18.00 Uhr).
Gegenüber erstreckt sich der Komplex des Benediktinerinnen-Klosters Santa Grata, dessen Außenwände ursprünglich ganz mit Fresken verziert waren.
Am Ende der Via Arena erreicht man das Bischöfliche Seminar Giovanni XXIII. (1819 erbaut; 1965 erweitert). Es ist Papst Johannes XXIII. gewidmet, der 1881 in Sotto il Monte (ca. 15 km westlich von Bergamo) als Angelo Giuseppe Roncalli geboren wurde, das Seminar als Schüler und später auch als Lehrer besuchte und von 1958 bis zu seinem Tod 1963 Papst war.

*Via Arena

Museo Donizettiano

Sotto il Monte

Oberstadt (Fts.)
Via Donizetti
*Casa dell'Arciprete

In der schönen Via Donizetti sind beachtenswert u. a. der Palazzo Scotti (Nr. 1), hier starb 1848 Gaetano Donizetti, und der prachtvolle Renaissance-Palast Casa dell'Arciprete (Nr. 3; Haus des Erzpriesters; 1520 nach Plänen von Pietro Isabello gebaut). Über die Via Porta Dipinta, vorbei an der Kirche S. Michele al Pozzo Bianco (Mitte 12. Jh.; im Innern Fresken aus dem 15. und 16. Jh.), gelangt man zum ehem. Kloster S. Agostino. In der mittlerweile profanisierten Kirche (1347 geweiht; im 15. Jh. erweitert) finden heute kulturelle Veranstaltungen statt. Im Innern sind noch Freskenreste aus dem 14. und 15. Jh. erhalten; die beiden Kreuzgänge stammen aus der Renaissance.

S. Agostino

Sehenswertes in der Città bassa

Mittelpunkt der äußerst geschäftigen Unterstadt ist die Piazza Matteotti mit ihren Arkadengängen, in denen sich luxuriöse Geschäfte befinden, und dem Teatro Donizetti. "Bummelstraßen" sind darüber hinaus der Sentierone (ein Teil der P. Matteotti), Via XX Settembre und Via Torquato Tasso.

SS. Bartolomeo e Stefano

Etwas zurückversetzt steht die Kirche SS. Bartolomeo e Stefano (1604 bis 1642; Largo Belotti/Ecke Via T. Tasso). Im Innern ist hinter dem Hochaltar die "Sacra Conversazione" zu sehen, eine schöne Madonna mit Kind von Lorenzo Lotto (1516).

Der Stadtkern entstand 1914–1930 auf dem Gelände der Sant'Alessandro-Messe, einer der ältesten Messen Italiens. Seit dem 10. Jh. findet sie alljährlich in Bergamo statt (Ende August bis Anfang September). In der Umgebung gibt es zahlreiche Läden.

*Via Pignolo

Eine recht interessante Straße mit einheitlicher Bebauung aus dem 16. und 17. Jh. ist die Via Pignolo, einst ein Waldweg (pignolo = Pinienzapfen), die sich zwischen der Porta S. Antonio im Osten, dem einstigen Stadttor zum gleichnamigen Vorort, und der kleinen Piazzetta del Delfino im Westen erstreckt.

S. Spirito

Gleich linker Hand (Ecke Via T. Tasso) steht die um 1525 erbaute Kirche S. Spirito (Entwürfe von Pietro Cleris oder Pietro Isabello), Teil eines älteren Komplexes. Um 1730 wurde sie eingewölbt, um 1850 der Chor erweitert. Beachtenswert im Innern sind der Hochaltar, eine "Sacra Conversazione" von Lorenzo Lotto (1521) sowie die Heiligenskulpturen im Chor (spätes 15. Jh.), vermutlich Teile eines ehem. Grabmals. Der schöne Renaissance-Retabel (2. Kapelle von links) ist von Ambrogio da Fossano, gen. Bergognone (1508); in der 5. Kapelle liegen die Grabstätten von Domenico und Agostino Tasso, Mitbegründer einer modernen Postorganisation, die sich im 15. Jh. in ganz Europa durchsetzte.

Von hier steigt die Via Pignolo leicht an. In der kleinen Kirche S. Bernardino (rechts) befindet sich eine Tafel des berühmten Hauptaltars von L. Lotto (in der Kirche S. Spirito, s. oben).

S. Alessandro della Croce

Drittes und letztes Gotteshaus in der Via Pignolo ist die um 1630 an der Stelle einer Vorgängerkirche erbaute Sant'Alessandro della Croce. Unter der Ausstattung sind der mit Intarsien geschmückte Marmoraltar von Andrea Fantoni (1728; 2. Kapelle rechts) und in der Sakristei die Bilder "Kreuztragender Christus" von Lorenzo Costa (frühes 16. Jh.) sowie die "Dreifaltigkeit" von Lorenzo Lotto (um 1517) besonders zu beachten.

Etwas weiter steht man vor einem 1526 hier aufgestellten Delphinbrunnen; hier mündet die Via S. Tomaso ein. Folgt man ihr, so gelangt man zur Accademia Carrara.

**Accademia Carrara

Die Accademia Carrara, ein spätklassizistischer Palazzo (1796 errichtet; 1805 von Simone Elia umgebaut), ist eine der bedeutendsten Gemäldegalerien Italiens. Ihr Kern ist die Kunstsammlung des Grafen Giacomo Carrara, die durch spätere Stiftungen ergänzt wurde. Von der Oberstadt aus erreicht man sie kurz hinter der Porta S. Agostino über eine Treppengasse (gleich rechts; Vicolo della Noca; Adresse: Piazza Carrara/Via S. Tommaso 82; geöffnet: Mi.–Mo. 9.00–12.00, 14.30–17.00 Uhr).

Unterstadt, Accademia Carrara (Fortsetzung)

Die Malerei der großen italienischen Schulen ist mit hervorragenden Werken vertreten: die Lombardei durch die Schulen von Bergamo, Breschia (Foppa, Moretto), Cremona (Bembo, die Brüder Campi, Melone, Boccaccino), Mailand (da Fossano gen. Bergognone, Luini, Procaccini), Mantua und Ferrara (Mantegna, Costa, Pisanello, Tura); die Venezianische Schule durch Bellini und seine Söhne, Vivarini, Crivelli, Carpaccio, Lotto, Tizian, Palma il Vecchio, Tintoretto, Bordone, Jacopo da Ponte und seine Söhne, Piazzetta, Tiepolo, die beiden Canaletti und Guardi; die Florentiner Schule durch Monaco, Fra Angelico, Sandro Botticelli, Baldovinetti, da Maiano und della Quercia und schließlich die Toskana und Umbrien durch Signorelli und Raffael. Zu den Schätzen gehören die "Tarot-Karten" von Bonifacio Bembo, eine "Madonna" von Andrea Mantegna (um 1465), zwei Madonnen von Giovanni Bellini, von denen die "Madonna aus Alzano" (um 1490) zu den schönsten Marienbildern der Renaissance zählt, Tizians "Orpheus und Eurydike" (16. Jh.), Pisanellos "Porträt des Lionello d'Este" (1441), Paris Bordones "Auferstandener Christus" und Sandro Botticellis "Porträt Giuliano de'Medici" (15. Jh.).

Galeria d'Arte Moderna

Gegenüber, in einem ehem. Kloster (Via S. Tomaso 53), befindet sich die Galerie für Moderne und Gegenwartskunst mit Werken des 20. Jahrhunderts. Es ist geplant, dem Bergamasker Bildhauer Giacomo Manzù (1908–1991) einen Saal zu widmen. Noch gibt es keine festen Öffnungszeiten, diese hängen vielmehr von den Ausstellungen ab.

Umgebung von Bergamo

Bergamasco

Bergamo ist von verschiedenen Alpentälern im Norden, Hügellandschaften im Westen und Osten sowie von einem kleinen Stück Ebene im Süden umgeben. So haben die beiden aus dem Norden heranfließenden Flüsse Brembo und Serio zwei lange, schmale Täler gegraben, die tief in die Hochalpen hineinreichen: Valle Brembana und Valle Seriana; zu den kleineren Tälern zählen u. a. Valle S. Martino, Valle Imagna, Val Taleggio (wo der gleichnamige Käse produziert wird) und Val Cavallina. Der Besuch dieser Regionen lohnt sowohl wegen der schönen, teilweise unberührten Landschaft als auch wegen zahlreicher Kunstschätze.

Valle S. Martino Pontida

Das kleine Tal erstreckt sich zwischen Bergamo und Lecco (→ Comer See). In Pontida, rund 17 km nordwestlich von Bergamo, gründete Alberto da Prezzate ein Kloster, das er 1076 der burgundischen Abtei Cluny übergab. Ihre Blütezeit erlebte die Abtei während des 12. Jh.s., und ihr Prior spielte, wie das üblich war, als Mittler bei politischen Auseinandersetzungen eine Rolle. So trafen sich in Pontida am 7. April 1167 die freien Kommunen Bergamo, Breschia, Cremona, Mantua und Mailand und gründeten – nach der Schlichtung interner Streitigkeiten – die Lombardische Liga zum Kampf gegen Kaiser Friedrich I. Barbarossa.
Im 13. Jh. erlebte das Kloster seinen Niedergang; 1373 verwüstete Bernabò Visconti die Gebäude. 1798 wurde das Konvent aufgelöst und erst 1910 durch Benediktiner aus Monte Cassino wieder besetzt. Die heutige Kirche S. Giacomo wurde 1310 errichtet, um 1500 und um 1700 umgebaut. Ihre Fassade und der obere Teil des Glockenturms sind von 1826–1832.
Unter der Ausstattung sind die Überreste des Sarkophags des Alberto da Prezzate zu beachten (in der Mauer der südlichen Chorwand), die Reliefs entstanden um 1095; in der Sakristei sind gute Fresken aus der venezianisch-lombardischen Schule aus dem 16. Jh. erhalten.

*Valle Brembana

Die Valle Brembana und ihre Nebentäler zieht sich im Norden von Bergamo auf einer Länge von gut 40 km bis in die Bergamasker Alpen hinein, wo der namengebende Fluß Brembo entspringt. Das Tal wird im Nordosten vom Pizzo del Diavolo (2914 m), im Nordwesten vom Pizzo dei Tre Signori (2554 m) begrenzt. Endpunkt ist Foppolo (1508 m), das sehr gute Wintersportmöglichkeiten bietet.

Valle Brembana (Fortsetzung)
Valtorta

Bei Lenna kann man in Richtung Westen in die Valtorta mit den abgeschiedenen Bergdörfern Valtorta, Ornica, Cusio (1040 m) und Mezzoldo abbiegen, von wo die Straße weiter über den Passo di S. Marco (1992 m) ins → Veltlin führt.

Val Serina

Lohnend ist ein Abstecher nach Osten in die landschaftlich schöne Val Serina; eine Panoramastraße führt über Dossena (Pfarrkirche mit Malereien des 16. u. 17. Jh.s) nach Oltre il Colle, einem beliebten Wintersportort.

*S. Pellegrino Terme

Der bekannteste Ort in der Valle Brembana ist zweifellos S. Pellegrino Terme (358 m), ein Kurort mit rund 5500 Einwohnern, der seine besten Zeiten hinter sich zu haben scheint. Ein paar noble, vom Verfall bedrohte Bauten erinnern an die einstige Größe und verbreiten eine melancholische Stimmung. Seinen Ruf verdankt der Kurort nicht nur den Quellen, aus denen das angeblich beste Mineralwasser der Welt sprudelt, sondern auch einer berühmten Besucherin: Königin Margherita, Ehefrau von Umberto I. Sie kam kurz nach der Jahrhundertwende in das Bad und zog mit ihrem Namen eine ganze Schar illustrer Personen des deutschen, italienischen, russischen und nordafrikanischen Adels hierher.

Das berühmte Mineralwasser in grünen Flaschen mit rotem Stern auf dem Etikett findet seinen Weg in die ganze Welt, S. Pellegrino ist Europas drittgrößter Mineralwasserproduzent. Bereits im 13. Jh. waren die Quellen bekannt, wurden aber erst im 18. Jh. systematisch genutzt. Der elegante Badeort entwickelte sich zu Beginn des 19. Jahrhunderts.

Grand Hotel

Direkt am Ufer des geräuschvoll dahinfließenden Brembo steht das renovierungsbedürftige Grand Hotel, dessen frühere Pracht sich noch erahnen läßt. Romolo Squadrelli und Luigi Mazzocchi waren die Architekten des Jugendstilbaus mit seiner 128 m langen Fassade. Auf der gegenüberliegenden Flußseite kommt man in das Kurviertel mit einem Kurgarten, in dem zwei Bauten derselben Architekten stehen: der Kursaal Palazzo della Fonte (heute dem Hotel Terme angegliedert) und das Kasino. Der Kursaal ist wunderschön in pompejanischem Stil ausgestaltet. Das berühmte Wasser sprudelt aus einem Fels hervor – 225 000 Liter pro Stunde mit einer gleichbleibenden Temperatur von 26 °C. Das Kasino wurde 1907 eröffnet. Bereits im Ersten Weltkrieg wurde der Spielbetrieb geschlossen und das Jugendstilgebäude in ein Kultur- und Veranstaltungszentrum umfunktioniert; heute steht das schöne Szenarium hauptsächlich für Kongresse und Feiern zur Verfügung.

Kurviertel

Valle Imagna

Nordwestlich von Bergamo beginnt die Valle Imagna, ein kleines Tal zwischen Adda und Brembo. Kunstinteressierten bietet sich auf dem Weg dorthin ein Abstecher nach Almenno S. Bartolomeo an. Auf freiem Feld, etwa 1 km östlich des Dorfes, steht die kleine, um 1140 bis 1150 erbaute Rundkirche S. Tomè, der Chor folgte 1180 bis 1200. Der Außenbau ist mit feinen Lisenen und Halbsäulen verziert; der Innenraum besteht aus einem überkuppelten Raum mit doppelgeschossigen Umgängen. Die Kapitelle der Säulen im Obergeschoß sind aus dem 12. Jh., die im Untergeschoß vermutlich etwas älter (Besichtigung: Mai–Sept. Sa., So. 14.00–18.00 Uhr; Tel. 035/54 93 37). Im Nachbarort Almenno S. Salvatore, etwas südwestlich vom Ortszentrum, steht die romanische Friedhofskapelle S. Giorgio. Erbaut wurde sie in der 2. Hälfte des 12. Jh.s; einheimische Meister malten sie zwischen 12. und 16. Jh. mit Fresken aus (Besichtigung: Juni–Sept. Sa., So. 15.00–18.00 Uhr; Tel. 035/64 09 03).

Almenno S. Bartolomeo
*S. Tomè
Almenno S. Salvatore
S. Giorgio

Madonna del Castello

Über dem rechten Ufer des Brembo, etwa 3 km außerhalb des Ortes, thront die Renaissance-Kirche Madonna del Castello. Im Innern sind großflächige Wandfresken aus dem 15. und 16. Jh. zu sehen. Beachtenswert ist auch der Renaissance-Tempietto über der Altarmensa (2. Hälfte 15. Jh.); rechts davon gelangt man zu einem romanischen Vorgängerbau (um 1100) mit einem Ambo, auf dessen Vorderseite die Evangelistensymbole einskulptiert sind (12. Jh.; Besichtigung: Tel. 035/64 00 83).

S. Nicola, die Kirche eines zu einem Restaurant umgewandelten Augustinerklosters, stammt aus dem frühen 16. Jh.; im 17. und 18. Jh. wurde ihr Innenraum im Barockstil ausgestattet (u. a. war Giovanni A. Sanz beteiligt), einige der Originalfresken sind jedoch erhalten. Sie waren, wie in vielen anderen Kirchen auch, während der Pest, Anfang des 17. Jh.s, wegen der angeblichen Ansteckungsgefahr übermalt worden.

Valle Imagna (Fortsetzung) S. Nicola

Der Serio entspringt nördlich von Bergamo am Monte Torena; nach 124 km mündet er bei Montodino in die Adda. Hauptort des Serio-Tals ist Clusone (34 km von Bergamo). Historisches Zentrum ist die Piazza dell'Orologio mit Laubengängen und dem spätgotischen Rathaus, Palazzo Comunale, dessen Außenwände noch Freskenreste schmücken. Die Planetenuhr, die dem Platz ihren Namen gab, ist von Pietro Fanzago 1583 angefertigt worden. Etwas oberhalb des Ortes thront die barocke Pfarrkirche S. Maria Assunta, deren Marmorausstattung größtenteils von den Brüdern Andrea und Antonio Fantoni stammt. Die Hauptsehenswürdigkeit ist die nebenstehende Totenkapelle Oratorio dei Disciplini mit dem berühmten Totentanz-Fresko an der Außenwand (1485), es zeigt den Triumph des Todes über

Valle Seriana

Clusone

*Oratorio dei Disciplini

Auf der Außenwand der Totenkapelle in Clusone triumphiert der Tod über die Würdenträger der mittelalterlichen Gesellschaft.

alle Würdenträger der spätmittelalterlichen Gesellschaft. Die Fresken im Innern haben Szenen aus dem Leben und der Leidensgeschichte Christi zum Thema (1471), im Chor sind eine Majestas Domini und die Kirchenväter dargestellt; beachtenswert ist schließlich auch die geschnitzte Verkündigungsgruppe. Die Pfarrkirche des Nachbarorts Rovetta schmückt ein Altarbild Tiepolos; die Casa Fantoni, in der vom 15. bis 19. Jh. die bedeutende Bildhauerfamilie Fantoni lebte und arbeitete, ist heute ein Museum.

Rovetta

Das Cavallina-Tal im Osten Bergamos erstreckt sich zwischen Bergamo und Lovere am → Iseosee. Zahlreiche Kastelle sicherten einst den Verkehrsweg, eine Verbindung zur → Valcamonica.

Val Cavallina

Umgebung von Bergamo (Fortsetzung)
S. Paolo d'Argon

Gleich am Taleingang liegt das im 11. Jh. gegründete ehem. Cluniazenserkloster S. Paolo d'Argon, das später jedoch vollkommen umgebaut wurde. So stammen die beiden Kreuzgänge mit Säulenarkaden aus dem 16. Jh., die Klosterkirche S. Paolo ist ein barocker Neubau von 1688.

Trescore Balneario

Trescore Balneario, ein Thermalbald, besitzt einen mittelalterlichen Ortskern. Am Ortsrand, im Park der Villa Suardi (16. Jh.), befindet sich die kleine Renaissancekirche S. Barbara. Der Venezianer Maler Lorenzo Lotto hat ihren Innenraum 1524 ausgemalt. Eingebettet in Landschaften, Städte und Architekturen sind die Barbara-Legende (Nordwand) und an der Südwand die Geschichte der hl. Klara dargestellt.

Bianzano

Im oberhalb des Lago di Endine gelegenen Bianzano steht das Castello Suardi, eine mittelalterliche Burg auf quadratischem Grundriß, die in zwei Phasen im 12. und zwischen dem 13. und 14. Jh. erbaut wurde.

Im Süden von Bergamo
Malpaga

Einige Kilometer südöstlich von Bergamo liegt die kleine Ortschaft Malpaga. 1456 erwarb Bartolomeo Colleoni, der aus Bergamo bereits bekannte Condottiere, diese Burg der Visconti und baute sie zu einer prächtigen Residenz aus. Die quadratische Anlage ist gut erhalten und nach Voranmeldung zu besichtigen (Tel. 035/84 00 03).

Die Fresken im Innern entstanden teilweise im Auftrag Colleonis (um 1470) sowie auf Anordnung der Familie Martinengo, welche die Burg nach dem Tode Colleonis übernommen hatte und das Wirken Colleonis auf Wandgemälden festhalten wollte. Diese Fresken entstanden um 1520 durch Gerolamo Romanino und Marcello Fogolino. Ein Fresko hält den Besuch des dänischen Königs Christian I. im Jahr 1474 fest; daneben liegt Colleonis Schlafzimmer, wo der Feldherr ein Jahr später starb.

Castello Martinengo

Im Nachbarort Cavernago steht die spätgotische Wasserburg Castello Martinengo, ursprünglich eine einfache Wehranlage aus dem 14. Jh., die Colleoni 1456 erworben hatte. Ab 1597 wurde sie durch ihren neuen Besitzer, den Grafen Martinengo, im Renaissancestil umgebaut. Der Innenhof mit seinen doppelgeschossigen Arkaden ist teilweise bemalt; im Innern sind Fresken aus dem 17. Jh. erhalten.

Brescia O 7

Provinzhauptstadt
Höhe: 149 m ü.d.M.
Einwohnerzahl: 191 000

Lage und Bedeutung

Brescia ist die Hauptstadt der im Osten der Lombardei gelegenen gleichnamigen Provinz, die mit 4784 km² die größte der Region ist und allein fast ein Fünftel der Gesamtfläche der Lombardei einnimmt. Nach Mailand ist Brescia die zweitgrößte lombardische Stadt, nach Mailand und Turin weist sie den drittgrößten Industrialisierungsgrad Italiens auf. Aufgrund von Erzvorkommen in der Provinz lebt man hier traditionell von der Metallindustrie, Maschinenbau und Waffenproduktion sind die wirtschaftlichen Tragpfeiler. Die Brescianer gelten als besonders fleißig – einer Studie in den 1980er Jahren zufolge stand im Wertesystem der Bevölkerung die Arbeit vor Familie, Erfolg, Religion, Geld und Kultur an erster Stelle.

Geschichte

Die Stadtentwicklung hatte ihren Ursprung auf dem Cidneo-Hügel im Nordosten der Innenstadt, auf dem heute das Kastell steht. Eine erste Besiedlung gab es hier vermutlich schon um 1200 v. Chr. durch Ligurer. Im 4. Jh. v. Chr. machten keltische Cenomanen die Siedlung zu ihrem Hauptort. 89 v. Chr. wurde die Stadt dann unter dem Namen Brixia (brig = hochgelegen) römische Kolonie und war in der Kaiserzeit zeitweilig ein bedeutendes Zentrum der römischen Provinz Gallia Cisalpina. Die Langobarden richteten im 6. Jh. eines von 36 Herzogtümern in Brescia ein. Die Zeit von 1100 bis ins 15. Jh. war ausgesprochen konfliktreich. Brescia war als papsttreue Guelfenstadt Mitglied in der Lega Lombarda und geriet im

Geschichte (Fortsetzung)

12. Jh. in Auseinandersetzungen mit den benachbarten Ghibellinenstädten Bergamo und Cremona. Im 14.–15. Jh. stritten die Anjou, die Visconti und die Malatesta um die Herrschaft in der Stadt. Von 1428 bis 1797 gehörte Brescia zur Republik Venedig, anschließend zur Cisalpinischen Republik und zum Napoleonischen Königreich Italien. Zur Zeit österreichischer Herrschaft zwischen 1815 und 1859 gab es in der Stadt den geschichtsträchtigen zehntägigen Aufstand (1849), der im Museo del Risorgimento umfassend dokumentiert wird.

Brescias Innenstadt aus der Vogelperspektive

Stadtbild

Den ersten Eindruck von Brescia prägen Industrie und Vorstadtsiedlungen, und auch im Stadtkern macht die kleine Metropole einen eher verschlossenen Eindruck. Im Zweiten Weltkrieg wurde die Stadt schwer bombardiert – um so erstaunlicher ist es, daß man im Zentrum einen historischen Kern vorfindet, in dem zahlreiche Kulturdenkmäler erhalten sind, die nahezu lückenlos von rund 2000 Jahren Geschichte Zeugnis ablegen. Auf die bedeutendsten Sehenswürdigkeiten trifft man an der Piazza Paolo VI. (früher Piazza del Duomo), an der sich westlich anschließenden Piazza della Loggia und an der Via dei Musei etwas weiter östlich.

Sehenswertes in Brescia

Piazza Paolo VI.

Die Piazza Paolo VI. (früher Piazza del Duomo) – benannt nach dem aus dem Norden von Brescia stammenden Papst Paul VI. (1963–1978) – wirkt verglichen mit anderen zentralen Plätzen lombardischer Städte vollkommen unspektakulär. Im 18. Jh. wurde sie in der heutigen Form rechteckig angelegt. An der Ostseite des Platzes stehen nebeneinander der alte Dom, der neue Dom und der Broletto, das alte Rathaus. Die drei Bauten entstanden in verschiedenen Jahrhunderten und erzeugen einen relativ uneinheitlichen Gesamteindruck. Lange Zeit war die Piazza geistiger und kommunaler Mittelpunkt von Brescia.

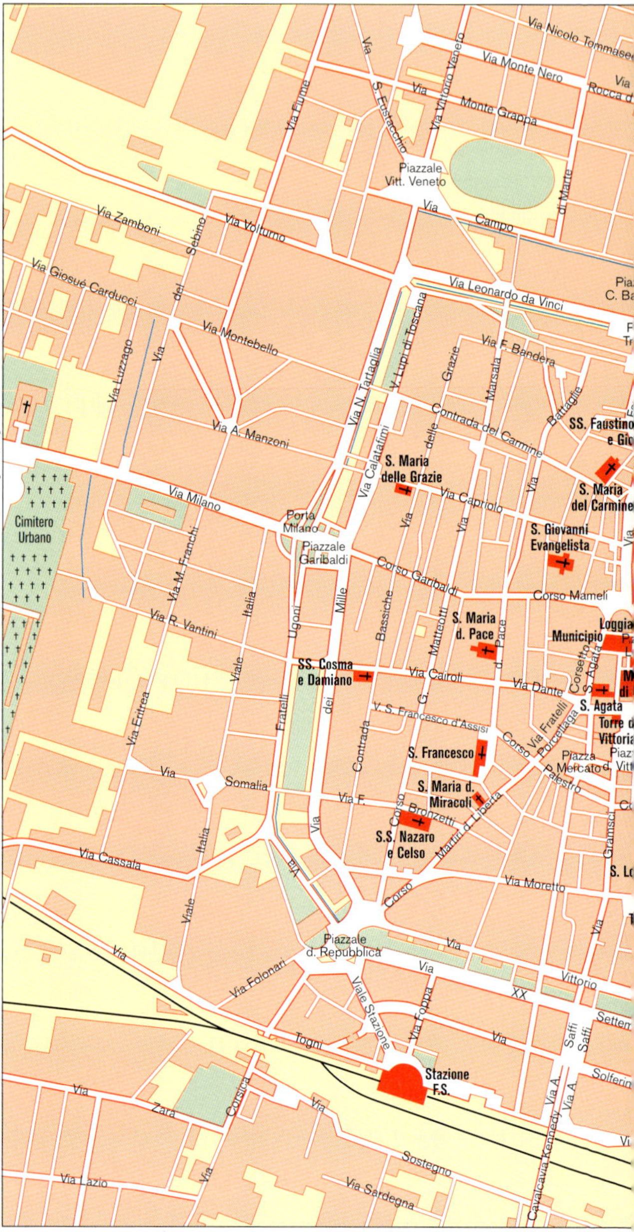
Mailand
Bergamo, Lago d'Iseo
Crema
Via Nicolò Tommaseo
Via Monte Nero
Via Monte Grappa
Via Vittorio Veneto
Via S. Eustacchio
Via Fiume
Piazzale Vitt. Veneto
Via Campo
di Marte
Via Zamboni
Via Volturno
Via del Sebino
Via Giosué Carducci
Via Leonardo da Vinci
Via Montebello
Via Luzzago
Via F. Bandera
Via Lupi di Toscana
Via N. Tartaglia
Contrada del Carmine
Via delle Grazie
Via Marsala
Via Battaglie
SS. Faustino e Giovita
Via A. Manzoni
Via Calatafimi
S. Maria delle Grazie
S. Maria del Carmine
Via Milano
Cimitero Urbano
Porta Milano
Via Capriolo
S. Giovanni Evangelista
Piazzale Garibaldi
Corso Garibaldi
Corso Mameli
Via M. Franchi
Via R. Vantini
Viale Italia
Via Ugoni
Via dei Mille
Via Bassiche
Via Matteotti
S. Maria d. Pace
Via d. Pace
Loggia
Municipio
Corsetto S. Agata
SS. Cosma e Damiano
Via Cairoli
Via Dante
S. Agata
Via Fratelli
Via Eritrea
V. S. Francesco d'Assisi
Contrada
Via G.
Corso Palestro
Via Fratelli Porcellaga
Torre d. Vittoria
Piazza Mercato
S. Francesco
Via Somalia
Via F.
S. Maria d. Miracoli
Corso Martiri d. Libertà
Bronzetti
S.S. Nazaro e Celso
Via Cassala
Via Gramsci
Via Moretto
Piazzale d. Repubblica
Via Vittorio Emanuele
Via XX Settembre
Via Folonari
Viale Stazione
Via Foppa
Via Togni
Via Saffi
Stazione F.S.
Via Solferino
Via Zara
Via Corsica
Via Sostegno
Cavalcavia Kennedy
Via A.
Via Lazio
Via Sardegna

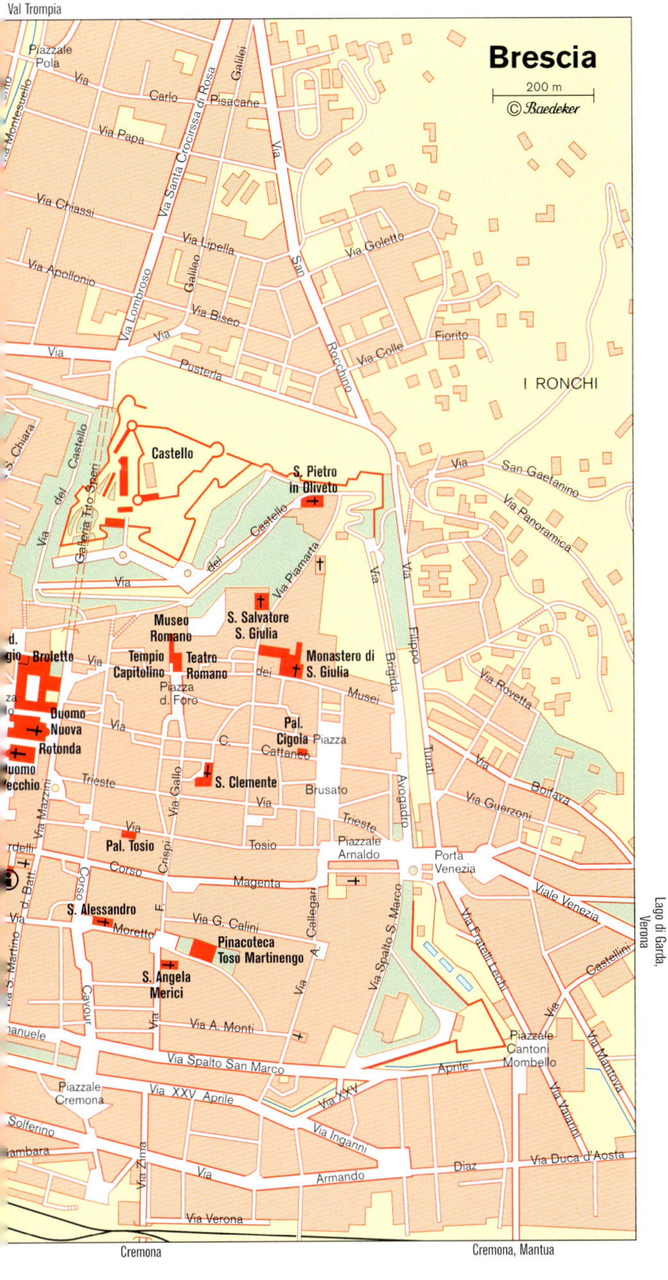
Brescia
200 m
© Baedeker
Val Trompia
Piazzale Pola
Via Carlo Pisacane
Via Montesuello
Via Papa
Via Santa Crocirssa di Rosa
Galilei
Via Chiassi
Via Lipella
Via Apollonio
Via Lombroso
Galileo
Via Biseo
Via Pusterla
Via San Rocchino
Via Goletto
Via Colle
Fiorito
I RONCHI
S. Chiara
Via del Castello
Galleria Tito Speri
Castello
S. Pietro in Oliveto
Via del Castello
Via Piamarta
Via San Gaetanino
Via Panoramica
Via Brigida
Via Filippo Turati
Museo Romano
S. Salvatore S. Giulia
Broletto
Tempio Capitolino
Teatro Romano
Monastero di S. Giulia
Via dei Musei
Piazza d. Foro
Duomo Nuova
Rotonda
Duomo Vecchio
Pal. Cigola
Piazza Cattaneo
C. Brusato
Via Trieste
S. Clemente
Via Gallo
Via Rovetta
Via Boifava
Via Guerzoni
Via Mazzini
Via Tosio
Pal. Tosio
Crispi
Avogadro
Piazzale Arnaldo
Porta Venezia
Corso Magenta
Corso Cavour
Via d. Batt.
S. Alessandro
Via Moretto
F.
Via G. Calini
Pinacoteca Toso Martinengo
Via A. Callegari
Via Spalto S. Marco
Viale Venezia
Via Fratelli Lechi
Via Castellini
Lago di Garda, Verona
S. Angela Merici
Via A. Monti
Via S. Martino
Via Spalto San Marco
Piazzale Cantoni Mombello
Via Mantova
Via Vaiarini
Piazzale Cremona
Via XXV Aprile
Via Inganni
Solferino
Via Zima
Via Armando Diaz
Via Duca d'Aosta
Via Verona
Cremona
Cremona, Mantua

Duomo Nuovo

Das beherrschende Bauwerk an der Piazza ist zweifellos der Duomo Nuovo, der neue Dom, mit dessen Bauarbeiten 1604 nach ersten Plänen von Lodovico Beretta begonnen wurde. Die Arbeiten zogen sich unter verschiedenen Baumeistern bis ins 19. Jh. hinein. Ende des 18. Jh.s setzte man die Fassade vor, 1825 konnte schießlich die Kuppel unter Leitung von Rodolfo Vantini aufgebaut werden. Sie entstand nach Entwürfen von Luigi Cagnola und ist mit 80 m Höhe die drittgrößte ihrer Art in Italien nach den Kuppeln von St. Peter in Rom und S. Maria del Fiore in Florenz. Im Zweiten Weltkrieg wurde sie während eines Bombenangriffs zerstört und anschließend wieder aufgebaut. Im Innenraum, der über einem griechischen Kreuz angelegt wurde, sind zahlreiche Skulpturen und Plastiken aus sechs verschiedenen Jahrhunderten zu sehen – auffällig sind die für eine lombardische Kirche dieser Größenordnung sehr seltenen modernen Arbeiten aus dem 20. Jahrhundert.

*Duomo Vecchio

Neben dem Duomo Nuovo scheint der alte Dom, der Duomo Vecchio (geöffnet: Mi.–Mo. Apr.–Sept. 9.00–12.00, 15.00–19.00 Uhr), fast zu verschwinden. Dennoch ist die Rotonda, wie die Kirche auch genannt wird, das eigentliche Schmuckstück des Platzes. Der romanische Bau besticht durch seine Schlichtheit und bauliche Ausgewogenheit und stellt damit einen architektonischen Gegenakzent zu dem benachbarten neuen Dom dar. Im 11. Jh. wurden die Mauern über den noch erhaltenen Resten der frühchristlichen Basilika S. Maria Maggiore aus dem 6. Jh. hochgezogen und das flache Kuppeldach mit einem Durchmesser von knapp 20 m über die Rotonda gespannt. Ende des 19. Jh.s wurde der Duomo Vecchio mit sorgfältig renoviert, letzte Restaurierungsarbeiten wurden 1985 vorgenommen. Die Außenwände der Rotonda sind durch nur wenige Fenster bzw. blinde Öffnungen und den Fries unterhalb der Kuppel sparsam gegliedert. Auffällig sind die beiden Türöffnungen, die sich etwa auf dem Niveau der einstigen römischen Straßenanlage befinden – der heutige Platz liegt um einiges höher.

Wirkungsvoll ist auch der Innenraum, der allerdings im Aufbau durch seine unterschiedlich hohen Ebenen komplizierter erscheint. Einige Bildhauerarbeiten sind in der Rotonda zu sehen. Im Eingangsbereich trifft man zunächst auf den Sarkophag des Bischofs Berardo Maggi, auf dem der Friedensschluß zwischen Ghibellinen und Guelfen im Jahr 1298 dargestellt ist, an dessen Zustandekommen der Bischof maßgeblich beteiligt war. Zwei weitere Bischofssarkophage sind auf der gegenüberliegenden Seite in Wandnischen eingelassen, der des Domenico de Dominici aus dem späten 15. Jh. (links) und der des Lambertino Baldovino aus dem 14. Jh. (rechts).

Im 15. Jh. erweiterte man die Rotonda nach Osten hin um einen Hauptchor und zwei Nebenchöre. Die Mosaiken, die man im Boden unter Glas sieht, stammen aus der früheren Basilika S. Maria Maggiore. Unter dem Chor liegt die fünfschiffige Cripta di S. Filastrio, die im 11. Jh. gebaut wurde. Dabei handelt es sich im Grunde um die Krypta der frühchristlichen Basilika, aus der die wunderschönen Kapitelle aus dem 6. und 9. Jh. erhalten sind.

Broletto

Nördlich an den Duomo Nuovo schließt sich der Broletto an. Das Gebäude wurde ab dem Ende des 12. Jh.s errichtet, aus dieser Zeit stammt auch die schlichte Torre del Popolo, auch Torre del Pegol genannt. Große Teile des Broletto wurden erst in späteren Jahrhunderten fertiggestellt, die Arbeiten zogen sich bis ins 18. Jahrhundert. In den nördlichen Block des Broletto integrierte man im frühen 15. Jh. die Backsteinkirche S. Agostino mit der massiven Rosette.

Biblioteca Queriniana

Unmittelbar hinter dem Duomo Nuovo kommt man in der Via Mazzini zur Biblioteca Queriniana, einem Gebäude aus dem 18. Jh. mit wunderschön gestalteten Lesesälen. Die Bibliothek verfügt über 300 000 Bücher und Handschriften, von denen der Evangelario Purpureo aus dem 6. Jh. mit versilberten Buchstaben der größte Schatz ist.

*Piazza della Loggia

Die Piazza della Loggia ist ein zweiter sehenswerter Platz im historischen Zentrum von Brescia. Der intimer wirkende Platz entstand ab Ende des 15. Jh.s, also zur Zeit, als Brescia der Republik Venedig unterstellt war. Insbesondere die Ostseite des Platzes mit den Arkadengängen und dem Uhrenturm, der Torre dell' Orologio aus dem Jahr 1595 mit den beiden Figuren, die die Glocke schlagen, ist denn auch deutlich an venezianischen Vorbildern orientiert. Auf der Piazza della Loggia trifft man sich, hier finden kulturelle und politische Veranstaltungen statt. Eine Stele unter den Arkaden der Ostseite erinnert an ein Attentat, das 1974 während einer Gewerkschaftskundgebung auf dem Platz verübt wurde. Damals kamen bei einer Bombenexplosion acht Menschen ums Leben.

Loggia

Auffälligstes Gebäude am Platz ist die Loggia, der etwas wuchtige Palazzo del Comune auf der Westseite. Baubeginn war Ende des 15. Jh.s. Das Untergeschoß, das 1492–1506 nach Plänen von Tommaso Formentone gebaut wurde, entstand unter dem Eindruck der damals modernen Theorien des Florentiners Leon Battista Alberti (1404–1472). An den Entwürfen für das Obergeschoß arbeiteten u. a. Jacopo Sansovino und wahrscheinlich auch Andrea Palladio – letzterer hat sich zumindest an einem Wettbewerb beteiligt. Das ursprüngliche Dach sowie drei Deckengemälde von Tizian, die sich im Obergeschoß befanden, wurden 1575 durch ein Feuer zerstört. Das jetzige Kuppeldach wurde erst 1914 konstruiert.

In der Renaissance-Loggia, dem ehem. Palazzo del Comune, residiert heute der Bürgermeister von Brescia.

Monte di Pietà

Über die Südseite der Piazza erstreckt sich der Monte di Pietà, das einstige Leihhaus. Die Renaissancefassade mit der zweibogigen Loggia und den sieben kleinen Bogenfenstern darüber ist ein Werk von Filippo de' Grassi (Ende 15. Jh.). Das Gebäude wird auch als Monte Vecchio bezeichnet, im Gegensatz zum Monte Nuovo, der sich direkt östlich anschließt, aber erst 100 Jahre später, nämlich zwischen 1597 und 1600, nach Plänen von Pietro Maria Bagnadore entstand.

S. Agata

Im Corsetto di S. Agata westlich hinter der Loggia steht die spätgotische Saalkirche S. Agata aus dem 15. Jahrhundert. Interessant sind die Deckenmalereien mit Darstellungen der heiligen Agathe und der Himmelfahrt Christi. Durch Quadraturmalerei wird die Illusion eines sich nach oben hin öffnenden Raumes mit einem weiteren Säulengeschoß erweckt, aus dem sich obendrein noch kleine Kuppeln herausheben.

Piazza della Vittoria

Südlich der Piazza della Loggia liegt die Piazza della Vittoria, die unter Mussolini in den dreißiger Jahren mit Monumentalarchitektur umbaut worden ist. Die beste Wirkung ergibt sich von der Südseite des Platzes mit Blick auf das Gebäude der Poste e Telegrafi.

Corso Zanardelli

Die schönste Einkaufsstraße von Brescia ist der Corso Zanardelli (Fußgängerzone). Hier findet man auch das Teatro Grande – relativ unscheinbar von außen, innen aber eines der schönsten Theater Oberitaliens mit einem Zuschauerraum im Empire-Stil, in dem auf fünf Rängen Platz für 1200 Gäste ist, und einem Foyer mit Fresken aus dem 18. Jahrhundert.

Via dei Musei

An der Nordostecke der Piazza della Loggia kommt man durch die Porta Bruciata (Verbranntes Tor – so benannt nach einem Feuer im Jahr 1184), bei der es sich um Überreste der alten Stadtbefestigung handelt, in die Via dei Musei. Diese alte Römerstraße, die sich unterhalb des Cidneo-Hügels mit dem Castello nach Osten zieht, führte zur Zeit, als Brixia römische Provinzstadt war, an der Nordseite des antiken Forums entlang, das sich damals zwischen der Via dei Musei und der Via Carlo Cattaneo den Hang hochzog.

*Tempio Capitolino

1823 wurde an einigen Stellen des antiken Forums mit Ausgrabungen begonnen, heute findet man hier an der Via dei Musei das bedeutendste archäologische Feld Norditaliens (geöffnet: Di.–So., im Sommerhalbjahr 10.00–17.00 Uhr, im Winterhalbjahr 9.30–13.00, 14.30–17.00 Uhr). Das besterhaltene Stück ist der Tempio Capitolino, den Vespasian im Jahr 73 n. Chr. an der nördlichen Schmalseite des Forums erbauen ließ. Teile des Tempels sind im 20. Jh. rekonstruiert worden. Hinter den Überresten des Portikus mit teils erhaltenen, größtenteils erneuerten korinthischen Säulen liegen nebeneinander drei Zellen, in denen Bodenmosaiken aus dem Ende des 2. Jh.s gefunden wurden. Man nimmt an, daß sich hier ursprünglich vier Zellen befanden, die östliche jedoch dem Bau eines Theaters zum Opfer fiel. Das Teatro Romano, das einen Durchmesser von 86 m hatte, schließt sich unmittelbar an die Tempelanlage an und liegt heute zum Teil noch unter der Erde bzw. unter dem Palazzo Gambara. Es soll einst 15 000 Plätze gehabt haben.

Tempio Capitolino

Museo Romano

Über die Zellen gelangt man zum Museo Romano, in dem Grabungsfunde ausgestellt sind – neben Büsten, Schmuckstücken und Gläsern u. a. die berühmte Victoria, die Göttin des Sieges. Die bronzene und einst vergoldete Victoria alata wurde offenbar nach dem Sieg Vespasians über Judäa im Jahr 71 n. Chr. aus einer flügellosen Venusstatue umgearbeitet und ist heute das Wahrzeichen von Brescia.

*Monastero di S. Giulia Museo di S. Giulia

Der Monastero di S. Giulia etwas weiter östlich an der Via dei Musei geht auf eine Gründung durch den Langobardenkönig Desiderius zurück, der im 8. Jh. an der Stelle eines römischen Privathauses (Domus Romana) das Kloster S. Salvatore errichten ließ. Durch umfassende Restaurierungsarbeiten gestaltet man derzeit den Bereich des Monastero di S. Giulia an der Via dei Musei zu einem wichtigen Museumskomplex, in dem das Kulturgut von mehreren Jahrhunderten zu finden ist (Besichtigung nur im Rahmen einer Führung, Beginn jede volle Stunde; Di.–So., Juni–Sept. 10.00 bis 12.30, 15.00–18.00 Uhr, Sa. u. So. bis 19.00 Uhr; Okt.–Mai 9.00–12.30, 15.00–17.00 Uhr, Sa. u. So. bis 18.00 Uhr). Erst kürzlich stieß man auf die Überbleibsel des römischen Privathauses.

S. Salvatore

In der aus frühchristlicher Zeit stammenden Klosterkirche S. Salvatore sind im Mittelschiff noch Reste von Bemalungen aus dem 9. Jh. erhalten. Damals waren mehrere Friese auf die Wände gemalt worden, die Szenen aus dem Leben Jesu zeigten. Die Kapitelle der Marmorsäulen stammen ebenfalls aus dem 9. Jahrhundert. Besonders hübsch ist ein außerordentlich fein gearbeitetes Relief aus dem 8. Jh., das einen Pfau zeigt.

S. Maria in Solario

Die doppelgeschossige romanische Kapelle S. Maria in Solario, die durch zwei Renaissance-Kreuzgänge mit S. Salvatore verbunden ist, wurde zwischen 1150 und 1180 gebaut und diente den Nonnen als Oratorium. Hier ist eine wertvolle Sammlung untergebracht, in der in erster Linie die kostbare Croce di Desiderio aus dem 8. oder 9. Jh., das sog. Desideriuskreuz, sehenswert ist, das reich mit Steinen und Gemmen besetzt ist. Ein wunderschönes kleines Medaillon zeigt Porträts aus dem 4. Jh., die allgemein als Galla Placidia (388–450) mit ihren Kindern Valentinian und Honoria angesehen werden – ob zu Recht, ist allerdings nicht gesichert. Auf der Rückseite sieht man eine winzige Darstellung der neun Musen. Ein weiteres Schmuckstück ist die Lipsanothek, eine aus Elfenbein gefertigte Reliquienkassette aus dem 4. Jahrhundert.

S. Giulia

Zu dem Klosterkomplex gehört weiterhin die Kirche S. Giulia, die 1466 als neue Klosterkirche gebaut wurde und die heute das früheste Beispiel der Brescianer Renaissancearchitektur darstellt.

Castello Colle Cidneo

Auf dem aussichtsreichen Cidneo-Hügel im Nordosten der Innenstadt wurde im 15. Jh., als Brescia der Republik Venedig angegliedert war, das Castello errichtet. Bereits in der Antike war der Hügel bebaut; der Name leitet sich sogar noch von den Ligurern her, die den kleinen Berg nach dem mythischen Gott Cidno benannt hatten. Aus frühchristlicher Zeit sind Reste einer Basilika erhalten, aus dem 12. Jh. der 22 m hohe Burgturm, die Torre Mirabella (geöffnet: tgl. 8.00–20.00 Uhr).

Museo delle Armi

Auf dem Castello-Areal befindet sich das Waffenmuseum, in dem eine Sammlung von Waffen aus dem 15.–18. Jh. zu sehen ist (geöffnet: Di. bis So. Juni–Sept. 10.00–17.00 Uhr; Okt.–Mai 9.30–13.00, 14.30–17.00 Uhr).

Museo del Risorgimento

Im Museo del Risorgimento werden mit unterschiedlichen Zeugnissen und Bildmaterialien die Freiheitskämpfe und Aufstände in Italien im 19. Jh. dokumentiert (geöffnet: Di.–So. Juni–Sept. 10.00–17.00 Uhr; Okt.–Mai 9.30–13.00, 14.30–7.00 Uhr).

Pinacoteca Tosio-Martinengo

Im Südosten der Innenstadt steht an der Piazza Moretto der Palazzo Martinengo da Barco, ein großzügiger Stadtpalast aus dem frühen 16. Jh., der

Pinacoteca Tosio-Martinengo (Fortsetzung)

zum Besitz der Familie Martinengo gehörte. Diese spielte jahrhundertelang eine dominierende Rolle in der Stadt. In dem Palast ist heute die Pinacoteca Tosio-Martinengo untergebracht. Ausgestellt ist eine reichhaltige Sammlung von italienischer Malerei des 13. – 19. Jh.s mit Schwerpunkt auf Schulen aus Brescia und Venedig (geöffnet: Di.–So. Juni–Sept. 10.00 bis 17.00 Uhr; Okt.–Mai 9.30–13.00, 14.30–17.00 Uhr).

Collezione d'Arte Contemporanea

Die Collezione d'Arte Contemporanea an der Via A. Monti 9 (unweit südlich der Pinakothek; geöffnet: Sa. u. So. 16.00–19.00 Uhr und auf Anfrage; Tel. 3753002)) führt bisher ein Schattendasein, obwohl in der umfangreichen modernen Kunstsammlung, die dem Brescianer Istituto Paolo VI. vom Vatikan in Gedenken an den bedeutenden Sohn der Stadt gestiftet wurde, zahlreiche Werke internationaler Künstler zu sehen sind. Neben namhaften Italienern (Fontana, De Chirico) sind Chagall, Dalí, Moore, Schmidt-Rottluff, Beckmann, Kokoschka, Giacometti vertreten.

*SS. Nazaro e Celso

Unter den zahllosen Kirchen von Brescia lohnt die SS. Nazaro e Celso am Corso Matteotti im Südwestteil der Altstadt einen Besuch. Der klassizistische Bau aus dem 18. Jh. ist als solcher nicht allzu sehenswert. Im Innern wird aber mit dem Auferstehungsaltar von Tizian aus dem Jahr 1522 ein bedeutendes Werk der italienischen Hochrenaissance aufbewahrt. Die fünf Gemälde zeigen die Auferstehung Christi in der Mitte, links unten die Heiligen Nazarus und Celsus, rechts unten das Martyrium des heiligen Sebastian und oben die Verkündigung mit Gabriel (links) und Maria (rechts). Da die Kirche meistens verschlossen ist, muß man sich zur Besichtigung in der nahen Chiesa S. Maria dei Miracoli, Corso Martiri d. Libertà, melden.

S. Maria dei Miracoli

Die ab 1488 an der Stelle eines Gnadenbildes errichtete Kirche S. Maria dei Miracoli am Corso Martiri della Libertà fällt besonders durch die vorgesetzte Marmorfassade der Frührenaissance ins Auge. Dem zentralen Eingang sind vier feine Säulen mit senkrecht und gedreht kannelierten Schäften vorgesetzt; die Reliefs zeigen Ornamentschmuck. Der dreischiffige Innenraum ist ungewöhnlicherweise mit zwei Kuppeln versehen.

S. Francesco

Die Bettelordenskirche S. Francesco in der Via S. Francesco d'Assisi ist zwischen 1254 und 1335 mit spätromanischen und frühgotischen Elementen gebaut worden. Im Innern ist das Altargemälde von Gerolamo Romanino aus der ersten Hälfte des 16. Jh.s sehenswert, das Maria mit dem Kind umgeben von Franziskanermönchen zeigt. Romanino gilt als einer der führenden Brescianer Maler der Hochrenaissance, die sich wesentlich an der venezianischen Malerei des 16. Jh.s orientierten. Wunderschön ist der angeschlossene Kreuzgang.

S. Maria delle Grazie

S. Maria delle Grazie im Nordwesten der Altstadt in der Via delle Grazie entstand zwischen 1522 und 1530 als Renaissancekirche der Hieronymiten. Der heutige Eindruck im dreischiffigen Innenraum wird durch die frühbarocke Dekorierung bestimmt, die ab 1617 eingearbeitet wurde. Sehenswert sind die feinen Stukkaturen aus Putten, Köpfen und stilisierten Pflanzenteilen, die Bögen, Gewölbe und die Kuppelreihen in den Seitenschiffen überziehen. Über einen kleinen Kreuzgang kommt man in einen 1876 wiederaufgebauten Santuario.

S. Giovanni Evangelista

Die Kirche S. Giovanni Evangelista (Contrada di S. Giovanni, Seitenstraße des Corso G. Mameli) stammt aus dem 15. Jh., wurde im Innern jedoch im 17. Jh. stark verändert. An dem dritten südlichen Seitenaltar ist eine bekannte manieristische Darstellung des “Bethlehemitischen Kindermords” (um 1520) zu sehen. Das Gemälde ist ein Werk des neben Gerolamo Romanino bedeutendsten Malers der Hochrenaissance in Brescia: Alessandro Bonvicino, genannt Moretto. Weitere Werke von Moretto sind im rechten Teil der Sakramentskapelle zu sehen, den linken Teil malte Romanino aus. Beide Maler arbeiteten in der ersten Hälfte des 16. Jh.s gleichzeitig an der Ausgestaltung des Raumes.

Brescia (Fortsetzung)
SS. Faustino e Giovata

In der Via San Faustino nördlich der Piazza della Loggia kommt man zur barocken Kirche SS. Faustino e Giovata, die auf einen früheren Bau aus dem 6. Jh. zurückgeht. Die heutige Kirche ist von 1622. Die namengebenden Heiligen Faustino und Giovata sind die Schutzpatrone der Stadt, sie werden als Märtyrer, welche die Stadt bei einem Überfall erfolgreich verteidigten, verehrt. Ihre Gebeine werden im Innern der Kirche verwahrt.

S. Maria del Carmine

S. Maria del Carmine wurde im 15. Jh. von Karmelitern gebaut. In einer Kapelle links vom Altarraum ist noch ein Teil der ursprünglichen spätgotischen Freskenmalerei zu sehen. Im 17. Jh. zog man die Gewölbedecke im Innern ein, die mit Quadraturmalerei wiederum von Tommaso Sandrini ausgestaltet worden ist. Zu beachten ist die Beweinungsgruppe des Bildhauers Guido Mazzoni aus Modena, die aus dem späten 15. Jh. stammt.

Umgebung von Brescia

Monte Maddalena

Direkt östlich des Stadtkerns führt eine Straße in Serpentinen hinauf auf den Monte Maddalena (874 m). Von der Straße aus hat man eine hervorragende Aussicht auf Brescia.

*Val Trompia

Im Norden von Brescia kommt man in die Val Trompia, die von jeher bekannt ist für ihr reichhaltiges Erzvorkommen. Da auch das nötige Wasser zur Verfügung stand, wurde hier bereits in der Antike Eisen verarbeitet. Gardone Val Trompia ist seit dem 16. Jh. für seine Waffenindustrie bekannt – weltweit, denn seit ein paar Jahren sind selbst die US-amerikanischen Ordnungshüter mit Pistolen der Firma Beretta aus der Provinz Brescia ausgestattet. Das kleine Städtchen Concesio, wenige Kilometer nördlich von Brescia am Eingang des Tals, rühmt sich, Geburtsort von Papst Paul VI. zu sein. Nördlich von Gardone Val Trompia beginnt der höher gelegene und schönere Teil der Val Trompia mit den hübschen kleinen Ortschaften Bovegno und Collio, die das ganze Jahr über von Touristen besucht wird.

La Pianura Bresciana

Ciliverghe

Verolanuova

Die von landwirtschaftlicher Nutzung geprägte Brescianer Ebene, die sich im Süden der Provinzhauptstadt erstreckt, ist kein touristisches Ziel im eigentlichen Sinn. Denoch gibt es einiges Sehenswertes wie das kleine Frauenmuseum in Ciliverghe östlich von Brescia (Museo della Donna, Via Mazzucchelli 2; geöffnet: Sa., So. 9.00–12.00, 15.00–18.30 Uhr; geschl. im August), die romanische Chiesa di S. Pancrazio aus dem 12. Jh. etwas außerhalb von Montichiari südöstlich von Brescia oder den Santuario della Madonna in Carpenedolo, der im 18. Jh. von Antonio Marchetti aus Brescia entworfen wurde. Das landwirtschaftliche Zentrum südlich von Brescia ist Verolanuova; der Ort wartet in der Pfarrkirche mit zwei Gemälden von Giovanni Battista Tiepolo ("Das Opfer des Melchisedek" und "Mannaregen"; ca. 1738) auf.

Castiglione Olona F 6

Provinz: Varese
Höhe: 307 m ü.d.M.
Einwohnerzahl: 7500

Lage und Allgemeines

Castiglione Olona, wenige Kilometer südlich von Varese über dem Fluß Olona gelegen, ist ein kleiner, abgeschiedener Bergort, der heute von seiner einstigen Blüte nicht mehr allzuviel merken läßt – abgesehen von den relativ vielen kleineren Stadtpalästen. Wegen seiner großen kulturellen Vergangenheit ist er aber bei Kennern Hauptziel in der Provinz Varese.

Geschichte

Castiglione Olona ist wahrscheinlich eine Gründung der Römer, denen die Lage oberhalb der Olona zusagte. Die große Zeit des Ortes geht auf den

Geschichte (Fortsetzung)

Kardinal Branda Castiglioni (1350–1443) zurück, der den Sitz des Castiglione-Geschlechts in der ersten Hälfte des 15. Jh.s zu einem kulturellen Zentrum ausbaute und sich dafür bedeutende Künstler aus der Toskana, speziell aus Florenz, kommen ließ. Auf diese Weise entstanden hier ab 1423 zahlreiche toskanische Werke, die Zeugnis der Übergangszeit von der Spätgotik zur Renaissance ablegen. Berühmt sind insbesondere die Fresken von Masolino (1383 bis ca. 1440), einem Florentiner Maler, der, bevor er in Castiglione Olona tätig wurde, bereits die berühmte Brancacci-Kapelle in der Kirche S. Maria del Carmine in Florenz sowie S. Clemente in Rom ausgemalt hatte. Bereits 1513 wurde die Residenz durch die Mailänder Sforza zerstört, nachdem die Castiglione Partei für Ludwig XII. von Frankreich ergriffen hatten, als dieser in Mailand einfiel.

Sehenswertes in Castiglione Olona

Chiesa di Villa

An der Piazza Garibaldi im Ortszentrum steht die Chiesa di Villa oder Chiesa del Corpo di Cristo. Sie wurde zwischen 1422 und 1443 als Zentralbau errichtet, dem man die Verwandtschaft mit Florentiner Vorbildern von Brunelleschi anmerkt. Die Fassade wird von den Kolossalfiguren neben dem Eingang beherrscht – rechts Christophorus, links Antonius Abbas. Im Innenraum sind Terrakottafiguren und Malereien aus dem 15. Jh. erhalten.

Palazzo Branda Castiglioni

Der Palazzo Branda Castiglioni am selben Platz war seit dem Mittelalter Sitz der Castiglione. Kardinal Branda ließ ihn im 15. Jh. erweitern. Heute sind in dem Palast ein kleines Museum und ein Archiv eingerichtet. Sehenswert sind die früheren Kardinalsräume sowie eine Hauskapelle, die teilweise mit Fresken von Masolino ausgestaltet sind.

Collegiata della Beata Vergine

Folgt man der Straße an der Chiesa di Villa vorbei, dann kommt man etwas oberhalb des Ortes zur Collegiata della Beata Vergine, einer ebenfalls von

"Das Gastmahl des Herodes" – Fresko des Masolino im Baptisterium

Collegiata della Beata Vergine (Fortsetzung)

dem Kardinal gegründeten Kirche (geöffnet: Di.–So. Apr.–Sept. 10.00 bis 12.00, 15.00–18.30; Okt.–März 10.00–12.00, 14.30–17.30 Uhr). Castiglioni selbst ist auf dem Bogenfeld über dem Eingang vor der Madonna kniend 1428 von einem veneto-lombardischen Künstler dargestellt worden. Im Chor der Kollegiatskirche ist das Grab des Kardinals zu sehen, ebenfalls in veneto-lombardischen Stil gearbeitet. Die Fresken im Chor, Szenen aus dem Marienleben, stammen wiederum von Masolino.

**Battistero

Zu dem Gebäudekomplex, der an die Collegiata angrenzt, gehört das Baptisterium, in dem das berühmteste Werk in Castiglione Olona, der 1435 vollendete Freskenzyklus von Masolino, zu sehen ist. Dargestellt sind Szenen aus dem Leben Johannes des Täufers, darunter das bekannte Gastmahl des Herodes. Für die Betrachtung der Fresken sollte man sich ein wenig Zeit nehmen. Die zerbrechlich erscheinenden, eleganten Figuren sind noch in spätgotischer Manier gemalt, aber die aufziehende Renaissance ist bereits auszumachen. Wie kaum ein anderer zeigt Masolino diesen Stilwechsel. Sind die Engel links von Jesus, der getauft wird, noch zart und fromm dargestellt, so zeigt sich der Anbruch der Renaissance in den Mittäuflingen Christi, speziell in der Figur, die mit dem Rücken zum Betrachter steht.

Umgebung von Castiglione Olona

Castelseprio

4 km südlich von Castiglione Olona liegt Castelseprio auf einem weiten Hochplateau über dem Fluß. Etwas außerhalb des Ortes findet man die eigentliche Sehenswürdigkeit, die Reste einer einst blühenden und bedeutenden kleinen Stadt mit mehreren Kirchen, die bei Ausgrabungen im 20. Jh. freigelegt wurden. Vermutlich errichteten die Römer im 5. Jh. an dieser Stelle das Castrum Sibrium als Befestigung gegen germanische Eindringlinge. Unter den Langobarden war Castelseprio dann Hauptort einer Provinz, die von Mailand bis zum Lago Maggiore reichte, und damit militärisch und religiös bedeutendes Zentrum der Region. Der Ort gewann in den folgenden Jahrhunderten noch weiter an Bedeutung, wurde aber 1287 bei einem Angriff der Visconti, denen Castelseprio Konkurrenz war, komplett zerstört. Die Visconti ließen das Ruinenfeld liegen, die Reste verfielen mehr und mehr und waren nach Jahrhunderten schließlich ein zugewachsenes Terrain, das im 19. Jh. als Steinbruch diente. Im Zweiten Weltkrieg brachten Partisanen, die sich in dem vergessenen Gebiet aufhielten, Castelseprio wieder in Erinnerung, und man begann mit Ausgrabungen.

Parco Archeologico di Castelseprio

In dem Ruinen- und Ausgrabungsfeld (geöffnet: Di.–Sa. 9.00–19.00 Uhr, So. u. Fei. 9.00–17.30 Uhr) sind außer Festungsmauern die Reste der Kirche S. Giovanni Evangelista auszumachen, eine ehedem dreischiffige Basilika aus dem 5. Jahrhundert.

In dem achteckig angelegten Baptisterium daneben stieß man auf zwei Taufbecken. Es heißt, daß in einem arianische, im anderen athanasianische Christen getauft wurden.

*S. Maria foris Portas

Die Hauptattraktion ist in dem kleinen, etwas abseits gelegenen Kirchlein S. Maria foris Portas aus dem 7. Jh. zu finden, das auch früher außerhalb der Stadtmauern stand.

Das Äußere der wieder aufgebauten und restaurierten Kirche ist eher unauffällig, das Innere indes birgt einen 1944 wiederentdeckten Freskenzyklus, dessen Ursprünge bisher nicht eindeutig geklärt werden konnten. Der nicht vollständige Zyklus gilt als der bedeutendste seiner Art aus der Zeit vor 1000. Dargestellt sind in stilistischer Vollendung die Geschichte Marias von der Verkündigung bis zur Flucht nach Ägypten sowie die Geburt Jesu. Ungewöhnlich sind zum einen die hervorragende Ausführung, zum anderen der spätrömisch-byzantinische Stil sowie die Erzählung nicht nach den kanonischen Evangelien, sondern nach den apokryphen, u. a. dem Protoevangelium nach Jacobus. So ist bei der Geburt eine Hebamme anwesend, wie es dort dargestellt ist. Man nimmt an, daß der Zyklus das Werk eines byzantinischen Wanderkünstlers war.

Certosa di Pavia G 9

Provinz: Pavia
Höhe: 90 m ü.d.M.

Lage und Bedeutung

Etwa 9 km nördlich von Pavia – ehemals am Nordende des riesigen Parks des Castello Visconteo von Pavia gelegen – steht mit der Certosa di Pavia eines der bedeutendsten Kulturdenkmäler der Lombardei und eine der berühmtesten Niederlassungen des Kartäuserordens. Zwischen dem ausgehenden 14. Jh. und der Mitte des 16. Jh.s ist hier ein Monumentalbau entstanden, der eindrucksvoll Zeugnis vom damaligen Herrschaftsdenken ablegt. Stilistisch sind überwiegend Elemente der Spätgotik und der Renaissance in den Bau eingeflossen.

Geschichte

1390 gab Gian Galeazzo Visconti den Entwurf einer Grablege für seine Dynastie in Auftrag. Sie sollte in eine Klosteranlage integriert werden, die der Visconti den Kartäusern stiften wollte. 1396 begann man mit den Bauarbeiten an der Kirche Madonna delle Grazie, kam aber zunächst nur langsam voran. Entscheidende Anstöße für den Bau gab es erst 1450 mit Francesco Sforza als dem ersten Herrscher der nachfolgenden Dynastie. Er beauftragte die damaligen Baumeister des Mailänder Doms Giovanni und Guiniforte Solari mit den weiteren Arbeiten, außerdem war auch Giovanni Antonio Amadeo, der zuvor die Cappella Colleoni in → Bergamo geschaffen hatte, an der Certosa di Pavia tätig. Vollendet wurde der Gebäudekomplex erst im Jahr 1549 mit letzten Arbeiten an der Kirchenfassade, als die Zeit beider Dynastien lange schon beendet war.
Von den Mönchen des Kartäuserordens ist die sumpfige Umgebung durch ein Kanal- und Drainagesystem trockengelegt und urbar gemacht worden. Die Kartause wurde im Jahre 1782 aufgelöst und anschließend zeitweilig von Karmelitern genutzt. 1968 wurde die Certosa schließlich dem Zisterzienserorden übergeben, die Mönche betreiben hier heute noch Landwirtschaft.

**Certosa di Pavia · Klosteranlage

Besuchszeiten

Die Klosteranlage ist täglich außer montags zu besichtigen; von Mai bis September von 9.00 bis 11.30 und von 14.30 bis 18.00 Uhr; im Winterhalbjahr ist sie nur bis 16.30 Uhr, So. u. Fei. bis 17.00 Uhr geöffnet.

Madonna delle Grazie

Vom Haupteingang der Klosteranlage geht man direkt auf die Kirche Madonna delle Grazie zu. Die Fassade der Klosterkirche zeichnet sich durch sehr ausgewogene Proportionen im Aufbau und durch eine überreiche Renaissance-Dekorierung des Mauerwerks aus. Überwiegende Dekorationselemente sind Inkrustationsarbeiten in mehrfarbigem Marmor, Reliefs sowie Marmorfiguren. Christliches und Heidnisches, Weltliches und Geistliches werden dargestellt. Dabei kommt die Überwindung des Heidentums durch das Christentum zum Ausdruck – ganz unten sind die Figuren römischer und orientalischer Herrscher zu sehen, darüber die Darstellungen von wichtigen Persönlichkeiten des Christentums. Nicht zuletzt wird das Nebeneinander von Figuren der Herrscherdynastie und des Kartäuserordens deutlich (Reliefs). Die Gestaltung der Fassade stammt von Giovanni Antonio Amadeo sowie von Cristoforo und Antonio Mantegazza.

Innenraum

Von eindrucksvoller Raumwirkung ist der Innenraum. Auch hier – wie in der Kirche S. Maria delle Grazie in → Mailand – ist der Übergang zwischen Gotik und Renaissance nachzuvollziehen. Während die ab 1473 entstandene Fassade im Aufbau alle Elemente der Renaissance aufweist, ist der Innenraum noch spätgotisch gestaltet. Er ist dreischiffig, die schmalen und flacheren Seitenschiffe werden durch mächtige Bündelpfeiler vom Hauptschiff abgeteilt. Chor und die beiden kurzen Querarme enden in Trikon-

Innenraum (Fortsetzung)

chen. Über der Vierung erhebt sich ein oktogonaler Turm – ein Werk von Giovanni Solari –, dessen dekorative Wirkung am besten vom Kleinen Kreuzgang aus zu sehen ist. Die Fresken sind Ende des 15. Jh.s u. a. von Ambrogio Bergognone gemalt worden, wobei frühere Malereien aus der

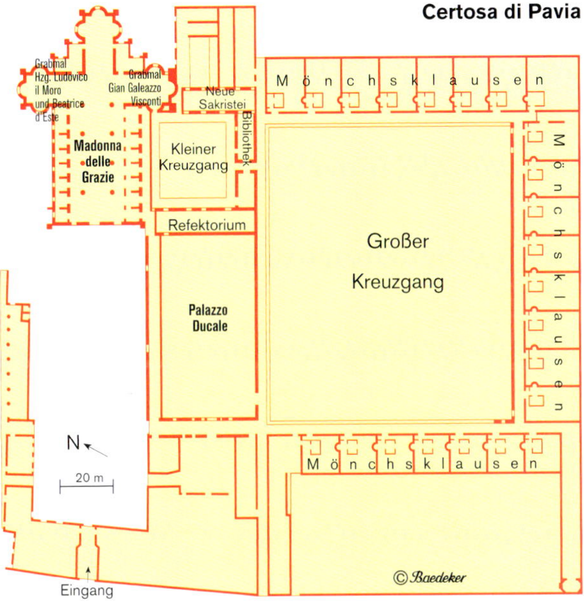

Entstehungszeit der Kirche überdeckt wurden. Die Westwand sowie einige Seitenkapellen wurden im Barock nachträglich ausgestaltet. Beachtenswert sind die illusionistisch bemalten Obergaden über den Seitenkapellen, die u. a. zwei in den Innenraum hineinschauende Kartäusermönche zeigen.

Der Chor ist mit wertvollem Chorgestühl mit Einlegearbeiten (1498) ausgestattet. In der alten Sakristei neben dem Chor wird ein ursprünglich für den Hochaltar bestimmtes spätgotisches Elfenbein-Polyptychon (um 1400) aufbewahrt.

Grabmal Ludovico il Moro und Beatrice d'Este

Im nördlichen Querschiff ist mit dem Grabmal für Ludovico il Moro und seine im Alter von 22 Jahren gestorbene Ehefrau Beatrice d'Este ein außerordentlich eindrucksvolles Beispiel lombardischer Grabmalkunst der Renaissance zu sehen. Cristoforo Solari hat es 1497, nach dem Tod Beatrices, geschaffen. Ungewöhnlich fein sind die Gesichtszüge der beiden dargestellt; die Kleider mit ihren Dekorationen wirken höchst realistisch, darunter scheinen sich die liegenden Körper abzuzeichnen.

Grabmal Gian Galeazzo Visconti

Auf der gegenüberliegenden Seite im südlichen Querschiff findet man das Grabmal von Gian Galeazzo Visconti, dem Stifter der Klosteranlage. Es wurde erst 90 Jahre nach dem Tod des Visconti von Cristoforo Romano 1492 begonnen, der eigentliche Sarkophag von Bernardo da Novate entstand erst 1562.

Kleiner Kreuzgang

Vom südlichen Querschiff aus kommt man in den kleineren der beiden Kreuzgänge, der in der zweiten Hälfte des 15. Jh.s von Guiniforte Solari entworfen wurde. Sehr schön sind die hübsch verzierten Terrakotta-Arkaden mit Darstellungen verschiedener Heiligenfiguren inmitten reichhaltiger

Vom Kleinen Kreuzgang hat man einen schönen Blick auf den eleganten Vierungsturm der Klosterkirche.

Putten- und Pflanzen-Ornamentierungen. Sie sind ein Werk des Cremonesen Rinaldo de Stauris. Das Lavabo an der Südseite wurde von Giovanni Antonio Amadeo gearbeitet. Von hier aus hat man auch den besten Blick auf den von Giovanni Solari gestalteten Vierungsturm.

Refektorium

Das Refektorium schließt sich westlich an den Kleinen Kreuzgang an. 1430 wurde es zunächst als Kirchenraum gebaut, erst 1497 richtete man darin das Refektorium ein, in dem die Kartäuser jedoch nur an Feiertagen gemeinsam aßen. Zum Essen wurde von der Kanzel aus der Bibel gelesen.

Certosa di Pavia, Refektorium (Fts.)

Über ein Mehrfaches der Ausmaße des Kleinen Kreuzgangs verfügt der sich südlich anschließende Große Kreuzgang, der ebenfalls mit Terrakotta-Arkaden und -Reliefs von Rinaldo de Stauris ausgestattet ist.
Interessant sind die Klosterzellen an den Seiten des Kreuzgangs, in denen die Mönche ein ganzes Leben lang wohnten. Zwei der Zellen mit den kleinen Gärten sind zu besichtigen.

Großer Kreuzgang

Seit 1973 gibt es in Certosa di Pavia eine Enoteca, in der man sich über die verschiedenen Weine der Lombardei, speziell des Oltrepò Pavese, einen Überblick verschaffen kann.

Enoteca Regione Lombardia

Chiavenna

J 3

Provinz: Sondrio
Höhe: 333 m ü.d.M.
Einwohnerzahl: 8000

Chiavenna liegt nördlich des Comer Sees in der Valchiavenna, wo die Flüsse Mera und Liro, die über den Lago di Mezzola in den Comer See fließen, zusammenkommen. Nach Norden führt die SS 36 aus der Lombardei und Italien hinaus über den Splügen-Paß (2115 m) in die Schweiz, in Richtung Osten kommt man auf der SS 37 über den Maloja-Paß (1815 m) nach Sankt Moritz. Seit jeher stellen die alten Alpenpässe Splügen und Maloja eine Verbindung zwischen Norditalien und den nördlichen Ländern her – der Ortsname leitet sich von dieser Schlüsselposition ab (chiave = Schlüssel). Dadurch hat es in Chiavenna am oberen Ende der Chiavenna-Ebene stets Berührung mit verschiedenen Kulturen und Machthabern gegeben. Bereits die Römer errichteten hier eine Wegstation.

Lage und Bedeutung

Chiavenna ist von hohen, etwas düsteren Bergen eingerahmt. Der Ort selbst nimmt sich hingegen recht idyllisch aus, insbesondere im alten Kern die Via Dolzino und in der Verlängerung die Via Pedretti mit den schmalen Seitengassen. Von der Brücke am Ende der Via Pedretti bietet sich ein schöner Blick auf die Mera mit den alten Häusern am Ufer. Ein Charakteristikum von Chiavenna sind die Grotti, natürliche Felshöhlen in den Bergwänden, die direkt am Ort aufsteigen. In den Grotti (Einzahl: Grotto) werden typische Produkte der Region verkauft, in einigen sind urige Lokale eingerichtet.

*Ortsbild

Sehenswertes in Chiavenna

Mehrere alte Paläste zeugen von einer bewegten Vergangenheit, so an der Piazza S. Pietro der Palazzo Pretorio mit Freskenwappen aus dem 16. Jh., die an die graubündischen Machthaber erinnern. An der Piazza Castello trifft man auf den spätgotischen Palazzo Balbiani aus dem Jahr 1477, den sich die Nachfolger der Visconti bauen ließen.

Paläste

An der Via Picchi steht die Kollegiatskirche S. Lorenzo, die 1538 über einer durch einen Brand zerstörten romanischen Kirche gebaut und im Barock stark verändert wurde (geöffnet: März–Mai Sa. u. So. 9.00–12.00, 14.00 bis 17.00 Uhr; Juni–Sept. Di.–So. 9.00–12.00, 14.00–18.00 Uhr; Okt.–Dez. Sa. 9.00–12.00, 14.00–17.00 Uhr). Angeschlossen ist ein Baptisterium, das zwei kunsthistorisch herausragende Stücke birgt: Das runde romanische Taufbecken von 1156 stammt aus der Vorgängerkirche; aus dem Monolithen wurde eine Taufszene als Halbrelief herausgearbeitet. Zum anderen wird hier die "Pace di Chiavenna", der kostbare Vorderdeckel eines

*Collegiata di S. Lorenzo

Collegiata di S. Lorenzo (Fortsetzung)

Evangeliars, aufbewahrt, der aus dem 11. Jh. stammt und in dem Gold, Emaille, 97 Perlen und 94 verschiedene Schmucksteine verarbeitet sind. Die Symbole der vier Evangelisten sind als Goldreliefs um das Kreuz angeordnet – der Engel für Matthäus, der Adler für Johannes, der Löwe für Markus und der Stier für Lukas.

Parco Botanico del Paradiso

An der Via Quadrio liegt der Eingang zum Parco Botanico del Paradiso, in dem verschiedene exotische Pflanzen gedeihen. Von den Hügeln Paradiso und Belvedere bieten sich schöne Blicke in das Tal. Angeschlossen ist das Museo della Valchiavenna mit Exponaten zur Geschichte und Archäologie der Region (geöffnet: Di.–So. Okt.–März 14.00–17.00 Uhr; Apr.–Sept. Di.–Fr. 14.00–18.00 Uhr, Sa. u. So. 10.00–12.00 und 14.00–18.00 Uhr).

Blick auf den alten Ortskern des Städtchens Chiavenna

Parco Marmitte dei Giganti

In dem unter Schutz gestellten Parco Marmitte dei Giganti (Zugang über Strada di Poiatengo) sind Felseinritzungen und sog. Marmitte (urspr. Topf, Gletschermühle), durch Erosion und Gletscher entstandene Gesteinsformationen, zu sehen.

Umgebung von Chiavenna

Borgonuovo

An der Straße zum Maloja-Paß liegt wenige Kilometer östlich von Chiavenna der kleine Ort Borgonuovo. Im Jahr 1618 wurde ein Ort an dieser Stelle nach wochenlangen Regenfällen durch einen Bergrutsch verschüttet, damals kamen 1000 Menschen ums Leben. Am Ortsrand fällt der zweifache Wasserfall (Acqua Fracta) auf.

Madesimo

Madesimo mit 700 Einwohnern ist an der Strecke zwischen Chiavenna und dem Splügen-Paß in 1534 m Höhe gelegen. Der Ort wird von den im Osten gelegenen Berggipfeln des Monte Mater (3023 m) und des Pizzo Groppera (2948 m) überragt. Madesimo wird schon seit Jahrhunderten wegen seiner

Thermalquellen besucht, vor allem aber ist er als Winterspoprtort bekannt. Im Sommer ist Madesimo beliebter Ausgangspunkt für Ausflüge zu den Seen der Umgebung und wartet zudem mit einem vielfältigen Freizeitangebot auf.

Chiavenna, Madesimo (Fortsetzung)

Weiter in Richtung Splügen-Paß kommt man in 1901 m Höhe nach Montespluga dem letzten Ort vor der Grenze. Der Lago di Montespluga ist künstlich angelegt worden. Im Westen ragt der Pizzo Tambo (3275 m) auf, im Nordosten das Surettahorn (3027 m).

Montespluga

Comer See · Lago di Como · Lario

G–J 3–6

Region: Lombardei
Provinzen: Como und Lecco
Wasserspiegel: 198 m ü.d.M.

Der Comer See, italienisch auch Lario genannt (nach seinem römischen Namen Lacus Larius), liegt zwischen den Luganer und den Bergamasker Alpen. Er ist 50 km lang und bis zu 4,3 km breit und füllt das eiszeitliche Gletschertal der Adda. Mit seiner Fläche von 146 km^2 ist er der drittgrößte der oberitalienischen Seen, dank seiner drei langgestreckten Arme, die an ein kopfstehendes Y erinnern, hat er die größte Uferlänge. Mit 410 m Tiefe ist er außerdem der tiefste Binnensee Europas.

Lage und Allgemeines

Am Ostufer des Comer Sees, gegenüber von Varenna

Der schon in der Antike besungene Lago di Como ist für viele auch heute noch der schönste der oberitalienischen Seen. Zum einen liegt das an der ihn umgebenden Bergkulisse, zum anderen an der mediterranen Vegetation. Aufgrund des milden Klimas gedeihen an den Seeufern Jasmin, Oleander, Zypressen und Feigenbäume; an den schon von den Römern zu

**Landschaftsbild

Landschaftsbild (Fortsetzung)

Terrassen geformten Berghängen werden Wein und Oliven angebaut. Das Westufer bietet das mildeste Klima und besitzt die üppigste Vegetation. Besonders schön ist der von sanften Bergen umrahmte Abschnitt zwischen Menaggio und Cernobbio sowie die Halbinsel Bellagio, dieser Seeabschnitt war auch schon im letzten Jahrhundert vielbesuchtes Reiseziel. Der nördliche, nur noch von Bergausläufern umgebene Teil ist entsprechend ruhiger und als *das* Surfrevier am Comer See bekannt. Auch der im Südosten sich erstreckende Lago di Lecco, der von der steil abfallenden Grigne (2410 m ü.d.M.) überragt wird, ist weniger touristisch geprägt.

Geschichte

Bereits im 2. Jh. n. Chr. ließen sich wohlhabende Römer die ersten Prachtvillen an den Seeufern des Lacus Larius erbauen. Als die Germaneneinfälle aus dem Norden zunahmen, wurde die Via Regia an seinem Westufer gebaut, die Militärstraße führte von Mailand über Como und Chiavenna bis ins gallische Rätien. Im 18. und 19. Jh. wurde der Lario dann bevorzugter Sommersitz von Adligen und Reichen. Noch heute erinnern zahlreiche herrschaftliche Villen in paradiesischen Gärten an die Epoche, als ihre Besitzer mit Schrankkoffern, Hutschachteln und Personal anreisten und hier wochenlang hofhielten. Ihnen folgten die weniger betuchten, deren Namen jedoch den Geist mehr ansprechen wie Goethe, Flaubert, Stendhal, Bellini, Liszt und viele andere, die alle die Schönheit priesen und von der Dramatik dieser "Shakespeare-Landschaft", wie Flaubert es nannte, schwärmten.
Heute leben die Anwohner des Comer Sees vor allem vom Wein- und Olivenanbau, von Fischerei und von Industrie, hauptsächlich Textilindustrie, Seidenverarbeitung. Auch der Tourismus spielt eine Rolle, allerdings werden nur 5 % der Gewinne der Region durch den Fremdenverkehr erwirtschaftet. Das Angebot für die Besucher ist groß: Alle möglichen Wassersportarten, Wander- und Klettermöglichkeiten werden geboten, und auf der Grigne ist Wintersport möglich. Hinzu kommt ein breites kulturelles Angebot.

Schiffs- und übriger Verkehr

Ein schönes Erlebnis sind Schiffsrundfahrten auf dem Comer See. Häufig wird dabei auch das Ufer gewechselt, und oft bieten sich vom Wasser aus die schönsten Blicke auf Villen, Gärten und andere Sehenswürdigkeiten. Im Sommer werden auch Tragflügelboote (Aliscafi) eingesetzt. Da die Verbindungen je nach Saison anders verlaufen, können keine genaue Routen angegeben werden. Die geltenden Fahrpläne erhält man bei den Schifffahrtsgesellschaften. Darüber hinaus ist der See durch Bahnen und Uferstraßen gut erschlossen.

**Rundfahrt um den Comer See · Westufer

Como

→ dort

Cernobbio
*Villa d'Este

Folgt man von Como dem Westufer in Richtung Norden, erreicht man zunächst den fast mit Como zusammengewachsenen noblen Ferienort Cernobbio (201 m ü.d.M.; 7500 Einw.). Berühmt ist hier die 1568 nach Entwürfen von Pellegrino Tibaldi erbaute Villa d'Este. Bauherr war Kardinal Tolomeo Gallio, der noch zahlreiche weitere Villen am Comer See in Auftrag gab. Nach seinem Tod wechselte die Villa häufiger den Besitzer. Zu Beginn des 19. Jh.s ließ Karoline von Braunschweig-Wolfenbüttel das palastartige Gebäude dem Zeitgeschmack entsprechend umbauen. Seit 1873 ist die in einem prachtvollen barocken Garten gelegene Villa das berühmteste Hotel am Comer See und nur noch den Hotelgästen zugänglich.

Villa Erba

In der einst für die Visconti am Ufer erbauten Villa Erba finden heute Ausstellungen statt. Auf einem kurvenreichen Sträßchen gelangt man von hier nach 16 km auf den Monte Bisbino hinauf (1325 m; Aussicht), auf dem eine Wallfahrtskirche steht.
Bleibt man auf der alten Strada Regina, der Uferstraße bis nach Torrigia, passiert man kleine Orte, schöne Villen, Parks und kleine Häfen. Hat man es eilig, nimmt man die auf halber Höhe gelegene Nationalstraße S 340.

Villa d'Este, einst der Palast eines einflußreichen Kardinals, heute ein Nobelhotel für die Prominenz

Argegno

Von Argegno kann man mit einer Seilbahn in wenigen Minuten Pigra in 870 m Höhe erreichen. Im Oratorio S. Rocco sind Fresken aus der Mitte des 17. Jh.s zu sehen. Argegno ist außerdem Ausgangsort für einen Abstecher ins Intelvital und weiter an den → Luganer See.

*Valle d'Intelvi

Das zwischen dem Luganer und Comer See gelegene Intelvital ist nicht nur landschaftlich besonders schön. Vom 7. bis zum 18. Jh. war es auch die Heimat bedeutender Steinmetze und Baumeister, der Maestri intelvesi, die wegen ihrer Nähe zu Como auch Maestri comacini genannt werden (→ *Baedeker Special* S. 104). Die berühmtesten Maestri aus dem Intelvital sind die Carloni aus Scaria, die Solari aus Verna, die Bregno aus Osteno. Schöne Beispiele ihres Schaffens sind u. a. das Oratorio della Madonna del Restello in Castiglione d'Intelvi, die Kirche S. Antonio in S. Fedele Intelvi, die Kirche S. Lorenzo in Laino und die Pfarrkirche von Scaria. Einen großartigen Blick auf den Luganer See genießt man vom 1300 m hohen Sighignola, einem Bergrücken bei Lanzo.

*Sighignola

Isola Comacina

Zwischen Sala Comacina und Ossuccio liegt nahe der Uferstraße die einzige Insel des Sees (Bootsverbindungen von beiden Orten). Jahrhundertelang spielte die 600 x 200 m große Insel eine wichtige Rolle als militärischer Stützpunkt. Im Mittelalter gab es hier eine bedeutende Siedlung mit einer Burg und fünf Kirchen, im Volksmund Crisopoli, Goldene Stadt, genannt. Die Insel stand auf Seiten des kaiserfeindlichen Mailands, und bei den Auseinandersetzungen mit Friedrich Barbarossa wurde sie "zur Strafe" vollkommen zerstört und aufgegeben. Bei einem Rundgang sieht man die Grundmauern u. a. der Kirche S. Eufemia dell'Isola (11. Jh.) und die Kirche S. Giovanni, die im 16. Jh. an der Stelle einer Burg erbaut wurde.

Ossuccio

In Ossuccio (235 m ü.d.M.; 1500 Einw.), genauer im Ortsteil Ospedaletto, erhebt sich die romanische Kirche S. Maria Maddalena; sein auffälliges

Baedeker Special

Meister der Steinmetzkunst

"Porta della Rana" am Comer Dom

Aus der Lombardei, aus einem abgelegenen Tal zwischen dem Comer und dem Luganer See, stammten Künstler, die für die europäische Kunstgeschichte sehr bedeutend waren, aber eigentlich unbekannt sind. Maestri comacini, Maestri intelvesi oder Comasken werden sie genannt – nach dem Bistum Como, zu dem das Intelvital, aus dem sie kamen, gehörte. Die bereits im 7. Jh. erwähnten Comasken waren Baumeister und wahre Künstler der Steinbearbeitung. Zusammengeschlossen waren sie in familiär organisierten Bauhütten. Wissen und handwerkliche Fertigkeiten wurden von dem Vater auf den Sohn weitergegeben. Einige von ihnen gründeten auch Künstler-Schulen, u. a. die Gagini in Sizilien. In einer Zeit, in der die römische Kultur zusammengebrochen und durch die Wirren der Völkerwanderung viel Wissen verloren gegangen war, bewahrten sie so die Kenntnisse aus der Antike. Zwischen dem 7. und dem 18. Jh. arbeiteten sie als Baumeister, Maurer, Steinmetze, Stukkateure, einige auch als Freskenmaler. Als Wanderarbeiter zogen sie ab dem 14. Jh. von Großbaustelle zu Großbaustelle. Überall lernten sie andere Bauweisen und -stile kennen. Was ihnen zusagte, wurde übernommen. Auf diese Weise sammelten sie ein ungeheures Wissen. Niemand verstand es besser, Flechtbänder, Akanthusblätter, Tierfiguren, menschliche und dämonische Gesichter, profane und mythologische Szenen in Stein zu verewigen. In Frankreich leitet sich von Comacini das heute noch gebräuchliche Wort Maçon (Maurer) ab. Comasken haben ihre Spuren an vielen bekannten Bauten Europas hinterlassen. So haben sie in Mailand an der Kirche S. Ambrogio mitgewirkt, in Como an S. Abbondio, an den Domen von Parma, Ferrara und Modena. In Deutschland ist ihre Mitarbeit am Mainzer Dom überliefert. Der Dom von Speyer wurde durch die Architektur der Lombardei beeinflußt, und er wirkte wiederum weiter bis ins schwedische Lund, wo der Comaske Donatus den Dom errichtete. Im Intelvital liegen die winzigen Orte, aus denen die großen Comasken-Familien kamen. Aus Laino stammten die Spazzi und die Quaglio. Lorenzo di Spazzi war Ende des 14. Jh.s am Mailänder Dom und am Dom von Como tätig. Domenico Quaglio baute für den Kronprinzen Maximilian 1832 das bayerische Hohenschwangau wieder auf. Der Passauer Dom wurde von Carlo Antonio Carlone gebaut, von Carpoforo Tencella (1623 – 1685) ausgemalt, der großangelegte Fresken auch in mehreren anderen süddeutschen und österreichischen Kirchen hinterließ. Die Familie Carlone stammte aus Scaria wenige Kilometer von Laino. Auch der Freskenmaler Carlo Carlone war nördlich der Alpen tätig und hinterließ Zyklen in Schloß Ludwigsburg, in Ansbach, Einsiedeln und Wien. Die berühmte Solari-Familie, deren bedeutendste Vertreter am Dom in Mailand, an der Kirche S. Maria delle Grazie und an der Certosa di Pavia bauten, kam aus Verna, dem Nachbardorf von Scaria. Und wer weiß schon, daß einer dieser Solari, nämlich Pietro Antonio Solari, zusammen mit anderen lombardischen Künstlern unter Iwan dem Großen im 15. und 16. Jh. an den Bauten des Kreml mitgewirkt hat?

Glockengeschoß erhielt der Campanile Mitte des 14. Jh.s. Rund 2,5 km nordöstlich oberhalb von Ospedaletto steht die Wallfahrtskirche Madonna del Soccorso (16. Jh.); die ab 1635 angelegte Via Crucis führt an 14 barokken, von Tessiner Künstlern (u. a. Francesco und Agostino Silva) ausgeschmückten Kapellen vorbei und erinnert an die Wallfahrtswege in → Varese, → Locarno und auf dem Sacro Monte bei Orta di S. Giulio (→ Lago Maggiore). In der romanischen Kirche S. Giacomo (im Ortsteil Spurano) sind romanische und gotische Fresken erhalten. Ossuccio (Fortsetzung)

Zwischen Ossuccio und Lenno ragt die bewaldete Halbinsel Punta di Lavedo (auch Dosso di Lavedo) weit in den See hinein. An ihrer äußersten Spitze steht die Villa del Balbianello, die nur mit dem Boot von Ossuccio aus erreichbar ist. Im 16. Jh. entstand im Auftrag des Kardinals Tolomeo Gallio, vermutlich nach Plänen Pellegrino Tibaldis, hier die Villa Arconati Visconti. In der 2. Hälfte des 18. Jh.s gelangte diese an den lebenslustigen Kardinal Angelo Maria Durini, der sie stark veränderte und in Villa del Balbianello umbenannte. Der sehenswerte Park ist von April bis Oktober zugänglich (Di., Do., Sa., So. 10.00–12.30, 16.00–18.30 Uhr). * Villa del Balbianello

Ossuccio ist wie auch Lenno Ausgangsort für eine Wanderung ins Val Perlana; ein mögliches Ziel ist die romanische Kirche S. Benedetto (11. Jh.; rund 1 Std. Fußweg). Etwas anstrengender zu erreichen sind die großartigen Aussichtspunkte Monti di Tremezzo (1700 m ü.d.M.), Monte di Lenno (1589 m) und Calbiga (1698 m).

Nördlich der Balbianello-Landzunge erreicht man Lenno. Die Kirche S. Stefano entstand 1593, ihre illusionistische Ausmalung und ihren Kapellenstuck erhielt sie jedoch erst um 1750. Die darunter gelegene Hallenkrypta gehört wie auch das nebenstehende Baptisterium zu einem Vorgängerbau aus dem 11. Jahrhundert. Man vermutet, daß an dieser Stelle eine der beiden Villen Plinius' d. J. (→ Berühmte Persönlichkeiten) stand. Oberhalb von Lenno liegt die Abbazia dell'Acquafredda mit drei Gemälden von Giovanni Mauro della Rovere, genannt Fiammenghino (um 1620). Lenno

Bei Giulino di Mezzegra (vom See etwa 200 m die Straße hinauf) markiert ein Kreuz die Stelle, an der Benito Mussolini und seine Geliebte Clara Petacci am 28. April 1945 von Partisanen erschossen wurden. Sie waren bei ihrem Versuch, in die Schweiz zu fliehen, zwei Tage zuvor gefaßt worden.

Tremezzo liegt etwa auf halber Strecke zwischen Como und Sorico (daher auch der Name mezzo = Mitte). Der nun folgende Uferabschnitt bis Cadenabbia gehört zusammen mit der Halbinsel Bellagio zum schönsten Teil des Comer Sees. Daher wird er auch Riviera Tremezzina oder Azaleen-Riviera genannt. Hier befinden sich einige der schönsten Villen, für die der Comer See so berühmt ist, darunter auch die am Ortsende direkt am Ufer gelegene Villa Carlotta. Sie wurde 1747 für Giorgio Clerici, Feldmarschall der Kaiserin Maria Theresia, erbaut, um 1800 für den Grafen Sommariva klassizistisch umgestaltet und 1850 nach ihrer neuen Besitzerin, der preußischen Prinzessin Charlotte von Sachsen-Meiningen, benannt. Der im italienischen Stil angelegte Terrassengarten und der Park im englischen Stil sind einen Besuch wert, v. a. im April und Mai während der Rhododendren- und Azaleenblüte. In der repräsentativen Villa sind Skulpturen ausgestellt, u. a. der Wandfries "Einzug Alexanders d. Gr. in Babylon" von Berthel Thorwaldsen (um 1800), die Gruppe "Amor und Psyche", hierbei handelt es sich allerdings um eine Kopie von Antonio Canovas Original (geöffnet: Apr.–Sept. 9.00–18.00, März–Okt. 9.00–11.30, 14.00–16.30 Uhr). Tremezzo · * Riviera Tremezzina · * Villa Carlotta

Der Nachbarort Cadenabbia wirkt etwas mondäner. In der Villa Margherita-Ricordi komponierte Verdi um 1853 seine Oper "La Traviata"; bekannter ist die Villa La Collina, in der Konrad Adenauer, erster Bundeskanzler der Bundesrepublik Deutschland, bis 1966 seine Sommerferien verbrachte (heute gehört sie der Konrad-Adenauer-Stiftung). Cadenabbia

Das auf einer kleinen Landzunge gelegene Menaggio ist das wirtschaftliche und touristische Zentrum am Westufer des Comer Sees (203 m; 3000 * Menaggio

Menaggio (Fortsetzung)

Einw.). Dabei hat es sich seinen alten Ortskern sowie seine blumengeschmückte Uferpromenade erhalten. Hier zweigt die vor allem im Sommer viel befahrene Straße an den → Luganer See ab; bis Porlezza sind es nur 12 km.

Menaggio ist einer der beliebtesten Ferienorte am Comer See.

Nordzipfel des Lario

Dongo

Hinter Menaggio wird die Landschaft gebirgiger. In Dongo ist die romanische Kirche S. Maria in Martinico (12. Jh.) erwähnenswert; von Meistern des Intelvitals stammt die überreiche Ausstattung der barocken Kirche S. Stefano. In Dongo wurden am 27. April 1945 Benito Mussolini (der "Duce") und seine Geliebte Clara Petacci auf ihrer Flucht in die Schweiz von Partisanen gefangengenommen.

Gravedona

Gravedona ist das historische Zentrum des nördlichen Lario. Im Mittelalter war es vorübergehend eine unabhängige Stadtrepublik. Aus dieser Zeit stammt auch die am südlichen Ortsrand auf den Grundmauern eines frühchristlichen Baptisteriums erbaute romanische Kirche S. Maria del Tiglio (12. Jh.); das Kruzifix an der Hauptapsis und die Freskenreste an den Wänden sind aus dem 13.–15. Jahrhundert. Die direkt am See stehende Kirche S. Vincenzo wurde 1072 anstelle eines frühchristlichen Vorgängerbaus errichtet, von dem noch die sehenswerte Hallenkrypta stammt; die Kirche selber wurde im 17. und 18. Jh. barock umgestaltet. Ebenfalls am See steht der schloßartige Palazzo Gallio, der 1583 nach Plänen von Pellegrino Tibaldi für den Kardinal Tolomeo Gallio erbaut wurde.

Gera Lario
Sorico

Lago di Mezzola

Gera Lario und Sorico, an der Mündung der Mera gelegen, sind die beiden nördlichsten Orte am Comer See. Von hier sind es noch knapp 20 km bis zu der am Fuße dreier Alpenpässe gelegenen "Schlüsselstadt" → Chiavenna (Chiave = Schlüssel), dabei passiert man den Lago di Mezzola. Der 3 km lange und 2 km breite See hat sich vor Jahrhunderten vom Lario abgenabelt und gilt als fischreich. Der Piano Spagna, das Gebiet zwischen Mera und Adda, ist heute Naturschutzgebiet.

Am Ostufer des Lago di Como

Colico

Seinen besonderen Reiz verdankt das Städtchen Colico (209 m ü.d.M.) seiner Lage, im Norden erheben sich die Berge von Chiavenna, im Osten der mächtige Monte Legnone (2609 m ü.d.M.).

*Abbazia di Piona

In Olgiasca, knapp 6 km südlich von Colico, zweigt ein kleines, aussichtsreiches Sträßchen in Richtung See ab. Es führt zunächst hoch über dem See durch ein Wohngebiet und dann durch ein Wäldchen hinab zum ehemaligen Benediktiner-, heute Zisterzienserkloster und seiner Kirche S. Nicolò. Der Blick von der Schiffsanlegestelle (direkt unterhalb der Kirche) fällt auf Gravedona, das am Ufer gegenüber liegt. Das Kloster wurde im 7. Jh. von Bischof Agrippino von Como gegründet. Die heutigen Bauten entstanden jedoch später. Die Kirche wurde 1138 geweiht, im Chor sind noch Freskenreste des 13. Jh.s zu sehen, darunter ein thronender Christus in der Mandorla. Der kleine Kreuzgang folgte 1252–1257; beachtenswert sind hier die reich dekorierten Kapitelle und die Freskenreste.

S. Nicolò in der Abbazia di Piona

Steiles Sträßchen in Corenno Plinio

*Corenno Plinio

Dervio

Auf halbem Weg zwischen Colico und Bellano passiert man Corenno Plinio, ein mittelalterliches Dörfchen, das sich bis hinunter zum See erstreckt. Die Festungsruine war im 14. Jh. als Residenz der Grafen Andreani erbaut worden. Der Industrieort Dervio (202 m; 2400 Einw.) liegt am Eingang ins Valvarrone, wo vom 15. bis 17. Jh. Eisen abgebaut wurde. Die Straße endet in Premana, einem kleinen Ferienort. Vom Monte Legnone (2609 m ü.d.M.; etwa 4 Std. Aufstieg) bietet sich ein großartiger Rundblick.

Bellano

Die Altstadt Bellanos (202 m; 4500 Einw.) zieht sich hinter der Uferpromenade den Berg hinauf. Hier steht die 1342–1350 erbaute Pfarrkirche SS. Nazaro e Celso, deren Fassade ein Werk von Giovanni di Ugo ist. Folgt man einem beschilderten Weg von der Kirche in Richtung Osten, erreicht man nach etwa 10 Min. den Orrido, die sehenswerte Klamm der Piove-

Bellano (Fortsetzung)

rana, die hier aus der Valsassina (auch Val Sassina genannt) austritt und der man sich auf kühn angelegten Stegen nähern kann. Von dem darüber gelegenen Friedhof genießt man einen schönen Blick über die Kleinstadt und den See.

Abstecher *Valsassina

Bellano ist auch Ausgangsort für einen ca. 40 km langen Abstecher ins Val Muggiasca und weiter ins Valsassina. Im ersten Abschnitt ist die aussichtsreiche Strecke besonders steil; kurz vor Taceno biegt man auf die Straße nach Cortenova. Von hier steigt sie sanft an, durchquert die Ortschaften Cortabbio und Primaluna, in letzterem befindet sich ein historisches und volkstümliches Museum mit Zeugnissen zur Geschichte der Valsassina, bis nach Introbio (550 m), dem Zentrum der örtlichen Käseproduktion. Nach einem Abstecher nach Baiedo und Pasturo gelangt man jenseits des Colle di Balisio (723 m) nach Ballabio, einem beliebten Fremdenverkehrsort, der ebenfalls für seinen in Grotten gereiften Käse bekannt ist. Nach weiteren 8 km ist man in Lecco (s. unten).

Varenna

Varenna (220 m; 1000 Einw.) liegt an der breitesten Stelle (4,5 km) des Sees, nicht weit entfernt von dem Punkt, wo sich der See in seinen westlichen und östlichen Arm teilt. Der alte Ortskern zieht sich den Berg hinauf und wird von der Kirche S. Giorgio (1300; im 17. und 18. Jh. umgebaut) überragt. Über dem See liegt auch die Villa Cipressi (16.–19. Jh.) in einem Garten, der von Mai bis Oktober zugänglich ist. Vom kleinen Hafen gibt es regelmäßige Fährverbindungen nach Bellagio und Menaggio. Im Haus des Fremdenverkehrsvereins informiert ein kleines Museum über die heimische Vogelwelt. Am Südende des Ferienortes liegt die langgestreckte Villa Monastero, die auf ein 1208 gegründetes Nonnenkloster zurückgeht. Nach der Klosterauflösung 1567 fiel das Gelände an einen Aristokraten aus der Valsassina, der die prächtige Gartenanlage und das heutige Gebäude errichten ließ. Nach mehreren Besitzerwechseln gehört die Villa seit 1953 dem italienischen Staat, der hier Tagungen und Kongresse abhält. Der terrassierte Park, der schönste des Ostufers, ist zugänglich (tgl. 10.00–12.30 und 14.30–18.00 Uhr). Von Varenna lohnen Ausflüge ins Hinterland, u. a. ins Bergdorf Esino Lario (13 km; 912 m; 800 Einw.) oder weiter in die Valsassina (s. oben).

Villa Monastero

*Park

Mandello del Lario

Bis Lecco bestimmen nun vor allem Industrieanlagen das Bild. Mandello Lario, am Fuße der zackigen Grigna Meridionale (2184 m), ist Stammsitz der 1921 gegründeten, legendären Motorradwerke Moto Guzzi.

Lecco

Die Provinzhauptstadt Lecco (214 m; 49 000 Einw.) liegt prächtig am südöstlichen Ende des Lario, der hier Lago di Lecco heißt, auf gleicher Höhe wie → Como. Sie ist fast gänzlich eingeschlossen von den Bergen S. Martino (1046 m ü.d.M.) und Resegone (1875 m) sowie dem Grigne-Massiv; in Lecco verläßt die Adda den See, um unweit südlich zwei kleinere Seen zu bilden, die nach ihren Hauptorten benannten Lago di Garlate und Lago di Olginate. Zumindest literarisch unsterblich wurden Stadt und Landschaft durch die Beschreibungen in Alessandro Manzonis berühmtem Roman "I promessi sposi" ("Die Verlobten"; → Lombardei in Zitaten). Der historische Roman erzählt die Liebesgeschichte zwischen Renzo und Lucia, deren Hochzeit durch Intrigen und Schicksalsschläge immer wieder verhindert wird, bis sie am Ende einer langen Verlobungszeit schließlich doch zusammen finden. Der Autor Manzoni (1785–1873), Sohn einer Aristokratenfamilie und aufgewachsen in Lecco, beschreibt in dem Roman immer wieder die Heimat seiner Familie etwa 250 Jahre vor seiner Geburt. Heute bestimmen jedoch Industrieanlagen (Eisen-, Stahl- und Zementwerke, Seidenindustrie), Neubauten und ein ziemliches Verkehrschaos das Bild der einst von den Römern gegründeten Stadt. Im Mittelalter stand Lecco auf der Seite Mailands und entwickelte sich früh zu einem wichtigen Handelszentrum. Auf die Visconti geht der zinnenbewehrte Turm an der Piazza XX Settembre zurück, auf der mittwochs und samstags ein bunter Wochenmarkt stattfindet. Der Überrest einer Visconti-Festung aus dem 15. Jh. ist heute Sitz des Museo del Risorgimento e della Resistenza mit Dokumenten zur Einigungsbewegung und den beiden Weltkriegen. Bereits im

Torre del Castello

Lecco (Fortsetzung)

14. Jh. ließ Azzone Visconti die nach ihm benannte, elfbogige Brücke über die Adda erbauen. Auf der Piazza Manzoni erinnert das Manzoni-Denkmal von Francesco Confalonieri an den berühmten Dichter. Im Ortsteil Caleotto steht die Villa Manzoni (18. Jh.; Via Guanella 1); im Erdgeschoß ist eine Ausstellung Manzoni gewidmet, der hier seine Jugendzeit verbrachte; im

Villa Manzoni

Lecco aus der Vogelperspektive

Obergeschoß zeigt die Galleria Comunale eine Gemäldesammlung mit Werken des 17. und 18. Jh.s. Im Palazzo Belgioioso (18. Jh.), im Stadtteil Castello (Corso Matteotti 32), sind Versteinerungen sowie vorgeschichtliche und römische Ausgrabungsfunde ausgestellt (Öffnungszeiten aller drei Museen: Di.–So. 9.30–14.00 Uhr). Schön ist einzig Leccos Umgebung: Sowohl Valsassina (s. oben) als auch das rund 100 km² große, bis 2400 m hohe Kalksteinmassiv der Grigne sind beliebte Ausflugsziele für Bergwanderer und Wintersportler. Mit der Schwebebahn erreicht man die im Osten sich erhebenden Piani d'Erna (1329 m) sowie die Piani di Resinelli im Norden (1276 m; auch auf einer Serpentinenstraße über Ballabio zu erreichen), von wo man in 2,5 Std. auf die Grigna Meridionale (2184 m) steigen kann.

*Grigne

In Garlate lohnt der Besuch des in einer ehemaligen Spinnerei untergebrachten Seidenmuseums, Civico Museo della Seta Abegg (Via Statale 30; geöffnet: So. 10.00–12.00, 14.00–18.00 Uhr und nach Voranmeldung, Tel. 681306). Im Südwesten Leccos folgen weitere Seen: Lago di Annone, Lago di Pusiano, Lago di Alserio sowie nördlich der Lago del Segrino. Hier befinden wir uns bereits in der Vallassina, dem hügeligen Hinterland von Bellagio (s. unten).

Seidenmuseum in Garlate

Im "Dreieck" des Comer Sees

Torno

Ausgangsort ist wiederum → Como. Erster Ort auf der Uferstraße S 583 ist Torno (225 m; 1500 Einw.), das prächtig auf einem Felsvorsprung liegt, schräg gegenüber von Cernobbio. Unter den zahlreichen Villen ragt die

Torno (Fortsetzung)

versteckt gelegene, nur vom Wasser aus zu besichtigende Villa Pliniana heraus, bei der es sich jedoch nicht um eine der beiden Villen handelt, die Plinius d. J. gehörte. Sie entstand 1575 nach Plänen Pellegrino Tibaldis für Giovanni Anguissola. Auf ihrem Grundstück befindet sich die jedoch schon von Plinius in einem Brief an seinen Freund Licinius erwähnte Quelle, die täglich ihren Wasserstand verändert. Im alten Ortskern steht die romanische Kirche S. Giovanni (12. Jh.), die Ende des 15. Jh.s und im Barock verändert wurde.
Die schmale Uferstraße führt an malerischen, an den Hängen ober- und unterhalb der Straße gelegenen Dörfern vorbei bis nach Bellagio.

**Bellagio

Bellagio (216 m; 4000 Einw.), die "Perle des Lario", nimmt die Spitze der schmalen Halbinsel ein, die den Comer See in seine beiden südlichen Arme Lago di Como und Lago di Lecco teilt. Von ihr genießt man einen grandiosen Ausblick auf alle drei Seearme sowie deren alpine Begrenzung. Fährverbindungen bestehen sowohl von Menaggio als auch von Varenna; von Como ist es 31 km und von Lecco noch 23 km entfernt.

Bellagio – die unumstrittene Perle des Lario – vom Wasser aus gesehen

Schon die Römer hatten die günstige Lage erkannt und hier die Siedlung Bilacus (bi = zwei, lacus = See) gegründet. Im 19. Jh. entdeckten dann wohlhabende Sommerfrischler das kleine Fischerdorf. Innerhalb kurzer Zeit entstanden die Prachtvillen und Adelspaläste entlang der beiden Seeufer, für die der Lario so berühmt ist und aufgrund derer Bellagio heute nicht nur der mondänste Fremdenverkehrsort des Sees, sondern auch landschaftlicher wie kunsthistorischer Höhepunkt ist.
Der auf der Westseite der Halbinsel gelegene Borgo (Ortskern) hat sein mittelalterliches Ortsbild erhalten; über Treppengassen gelangt man zur romanischen Basilika S. Giacomo (12. Jh.) hinauf, die im 17. Jh. umgestaltet wurde und ein Perugino zugeschriebenes Altarbild besitzt (um 1500).

*Villa Serbelloni

Oberhalb von ihr liegt die Villa Serbelloni. Vermutlich stand hier vor zweitausend Jahren die Villa Tragoedia, eine der beiden Villen von Plinius d. J.;

Comer See, Bellagio (Fortsetzung)

später folgte dann eine Langobardenburg. Der heutige Bau geht im Kern auf einen 1492 von der Cremoneser Adelsfamilie Stanga erbauten Renaissancepalast zurück. 1788 kauften die Serbelloni das Gebäude und ließen es unter Einbeziehung der romanischen Kirche S. Pietro klassizistisch umbauen. Heute befindet sich die Villa im Besitz der Rockefeller Foundation, die dort Tagungen und Seminare organisiert. Der ebenfalls auf die Serbelloni zurückgehende Garten im italienischen Stil mit seinen Statuen, künstlichen Grotten und seltenen Pflanzen ist im Rahmen einer Führung, dienstags bis sonntags zwischen 11.00 und 16.00 Uhr, zu besichtigen.
Ebenfalls am Ostufer liegt die Villa Giulia, einst Residenz des belgischen Königs Lepold I. (Privatbesitz).

**Villa Melzi*

Die zweite große Villa liegt am Westufer im Ortsteil Loppia, an der Straße nach Como. Die Villa Melzi wurde 1808–1815 nach Plänen von Giocondo Albertolli erbaut. Auftraggeber war Francesco Melzi d'Eril, der kurze Zeit unter Napoleon Oberhaupt der Cisalpinischen Republik war. Eine der vielen romantischen Geschichten um die Villen des Comer Sees spielte sich hier ab: In der Villa Melzi verbrachten der Komponist Franz Liszt und die verheiratete Gräfin d'Agoult romantische Monate, und am 25. Dezember 1837 kam hier ihr gemeinsames Töchterchen Cosima zur Welt, die spätere Frau Richard Wagners. Der ausgedehnte Park, eine Mischung aus italienischem und englischem Garten, ist dem Zeitgeschmack entsprechend mit zahlreichen Statuen und Skulpturen, künstlichen Grotten und Seen geschmückt. Er ist von März bis Okt. täglich von 9.00 bis 18.30 Uhr zugänglich.

Villa Trivulzio

Auf derselben Uferseite liegt auch noch die Villa Trivulzio, auf deren Grundstück die romanische Kirche S. Maria di Loppia steht (frühes 11. Jh.; ihr Campanile ist aus dem 12. Jh.).

Vallassina

Von Bellagio bietet sich nun die Fahrt nach Erba (23 km) an. Die kurvenreiche Straße führt durchs Voralpental Vallassina, wie das Hinterland Bellagios heißt. Dabei passiert man den kleinen Ferienort Civenna (623 m) und bei Magrelio die Kapelle der Madonna del Ghisallo (755 m), der Schutzpatronin der Radfahrer. In der Kapelle hängen Rennräder, Trikots und Bilder von Radsportgrößen wie Eddy Merckx und Fausto Coppi. Letzterem ist ein Denkmal vor der kleinen Kirche gewidmet. Über Asso, das dem ganzen Tal seinen Namen gegeben hat, und Canzo erreicht man die Industriestadt Erba, von wo es noch 17 km nach Lecco (s. oben) oder 15 km nach → Como sind.

Madonna del Ghisallo

Como — G 6

Provinzhauptstadt
Höhe: 200 m ü.d.M.
Einwohnerzahl: 95 000

**Lage und Allgemeines*

Die Provinzhauptstadt Como liegt an der Südwestspitze des nach ihr benannten Sees, fast auf gleicher Höhe wie Lecco, das den Südostzipfel des → Comer Sees beherrscht. Sie ist Universitäts- und Bischofsstadt. Seinen Wohlstand verdankt Como der Textil- und Seidenindustrie, nach Japan ist es das größte Zentrum der Seidenverarbeitung. Die erste Erwähnung einer Manufaktur, die "pura seta di Como" herstellte, datiert von 1510. Doch erst im 18. Jh. hat man in der Brianza mit der Anpflanzung von Maulbeerbäumen und mit der Seidenraupenzucht begonnen, deren Geheimnis China jahrtausendelang gehütet hatte. Mittlerweile kommt allerdings der Großteil der Garne aus Asien, in der Gegend von Como werden sie dann zu Stoffen weiterverarbeitet. Jedes Jahr im März findet die Ideacomo statt, Italiens exklusive Stoffmesse.

**Stadtbild*

Como hat zwei unterschiedliche Gesichter: Kommt man von Chiasso, Mailand oder aus dem Süden, erinnert ein Gürtel häßlicher Industriebauten und Wohnanlagen daran, daß die verkehrsreiche Stadt ein bedeutendes

Stadtbild (Fortsetzung)

Industrie- und Handelszentrum und nur eine halbe Zugstunde von der Wirtschaftsmetropole Mailand entfernt ist. Nähert man sich ihr dagegen von Norden, übers Wasser oder auf einer Uferstraße, offenbart sich der Zauber Comos, seine wundervolle Lage am wohl schönsten der oberitalienischen Seen, umgeben von teils bewaldeten Hängen. Como besitzt eine noch weitgehend ummauerte Altstadt, deren seewärts gerichtete, rechteckige Anlage auf ein römisches Lager zurückgeht, und zahlreiche bedeutende Bauwerke.

Schiffsverkehr

Vom Hafen gehen regelmäßig Schiffsrundfahrten über den Lago di Como zu sämtlichen Uferorten aus.

Geschichte

Im Jahr 196 v. Chr. eroberten die Römer die viel ältere keltische Siedlung Como und gründeten Novum Comum als Grenzfeste. Dank der verkehrsgünstigen Lage entwickelte sich die Stadt und wurde im 4. Jh. gemäß ihrer Bedeutung Bischofssitz. Im weiteren Verlauf folgte die Stadtentwicklung zwar der Geschichte der Lombardei, wurde jedoch stark durch die Rivalität

So präsentiert sich Como von der Seeseite

zum mächtigen Mailand bestimmt, dessen Handelswege nach Norden über die Alpen durch von Como kontrolliertes Gebiet führten. Ein Krieg mit dem mächtigen Nachbarn 1118–1127 führte zur Zerstörung Comos. Die Comasken rächten sich, als sie auf Seiten Barbarossas 1162 Mailand eroberten und vollständig verwüsteten. Nach dem Ende der Staufer fiel Como 1335 an das übermächtige Mailand und mit diesem 1521 an die spanischen Habsburger, deren Schreckensherrschaft bis ins 18. Jh. dauerte. Erst unter den österreichischen Habsburgern erlebte die Stadt einen erneuten Aufschwung. Die berühmtesten Söhne Comos waren der römische Historiker Plinius d. Ä. (23/24–79 n. Chr.), Verfasser der 37bändigen "Naturalis historia", und sein Neffe, der Jurist Plinius d. J. (61/62 bis um 111) sowie der Physiker Alessandro Volta (1745–1827), Erfinder der Batterie (→ Berühmte Persönlichkeiten).

Sehenswertes in Como

*Piazza del Duomo

Die Stadtbesichtigung beginnt am Domplatz, der wegen häufiger Überschwemmungen etwas erhöht in der Innenstadt und nicht am See liegt. Im Osten wird er von Dom, Broletto und Torre Comunale abgeschlossen. Der Stadtturm und das ehemalige Rathaus (Broletto) mit seiner offenen Arkadenhalle im Untergeschoß stammen im Kern aus dem frühen 13. Jh.

**Dom

Die Arbeiten am Dom S. Maria Maggiore begannen 1396 an der Stelle einer romanischen Vorgängerkirche und dauerten bis 1744. Damit gehört das Gotteshaus zu den letzten bedeutenden gotischen Bauwerken Italiens (zusammen mit den Dombauten in Monza, Mailand und Bologna). Der Bau ist das Meisterwerk der einheimischen Steinmetzen- und Bildhauerschule, der Maestri comacini, die für ein Jahrtausend die Architektur nicht nur in Ober- und Mittelitalien, sondern in ganz Europa entscheidend bestimmt haben. Auf Lorenzo degli Spazii aus dem nahen Laino geht der Gesamtentwurf des Doms zurück; für die Bauplastik war im 15. und 16. Jh. v. a. die Familie Rodari verantwortlich. 1513 begann Tommaso Rodari mit dem Bau des Chors; die 1744 aufgesetzte Vierungskuppel (Entwurf von Filippo Juvarra aus Turin) markiert das Ende der Bauarbeiten. Die 1457 nach Plänen von Fiorino da Bontà begonnene Westfassade gehört zusammen mit der Colleoni-Kapelle in Bergamo und der Certosa di Pavia zu den Meisterwerken der lombardischen Frührenaissance.

Die Westfassade des Comer Doms – ein Meisterwerk der Maestri comacini

Die Brüder Rodari schufen u. a. das Relief “Anbetung der Könige” im Wandfeld über dem Hauptportal sowie die beiden Sitzfiguren links und rechts vom Hauptportal, die Plinius d. Ä. und Plinius d. J. darstellen, eine seltene Ehrung zweier “Heiden”. Noch überbordender ist die schmuckreiche Porta della Rana, das “Froschportal” im Norden des Doms, das seinen Namen einem kaum noch sichtbaren eingemeißelten Frosch verdankt.

Im Innern stehen das dunkle gotische Langhaus, die helle Vierung des Renaissance-Chors und die barocke Tambourkuppel in lebhaftem Kontrast. Die Ausstattung stammt v. a. aus dem 17. Jh.; hervorzuheben sind die Gobelins aus Werkstätten in Ferrara, Florenz und Flandern aus dem 16. und 17. Jh., eine Kreuzabnahme im nördlichen Seitenschiff (1498, Tommaso Rodari), einige Altarbilder, u. a. eine Flucht nach Ägypten von Gaudenzio Ferrari, eine Anbetung der Könige und eine Madonna mit den hll. Hieronymus und Ambrosius von Bernardino Luini (um 1500). Die säulentragenden Löwen der beiden Taufbecken im Mittelschiff stammen aus dem Vorgängerbau des 11. Jh.s.

Ex-Casa del Fascio

Hinter dem Dom liegt der Palazzo Terragni, ein Werk des rationalistischen Architekten Giuseppe Terragni, 1936 als Parteisitz für die Faschisten erbaut.

S. Fedele

Über die Via Vittorio Emanuele II. gelangt man zur Rückseite der im 12. Jh. auf den Mauern eines karolingischen Vorgängerbaus errichteten Kirche S. Fedele. Interessantester Teil ist die von einem eleganten Bogengang verzierte Apsis. Ihr Grundriß in der Form eines Kleeblatts erinnert an die Pfalzkapelle Karls des Großen in Aachen. Beachtenswert sind außerdem ihr schmuckvolles Nordportal und Freskenreste im Innern aus dem 12. und 13. Jh.; die Darstellung der Maria in der Mandorla (links der Nordapsis) ist vermutlich mit jener im Baptisterium von Riva San Vitale verwandt (→ Lago Maggiore). Durch das Hauptportal glangt man auf die schöne Piazza Fedele, die im Westen von zwei Fachwerkhäusern aus dem 16. Jh. begrenzt wird.

Museo Civico

Sehenswert ist auch das etwas südlich in der Via Vittorio Emanuele II. gelegene Stadtmuseum mit einer beeindruckenden Sammlung vorgeschichtlicher, altrömischer und mittelalterlicher Zeugnisse. In der Gemäldegalerie sind Werke lombardischer Künstler des 16. bis 18. Jh.s ausgestellt (geöffnet: Di.–Sa. 9.30–12.30, 14.00–17.00, So. 10.00–13.00 Uhr). Im benachbarten Risorgimento-Museum wird die Geschichte der italienischen Einigungsbewegung dargestellt (Öffnungszeiten s. Museo Civico).

Museo Civico (Fortsetzung)

Museo del Risorgimento

Von der mittelalterlichen Befestigungsanlage aus dem 12. Jh. sind noch große Teile erhalten, darunter die drei Türme Torre di Porta Nuova, Torre di S. Vitale und die 40 m hohe Torre di Porta Vittoria am Ende der Via Cantù.

Torre di Porta Vittoria

Von hier ist es nicht weit zur 1095 geweihten Kirche S. Abbondio. Die fünfschiffige Basilika, deren Äußeres durch Lisenen und Rundbogenfriese gegliedert wird, gehört zu den bedeutendsten Sakralbauten der lombardischen Frühromanik. Die Fresken in der Apsis im Innern der Kirche, Szenen aus dem Leben Christi und der Apostel Petrus und Paulus, schuf ein unbekannter Sieneser Meister um 1350. Im Norden schließt ein Kreuzgang aus dem 16. Jh. an.

*S. Abbondio

Direkt am See liegt die Piazza Cavour, die man vom Domplatz aus durch die kurze Via Plinio erreicht. Bis zur Aufschüttung 1871 befand sich hier der mittelalterliche Handelshafen Comos.

Piazza Cavour

Fresken in der Kirche S. Abbondio

Etwas südwestlich, auf der Piazza Volta, erinnert ein Standbild an den Naturwissenschaftler Alessandro Volta, dessen Geburtshaus sich in der Via Volta (Nr. 50) befindet.

Piazza Volta

Folgt man der an der Piazza Cavour beginnenden Uferpromenade, die bis zur Villa d'Olmo führt, so kommt man zunächst an einem Gefallenendenkmal vorbei (von Giuseppe Terragni nach einer Zeichnung von Antonio Sant'Elia). Aus der gleichen Zeit ist der klassizistische Volta-Tempel (1927), der ein kleines naturwissenschaftliches Museum beherbergt. Nun gelangt man zum Sportviertel, wo sich das Fußballstadion Sinigallia und der Sportflugplatz befinden.

Uferpromenade

Tempio Voltiano

Am Westufer reihen sich die aufwendigen Villen aneinander. Das berühmteste Landhaus ist vermutlich die Villa d'Olmo. Der klassizistische Bau entstand 1782–1787 für den Marchese Innocenzo Odescalchi nach Plänen des Tessiner Architekten Simone Cantoni. Er steht in einem kunstvoll angelegten Park, in dem Plinius einst eine Ulme gepflanzt haben soll, am Westufer des Comer Sees (Via Cantoni 1). Heute finden in den verschwenderisch ausgestatteten Räumen – selbst ein Theater und ein Spiegelsaal fehlen nicht – Konzerte, Theateraufführungen und Kongresse statt. In der Nachbarschaft befinden sich noch zwei weitere Villen: Die Villa Gallia (Via Borgovico 92) entstand bereits 1615 für den Kardinalsneffen Marco Gallio vermutlich nach Plänen von Pellegrino Tibaldi (im 19. Jh. verändert). Im Festsaal sind Fresken aus der Entstehungszeit von Pier Francesco Moraz-

*Villa d'Olmo

Villa Gallia

Como (Fortsetzung) Villa Rotonda

zone erhalten. Die Villa Rotonda (auch Saporiti genannt; Via Borgovico 84) geht auf einen Entwurf des Wiener Architekten Leopold Pollak vom Ende des 18. Jh.s zurück (heute Sitz der Provinzialregierung).

Museo della Seta

Alles über die Seidenherstellung erfährt man im Seidenmuseum (Via Valeggio 3; geöffnet: Di.–Sa. 9.00–12.00, 15.00–18.00, samstags nur nach Anmeldung).

Brunate
*Aussicht

Von der Piazza Funicolare fährt eine Zahnradbahn in 10 Min. zum Villenvorort Brunate (716 m ü.d.M.) hinauf; es gibt auch eine Fahrstraße. Von hier genießt man einen schönen Blick auf Como und die Bucht. Noch umfassender ist die Aussicht vom Ortsteil S. Maurizio (906 m). Eine schöne Wanderung führt in etwa 6 Std. von Brunate auf den Monte Boletto (1234 m ü.d.M.) und weiter bis zum Monte Palanzone (1436 m ü.d.M.).

Monte Boletto

Castel Baradello

Etwa 3 km südlich außerhalb des Stadtzentrums thront auf dem 536 m hohen Monte della Croce die Ruine des Castel Baradello. Die Festung entstand 1158 im Auftrag Barbarossas zum Schutz vor Mailand; die Visconti ließen sie später erweitern, 1527 wurde sie zerstört. Der für seine Grausamkeit berüchtigte Bischof Ottone Visconti soll 1277 seinen Gegner Napo Torriani in einen Gitterkäfig gesteckt und am staufischen Bergfried aufgehängt haben, bis dieser nach 19 Monaten verhungert war. Im Castello Angera am → Lago Maggiore erinnern Fresken an die Kämpfe zwischen den Visconti und den Torriani (Anfahrt: von der Piazza S. Rocco über die Bahngleise und dann die Serpentinen hinauf; geöffnet: Do., Sa., So. 10.00–12.00, 14.30–17.00 Uhr).

S. Carpoforo

Am Fuße des Monte della Croce steht S. Carpoforo, die vermutlich im 4. Jh. gegründete erste Kathedrale Comos. Der heutige Bau entstand ab 1025 (Langhaus und Querhaus), im 11. Jh. folgten der Campanile und die Hallenkrypta, Chor und Apsis sind aus der Mitte des 12. Jh.s.

Crema L 8

Provinz Cremona
Höhe: 79 m ü.d.M.
Einwohnerzahl: 34000

Lage und Geschichte

Crema liegt auf etwa halber Strecke zwischen Mailand und Cremona in einer weiten Ebene am rechten Ufer des Serio. Ehemals gab es hier einen See, den Lago Gerundo, der trockenfiel und im 12. Jh. weiter ausgetrocknet wurde. Auf einer kleinen Insel im See, der Isola Fulcheria, hatte sich schon früh eine Ansiedlung entwickelt. Im 11. Jh. wurde Crema erstmals urkundlich erwähnt. Die Stadt war seit 1098 Cremona angegliedert, verbündete sich aber kurze Zeit später in der Lega Lombarda mit Mailand gegen das kaisertreue Cremona, was dem Städtchen – wie auch Mailand – Anfang der 1160er Jahre die Zerstörung durch die Truppen Barbarossas einbrachte. Ab 1449 gehörte Crema dann für ca. 350 Jahre zur Republik Venedig.
Mittlerweile ist Crema ein lebendiges Landstädtchen, das über einige Industrie verfügt. Im Zentrum hat sich ein recht einheitlicher historischer Kern erhalten, der von einem zum Zeitpunkt der Eingliederung in die Republik Venedig gebauten Mauerring eingefaßt ist.

Sehenswertes in Crema

Piazza del Duomo

Die Piazza del Duomo war stets religiöses und kommunales Zentrum von Crema. Der Piazza fehlt die großzügige Weite anderer italienischer Plätze, bei genauer Betrachtung zeichnet sie sich aber durch ein recht einheitliches

Piazza del Duomo (Fortsetzung)

Architekturbild aus. Beherrscht wird sie durch die hohen Mauern des Doms. An der Westseite steht der Palazzo del Comune aus der ersten Hälfte des 16. Jh.s, der mit den filigranen Arkaden deutlich von der venezianischen Renaissance geprägt ist. Der als Torrazzo bezeichnete Rathausturm stammt aus derselben Zeit wie der Palazzo del Comune, wurde aber erst im 17. Jh. vollendet. Zwei Paläste des 16. Jh.s, der sich nördlich an das Rathaus anschließende Palazzo Pretorio und der Bischofspalast, der Palazzo Vescovile östlich des Doms, runden das städtebauliche Ensemble ab.

Der reich gegliederte Backsteinbau der Wallfahrtskirche S. Maria della Croce ist die Hauptsehenswürdigkeit von Crema.

*Duomo S. Maria Assunta

Der Duomo S. Maria Assunta wurde zwischen 1284 und 1341 im Stil der lombardischen Gotik errichtet. Auffällig ist die kulissenartig überhöhte Hauptfassade mit Rosette, Zwerggalerie und Maueröffnungen, die den Blick in den Himmel freigeben. Der Campanile weist einen ähnlichen Charakter wie der Torrazzo des Doms von Cremona auf, er wird gleichfalls über dem viereckigen massigen Turm von einem leichteren Aufsatz mit umlaufenden Arkaden und schließlich einem Kegeldach abgeschlossen. Der basilikale Innenraum zeichnet sich durch erstaunliche Höhe aus, mächtige Bündelpfeiler trennen das Hauptschiff von den Seitenschiffen. 1780 war die Innenausstattung umfassend im Barockstil erneuert worden, in den fünfziger Jahren des 20. Jh.s hat man die ursprüngliche Schlichtheit im Innern wiederhergestellt. Als älteste Ausstattungsstücke sind noch ein Kruzifix aus dem 14. Jh. und einige wenige Freskenreste erhalten.

S. Agostino Museo Civico

Östlich vom Domplatz trifft man in der Via Dante auf die Gebäude des früheren Klosters S. Agostino. Von dem Mitte des 15. Jh.s gebauten Augustinerkloster sind noch zwei Kreuzgänge und das Refektorium erhalten. In dem Gebäude befindet sich das Museo Civico u. a. mit einer archäologischen Sammlung (geöffnet: Mo.–Fr. 14.30–18.30, Sa., So. 10.00–12.00 Uhr).

**S. Maria della Croce

Nordöstlich außerhalb des Stadtzentrums kommt man zur Hauptsehenswürdigkeit von Crema, der Wallfahrtskirche S. Maria della Croce. Die Gründung der Kirche geht auf eine Marienerscheinung zurück, die die junge Ehefrau Caterina degli Uberti erlebte. Die heilige Jungfrau soll sie an einen sicheren Ort und zu einem Priester geleitet haben, als sie – von ihrem Mann fast zu Tode geprügelt – vor ihrem Ableben die heiligen Sakramente erflehte. Der Renaissancebau wurde ab 1490 nach Plänen von Giovanni Domenico Battagio aus Lodi errichtet. Bei der Wallfahrtskirche handelt es sich um einen überkuppelten Zentralbau. Er weist außen deutliche Bezüge zu dem von Bramante entworfenen Ostteil von S. Maria delle Grazie in Mailand auf, der in derselben Zeit entstand – deutlichste Parallele ist vielleicht das umlaufende Galerieband an dem flach überkuppelten Vierungsturm. Der Aufbau der Kirche erfolgte über dem Grundriß eines griechischen Kreuzes. Die reiche Ausstattung läßt die architektonische Ausgewogenheit – anders als in der Mailänder S. Maria delle Grazie – etwas in den Hintergrund treten. Unter dem Chor sieht man eine naiv-realistische Darstellung der Marienerscheinung.

Umgebung von Crema

Castelleone

Südöstlich von Crema steht an der Straße nach Cremona bei Castelleone der Santuario della Madonna della Misericordia aus dem 16. Jh., ein kompakter, in ausgewogenen Proportionen errichteter Bau mit reichem Terrakottadekor. Die Kirche S. Maria di Bressanoro, an der Straße von Castelleone nach Salvirola, existierte bereits im 9. Jh.; ihr heutiges Erscheinungsbild und die Fresken im Innern stammen aus dem 15. Jahrhundert.

Soncino
*Rocca

In dem hübschen Landstädtchen Soncino, knapp 20 km nordöstlich von Crema, ist die Rocca sehenswert, eine der bedeutendsten und besterhaltenen Burgen der Lombardei. Sie wurde zwischen 1473 und 1475 nach

Eine der besterhaltenen Burgen der Lombardei: die Rocca in Soncino

Umgebung von Crema, Soncino (Fortsetzung)

dem Entwurf des Mailänder Bartolomeo Gadio anstelle eines kleinen Kastells aus dem 12. Jh. errichtet. Die Burganlage wurde über einem quadratischen Grundriß hochgezogen und mit mehreren Türmen versehen. Die Wehrmauern sind von Schwalbenschwanzzinnen gekrönt. Die Rocca wurde nach den Visconti bis 1499 von den Sforza genutzt, später von den Venezianern, den Franzosen und den Spaniern.

Casa degli Azzanelli

Von dem einstigen Reichtum des Ortes zeugt heute noch der nicht weit entfernte Adelspalast Casa degli Azzanelli am südlichen Ortsrand. Der Palast wurde im 15. Jh. gebaut und fällt durch seine Fassade mit Terrakottadekorationen auf.

S. Maria delle Grazie

Lohnend ist ein Besuch der etwa 1 km südlich von Soncino in der Landschaft gelegenen Kirche S. Maria delle Grazie. Die Kirche wurde zwischen 1492 und 1528 für die Karmeliter errichtet. Besonders beachtenswert sind die gut erhaltenen manieristischen Fresken im Innern, die den bekannten Malern der Campi-Familie aus Cremona zugeschrieben werden (geöffnet: im Sommer 10.00–12.00, 16.00–19.00 Uhr; im Winter 10.00–12.00, 15.00 bis 18.00 Uhr).

*Caravaggio

Caravaggio etwa 20 km nördlich von Crema kann sich rühmen, die Geburtsstadt des Malers Caravaggio (eigentlich Michelangelo Merisi) zu sein, der 1573 hier zur Welt kam. Bekannt ist Caravaggio für das Santuario della Madonna südwestlich außerhalb des Städtchens, zu dem alljährlich 1,5 Mio. Menschen pilgern. Die Kirche, zu der eine lange Kastanienallee führt, wurde 1451 an der Stelle einer Marienerscheinung erbaut und 1575 im Stil der Spätrenaissance nach Plänen P. Tibaldis erneuert. Schon von weitem fällt die hohe Vierungskuppel auf. Die heilige Quelle im Innern soll im Anschluß an die Marienerscheinung hier hervorgesprudelt sein.

Rivolta d'Adda

Der kleine Ort Rivolta d'Adda etwa 20 km nordwestlich von Crema verfügt mit der Kirche S. Maria e S. Sigismondo über eine bedeutende Sehenswürdigkeit der Romanik. Die Kirche entstand im 11. Jh. und weist mit ihren Proportionen und den Kapitellen im Innern Bezüge zu der berühmten Kirche S. Ambrogio in Mailand auf. Der schöne schlichte Backsteinbau strahlt einen durchaus wehrhaften Charakter aus. Die Kirche war im Barock umgestaltet worden und wurde zu Beginn des 20. Jh.s weitgehend rekonstruiert. So wurde die Apsis mit der Zwerggalerie teilweise nach alten Vorlagen neu aufgebaut. Aus der Ursprungszeit der Kirche stammen romanische Fresken in den beiden Nebenapsiden.
In Rivolta d'Adda gibt es seit einiger Zeit den Parco della Preistoria, in dem die Entwicklungsgeschichte der Dinosaurier aufgezeigt wird und die Tiere als Modelle in Lebensgröße zu bewundern sind.

Cassano d'Adda

Fährt man von Rivolta d'Adda in Richtung Norden, so erreicht man nach etwa 5 km Cassano d'Adda, ein hübsches Städtchen am Ufer der Adda. Die Adda ist hier unterhalb des Comer Sees ein gemächlich dahinziehender breiter Fluß, der von einem flachen Ufer eingefaßt wird; hierher kommen die Einheimischen gern, um sich zu sonnen. In Cassano d'Adda lohnen die Villa Borromeo aus dem 18. Jh. und das Castello Borromeo d'Adda einen Besuch. Am Fluß ziehen sich die Gebäude einer Baumwollspinnerei entlang, die ihren Betrieb Ende des 19. Jh.s aufnahm.

Cremona

N 10

Provinzhauptstadt
Höhe: 47 m ü.d.M.
Einwohnerzahl: 72 800

Lage und Bedeutung

Gut 80 km südöstlich von Mailand liegt an der Grenze zur Region Emilia-Romagna die Stadt Cremona am linken Ufer des Po. Musikliebhaber denken beim Namen Cremona sicher zuerst an den Geigenbau, stammen

Bedeutung (Fortsetzung)

doch die Geigenbauer-Familien Amati, Guarneri, Bergonzi und Stradivari (und so auch der weltberühmte Antonio Stradivari) aus der Kleinstadt (→ *Baedeker Special* S. 123). Die Kultur der Streichinstrumente wird hier bis heute gepflegt. Es gibt in der Stadt eine bekannte Geigenbauschule und zahlreiche Werkstätten, ein regelmäßiger Austausch mit anderen Musikstädten und Musikakademien soll einen regen Kontakt unter jungen Musikern und Instrumentenbauern gewährleisten, und alle drei Jahre findet im Oktober die Internationale Triennale für Streichinstrumente statt. Dazu sorgt ein abwechslungsreiches Konzertprogramm das ganze Jahr über für

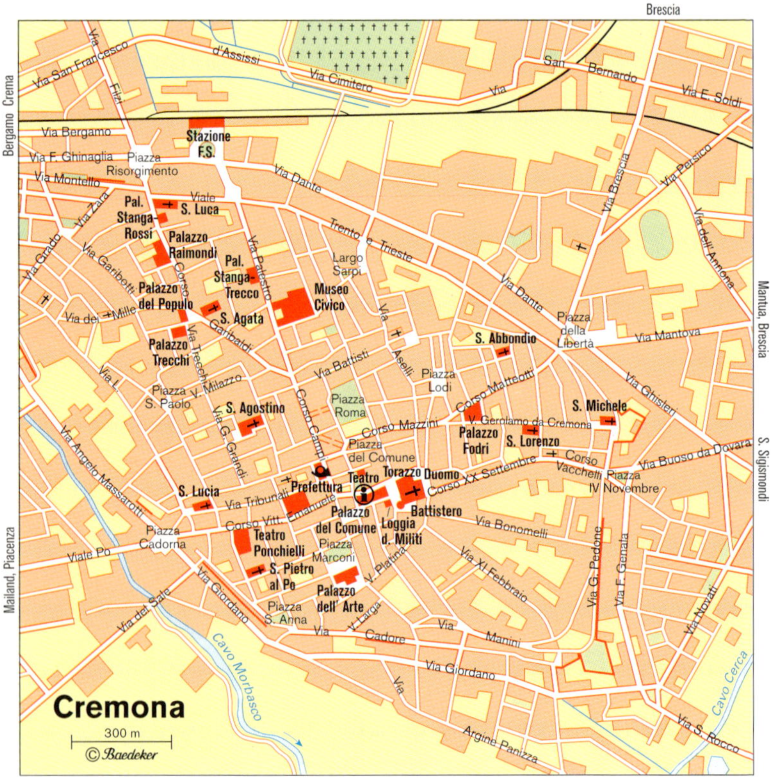

ein Weiterleben der langen Tradition. Ein Großteil des Musikgeschehens wird durch eine Stiftung finanziert, die der Schweizer Industrielle Walter Stauffer ins Leben gerufen hat. Er war in Cremona aufgewachsen und Mitte der siebziger Jahre gestorben. Ein anderer, zweifellos nicht weniger wichtiger Musikername ist mit der Stadt verbunden: Claudio Monteverdi ist Cremoneser, 1565 wurde er hier geboren (→ Berühmte Persönlichkeiten). Außergewöhnlich war auch Sofonisba Anguissola, die hier um 1535 geborene Malerin (→ Berühmte Persönlichkeiten).
Steht die Stadt auch ganz im Zeichen der Musik, so lebt sie dennoch nicht vom Instrumentenbau, sondern von der Landwirtschaft – und das nicht schlecht: Die Provinz Cremona hat eines der höchsten Prokopf-Einkommen Italiens. Auf einem Areal von über 80 km Länge und einer durch-

Bedeutung (Fortsetzung)

schnittlichen Breite von 20 km verfügt sie über gut zu bewirtschaftende, da ebene Böden; Weidewirtschaft, Viehzucht und Futtermittelanbau sind die drei wichtigsten Sektoren. Einen weiteren Wirtschaftsanteil stellen die Betriebe zur Verwertung landwirtschaftlicher Erzeugnisse dar.
Nicht zuletzt ist Cremona für den Torrone bekannt, eine süße Nougat-Spezialität aus Honig, Mandeln und Eiern, die es in zahlreichen Geschäften zu kaufen gibt. Oft wird behauptet, der Torrone stamme aus Cremona, jedoch war er zuerst in Sizilien bekannt und ist dorthin wohl durch die Araber gelangt.

Geschichte

Zunächst ein Zentrum der keltischen Cenomanen, wurde Cremona im 3. Jh. v. Chr. von den Römern erobert, die die strategisch günstige Lage in Po-Nähe zu schätzen wußten. 90 v. Chr. erhoben sie das Städtchen zum Municipium. 603 fielen die Langobarden unter Agilulf in Cremona ein. In den folgenden Jahrhunderten erblühte die Stadt, trieb Schiffshandel über den Fluß und die Adria mit Byzanz und wurde im späten 11. Jh. zur freien Kommune. In den Auseinandersetzungen des 12. und 13. Jh.s stand die kaisertreue Stadt auf Seiten von Friedrich Barbarossa und Friedrich II., gehörte also nicht der Lega Lombarda an. Zur Zeit der Signorien gab es in der Stadt große Spannungen zwischen Ghibellinen, die die Macht hatten, und Guelfen, die in Cremona eine relativ starke Opposition bildeten. In der ersten Hälfte des 14. Jh.s kamen die Visconti an die Macht, 1441 dann durch Heirat zwischen der 17jährigen Bianca Maria Visconti und dem 23 Jahre älteren Francesco Sforza die Sforza. Zur Zeit der spanischen Herrschaft im 16. Jh. setzte in Cremona eine Zeit der kulturellen Blüte ein. Im 16. Jh. entstand die erste Geigenbauwerkstatt der Patrizierfamilie Amati; es folgten die Familien Guarneri und Stradivari. Auch die Malerei erlebte im 16. Jh. einen Aufschwung. In den Kirchen der Stadt sind Fresken einiger berühmter Cremoneser Malerfamilien aus dieser Zeit erhalten. Im frühen 18. Jh. wurde die Stadt österreichisch, Ende des 18. Jh.s fiel sie für kurze Zeit an Napoleon, 1814 wiederum an Österreich.

Stadtbild

Bei aller großen kulturellen Vergangenheit, die heute noch im lebendigen Musikleben ein wenig nachklingt, vermittelt Cremona insgesamt eher den Eindruck einer recht stillen Provinzstadt. Die kleine Stadt hat aber – und das ist weniger bekannt als das musikalische Erbe – einige architektonische Besonderheiten zu bieten, die einen Besuch lohnen. Vor allem das kunsthistorisch eindrucksvolle Fünferensemble im Centro storico an der Piazza del Comune – Dom, Torrazzo, Baptisterium, Stadthaus und Loggia dei Militi – ist ein hervorragendes Dokument der frühen Kommunalzeit bis hin zur Renaissance-Blüte.

**Centro storico

Sehenswertes in Cremona

**Duomo

Mit seinen überraschenden Ausmaßen, der klar gegliederten, durch Figurenschmuck und Zwerggalerien aufgelockerten Marmorfassade, dem immensen Campanile und den zwei flankierenden Backsteintürmchen zieht der Dom von Cremona die Blicke auf sich (geöffnet: 7.30 – 12.00, 15.30 bis 19.00 Uhr). Die Kathedrale wurde zu Beginn des 12. Jh.s auf den Mauern einer zerstörten Vorgängerkirche errichtet. Nur wenige Jahre nach Baubeginn richtete im Jahr 1117 ein Erdbeben schwere Schäden an, so daß man abermals mit der Konstruktion der dreischiffigen Basilika anfangen mußte. 1190 konnte der Dom geweiht werden, erst später baute man die Querschiffe an, zunächst das nördliche im Jahr 1288, 1342 dann das südliche.
An der zur Piazza gerichteten Westfassade, die Ende des 12. Jh. s errichtet und um 1500 mit Marmor verkleidet wurde, fallen insbesondere die Zwerggalerien, die große Rosette und die Porta Regia, das Hauptportal, mit den insgesamt sechs säulentragenden Löwen ins Auge. Neben der Marienfigur sind die Kirchenpatrone Imerio und Omobonus ("der gute Mensch") zu sehen, letzterer gilt als der Schutzpatron der Stadt Cremona; die drei Figuren wurden ca. 1310 von Gano da Siena angefertigt. Über der

Dom und Torrazzo in Cremona

Duomo (Fortsetzung)

Rosette aus dem 13. Jh. – ein Werk von Giacomo Porrata – erkennt man vier Prophetenfiguren, Jeremia, Jesaia, Daniel und Ezechiel.

Portico della Bertazzola

Die architektonische Verbindung zum Campanile bildet ein Arkadengang – der sogenannte Portico della Bertazzola –, dem Skulpturen aufgesetzt sind, die allegorische Figuren und Heilige darstellen.

An der Nordfassade ist insbesondere das Portal interessant, an dem wiederum die säulentragenden Löwen auffallen. Die Darstellung von Christus und den Aposteln stammt noch aus der Bauphase vor dem Erdbeben.

Keinesfalls sollte man versäumen, sich die Rückfront des Doms anzusehen. Geht man nämlich um den Dom herum, fallen die zahlreichen minarettähnlichen Schmucktürme auf, die den Kirchenbau zieren und die einem von der Westseite aus verborgen bleiben.

Im dreischiffigen Innenraum beeindrucken in erster Linie die Fresken des 16. Jh.s, die 1997 einer umfassenden Restaurierung unterzogen worden

Der Himmel voller Geigen

Das Geheimnis wird wohl ungelüftet bleiben. Wie nämlich der traumhafte Klang der Stradivari-Geigen zustandekam, ist nicht mehr zu klären. War es die Zusammensetzung des Lacks? War es das Holz? Die Reifezeit? Oder die "Seele", die "anima", wie im Italienischen der Stimmstock bezeichnet wird, das unerläßliche kleine Holzstäbchen, das zwischen Geigenboden und -decke geklemmt wird? Viele Theorien sind in die Welt gesetzt worden. Daß sich mit einem Superlack noch jede schlichte Fabrikgeige zu höchsten Tönen aufschwingen könne, wurde von den Vertretern einer sensationell anmutenden Lackthese behauptet. Stradivari ließ sich seinen Firnis angeblich von einem Apotheker anfertigen, Propolis – das Harz aus Bienenwaben – soll ein Bestandteil der Rezeptur gewesen sein. Was natürlich Stradivari besser wußte als sonst irgendjemand: Am besten wäre gewesen, auf Lack zu verzichten; er verändert die Klangqualität ganz ungemein, ist aber ein notwendiger Schutz gegen Feuchtigkeit.

Als Holz verarbeitete man weiche Tanne oder Fichte mit guten Schwingungseigenschaften für die Geigendecke und Ahorn für den Boden. Wie die Instrumentenbauer damals an das Holz kamen, weiß man heute auch nicht mehr genau zu sagen. Einerseits wurde es wohl aus Venedig geholt, wo man für die Bootsbauer Holz importierte. Andererseits sollen die Instrumentenbauer aber auch selbst in die Wälder gegangen sein und sich die Bäume ausgesucht haben. Der Holztransport lieferte den Boden für den nächsten Erklärungsversuch: 1987 hieß es in einer Meldung, ein Pilz in den Flüssen, über welche die Flöße mit dem Holz aus Tirol in die Poebene kamen, soll sich in den Holzinstrumenten eingenistet haben, die Harzreste gelöst und so die Poren des Holzes gesäubert und den guten Klang bewirkt haben.

War das Holz erst einmal in der Werkstatt angekommen, brauchte man 150 bis 180 Arbeitsstunden, um ein Instrument fertigzustellen. Aus etwa 70 Einzelteilen wurde und wird eine Geige zusammengesetzt. Wenn Boden und Decke (mit den für den Klang äußerst wichtigen f-Löchern) durch den Zargenkranz rundherum verbunden sind und schließlich das Griffbrett mit der Schnecke angesetzt ist, werden die Geigen wie die Wäsche auf die Leine gehängt und "gereift" – wenn die Werkstatt gut läuft, länger, wenn sie schlecht geht, kürzer. Auch und gerade die Reifezeit macht sich anschließend klanglich bemerkbar.

602 echte Stradivari-Instrumente sind heute noch erhalten, 540 Geigen, 12 Bratschen und 50 Celli. Fälschungen gehen in die Tausende. 1200 Instrumente soll Antonio Stradivari in seinen rund 90 Lebensjahren, also wahrscheinlich gut 70 Arbeitsjahren, gebaut haben; das heißt im Schnitt 17 pro Jahr. Man nimmt an, daß er 1644, vielleicht auch erst 1649, geboren wurde; sicher ist, daß er im Jahr 1737 am 18. Dezember starb. Er heiratete eine Witwe mit drei Kindern und nach ihrem Tod seine zweite Frau, die fünf Kinder zur Welt brachte. Stradivari muß sehr zügig gearbeitet und stets gute Resultate geliefert haben. Offenbar war er sich seiner hochwertigen Arbeit bewußt, denn er nahm viel Geld für seine Instrumente – "reich wie Stradivar" heißt es in Cremona. Zwischen 1700 und 1720 hatte er seine Instrumente mit vollendeten Proportionen, einem

exzellenten goldgelben Lack und einem vollen, großen Ton derart ausgefeilt, daß er sich den Ruf des größten Instrumentenbauers aller Zeiten sicherte.

Stradivari war der größte, aber nicht der erste "liutaio" in Cremona. Etwa 100 Jahre vor seiner Geburt hatte Andrea Amati, der einer berühmten Patrizierfamilie entstammte, bereits eine Geigenbauwerkstatt in Cremona, in der er mit kostbaren Materialien Streichinstrumente herstellte. Seine Söhne führten die Werkstatt weiter, sein Enkel Nicola Amati war schließlich der Lehrer von Andrea Guarneri, der gleichfalls aus einer traditionsreichen Instrumentenbauerfamilie kam, und eben Antonio Stradivari. Die Amati, die Guarneri, die Stradivari, die Bergonzi bildeten wie die berühmten Malerfamilien oder Herrschergeschlechter regelrechte Dynastien. Über Generationen gaben sie ihr Wissen weiter und verfeinerten es dabei ständig. Zwei Söhne Antonio Stradivaris traten ebenfalls ihre Laufbahn als Geigenbauer an.

Stradivari war also auch nicht der letzte "liutaio" in Cremona. Zwar hatte der Geigenbau mit ihm seinen Höhepunkt erlebt – und er soll vor seinen Schülern einmal selbstbewußt behauptet haben, daß keiner von ihnen je eine bessere Geige fabrizieren werde als er –, aber in geringerem Ausmaß wurde die Tradition noch eine Zeitlang weiterverfolgt. In geringerem Ausmaß wohl auch deswegen, weil die Stradivari, Guarneri, Amati und Bergonzi in ihrer Schaffenszeit insgesamt an die 20000 Instrumente angefertigt hatten. Schließlich waren wohl alle Interessenten versorgt ... Zumindest gab es dann über einen längeren Zeitraum keinen nennenswerten Instrumentenbau mehr in Cremona. Anläßlich der Feierlichkeiten zu Stradivaris 200. Todestag wurde 1937 dann aber eine internationale Geigenbauschule eröffnet, international im wahrsten Sinne des Wortes, denn die Schüler kommen aus allen europäischen Ländern, aus Nord- und Südamerika und aus Japan, um in Cremona eine vierjährige Ausbildung zu absolvieren. Und mittlerweile gibt es auch wieder über 30 Werkstätten in Cremona.

Unter einem Dach mit der Geigenbauschule befindet sich das musikwissenschaftliche "Istituto Superiore di Paleografia e Filologia Musicale", in dem wesentliche Fragen der Musikgeschichte und des Instrumentenbaus aufgeworfen, erörtert und möglichst geklärt werden. So wahrscheinlich auch das Dilemma mit dem Kammerton. Die Frage, wie und ob man eine Stradivari-Geige heutzutage stimmen soll, wird unter Fachleuten allerdings nicht nur in Cremona, sondern weltweit diskutiert. Unser heutiger Kammerton "a", auf den sich das Orchester einstimmt, entspricht nicht dem zu Stradivaris Zeiten. Stradivari stimmte seine Instrumente zwar auf ein "a" ein, dieses lag jedoch nicht bei 440 Hertz, wie 1939 international festgelegt, sondern bei 424 und würde heute ein etwas schräges "g" in das wohlgestimmte Orchester mengen. Soll man nun aber eine Stradivari-Geige wirklich zum Zusammenspiel nach dem derzeitigen Geschmack restaurieren und stimmen oder soll man – wie Experten vom Metropolitan Museum in New York vorschlagen – nicht lieber die Stradivari-, Amati- und Guarneri-Instrumente konservieren und als kulturelles Erbe der Menschheit im Originalklang bewahren?

Duomo (Fortsetzung)

sind. An den Malereien waren namhafte lombardische Künstler aus den Familien Bembo, Campi, Gatti und Boccaccino sowie Gerolamo Romanino aus Brescia beteiligt. In dem tiefen Chor fällt das Gestühl der Frührenaissance (Giovanni Maria Platina) mit hübschen Einlegearbeiten auf. Beachtenswert sind die Architekturdarstellungen des ausgehenden 15. Jh.s, die u. a. die damalige Westfassade des Doms und den Flußhafen zeigen.

**Torrazzo

Das Wahrzeichen der Stadt ist der mit 111 m höchste Glockenturm Italiens. Der von den Cremonesern als Torrazzo bezeichnete Campanile entstand Mitte des 13. Jh.s wahrscheinlich nach den Plänen des einheimischen Architekten Francesco Pecorari. Die Wände sind über einem viereckigen

Torrazzo (Fortsetzung)

Grundriß hochgezogen. Im unteren Bereich sind die schweren wehrturmähnlichen Mauern nur sparsam durch gotische Fensteröffnungen aufgebrochen, während der Turm nach oben hin zu dem achteckigen Aufbau mit den Arkadengängen immer leichter und durchlässiger wirkt. Ein spitz zulaufendes Kegeldach bildet den Abschluß. Das Schmuckstück an der Westseite zum Platz hin ist die große Renaissance-Uhr, die früher sowohl die Uhrzeit als auch das Datum anzeigte und darüber hinaus astronomische Auskünfte gab.
Man kann auf den Torrazzo hinaufsteigen und hat von oben einen hervorragenden Blick auf den Dom, dessen Ausmaße man aus dieser Perspektive erst richtig erfassen kann. Bei schönem Wetter sieht man über die Dächer der Stadt hinweg in die üppig grüne Umgebung von Cremona.
Einer Legende nach soll sich die Bezeichnung des Torrone vom Torrazzo herleiten: 1441 wurde die köstlich-klebrige Süßigkeit anläßlich der Vermählung von Bianca Maria Visconti und Francesco Sforza angeblich erstmals zubereitet und verzehrt.

*Battistero

Von harmonischer Ausgewogenheit ist das Baptisterium, das sich auf achteckigem Grundriß erhebt. Mit dem Bau der Taufkirche begann man in der zweiten Hälfte des 12. Jh.s – also während der Dombauarbeiten – an der Stelle einer kleineren Vorgängerkirche. Dem Oktogon aus Backstein sitzt eine Kuppel mit Laterne auf, die wiederum von einer gotischen Darstellung des Erzengel Gabriel gekrönt wird. Auch am Baptisterium fällt die später und nicht vollständig ausgeführte Marmorverkleidung auf – man wollte damit den Bezug zur ebenfalls nachträglich mit Marmor gestalteten Domfassade herstellen. Die Innenwände des Baptisteriums sind durch Säulenarkaden und Emporengeschosse gegliedert, die sparsame Ausstattung erfolgte überwiegend in der Renaissance und im Barock. Besonders hübsch ist das Taufbecken von Lorenzo Trotti aus der ersten Hälfte des 16. Jahrhunderts.

*Loggia dei Militi

Profanarchitektur der Gotik zeigen die beiden Stadtpaläste an der Westseite der Piazza. Die etwas kleinere gotische Loggia dei Militi (1292) war der Palast der Stadtmiliz. Über der halboffenen Arkadenhalle liegt der durch Triforien erhellte Versammlungssaal.

*Palazzo del Comune

Daneben steht das ebenfalls aus Backstein erbaute Stadthaus, das zwischen 1204 und 1246 im Übergang der Romanik zur Gotik an Stelle eines früheren Regierungspalastes, des Palazzo dei Nobili oder dei Ghibellini, errichtet wurde. Im 16. und 19. Jh. wurden Umbauten von Francesco Dattaro bzw. Luigi Voghera vorgenommen, so daß es sich, anders als bei der Loggia dei Militi, um ein Stilgemisch handelt.
Im Palazzo del Comune befindet sich das musikalische Herz Cremonas: die Sala dei Violini (geöffnet: Di.–So. 8.30–18.00 Uhr, So. u. Fei. 9.15–12.15, 15.00–18.00 Uhr) Hier sind die bekanntesten Geigen ausgestellt – die kleine “il Cremonese”, die 1715 von Antonio Stradivari hergestellt wurde, “l’Hammerle” (1658) von Nicolò Amati, eine Geige “construito per Carlo IX Re di Francia” (1566) von Andrea Amati und eine Violine von Giuseppe Antonio Guarneri aus dem Jahr 1734, die in den siebziger Jahren von Pinchas Zukerman gespielt wurde.

*Palazzo Fodri

Nordöstlich der Piazza liegt am Corso Matteotti der Palazzo Fodri, ein typischer Stadtpalast der frühen Renaissance mit schöner Terrakottadekoration, den sich der wohlhabende Kaufmann Benedetto Fodri 1490 bauen ließ. Ein Schmuckstück ist der Cortile, der zweistöckige Innenhof, der als einer der schönsten seiner Art in der Lombardei gilt. Über dem Arkadengang und über der oberen Fensterreihe sind zwei kunstvoll gearbeitete Terrakottabänder mit Kampfdarstellungen zu sehen.

S. Abbondio

Unweit nördlich des Palazzo Fodri steht an der Piazza S. Abbondio (Zugang vom Corso Matteotti über V.o Lauretano) die gleichnamige kleine Kirche aus dem Jahr 1570. Der Campanile, der nur von der Rückseite aus zu

S. Abbondio (Fortsetzung)

sehen ist, ist gotischen Ursprungs, er stammt von einer früheren Kirche an dieser Stelle. Im Innern ist S. Abbondio mit manieristischen Fresken ausgemalt, die von Cremoneser Malern wie Giulio Campi und Orazio Sammacchini stammen. Der harmonisch proportionierte Kreuzgang ist ein Werk von Bernardino de Lera.

S. Michele

S. Michele am Ende der Via Gerolamo da Cremona wurde im 7./8. Jh. errichtet und im 12. Jh. erweitert. Sie ist ein recht gutes Beispiel langobardisch-romanischer Backsteinarchitektur.

Piazza Roma

Wer eine kleine Ruhepause im Grünen einlegen möchte, kann dies mitten im Zentrum von Cremona tun: Die weitläufige Piazza Roma ist eine schöne Grünanlage mit hohen Bäumen, Blumenrabatten und Bänken. Man findet im vorderen Teil eine kleine, verwitterte Steinplatte, die die Aufschrift trägt: “Sepolcro di Antonio Stradivari e suoi eredi anno 1729” – die Grabplatte hat sich von einem Familiengrab der Stradivari erhalten, daher ist auch die Jahreszahl nicht als Todesjahr des berühmten Stradivari zu lesen; das Grab befand sich in einer Dominikanerkirche, die an dieser Stelle stand. In dem Dominikanerkloster hatte die Inquisition einst ihren Sitz, das ungeliebte Gebäude wurde im 19. Jh. niedergerissen, wodurch hier die Freifläche entstanden ist.

*Palazzo Affaitati Museo Civico Museo Stradivariano

Über die belebte Geschäftsstraße Corso Campi kommt man in die Via Palestro, in der der Palazzo Affaitati steht, ein Patrizierpalast aus der zweiten Hälfte des 16. Jh.s, in dem zwei Museen untergebracht sind. Im Museo Civico (Eingang Via Ugolani Dati 4) werden Werke einheimischer Maler des 16. Jh.s ausgestellt, deren Arbeiten auch in den Kirchen der Stadt zu bewundern sind, u. a. die Familien Campi, Bembo, Boccaccino und Gatti. Das Stradivari-Museum ist in demselben Gebäude untergebracht, der Zugang erfolgt aber über die Via Palestro 17. Hier sind wertvolle Dokumente, Arbeitsgeräte, Entwürfe und Modelle aus der Werkstatt Stradivaris zu sehen sowie verschiedene Streichinstrumente von unterschiedlichen Instrumentenbauern. Durch Schautafeln wird man ausführlich über das Handwerk informiert (geöffnet: Di.–Sa. 8.30–17.45 Uhr, So. u. Fei. 9.15–12.15, 15.00–18.00 Uhr).
In der unmittelbaren Umgebung befinden sich mehrere Geigenbauerwerkstätten, sog. liuterie (Via Palestro 25; Corso Garibaldi 45; Corso Garibaldi 95).

Palazzo Stanga-Trecco

Mehrere Patrizierhäuser im Nordwesten des Zentrums zeugen von der Bedeutung Cremonas in der Renaissance. Unweit nordwestlich des Palazzo Affaitati liegt der Palazzo Stanga-Trecco (Via Palestro 36), ein Bau aus dem frühen 16. Jh., der Bernardino de Lera zugeschrieben wird und eine sehr reiche Terrakottadekoration aufweist (die Hofseite ist am ursprünglichsten).

Palazzo del Popolo

Am Corso Garibaldi steht der Palazzo del Popolo oder auch Palazzo Cittanova aus dem Jahr 1256. Einst waren in dem Palast Versammlungsräume der Guelfen untergebracht, er wurde somit von der Opposition genutzt – im Palazzo Comunale, dem Regierungssitz, saßen zur selben Zeit die Ghibellinen.

Palazzo Trecchi

Etwas zurückversetzt neben dem Palazzo del Popolo sieht man den Palazzo Trecchi aus dem späten 15. Jh., dessen damalige Architektur 1846 durch neogotische Elemente verfremdet worden ist.

*S. Agata

Gegenüber dem Palazzo del Popolo steht die Kirche S. Agata, die aus dem späten 15. Jh. stammt; Mitte des 19. Jh.s setzte man ihr die heutige klassizistische Fassade vor. Ein bedeutendes Werk wird im Innern der Kirche verwahrt: die ikonenartige Tavola di S. Agata, die als eines der wichtigsten Gemälde der lombardischen Romanik gilt. Die Tavola di S. Agata wurde von einem unbekannten Maler erstellt und zeigt Szenen aus dem Leben der heiligen Agathe.

Palazzo Raimondi

Der Palazzo Raimondi am Corso Garibaldi 178 wurde 1496 von Bernardino de Lera nach Anregungen der Architektur von Leon Battista Alberti gebaut. In dem Gebäude ist zum einen die Geigenbauschule von Cremona untergebracht, zum anderen ein Institut mit der Bezeichnung Instituto superiore di Paleografia e Filologia musicale, in der man ein Diplom der Musikwissenschaft in acht Semestern erreichen kann, ohne andere akademische Studienrichtungen ins Programm aufnehmen zu müssen.

Palazzo Stanga-Rossi di S. Secondo

Der Palazzo Stanga-Rossi di S. Secondo stammt aus dem 15. Jh., wurde jedoch im 18. Jh. baulich stark verändert, so daß von der ursprünglichen Architektur kaum noch etwas zu erkennen ist. Das Portal von 1490 gelangte als Kriegsbeute nach Frankreich und befindet sich heute im Besitz des Louvre.

S. Luca

An der Ecke Corso Garibaldi/Viale Trento e Trieste steht die Kirche S. Luca, eine Backsteinkirche aus dem späten 13. Jh., also aus frühgotischer Zeit. 1471 wurde sie umgebaut und die Fassade vorgesetzt. Außergewöhnlich ist das Oktogon neben der Fassade, das zu Beginn des 16. Jh.s anläßlich einer überstandenen Seuchenperiode wiederum von Bernardino de Lera gebaut wurde. Er orientierte sich dabei an der Architektur Bramantes.

S. Agostino

Unter den kleineren Kirchen Cremonas ist die S. Agostino an der gleichnamigen Piazza die wohl hübscheste Kirche. Sie wurde in der ersten Hälfte des 14. Jh.s gebaut und im 15. und 16. Jh. umgestaltet und erweitert; den Campanile fügte man 1461 an. Im Innern sind besonders die Fresken von Bonifacio Bembo in der dritten Kapelle rechts sehenswert, die Szenen aus dem Leben des heiligen Augustinus zeigen.

*S. Sigismondo

Östlich der eigentlichen Innenstadt lohnt die Kirche S. Sigismondo einen Besuch, die allerdings leider häufig verschlossen ist. Die Kirche wird als eines der bedeutendsten und schönsten Renaissance-Bauwerke der Lombardei in der Zeit vor Bramante bezeichnet. S. Sigismondo ist eine Stiftung

Ein Bilderbuch großartiger Fresken aus dem 16. Jh. in der Krönungskirche S. Sigismondo

von Bianca Maria Visconti und Francesco Sforza, die in einer kleineren Vorgängerkirche an dieser Stelle getraut wurden. Baubeginn von S. Sigismondo war 1463, die Architekten waren Bernardino de Lera und Bartolomeo Gadio, letzterer übernahm die Entwürfe für Vierung, Querschiff und Apsis. Im Innern sind wunderbare Freskenmalereien zu sehen, die von den berühmten Cremoneser Malern des 16. Jh.s stammen. An dem Bibel-

Cremona, S. Sigismondo (Fortsetzung)

zyklus arbeiteten u. a. Camillo Boccaccino und Bernardino Gatti sowie Giulio und Bernardino Campi. Von Giulio Campi stammt weiterhin das Altargemälde, auf dem neben mehreren Heiligenfiguren Bianca Maria Visconti und Francesco Sforza dargestellt sind. Durch eine reich geschnitzte Tür (1536; P. und G. Sacca) gelangt man in den in harmonischen Maßen erbauten Kreuzgang.

Umgebung von Cremona

Pizzighettone

Das kleine Landstädtchen Pizzighettone, rund 20 km westlich von Cremona an der Adda, verfügt über eine gut erhaltene sternförmig angelegte Befestigung aus dem 16. Jh., die heute noch für militärische Zwecke genutzt wird. Die Bewohner von Pizzighettone feiern jedes Jahr im Juni die Festnahme von König Franz I. von Frankreich, der nach der Schlacht in Pavia 1525 in ihrem Städtchen in einem Wehrturm gefangengehalten wurde.

Tenuta del Boscone

Eine schöner Ausflug führt in die Tenuta del Boscone, ein Naturpark, der nordwestlich von Pizzighettone an der Adda liegt. Hier gibt es ein breites Agriturismo-Angebot mit Picknickplätzen und einigen Restaurants, in denen regionale Spezialitäten angeboten werden, sowie die Möglichkeit, Fahrräder auszuleihen.

Gardasee · Lago di Garda · Benaco Q–S 5–8

Regionen: Lombardei, Venetien, Trentino-Südtirol
Provinzen: Brescia, Verona, Trient
Wasserspiegel: 65 m ü.d.M.

Lage und Allgemeines

Die Venezianer nannten die Gegend "magnifica patria", "herrliche Heimat", für Goethe war er ein "köstliches Schauspiel", für den römischen Lyriker Catull ein "Augenstern". Die Rede ist vom Gardasee, dem Lago di Garda oder Benaco (nach seinem lateinischen Namen Benacus). Mitten in den Voralpen, nahe der Grenze, werden die Träume der Nordländer vom strahlenden Licht des Südens zum ersten Mal Wirklichkeit. Mit seiner Fläche von 370 km^2 ist er der größte und vermutlich kontrastreichste See Italiens. Gewaltige Gletscher hoben während der Eiszeiten sein 52 km langes, zwischen 2,4 und 17 km breites und bis zu 346 m tiefes Bett aus. Das abgetragene Geröll lagerte sich im Süden als Moränenhügel zwischen Verona und Brescia ab. Zeugen dieser Zeit sind die Marmitte dei Giganti, die berühmten Gletschermühlen bei Nago (s. unten, Torbole). Gespeist wird der See von den im Norden entspringenden Flüssen Sarca, Ponale und Campione, die ihn im Süden als Mincio wieder verlassen. Alle fünf Inseln des Gardasees sind in Privatbesitz und nicht zugänglich. Die größte ist die Isola di Garda (0,09 km^2). Sie liegt vor S. Felice del Benaco und gehört der Familie Borghese. Es folgen die Isola San Biagio im Südwesten, Trimelone gegenüber dem Campingplatz von Sommavilla sowie Sogno und dell'Olivo vor der Halbinsel Val di Sogno südlich von Malcesine.

**Landschaftsbild

Seinen besonderen Reiz verdankt der Garadsee seiner Lage am Rande der Alpen, dem besonders milden Klima und der Pflanzenvielfalt, die die Fauna des Mittelmeers vorwegnimmt. Der sehr schmale Nordteil des Sees erstreckt sich wie ein Fjord zwischen den steilen Felswänden des Monte-Baldo-Massivs (2218 m ü.d.M.; im Osten) und den Brescianer Alpen (im Westen). Im Süden weitet er sich zu einem kleinen Meer und reicht weit in die Po-Ebene hinein. Die hohen Berge halten meist die kalten Nordwinde ab; in dem milden Klima gedeihen mediterran-subtropische Pflanzen. Die flacheren und dichter besiedelten Seeufer im Westen und Süden sind mit Feigen, Weinkulturen und den nördlichsten Olivenbäumen Italiens bewachsen; vereinzelt erinnern Zitronenbäume daran, daß hier einst in großem Stil

Landschaftsbild (Fortsetzung)

Zitronen angebaut wurden, wenngleich ihre Kultivierung mit einigen Mühen verbunden war (→ *Baedeker Special* S. 130). Dazwischen gedeihen verschwenderisch Oleander, Mimosen, Akazien, Hibiskus, Bougainvilleen sowie Palmen.
Die Villen- und Gartenkultur der übrigen oberitalienischen Seen ist am Gardasee nicht so ausgeprägt. Das liegt zum einen an den Uferpartien, die sich nicht für große Villen eigneten. Auch bauten die Kardinäle ihre Landsitze lieber an den Ufern des konservativeren, von spanischen Habsburgern beherrschten Comer Sees als im liberaleren Venezianischen (zu dem der Gardasee damals gehörte). Diese Unberührtheit begeisterte u. a. Goethe, der auf seiner Italien-Reise im September 1786 den Gardasee als grandioses Naturschauspiel pries. Er war nicht der einzige, den es hierherzog, auch der römische Dichter Catull, Dante, Franz Kafka, Rainer Maria Rilke, Adalbert Stifter, André Gide, Stendhal und der umstrittene Spinner Gabriele d'Annunzio, dessen Vittoriale in Gardone zu besichtigen ist (→ *Baedeker Special* S. 143), ließen sich hier inspirieren.

Den schönsten Überblick, wie hier über den Nordteil des Gardasees und auf Riva, hat man von oben.

Ideales Surfrevier

Allerdings hat sich seit Goethe einiges verändert. Haupteinnahmequelle der Seebewohner ist der Fremdenverkehr. Alljährlich besuchen über fünf Millionen Menschen den Gardasee, über 60 % kommen aus Deutschland. Vor allem in den Sommermonaten sind hier wie an keinem der anderen Seen die Auswirkungen des Massentourismus zu spüren. Viele kommen wegen dem sauberen, warmen und klaren Seewasser. Der Abschnitt zwischen Riva und Torbole gilt als *das* Surf- und Segelrevier. Die hier herrschenden Winde sind ideal: Von Mitternacht bis Mittag bläst der Bergwind "Sover", auch "Tramontana" genannt, von Riva in Richtung Süden; nachmittags wird er vom etwas stärkeren, aus südlicher Richtung kommenden "Ora" abgelöst, von dem man sich bequem in den Norden zurückbringen lassen kann. Darüber hinaus laden die umliegenden Hügel und Berge zu Fahrrad- und Wandertouren ein.

Baedeker Special

Von der Sonne verwöhnt

"Gott mag die Zitrone erschaffen haben, doch es war der Conte Carlo Bettoni-Cazzago, der ihr Saft und Kraft verlieh". Die Rede ist von der Gardasee-Zitrone, die einst am Westufer des Sees gedieh und ihn als "Garten Italiens" berühmt machte. Heute noch sieht man, vor allem am Westufer des Gardasees, die Reste der Limonaien, der ehemaligen Zitronengewächshäuser, deren Pfeiler "wie Tempelreste" (D. H. Lawrence) an den Hängen steil überm See emporragen, "wie die letzten Spuren einer großen Rasse, eines vergessenen Kultes".

Zitrusfrüchte hatten schon die Römer an den Gardasee gebracht. In der Renaissance waren die viermal im Jahr Früchte bildenden Bäumchen mit den quietschgelben Früchten beliebte Ziergewächse in geometrisch angelegten Gärten. Einen kommerziellen Anbau gab es jedoch wegen häufiger Nachtfröste nicht, bis Ende des 18. Jh.s der in Bogliaco ansässige Conte Carlo Bettoni-Cazzago das Treibhaus für Zitronen erfand – angeregt vermutlich von den in

Veranstaltungen

Am 26. Mai veranstalten die Einwohner Torris zu Ehren ihres Schutzheiligen S. Filippo Neri eine nächtliche Segelregatta. Am 15. August treten in Garda Einheimische zum großen Ruderwettkampf an (Palio delle contrade). In Cisano bei Bardolino pfeifen und tirilieren im September, zur Sagra dei Osei, Stimmkünstler in gefiederten Kostümen um die Wette; Ende September/Anfang Oktober findet hier die Festa dell'Uva, das Weinfest, statt. Auf gar keinen Fall sollte man den Besuch der berühmten sommerlichen Opernfestspiele in der Arena von Verona versäumen; von allen größeren Orten des Gardasees werden während der Spielzeit (Juli, August) Busfahrten organisiert.

Geschichte

Die ältesten Siedlungsspuren sind Überreste prähistorischer Pfahlbauten zwischen Desenzano und Lonato sowie am Ledrosee und Höhlenzeichnungen an den Hängen des Monte Baldo bei Torri del Benaco. Systematisch kultivierten dann die Römer ab dem 2. Jh. v. Chr. die Gegend. Als 1405 Venedig den Gardasee und Verona eroberte und seinem Festlandbesitz einverleibte, hatte der See schon viele wechselnde Herrscher erlebt – darunter 1260 bis 1387 die della Scala aus Verona, besser bekannt als Scaliger, und 1387 bis 1405 die Mailänder Visconti. Zur besseren Verteidigung unternahm die Seerepublik 1437 einen riesen Kraftakt: Innerhalb von zwei Wochen schleppten 2000 Ochsen eine Kriegsflotte die Etsch flußaufwärts und weiter auf dem Landweg den Nago-Paß hinauf. Anschließend wurden die sechs Galeeren und 25 kleineren Kriegsschiffe auf Tausenden von Baumstämmen ans Ufer von Torbole hinuntergerollt... Vielleicht hat sich Fitzcarraldo, der Abenteurer in Werner Herzogs gleichnamigem Film von 1981, von dieser Geschichte anregen lassen? Die Herrschaft der Venezier dauerte jedenfalls bis 1797, als Napoleon die Lombardei und Venetien eroberte. Von nun an teilte der Gardasee das Schicksal Oberitaliens. 1866 wurden zwar die Lombardei und das Veneto dem neugegründeten italieni-

Frankreich in Mode gekommenen Orangerien. Zuvor hatte er in Padua an der landwirtschaftlichen Hochschule studiert und 1768 in Salò eine Agrarakademie gegründet. Hier widmete er sich der Erforschung des Zitronenanbaus, mit Erfolg: An den Westhängen, oberhalb von Bogliaco, ließ er Gelände terrassieren und Erde vom Ostufer des Sees antransportieren. Im Abstand von vier Metern in der Länge und fünf Metern in der Breite wurden dann höchstens 10 m hohe Pfeiler in den Boden gesetzt. Auf dieser 20 m² großen Fläche, den sog. Campi, wurden drei Bäume hintereinander gepflanzt. Um ihnen ganzjährig ein günstiges Klima zu schaffen, wurden Seiten- und Rückwände der Zitronenhäuser mit Holzbalken geschlossen, lediglich die Vorderseite zum See blieb geöffnet. Im Winter erhielten sie zusätzlich Dächer. Bis Ende des 18. Jh.s entstanden Tausende solcher Limonaien. In Spitzenzeiten wurden bis 6 Mio. Früchte im Jahr geerntet. Die Gardasee-Zitrone unterschied sich sogar durch lange Haltbarkeit, größeren Saftanteil und höheren Vitamin-C-Gehalt von ihrer sizilianischen "Schwester". Dennoch war es genau die Sizilien-Zitrone, die dem Gardasee-Gewächs den Garaus machte. Nach 1866, als die Lombardei zum vereinten Königreich Italien gekommen und die damit verbundenen Grenzen und Schutzzölle gefallen waren, konnte Sizilien billigere Produkte auf den Markt bringen. Das endgültige Aus kam dann kurz vor Ende des Ersten Weltkriegs. Die italienische Regierung beschlagnahmte die Holzwände der Campi, um Baracken für die italienische Armee zu bauen. Während des besonders harten, sogenannten schwarzen Winters 1928/1929 erfroren dann so gut wie alle Zitronenbäume am Gardasee. Heute gibt es nur noch wenige Limonaien, in Gargnano stehen die Reste unter Denkmalschutz; in Tignale wurde eine Limonaia rekultiviert. Auch am Ostufer gibt es noch einen Zitronenhain, er gedeiht in Torri del Benaco an der die Wärme reflektierenden Burgmauer.

Geschichte (Fortsetzung)

schen Königreich angeschlossen, das Trentino mit Riva blieb jedoch bis zum Ende des Ersten Weltkriegs bei Österreich. Benito Mussolini, il Duce, sorgte dafür, daß der kleine Ort Salò in die Geschichtsschreibung des Zweiten Weltkriegs einging, als er dort 1943 die Repubblica Sociale Italiana ausrief, bevor er 1945 auf der Flucht in die Schweiz am Comer See von Partisanen erschossen wurde. 1946 wurde Italien Republik und der Gardasee unter drei Regionen aufgeteilt: Der nördliche Teil (Torbole und Riva) gehört zum Trentino – Alto Adige, das Brescianer Ufer zwischen Limone und Sirmione zur Lombardei und das Veroneser Ufer (von Peschiera bis weit über Malcesine hinaus) zur Region Veneto. Der Fremdenverkehr setzte erst spät ein, da es lange Zeit keine Straßen am Ufer gab und der See nur mit dem Schiff zu überwinden war.

Uferstraßen

Erst 1929 bzw. 1931 begann man damit, Uferstraßen zu bauen bzw. durch die Felsen zu sprengen. Heute erschließen die vielbefahrenen Gardesana Occidentale (Westuferstraße) und Gardesana Orientale (Ostuferstraße) den See. Letztere beginnt in Torbole und endet nach ca. 60 km in Peschiera. Die Occidentale zwischen Riva und Desenzano ist 66 km lang. Auf einer Länge von 44 km wurden 74 Galerien und Tunnel durch die Felsen geschlagen – eine grandiose Ingenieurleistung. In den Sommermonaten muß man jedoch mit häufigen kilometerlangen Staus rechnen.

Schiffsverkehr

Da sich viele Orte vom Wasser aus von ihrer schönsten Seite zeigen und sich auch das Zusammenspiel von Bergen und Wasser vom Boot aus am eindrücklichsten erleben läßt, gehört eine Bootsfahrt zu den schönsten Erlebnissen. Alle wichtigen Orte sind durch Fährlinien miteinander verbunden. Man kann zwischen den schnellen Tragflügelbooten (Aliscafi), die nur die größeren Orte anfahren, und den gemütlichen Ausflugsdampfern wählen. Im Juli und August werden täglich Kreuzfahrten angeboten.

Ostufer · Gardesana Orientale

Allgemeines
*Monte Baldo

Das Ostufer des Gardasees wird landschaftlich vom Monte Baldo geprägt. Der schmale, bis zu 2218 m hohe Bergrücken erstreckt sich bis kurz vor Torri del Benaco und trennt den Gardasee vom Etschtal. Ab Bardolino bestimmt dann sanftes Hügelland das Bild.

*Riva

Die bereits in der Römerzeit besiedelte Stadt Riva liegt wie auch das benachbarte Torbole windgeschützt in einer Bucht am Nordende des Gardasees. Sie wird vom 374 m hohen Monte Brione und der Ruine der im 13. Jh. erbauten Stammburg der Grafen von Arco überragt. Aufgrund seiner strategisch günstigen Lage – es war Warenumschlagplatz auf dem Weg zu den Alpenpässen – war das Städtchen im Mittelalter sehr umkämpft und wechselte häufig die Besitzer. Erst 1919 gelangte es mit dem nördlichen Teil des Sees ans Königreich Italien. Heute ist das 13000 Einwohner zählende Riva die Hauptstadt der nördlichen Seehälfte und zweitgrößte Stadt des Sees überhaupt. Trotz zahlreicher Umbauten und Erweiterungen hat das touristisch geprägte Städtchen einen mittelalterlichen Kern mit arkadengeschmückten Gassen und Plätzen erhalten: Mittelpunkt des Borgo ist die Piazza III. Novembre, die im Osten von der 34 m hohen Torre Apponale aus dem 13. Jh. und im Westen vom Palazzo Pretorio (um 1370) und dem Palazzo Municipale (1475–1482) begrenzt wird. Etwas östlich steht die noch von Wassergräben umgebene Rocca. Die im 12. Jh. von den Scaligern erbaute Wasserburg sicherte einst den Hafen. Später wurde sie mehrfach umgebaut und erweitert, zuletzt diente sie den Österreichern als Kaserne. Heute beherbergt sie u. a. das Museo Civico (Stadtmuseum; geöffnet: Di.–Sa. 9.00–12.00, 14.00–17.30, So. 10.00–12.00, 14.30–17.30 Uhr). Zu sehen sind verschiedene Sammlungen, die der Gegend und ihrer Geschichte gewidmet sind, darunter Funde aus der prähistorischen Pfahlbausiedlung am Ledro-See, sowie eine kleine Gemäldesammlung mit Werken u. a. von dem im nahen Arco geborenen Giovanni Segantini (1858 – 1899). Einen Besuch lohnt auch der Kuppelbau der Kirche dell'Inviolata, die 1603 nach den Plänen eines portugiesischen Architekten errichtet wurde (sie steht am Ende des Viale Roma an der Straße nach Arco). Ihr Inneres ist überreich mit Stuck und Fresken ausgeschmückt. Von hier sind es noch etwa 3 km bis zum Varone-Wasserfall (Cascata Varone; ausgeschildert), der knapp 100 m tief durch einen begehbaren Felsentrichter fällt. In dem 5 km entfernten Bergstädtchen Arco finden jedes Jahr im September die Kletter-Weltmeisterschaften statt.

*Rocca

*Cascata Varone

Torbole

Rivas Nachbarstadt Torbole liegt am Fuße des Nago-Passes, an der Mündung der Sarca, und ist Ausgangspunkt der Gardesana Orientale, der bis Peschiera führenden Ostuferstraße. Der sonnige Ferienort ist dank seiner günstigen Windverhältnisse Europas Surfmetropole, was auch sein Ortsbild prägt. Gegenüber vom kleinen Hafen, am Bogengang der Casa Alberti (Piazza Vittorio Veneto), erinnert eine Tafel an Goethe, der am 12. September 1786 hier auf der Italien-Reise Station machte und folgendes notierte: “Heute abend hätte ich können in Verona sein, aber es lag mir noch eine herrliche Naturwirkung an der Seite, ein köstliches Schauspiel, der Gardasee, den wollte ich nicht versäumen, und ich bin herrlich für meinen Umweg belohnt. Nach fünfen fuhr ich von Roveredo fort, ein Seitental hinauf, das seine Wasser noch in die Etsch gießt. Wenn man hinaufkommt, liegt ein ungeheurer Felsriegel hinten vor, über den man nach dem See hinunter muß. Hier zeigen sich die schönsten Kalkfelsen zu malerischen Studien. Wenn man hinabkommt, liegt ein Örtchen am nördlichen Ende des Sees, und ist ein kleiner Hafen oder vielmehr Anfahrt daselbst, es heißt Torbole. Die Feigenbäume hatten mich schon den Weg her häufig begleitet, und indem ich in das Felsamphitheater hinabstieg, fand ich die ersten Ölbäume voller Oliven. Hier traf ich auch zum erstenmal die weißen kleinen Feigen als gemeine Frucht, welche mir die Gräfin Lanthieri verheißen hatte.”
Die auf einer Anhöhe stehende Pfarrkirche S. Andrea besitzt ein schönes Hochaltar-Gemälde “Martyrium des hl. Andrea” von Giambettino Cignaroli.

Von Torbole lohnt ein Ausflug zu den Marmitte dei Giganti (marmitte = Gletschermühlen). Die "Töpfe der Riesen" sind Aushöhlungen, die in der Eiszeit entstanden. Sie befinden sich etwa 4 km entfernt, inmitten von Olivenbäumen, an der Straße nach Nago und an der Straße von Nago nach Arco.

Marmitte dei Giganti

Torbole, der ruhigere Nachbarort von Riva, liegt windgeschützt am Nordende des Gardasees.

Nach ein paar Kilometern steil abfallender Uferstraße beginnt der Riviera degli Ulivi, Olivenriviera, genannte Küstenabschnitt. An seinem Beginn liegt der malerische Ferienort Malcesine. Das Städtchen (3500 Einw.) entwikkelte sich im Schutz einer zinnenbewehrten Scaligerburg, die einen steil zum See hin abfallenden Felssporn krönt. Das Castello Scaligero wurde im 13./14. Jh. auf den Resten einer langobardischen oder fränkischen Festung erbaut und im 17. Jh. erweitert. Die Burganlage besteht aus einem unteren und einem oberen Palast sowie drei Innenhöfen. Im Innern befindet sich ein kleines Museum (Museo del Baldo e del Garda; geöffnet: tgl. 9.00–19.00 Uhr; Nov.–März nur an Wochenenden). Zu sehen sind archäologische Funde sowie eine kleine Ausstellung zu Flora und Fauna des Monte Baldo. In der ehemaligen Pulverkammer sind jene Zeichnungen ausgestellt, die Goethe auf seiner Reise hier angefertigt hat, wobei er beinahe verhaftet worden wäre – man hielt ihn für einen österreichischen Spion. In einem weiteren Raum wird der Transport der venezianischen Kriegsflotte über den Nago-Paß dokumentiert (s. oben, Geschichte). Der Palazzo dei Capitani (16. Jh.) am Hafen war bis zum Ende der venezianischen Herrschaft 1797 Sitz des Capitano, der Vorsitzender des Seebunds und venezianischer Gouverneur war. In der Sala delle Sedute im ersten Stock sind die Wappen der venezianischen Statthalter zu sehen.

Riviera degli Ulivi, *Malcesine

Castello Scaligero

Bei etwas Zeit empfielt sich ein Abstecher auf den Monte Baldo, der für seine seltenen, nur hier vorkommenden Pflanzen berühmt ist. Von Malcesine führt eine Seilbahn auf den Gipfel (1752 m ü.d.M.; Fahrzeiten: Apr. bis Okt.). Unterhalb des Gipfels, auf 1200 m Höhe, liegt ein besuchenswerter Botanischer Garten mit rund 600 verschiedenen Alpenpflanzen.

*Monte Baldo

Brenzone

Brenzone besteht aus acht verschiedenen Dörfern, die teils am See, teils an den Hängen des Monte Baldo liegen. Am südlichen Ortsende von Castelletto steht die kleine romanische Kirche S. Zeno aus dem 12. Jh; ihr Innenraum aus zwei ungleichen Schiffen ist mit Freskenresten, Szenen aus dem Leben Christi, aus dem 15. Jh. geschmückt.

Torri del Benaco

Das kleine, nach dem lateinischen Namen des Gardasees benannte Hafenstädtchen Torri del Benaco liegt an einem besonders schönen Küstenabschnitt der Olivenriviera, gegenüber von Maderno. In den Sommermonaten verkehrt täglich von 8.00 bis 19.00 Uhr eine Autofähre zwischen den beiden Orten. Die mächtige, zinnenbewehrte Scaligerburg wurde 1383 auf den Mauern eines Vorgängerbaus zum Schutz des Hafens errichtet. Im Innern ist ein kleines Museum über die Geschichte der Gardasee-Fischerei und über die Olivenverarbeitung untergebracht. Im Obergeschoß sind Fotos und Gipsabdrücke von prähistorischen Felszeichnungen aus dem Gebiet des Monte Luppia ausgestellt (geöffnet: April, Mai Di.–So. 9.30 bis 12.30, 14.30–18.00 Uhr; Juni–Sept. Di.–So. 9.30–13.00, 16.30–19.00 Uhr). An der Südmauer des Castello befindet sich noch eine der letzten

Sehr einladend präsentiert sich auch Tori del Benaco.

Limonaie, Zitronengewächshäuser (→ *Baedeker Special* S. 130). Ortsmittelpunkt ist der hübsche Hafen, der von typischen ehemaligen Fischerhäusern und der kleinen Chiesa della Trinità (mit Fresken aus dem 14. Jh.; heute Kriegerdenkmal) umgeben ist. Am Stadtrand erinnert der Torre di Berengario an den Langobardenkönig Berengar I.

*Punta S. Vigilio

Die Schönheit der Garda vorgelagerten Landzunge Punta S. Vigilio, eines Ausläufers des Monte Baldo, erkennt man am ehesten vom Boot aus. Hier soll der Renaissance-Maler Pisanello geboren sein. Sicher hingegen ist, daß in dem exklusiven Hotel San Vigilio (mit Restaurant) schon Otto Hahn, Winston Churchill und Prinz Charles übernachteten. Auf der Spitze der Landzunge, mitten in einem schönen Park, steht die Villa Guarienti (unzugänglich, Privatbesitz). Sie wurde um 1540 nach Plänen von Michele Sanmicheli für Agostino di Brenzone erbaut. In ihrer Nähe steht die kleine, dem San Vigilio gewidmete Kapelle.

Punta S. Vigilio (Fortsetzung)

Garda

Das schon seit der Steinzeit besiedelte Garda, das dem See den Namen gab, liegt in einer weiten, von Berghängen, Zypressen- und Olivenhainen umgebenen Bucht. Wahrzeichen ist die 294 m hohe Rocca di Garda, auf der vermutlich der Ostgotenkönig Theoderich im 5. Jh. ein Kastell errichten ließ. Der vielbesuchte Ort (3500 Einw.) besitzt einen mittelalterlichen Ortskern mit verwinkelten Gassen und eine weitläufige Seepromenade. An der hübschen Piazza Catullo steht der im 13./14. Jh. im venezianischen Stil erbaute Palazzo dei Capitani. Die Pfarrkirche S. Maria Maggiore im südlichen Ortsteil stammt aus dem 16. Jh.; ihr Campanile ist jedoch älter. Im Innern sind Gemälde von Palma Giovane zu sehen. Der benachbarte Kreuzgang gehörte ursprünglich zum Kloster Chiostro della Pieve (14. Jh.). Am südlichen Ortsende steht in der Nähe des Schiffslandestegs die zinnenbesetzte Villa Albertini aus dem 15. Jh., 1848 unterzeichnete hier König Carlo Alberto von Piemont die Urkunde über den Anschluß der Lombardei an Piemont. An der Straße nach Costermano liegt einer der größten deutschen Soldatenfriedhöfe in Italien. Von hier lohnt die Weiterfahrt zur Wallfahrtskirche Madonna della Corona, die 600 m über dem Etschtal an einem Felsen zu kleben scheint.

*Madonna della Corona

Bardolino

Der hübsche Ferienort Bardolino (6000 Einw.) ist das Zentrum des gleichnamigen Weinanbaugebietes. Die bedeutendsten Rebsorten des rubinroten, elegant duftenden, herb und leicht schmeckenden Bardolino sind Corvina (bis zu 70 % der angebauten Reben), Rondinella (bis 40 %) und Molinara (bis 20 %), aus denen auch der bekanntere Valpolicella gewonnen wird. Die gut ausgeschilderte Strada del Vino“,4> im Hinterland führt zu 44 Winzern bzw. Anbaugenossenschaften. Der Ort besitzt zwei kunsthistorisch bedeutsame Kirchen: Die romanische Basilika S. Severo liegt mitten im Ort neben der vielbefahrenen Durchgangsstraße. Besonders eindrucksvoll ist ihr Ostteil mit drei Apsiden. Im 12. Jh. wurde sie auf den Mauern eines langobardischen Vorgängerbaus errichtet. Ihre Innenwände schmücken Fresken mit Szenen aus dem Leben Christi, den Apostellegenden sowie einer Ritterschlacht. Die hinter dem Altar ausgegrabene Krypta stammt aus dem 9. Jahrhundert. Etwas oberhalb steht in einem Innenhof die Kirche S. Zeno. Der kleine, tonnengewölbte Bau wurde im 9. Jh. von den Karolingern nach ihrem Sieg über die Langobarden auf kreuzförmigem Grundriß errichtet; an den Wänden sind Reste des alten Freskenschmucks erhalten. Von der einst prächtigen Scaliger-Festung sind noch Reste am Hafen, zwei Tore und ein zinnenbesetzter Turm erhalten.

Strada del Vino

*S. Zeno

Cisano

Ein Abstecher führt zur 3 km entfernten Pfarrrkirche S. Maria di Cisano aus dem 8. Jh., die seither jedoch mehrfach verändert wurde. In Cisano unterrichtet ein Ölmuseum über die Olivenverarbeitung (Museo dell’Olio; tgl. außer Mi. 9.00–12.30, 15.00–19.00, So. 9.00–12.30 Uhr).

Museo dell’Olio

Lazise

Der an der äußersten Spitze der Olivenriviera gelegene Ferienort Lazise (5000 Einw.) besitzt neben seinem schön erhaltenen mittelalterlichen Ortskern einen malerischen Hafen. Einst lag hier die Flotte der Venezianer zur Verteidigung des Gardasees gegen die Mailänder. Am Hafen stehen die romanische Kirche S. Nicolò (12. Jh.; im Innern Fresken aus dem 14. Jh.) und die Dogana, das ehemalige Zollhaus der Venezianer aus dem 16. Jh., heute ein Ausstellungs- und Konzertsaal. Nicht weit entfernt erhebt sich das prächtige Castello Scaligero, eine quadratische Anlage mit fünf Ecktürmen. Etwa 3 km südlich von Lazise lockt der größte Wasserpark Italiens, Aquapark Caneva, mit kilometerlangen Rutschbahnen, einem Wellenbad sowie zahlreichen weiteren Wassersportmöglichkeiten (geöffnet: Mitte Mai bis Ende Sept. tgl. 10.00–19.00 Uhr, im Juli und Aug. bis 24.00 Uhr).

*Hafen

Aquapark Caneva

*Gardaland

Einen weiteren Superlativ verdient Gardaland. Der große und äußerst beliebte Vergnügungspark zwischen Lazise und Pesciera gilt als der “kleine

Gardaland (Fortsetzung)

Bruder" von Disney World. Zu seinen Attraktionen gehören ein großes Delphinarium, artistische Vorführungen sowie Abenteuerwelten, u. a. ein Piratenschiff, ein Wildwestdorf oder das Ägypten nachempfundene Tal der Könige. Darüber hinaus gibt es eine Achterbahn, Karussells, Wildwasserfahrten und andere Sportangebote (geöffnet: Mitte März bis Ende Okt. tgl. 9.00–18.00 Uhr; im Juli und Sept. bis 24.00 Uhr).

Rein ins Vergnügen – Gardaland

Peschiera

Der frühbesiedelte Ort zählt heute 9000 Einwohner. Er liegt am Südostende des Gardasees, wo der Mincio den See verläßt, und war schon zu Dantes Zeiten (1265 bis 1321) ein Festungsort. Im 20. Gesang der "Göttlichen Komödie" schrieb er: "Im schönen Land Italien liegt ein See, / Benaco, an dem Abhang jener Berge, / die bei Tirol die deutsche Mark umschließen. / Auf seines Spiegels Mitte könnten sich / die Seelenhirten von Trient, Verona / und Brescia segnen, wenn des Wegs sie kämen. / Peschiera liegt, das schöne starke Werk, / zum Trutze gegen Bergamo und Brescia, / am tiefsten Punkt des Ufers, wo die Wasser / aus des Benacos übervollem Becken / durch grünes Weideland abfließen." Im 16. Jh. wurde die Festung nach Plänen Michele Sanmichelis im Auftrag der Republik Venedig ausgebaut und später sowohl von Napoleon als auch von den Österreichern stark erweitert. Daran erinnert heute noch die mächtige, 2,3 km lange Festungsanlage mit ihren Bastionen und wassergefüllten Gräben. Montags findet in der kleinen Altstadt ein bunter Markt statt.

Madonna del Frassino

Etwa 4 km südlich liegt die Wallfahrtskirche Madonna del Frassino. Sie wurde im 16. Jh. zur Aufbewahrung einer kleinen Marienstatue erbaut, die heute in der reich stuckierten Cappella della Madonna ausgestellt wird. Die Kirche ist vor allem mit Bildern des Veronesers Paolo Farinati ausgestattet (2. Hälfte 16. Jh.). An den Wänden des Kreuzgangs zeugen die vielen Dankesbriefe von der Mildtätigkeit der kleinen Marienstatue.

**Sirmione

Die schmale Halbinsel Sirmione ragt zwischen dem Golf von Desenzano und Peschiera 4 km weit in den See hinein. Zum ca. 5500 Einwohner zählenden Ort gehören auf dem Festlandufer Colombare, Lugana und Rovizza mit vielen Hotels, Pensionen, Ferienhäusern, Einkaufsmöglichkeiten, einem Sportzentrum und kleinen Bootshäfen. Der malerische alte Ortskern liegt dagegen auf der äußersten Spitze der Halbinsel. Er ist an den Wochenenden und v. a. im Juli und August leider vollkommen überlaufen. Das Tor zum Borgo dürfen nur Autos von Einheimischen und Besuchern passieren, die ein Zimmer im alten Ortskern gebucht haben. Die strategisch günstige Lage nutzten die Scaliger, als sie um 1250 im Auftrag von Mastino I. della Scala hier eine Burg, die Rocca Scaligera, erbauten. Sie gilt als die schönste Wasserburg Oberitaliens und erinnert an die mächtigeren Burgen in Verona, Mantua und Ferrara. Ihre zinnengekrönten Türme und

*Rocca Scaligera

Sirmione, Rocca Scaligera (Fortsetzung)

Wehrgänge sind begehbar, der Aufstieg (146 Stufen) wird mit einem grandiosen Blick belohnt (geöffnet: Apr.–Sept. Mo.–Sa. 9.00–12.30, 14.00–18.00, So. 9.00–12.30 Uhr). Etwas nördlich der Rocca steht die im 15. Jh. erbaute Kirche S. Maria Maggiore mit Fresken aus dieser Zeit.

Die 69 °C warme Boiola-Quelle, eine Schwefelquelle, war bereits im Altertum bekannt. Das Thermalbad, ein moderner Zweckbau, befindet sich auf der Westseite der Halbinsel. Die archäologische Attraktion sind jedoch die sog. Grotten des Catull. Man erreicht sie entweder mit der kleinen Touristenbahn, die beim Thermalbad abfährt, oder zu Fuß. Auf dem Weg sollte man die kleine, bereits 760 erwähnte Kirche S. Pietro in Mavino besichtigen. Sie liegt etwas versteckt in einem Olivenhain zwischen der Ortschaft und dem archäologischen Gebiet. Ihr heutiger Bau geht auf das 11. und 14. Jh. zurück; im Innern sind auf vier übereinanderliegenden Kalkschichten Fresken erhalten, die letzten Übermalungen stammen aus dem 12. bis 16. Jh., darunter das "Jüngste Gericht".

*S. Pietro in Mavino

Die Hauptapsis der Kirche S. Pietro in Mavino schmückt ein thronender Christus.

Grotte di Catullo

Die mächtige Ruine der Grotte di Catullo nimmt die äußerste Spitze der Halbinsel ein. Der Überlieferung nach soll es sich bei der noch nicht vollständig ausgegrabenen, zwischen schönen alten Olivenbäumen gelegenen Ruine um das Landhaus des römischen Dichters Catull handeln, der von etwa 87 bis 54 v. Chr. lebte. Archäologen datieren die Gebäudereste jedoch ins julisch-claudische Jahrhundert, also zwischen 30 v. Chr. und 68 n. Chr.; auch sind sie viel zu umfangreich, als daß es sich hierbei um den Landsitz eines Dichters handeln könnte. Vermutlich war der etwa 240 m lange und 105 m breite, terrassenförmig angelegte Komplex ein kaiserlicher Palast oder eine Thermenanlage. Über auf dem Seeboden verlegte Bleirohre wurde ein großes Schwimmbecken mit dem Schwefelwasser der Boiola-Quelle gespeist. Am Eingang des Geländes befindet sich ein kleines Museum, in dem Giebel- und Freskenreste sowie Rekonstruktionszeichnungen zu sehen sind (geöffnet: Apr.–Sept. Di.–So. 9.00–18.00 und

Sirmione, Grotte di Catullo (Fortsetzung)

Okt.–März Di.–Sa. 9.00–16.00 Uhr). Besonders schön ist der Ausblick von hier oben auf die südliche Seehälfte, die von der Rocca di Manerba im Westen und der Rocca di Garda im Osten begrenzt wird. Den umfassendsten Eindruck von der Ruine gewinnt man jedoch, wenn man mit einem Boot um die Halbinsel herum fährt.

Wie groß das Areal der sog. Grotte di Catullo tatsächlich ist, sieht man am besten vom Wasser aus.

Bianco di Custoza

Südlich und östlich von Sirmione werden Trebbiano-, Garganega- und Tocai-Reben angebaut, aus denen der zunehmend populäre Bianco di Custoza gewonnen wird, ein heller, trockener, und weich-fruchtig schmeckender Weißwein.

Westufer · Gardesana Occidentale

*Desenzano

Das lebendige Städtchen Desenzano, die mit 20000 Einwohnern größte Stadt am Gardasee, liegt nicht weit von Sirmione entfernt. Seit den Römern ist es ein wichtiger Handelsplatz und lange nicht so vom Fremdenverkehr geprägt wie die beiden Nachbarstädte Sirmione und Salò. Der moderne große Hafen ist u. a. Ausgangsort und Ziel der großen Fähren, die bis nach Riva im Norden des Sees fahren. An der modernen Uferpromenade findet jeden Dienstag ein bunter Markt statt. Besonders hübsch ist das kleine alte Hafenbecken, hinter dem sich die Altstadt mit ihren Bürgerhäusern den Hügel hinaufzieht. Oberhalb thront ein Kastell aus dem 14./15. Jh., von dem nur noch die äußeren Mauern und Türme erhalten sind. Die Pfarrkirche S. Maria Maddalena entstand ab 1586; unter der Ausstattung fällt ein "Abendmahl" von Giovanni Domenico Tiepolo (um 1760) in der Sakramentskapelle auf. An die römischen Stadtgründer erinnert die erst 1921 ausgegrabene Villa Romana (nordwestlich des Hafens; Via degli Scavi; geöffnet: Di.–So. 9.00–18.00 Uhr). Sie entstand im 4. Jh. n. Chr. auf den Mauern eines älteren Bauwerks. Berühmt ist sie wegen ihrer zum Teil sehr

Desenzano (Fortsetzung)

gut erhaltenen Bodenmosaiken mit geometrischen Ornamenten, Jagdszenen und mythologischen Motiven. In einem kleinen Museum sind weitere Fundstücke ausgestellt.

Abstecher in den Süden

In der Gegend südlich des Gardasees fanden die entscheidenden Siege der italienischen Einigungsbewegung über die Heere Österreich-Ungarns statt.

S. Martino della Battaglia

Auf einem Hügel etwas außerhalb von S. Martino della Battaglia (ca. 8 km südöstlich von Desenzano) thront ein 74 m hoher Turm; seine Innenwände sind mit Bildern zur Geschichte des Risorgimento überzogen. Hinter dem Turm steht das Kriegsmuseum (Museo della Battaglia), und im Ossario (Beinhaus) sind die Gebeine von über tausend Gefallenen aufbewahrt (geöffnet: Di.–So. 9.00–12.00, 14.30–18.00 Uhr).

Solferino

"In Solferino wurde die Idee des Roten Kreuzes geboren" steht auf den Ortsschildern. Im Juni 1859 fand hier (ca. 18 km von Desenzano) eine Schlacht zwischen Italienern, Franzosen und Österreichern statt, an deren Ende über 40000 Tote und Verwundete hilflos ihrem Schicksal überlassen wurden. Der Schweizer Henri Dunant hielt sich zu diesem Zeitpunkt in der Region auf. Angesichts der verheerenden Situation kam ihm die Idee – für die er 1901 den Friedensnobelpreis erhielt – zur Gründung einer Hilfsorganisation, aus der später das internationale Rote Kreuz entstand. Im Ortskern erinnert das Museo Storico Risorgimentale an den Krieg von 1859 (geöffnet: Di.–So. 9.00–12.30, 14.30–18.00 Uhr). Eine Zypressenallee führt von hier zur Chiesa Ossario (Beinhaus), in der 1413 Schädel und die Knochen von etwa 7000 weiteren Opfern aufbewahrt werden.
Einen schönen Rundblick hat man von der Piazza Castello, auf der bereits im 11. Jh. eine Burg gestanden hat. Auf dem höchsten Punkt von Solferino steht die 23 m hohe Rocca, ein mittelalterlicher Vierecksturm aus dem 11. Jh., von dem man einen weiten Blick über die durch Endmoränen geschaffene Landschaft hat. Etwas außerhalb des Ortes steht die Pfarrkirche S. Nicola aus dem Jahr 1572.

Castiglione delle Stiviere

8 km nordwestlich von Solferino liegt Castiglione delle Stiviere. Der Ort, der auf eine Gründung der Etrusker zurückgeht, gehörte im 14. und 15. Jh. dem Geschlecht der Bonacolsi aus Parma, später den Gonzaga aus Mantua. Der hl. Luigi Gonzaga wurde hier geboren. Als erstgeborener Sohn schlug er den Fürstenrang aus, um in den Jesuitenorden einzutreten. 1591 starb er nur 23jährig während der Pflege von Pestkranken in Rom. Sein Bruder Francesco ließ anläßlich der Seligsprechung von Luigi 1608 die Basilica di S. Luigi bauen. Auf dem Hochaltar der Wallfahrtskirche wird der Schädel des Heiligen in einer silbernen Urne aufbewahrt. Die größte Kirche von Castiglione delle Stiviere ist der Dom, der 1761 fertiggestellt und als Kollegiatskirche den hll. Nazarius und Celsus geweiht wurde.

*Valtenesi

Nördlich von Desenzano beginnt die Valtenesi, eine fruchtbare, hügelreiche Landschaft, in der viel Weinbau betrieben wird. Zu den bekannten Tropfen gehören Chiaretto und Groppello. Während der Chiaretto ein lebhafter, hell-kirschroter Sommerwein ist, gehört der rubinrote Groppello, der drei, vier und mehr Jahre reifen kann, zu den charaktervollen Rotweinen. Er schmeckt herb, auf schönem zartbitterem Untergrund.

Chiaretto und Groppello

Festungsanlagen oder deren Überreste auf zahlreichen Hügeln zeugen von einer umkämpften Vergangenheit. Die Gegend ist dicht besiedelt. Bis Salò verläuft die Hauptstraße nicht mehr am See entlang, statt dessen erreicht man das Ufer über kleine Stichstraßen. Am Beginn der sog. Küsten-Valtenesi liegt der kleine Fremdenverkehrsort Padenghe. Von der im 10. Jh. erbauten Burg sind nur noch die Umfassungsmauern erhalten. Über dem kleinen Landwirtschafts- und Fremdenverkehrsort Moniga erhebt sich eine weitere Burg aus dem 13./14. Jh. mit zinnenbesetzten Mauern und hohen Tortürmen. Manerba ist ein Zusammenschluß aus fünf Dörfern. An die mittelalterliche Rocca di Manerba bei Montinelle erinnern heute nur noch Ruinen; sehr schön ist jedoch der Blick von dem 280 m hohen Felsen. Von der Burg von Solarolo steht immerhin noch ein Tor mit einem Turm. Einen

Padenghe

Moniga

Manerba

Zahlreiche Festungsanlagen, wie hier in Moniga, erinnern an die unruhige Vergangenheit, als sich Mailänder und Venezianer heftig bekämpften.

Manerba (Fortsetzung)

San Felice del Benaco

schönen Ausblick hat man von der Punta Belvedere auf die kleinen Inseln S. Biagio und Conigli sowie auf die Bucht von S. Felice del Benaco. Dieser seit 1928 mit Portese zusammengelegte Fremdenverkehrs- und Landwirtschaftsort ist das Zentrum der Halbinsel S. Fermo. Einen Abstecher wert ist die etwas südlich außerhalb von S. Felice del Benaco gelegene Wallfahrtskirche S. Maria del Carmine. Sie wurde im 15. Jh. erbaut und im Innern mit schönen Fresken geschmückt.

Isola di Garda

Die dicht vor der Landzunge S. Fermo gelegene, 110 m lange Isola di Garda ist die größte Gardasee-Insel. Mitsamt ihrer stattlichen Villa aus dem späten 19. Jh. und dem üppigen Park gehört sie der Familie Borghese.

*Salò

Das geschäftige Städtchen Salò (knapp 10 000 Einw.) liegt am Ende einer tiefen Bucht und am Fuße des 568 m hohen Monte S. Bartolomeo. Schon unter den Venezianern war es das politische Zentrum des Westufers. In die Schlagzeilen geriet die Stadt kurz vor Ende des Zweiten Weltkriegs, als sie 1943–1945 Sitz der Repubblica Sociale, der mit deutscher Hilfe errichteten Regierung des aus Rom vertriebenen Mussolinis.

*S. Maria Annunziata

Der 1453–1502 erbaute, gewaltige Dom S. Maria Annunziata ist das bedeutendste Bauwerk der Spätgotik am Gardasee. Er wird Filippo delle Vacche aus Caravaggio zugeschrieben. Seine Fassade (1506–1509) blieb jedoch unvollendet. Das schöne Figurenportal geht auf die Tessiner Antonio della Porta und Gaspare da Cairano zurück. Seine Ausstattung erfolgte durch Brescianer und venezianische Künstler, die illusionistische Ausmalung des Langhauses ist von Tommaso Sandrini. Besonders beachtenswert sind im Chor ein spätgotisches Triumphkreuz des Hans von Ulm (1449), rechts unterhalb die "Geburt" von Zenon Veronese (1520), der spätgotische Schrein des Hochaltars von Bartolomeo da Isola Dovarese mit Nischenfiguren von Pietro Vussolo (1476–1510) und eine figurenreiche Grablegung aus der 2. Hälfte des 16. Jahrhunderts.

Salò (Fortsetzung)

Im Jahre 1901 wurde die Stadt durch ein Erdbeben stark zerstört. Im Anschluß daran legte man die breite Uferpromenade Lungolago Zanardelli an. Hier stehen der Palazzo della Podestà (14. Jh.; Rathaus) und der durch einen Arkadengang mit ihm verbundene Palazzo della Magnifica Patria aus dem 16. Jh.; heute ist hier das Museo Civico mit einer archäologischen Sammlung untergebracht (geöffnet: Di.–So. 10.00–12.00, 17.00–19.00 Uhr, Okt.–März nur Sa., So.). Im Museo del Nastro Azzuro (Museum des Blauen Bandes; Via Fantoni; geöffnet: Di.–So. 9.00–12.30 Uhr) sind Zeugnisse aus der Napoleonischen Zeit und aus dem Ersten Weltkrieg zu sehen. Die Altstadt beginnt hinter der Piazza della Vittoria. Im Ortsteil Barbarano, 2 km nordöstlich, steht der prachtvolle Palazzo Martinengo, eine Dreiflügelanlage im Stil der Spätrenaissance, der 1577 für den Marchese Sforza Pallavicino erbaut wurde (er ist jedoch nur von der Seeseite zu sehen).

Palazzo Martinengo

*Brescianer Riviera

Gleich hinter Salò beginnt die sich bis Gargnano erstreckende Brescianer Riviera. Die Berge treten näher ans Ufer, die Straße verläuft nun wieder direkt am See. Aufgrund des besonders milden Klimas entfaltete sich hier eine üppige tropische und subtropische Pflanzenwelt. Bereits Ende des vorigen Jahrhunderts hatten wohlhabende Reiselustige diesen Küstenabschnitt für sich entdeckt. Davon zeugen heute noch einige Hotelpaläste, prachtvolle Villen und üppig bewachsene Gärten und Parks.

*Gardone Riviera

Noble Hotelpaläste wie das altehrwürdige, 1880 gegründete Grand Hotel mit seiner 300 m langen Seeterrasse und prachtvolle Villen spiegeln Gardones Ruf, der eleganteste Ferienort (2500 Einw.) des Gardasees zu sein, wider. Der eigentliche Ortskern mit herausgeputzten Häusern, kleinen Plätzen und Treppengäßchen liegt oben am Hang.

*Vittoriale

Größte Attraktion von Gardone Sopra ist jedoch der Vittoriale degli Italiani, das "Siegesdenkmal der Italiener". Hierbei handelt es sich um den letzten Wohnsitz von Gabriele d'Annunzio (1863–1938). Der Dichter, Kriegsheld und Anhänger Mussolinis hatte 1921 die Villa Cargnacco des deutschen Kunsthistorikers Henry Thodeg gekauft (letzterer war 1915 enteignet worden). Unter dem Namen "Vittoriale" vermachte er den aus Villa und Park bestehenden Komplex seinem "geliebten Italien". Das Haupthaus ist heute ein Museum und vollgestopft mit Erinnerungsstücken an den umstrittenen Exzentriker, der seine Bekanntheit u. a. auch einer Liaison mit der Schauspielerin Eleonora Duse (1858–1924) verdankt. Das Vittoriale umfaßt außerdem u. a. ein kleines, offenes Theater, in dem im Sommer Veranstaltungen stattfinden, an höchster Stelle im Park das Mausoleum mit dem Sarkophag des Bauherrn im "trauten Kreise" seiner Legionäre aus Fiume und ein Kuppelbau für den Doppeldecker, mit dem er 1918 in einer gewagten Aktion nach Wien geflogen war, um über der Stadt antiösterreichische Flugblätter abzuwerfen. Ein außergewöhnliches Monument ist das von Zypressen umgebene Vorschiff des Kreuzers "Puglia". 1919 war ein Teil seiner Besatzung bei einem Einsatz bei Fiume (heute Rijeka) zu Tode gekommen. Die Marine schenkte das abgerüstete Kriegsschiff dem Kriegshelden. Sein vorderer Teil wurde abmontiert, mit zwanzig Eisenbahnwaggons zum Vittoriale transportiert und hier eingemauert (Schiffe auf dem Landweg scheinen am Gardasee eine besondere Tradition zu haben, s. Geschichte).

*Giardino Botanico

Ein Idyll ganz anderer Art ist der wenige Minuten unterhalb des Vittoriale hinter der Schiffsanlegestelle beginnende Giardino Botanico Hruska. Er geht auf den österreichischen Arzt Artur Hruska zurück, der 1910 auf dem Gelände eines verlassenen Weinbergs damit begonnen hatte, Teiche und Wasserläufe anzulegen. Er pflanzte hochstämmige, schattenspendende Bäume und zahlreiche botanische Souvenirs, die er von seinen vielen Weltreisen mitgebracht hatte. Jahrzehntelang war der Garten sich selbst überlassen und ziemlich verwildert. Dann übernahm ihn der Wiener Wunder-Produzent André Heller und ließ ihn wieder aufleben. Heute wachsen hier vielerlei subtropische, tropische und alpine Pflanzenarten, zwischen denen Skulpturen aus Hellers Privatsammlung aufgestellt sind (geöffnet: März bis Okt. tgl. 9.00–19.00 Uhr).

Toscolano-Maderno

*S. Andrea

Das 7500 Einwohner zählende Städtchen liegt auf einer Halbinsel am Fuße des 1582 m hohen Monte Pizzocolo. Es entstand aus dem Zusammenschluß zweier durch eine kleine Flußmündung getrennter Orte, aus Maderno und dem seit dem 14. Jh. als Zentrum der Papierherstellung bekannten Toscolano. In Maderno steht die um 1130 erbaute romanische Kirche S. Andrea mit einem spätgotischen Campanile (1469). Besonders eindrucksvoll ist ihr reich skulptiertes Stufenportal, in das vermutlich Überreste eines Vorgängerbaus eingearbeitet wurden. Im Innern ersetzt seit dem 16. Jh. ein Renaissance-Chor die Apsis. Die Kapitelle der mächtigen Pfeiler sind ebenfalls Meisterwerke lombardischer Steinmetze; die Wandmalereien entstanden um 1500. Die benachbarte Pfarrkirche S. Ercolano datiert aus der Mitte des 18. Jh.s; im Innern gibt es zwei beachtenswerte Altarbilder, "S. Ercolano" von Paolo Veronese und das "Martyrium des hl. Andreas" von Palma di Giovane. Die 1584 erbaute Kirche SS. Pietro e Paolo von Toscolano besitzt im Innern schöne Fresken des Venezianers Andrea Celesti (Mitte 17. Jh.).
Von Maderno gibt es eine regelmäßige Fährverbindung nach Torri del Benaco (s. oben, Ostufer).

Die Gartenanlage der Villa Bettoni verrät heute noch einiges über die Eleganz ihres einstigen Besitzers, des Conte Giovanni Bettoni.

Bogliaco
*Gartenanlage

Zwischen Toscolano und Gargnano passiert man die Villa Bettoni. Sie entstand um 1750 nach dem Vorbild des Wiener Schlosses Schönbrunn für den Conte Giovanni Bettoni, einen Reitergeneral im Dienste Maria Theresias. Ihre Schauseite ist leider zum See gewandt (nur vom Wasser aus einsehbar). Ein jedermann zugänglicher Augenschmaus ist dagegen die großzügige, elegante Gartenanlage, die durch die Hauptstraße von der Villa getrennt ist. Sie entstand 1764–1767 nach Entwürfen des toskanischen Architekten Amerigo Vincenzo Pierallini.

Gargnano

Gargnano ist ein ruhiges Städtchen mit 3300 Einwohnern. Zahlreiche Kanonenkugeln stecken noch heute in den Fassaden der am Hafen gelege-

Baedeker Special

D'Annunzio und der Vittoriale

So ruht der Exzentriker

Ein Exzentriker sondergleichen muß er gewesen sein, von gierigem Lebenshunger besessen, mit einem Hang zum Opium und zu schönen Frauen ausgestattet und voll grenzenloser Selbstgefälligkeit und Eitelkeit. Wenn er sich selbst zuviel wurde, zog er sich in das "Zimmer des Aussätzigen" zurück, nahm asketische Meditationen vor und ließ sich von den fünf heiligen Frauen, die dort abgebildet sind, ermahnen, den weltlichen Freuden zu entsagen. Jeder Raum in seiner Prioria ist anders eingerichtet – barock überfüllt sind sie alle. Überbordende Namen wie "Zimmer des Maskenverkäufers", "Schreibzimmer des Verstümmelten", "Zimmer der Weltkugel", "Zimmer der Leda", die "apollinische Veranda", das "Reliquienzimmer", der "Vorbau der Verwandten" zeugen von seiner Überspanntheit. In seine "Werkstatt", das Arbeitszimmer des Dichters, kommt man nur mit einer Verbeugung – weil die Tür so niedrig ist –, eine Geste der Ehrfurcht vor seiner Arbeit, die er sich selbst auch auferlegte: "Wo ein Werk entsteht, wird gearbeitet", heißt es zur Begrüßung über der Tür.
Gearbeitet hat der im März 1863 geborene Gabriele d'Annunzio schon früh, voller Schaffensdrang, und ruhelos war er immer. Bereits mit 16 Jahren – also noch zu Schulzeiten – veröffentlichte er seinen ersten Gedichtband, das einzige Mal noch mit finanzieller Unterstützung seines Vaters. Es folgten Redaktionsarbeit bei "La Tribuna", die Herausgabe kürzerer Prosatexte, pathetischer Hymnen und Elegien und schließlich 1889 der Roman "Il Piacere" ("Lust"), durch den er bekannt wurde. Zu diesem Zeitpunkt hatte er schon drei Söhne gezeugt, die Mutter war seine Ehefrau Maria Hardouin von Gallese. 1893 wurde seine erste Tochter geboren, in diesem Fall war die Mutter allerdings die sizilianische Prinzessin Gravina Cruyllas di Ramacca, 1897 brachte die Gravina einen Jungen zur Welt, der aber nicht als legitimes Kind von d'Annunzio anerkannt wurde. Inzwischen hatte der Dichter die Duse kennengelernt, mit der ihn eine jahrelange Freundschaft und Liebe verbinden sollte. Das Verhältnis zwischen ihm und der älteren Eleonora Duse hat er in seinem 1909 erschienen Roman "Fuoco" ("Das Feuer") dargestellt. Auch Schauspiele und Dramen schrieb d'Annunzio, so "Città morta" ("Die tote Stadt") – Mykene war gemeint –, in deren französischer Fassung Sarah Bernhardt die weibliche Hauptrolle spielte, in Mailand stand Eleonora Duse auf der Bühne. 1908 arbeitete er an einem Tagebuch, in dem er die dramatische Liebe zu Giuseppina Mancini darstellte, es wurde nach seinem Tod veröffentlicht. In seinem Drama "La Nave" ("Das Schiff") von 1910 stellte er die Gründung Venedigs dar. Im selben Jahr verließ er Italien und ging nach Frankreich, wo er in Paris und Arcachon lebte. Mit dem Erfolg, daß sein "Martyre de Saint Sebastien" von Claude Debussy als Mysterienspiel vertont wurde. Eine gänzlich andere Seite d'Annunzios war sein politisches Engagemant, das 1897 mit seiner Wahl zum Parlamentsabgeordneten für die konservative Partei einen ersten Höhepunkt erfuhr. Bereits zu Zeiten, als Mussolini noch ein unbekannter Sozialist war, fühlte er sich ihm verbunden. Und später sah er in dem Duce den Vollstrecker seiner eigenen politischen

▶

Ideen. Zu Beginn des Ersten Weltkriegs äußerte d'Annunzio sich noch von Frankreich aus im "Corriere della Sera" zur Situation, 1915 kam er dann zurück nach Italien, propagierte den Kriegseintritt Italiens und veröffentlichte mehrere politische Schriften und Reden, die in dem Band "Per la più grande Italia" ("Für ein größeres Italien") gesammelt erschienen. Er meldete sich zum Militär und wurde als Flieger eingesetzt. In der zwischen Italien und Jugoslawien umstrittenen Frage der Zugehörigkeit Fiumes, heute Rijeka, ergriff d'Annunzio massiv Partei. 1919 sammelte er eine kleine Gruppe von Bewaffneten und besetzte – von nun an "Il comandante" genannt – in einer spektakulären Aktion die Stadt entgegen dem offiziellen Waffenstillstandsabkommen. Erst nach 16 Monaten räumte er den Regierungspalast, als von der "Andrea Doria" aus scharf geschossen wurde.
1921 bezog d'Annunzio die Villa am Gardasee und baute sie zum "Vittoriale degli Italiani" aus, einer Gedenkstätte an die vaterländischen Kämpfe. Dieses sonderbare Sammelsurium von Büchern, Statuetten, Büsten, dieses pathetische Denkmal eines eitlen Nationalisten sucht ihresgleichen und hinterläßt einen faden Nachgeschmack. Im schummrigen "Musikzimmer" soll er mit farbigen Stoffen der Atmosphäre der jeweiligen Musik Nachdruck verliehen haben – es musizierten das "Quartett des Vittoriale" oder seine letzte Lebensgefährtin, die Pianistin Luisa Baccara. Das "blaue Badezimmer" ist übersät mit geschmackvollen persischen und maurischen Kacheln, mit Kitschfigürchen, Silberschalen und Chinoiserien. Im "Reliquienzimmer" bewahrte er seine Erinnerungsstücke auf, "Bildnisse aus allen Glaubensrichtungen, verschiedene Erscheinungen des Göttlichen", wie er in seinem "Geheimen Buch" vermerkte. Der "Labyrinth-Flur" ist eine Nachahmung der Sala del Labirinto im Palazzo Ducale in Mantua – hier wie dort die Inschrift "Forse che si, forse che no" ("Vielleicht ja, vielleicht nein"), die er auch als Titel für seinen Roman gewählt hatte. Tür und Einbände der Bücher tragen die Zeichnung des Labyrinths. Schließlich seine "Werkstatt", die so geblieben ist, wie er sie an seinem Todestag am 1. März 1938 zurückgelassen hat – die Brille auf dem Schreibtisch, Stifte, Blätter, die Büste der Duse unter einem Tuch verhüllt. In der Nacht vom 1. auf den 2. März wurde sein Leichnam nach seinen genauen Anweisungen im "Zimmer des Aussätzigen" aufgebahrt und die Totenwache gehalten. Seine letzte Ruhestätte fand d'Annunzio in dem nach seinem Tod gebauten Mausoleum: Er selbst ruht in dem erhöhten Sarkophag in der Mitte, um ihn herum die Legionäre aus Fiume – auch das ausdrücklich auf seinen Wunsch.

Gargnano (Fortsetzung)

nen Palazzi. Sie erinnern an die Beschießung von Gargnano durch österreichische Kanonenboote 1866, während der italienischen Einigungskämpfe. Nördlich vom Hafen, im Palazzo Feltrinelli, residierte 1943 bis 1945 Mussolinis "Republik von Salò". Heute finden hier Sommerkurse der Universität von Mailand statt. In der Villa Feltrinelli (etwa 1 km weiter in Richtung Norden) hatte der Duce sein Quartier aufgeschlagen. Im südlichen Ortsteil lohnt die 1289 von Franziskanermönchen erbaute Kirche S. Francesco einen Besuch. Im 17./18. Jh. wurde sie bis auf ihre Fassade barockisiert; der benachbarte hübsche Kreuzgang blieb jedoch unverändert. Eine Besonderheit stellen die skulptierten Kapitelle dar, hier sind keine mythischen oder christlichen Motive dargestellt, sondern Blätter und Früchte der einst hier heimischen Zitronen- und Orangenbäume (geöffnet: Ende Juli – Ende August tgl. 10.00 – 13.00, 15.00 – 20.00, sonst 9.00 – 18.00 Uhr).

Kreuzgang S. Francesco

*Gardesana Occidentale

Kurz hinter Gargnano ist die Brescianer Riviera zu Ende. Die Uferstraße wird nun streckenweise sehr schmal und kurvenreich. Als berühmte Gardesana Occidentale verläuft sie bis Riva auf halber Höhe über dem See. 1931 entstand sie als kühne Ingenieurleistung: Über 50 Brücken und 74 Tunnel und Galerien wurden in den Fels gebaut oder aus ihm herausgesprengt.

Äußerst lohnend ist hier ein Abstecher ins weite Hinterland. Nördlich von Gargnano zweigt eine steile Nebenstraße (bis zu 26 % Steigung) zur Hochfläche von Tignale ab. Unweit von Gardola thront auf einem Felssporn die Wallfahrtskapelle Madonna di Monte Castello. Sie entstand im 13./14. Jh. an der Stelle einer Scaligerburg und wurde später barockisiert. Ihr Innenraum bewahrt spätgotische Fresken und einige Bilder von Andrea Celesti (2. Hälfte 17. Jh.).

Gardasee (Fts.) Abstecher

*Madonna di Monte Castello

Nördlich von Campione zweigt eine Bergstraße ab, die durch eine enge Schlucht ins hübsche Dörfchen Pieve führt, das zusammen mit 17 weiteren, verstreut gelegenen Orten die rund 1800 Einwohner zählende Gemeinde bildet. Die Gegend ist ein schönes Wandergebiet mit teils schwindelerregenden Ausblicken auf den See.

Pieve

Tremosine

Bleibt man dagegen auf der Hauptstraße, erreicht man als nächstes das unterhalb von Steilfelsen in einer geschützten Bucht gelegene Limone (1000 Einw.). In seinem Ortsnamen erinnert es an die einst hier heimischen Limonaie (→ *Baedeker Special* S. 130). Vor allem in den Sommermonaten ist die kleine Altstadt hoffnungslos überlaufen. In der barocken Pfarrkirche S. Benedetto befinden sich Gemälde von Andrea Celesti (Mitte 17. Jh.).
Hinter Limone verläßt man die Lombardei; nun beginnt das bis 1919 zu Österreich gehörende Trentino.

*Limone

Idrosee · Lago d'Idro

P/Q 6

Provinz: Brescia
Wasserspiegel: 368 m ü.d.M.

Zwischen dem Iseosee und dem Gardasee liegt der südalpine Lago d'Idro (oder Eridio), der höchstgelegene See der Lombardei. Im Schnitt ist er nur etwa 2 km breit, seine Länge beträgt 10 km. Der relativ kleine See ist bis zu 122 m tief. Zuflüsse sind der Fiume Chiese und der Caffaro. Von den Ufern des Lago d'Idro kommt ein würziger Rotwein, der geschmacklich hervorragend zu dem Bagoss, einem bekannten Käse aus dem Bergort Bagolino nordwestlich des Lago paßt.

Lage und Allgemeines

Der Lago d'Idro ist wegen seiner zahlreichen Wassersport- und Auflugsmöglichkeiten beliebtes Urlaubsziel, weniger hingegen wegen spezieller Sehenswürdigkeiten.

Tourismus

Durch seine schmale Form und die ihn umgebenden Berge erinnert der Lago d'Idro an einen Fjord. An einigen Stellen im Norden und im Osten läuft das Ufer in flachen Stränden aus, so daß es hier Bademöglichkeiten gibt. Insgesamt ist der Lago d'Idro im Vergleich mit den anderen oberitalienischen Seen wesentlich weniger romantisch, auch fehlt die südliche Atmosphäre, die die Nachbarseen so attraktiv macht.

*Landschaftsbild

Nur das West- und das Südufer des Sees sind von einer Straße umzogen. Diese passiert im Süden das unauffällige Idro und führt im Westen oberhalb an Anfo vorbei. Von der Straße am Ufer entlang kann man die unterschiedlichen Perspektiven und Panoramablicke auf den See genießen. Das Ostufer ist kaum besiedelt und auch nicht zu umfahren.

Uferstraße

Lohnend ist eine Fahrt zu dem kleinen Bergort Bagolino (778 m), der 8 km nordwestlich des Lago d'Idro liegt. Er ist bekannt für seinen Karneval, bei dem mimische Tänze nach einem uralten überlieferten Ritual ausgeführt werden. Bagolino – seit dem 10. Jh. besiedelt – hat einen sehr hübschen historischen Ortskern, in dem die bodenständigen Steinhäuser auffallen. Sehenswert ist die Kirche S. Rocco aus dem 15. Jh. mit Fresken von Pietro da Cemmo, der überwiegend in den Kirchen des Valcamonica tätig war. Hoch über dem Zentrum steht die Kirche S. Giorgio (17. Jh.), von deren Vorplatz man einen schönen Blick auf den Ort hat.

*Bagolino

Iseosee · Lago d'Iseo M/N 6/7

Provinzen: Brescia und Bergamo
Wasserspiegel: 185 m ü.d.M.

Lage und Allgemeines

Der Lago d'Iseo – im Italienischen auch Sebino (vom lateinischen Sebinus lacus) genannt – liegt im Nordwesten von Brescia eingebettet in die Hänge der südlichen Alpenausläufer. Der siebtgrößte See Italiens, der vom Oglio gespeist wird, hat eine Oberfläche von 62 km, ist etwa 25 km lang, durchschnittlich 2,5 km breit und bis zu 251 m tief. Im Nordosten schließt sich die → Valcamonica an, mit der der Iseosee eine geographische Einheit bildet. Das Westufer des Sees gehört zur Provinz Bergamo, das Ostufer zur Provinz Brescia. Eine ganz besondere Attraktion hat der Lago d'Iseo mit dem Monte Isola zu bieten, einer fast rechteckigen Insel, die mit einer Fläche von 4,28 km^2 und einem Umfang von gut 8 km die größte Insel aller europäischen Binnenseen ist. Auf Monte Isola erhebt sich der 599 m hohe gleichnamige Berg.

*Landschaftsbild

Die Landschaft des Lago d'Iseo ist ausgesprochen abwechslungsreich. Während der See im Norden in die Alpenregion hineinreicht, deren höchste Gipfel im Hintergrund meist schneebedeckt sind, ist das Südufer nur leicht gewellt, stellenweise sogar ganz flach. Am südlichen Ufer des Lago d'Iseo ist durch das angenehm milde Klima Weinanbau möglich, zudem ziehen sich Obstbäume und Olivenhaine die flacheren Hänge hinauf.

Wirtschaft Fremdenverkehr

Der wichtigste Wirtschaftszweig ist – neben etwas Eisen- und Stahlindustrie an der Westküste – der Tourismus. Die größten Fremdenverkehrsorte sind Iseo und Sarnico. Auf Monte Isola gibt es einen ausgeprägten Tagestourismus, allerdings stehen auch dort einige Hotels für längere Aufenthalte zur Verfügung. An sportlichen Möglichkeiten bieten sich Segeln und Windsurfen an. Obwohl die Wasserqualität des Lago d'Iseo gut ist und der See einen reichen Fischbestand aufweist, ist das Badevergnügen in dem einladenden türkisblauen Wasser nur an wenigen Stellen möglich, da das Ufer an den meisten Abschnitten zu steil ist.

Schiffsverkehr

Es gibt einen Linienverkehr, der zwischen allen Uferorten verkehrt und zudem fünf Dörfer auf Monte Isola anfährt. Durch die guten Schiffsverbindungen ist es möglich, die Hauptorte des Sees auch ohne Auto zu erkunden.

Rundfahrt um den Iseo-See

Allgemeines

Wer eine Autofahrt um den Iseosee machen möchte, kann diese gut in Iseo beginnen. Von dort aus folgt man der Straße entgegen dem Uhrzeigersinn. Die Insel Monte Isola erreicht man von verschiedenen Orten aus.

**Monte Isola

Wenn irgend möglich sollte man mit genügend Zeit nach Monte Isola hinüberfahren. Auf der Insel sind nur einige wenige Autos von Bewohnern zugelassen, man muß die Insel und die kleinen Ortschaften also zu Fuß oder mit dem Bus erkunden. Allerdings kann man keine Rundfahrt machen, da das Ostufer zwischen Carzano und Peschiera nicht erschlossen ist. Der Hauptort ist Peschiera im Südosten, dort fährt der Bus direkt gegenüber dem Anleger ab.
Monte Isola war schon zu römischer Zeit besiedelt, im 11. Jh. wurde hier eine erste kleine Kirche gebaut. Auch als Reiseziel hat die Insel eine lange Tradition. So kamen schon die Visconti hierher, um an Jagden teilzunehmen, die die Oldofredi di Iseo, ein altes Adelsgeschlecht, das am Lago d'Iseo ansässig war und auf Monte Isola zwei Felsen besaß, organisierten. Heute hält sich der Tourismus in Maßen, nur einige wenige Hotels bieten Unterkünfte an. Tagsüber – vor allem an Wochenenden und Feiertagen – wird die Insel allerdings von einer Besucherwelle überrollt.

Monte Isola (Fortsetzung)

So klein Monte Isola zu sein scheint – immerhin elf Orte finden darauf Platz, in denen rund 2000 Menschen leben: die malerischen Fischerdörfer Peschiera, Maraglio und Sensole; Menzino mit einem Wachtturm aus dem 15. Jh., Siviano ebenfalls mit einem mittelalterlichen Befestigungsturm, der auf der Piazza steht, Carzano, von wo aus man zu der etwas höher gelegenen Kapelle Madonna della Ceriola kommt, die Dörfchen Sinchignano, Novale, Olzano, Masse und Senzano. Cure ist der höchste Ort mit einer Kapelle der Madonna della Ceriola aus dem 16. Jahrhundert. Vom Nordufer und vom Südufer aus sieht man zwei Inselchen, die in Privatbesitz sind: die Isoletta di Loreto im Norden, auf der man ein Klarissinnenkloster ausmachen kann, und die Isola di S. Paolo im Süden.

Der kleine Hafenort Peschiera Maraglio auf Monte Isola

*Iseo

Iseo mit gut 8000 Einwohnern ist neben Sarnico der Hauptort des südlichen Lago d'Iseo. Iseo war im Mittelalter von Festungsmauern umgeben, im 14. Jh. wurde der Ort vergrößert. Im malerischen historischen Zentrum, in dem besonders an Wochenenden reges Leben herrscht, liegt die von Arkadengängen umgebene Piazza Garibaldi. In deren Mitte steht eine der ersten Garibaldi-Statuen Italiens, die 1883 von Pietro Bordini geschaffen wurde. Etwas von der Piazza zurückgelegen steht die Kirche S. Maria del Mercato aus dem 18. Jh., die durch Umbau einer Kirche aus dem 14. Jh. entstanden ist. Im Innern sind noch spätgotische Fresken aus der ersten Kirche zu sehen.

Einen gänzlich anderen Charakter hat die Piazza Gabriele Rosa, die sich zum See hin öffnet und an der man ein wenig Hafenatmosphäre mitbekommt. Hier legen die Linien- und Ausflugsschiffe an, und einige Cafés laden zum Verweilen mit Blick auf den See ein.

An der Piazza del Sagrato erhebt sich die Kirche Pieve di S. Andrea aus dem 12. Jh., deren Inneres in nachfolgenden Jahrhunderten in verschiedenen Stilen ausgestaltet wurde. Außerdem steht in Iseo das Castello degli Oldofredi, das sich die Adelsfamilie im 11. Jh. erbauen ließ. Heute ist in dem Gebäude ein Kulturzentrum eingerichtet.

Torbiere

Südwestlich von Iseo erstreckt sich ein Feuchtgebiet, das sich im Lauf der Zeit aus Torfgruben gebildet hat und unter Naturschutz steht. Auf der etwa 2 km^2 großen Fläche hat sich eine spezifische Tier- und Pflanzenwelt entwickelt. Etwas oberhalb von Torbiere steht das im 11. Jh. von Cluniazensern gegründete Kloster S. Pietro in Lamosa mit Fresken aus dem 16. Jh. (geöffnet: Sa. u. So. 14.30–19.00 Uhr; Tel. 030/9883057).

Ostufer des Lago d'Iseo

Am Ostufer führt die SS 510 durch Pilzone, Sulzano, Sale Marasino und Marone – mit Ausnahme von Marone, das eine hübsche Uferzone hat, sind alle Orte durch die verkehrsreiche Straße beeinträchtigt und nicht besonders lohnend. Bei Marone kann man einen Abstecher nach Osten in die Berge machen; dort sieht man bei Zone imposante Felsgebilde in Form von spitzen, turmartigen Erdpyramiden, die sich im Verlauf von Jahrtausenden durch Erosion gebildet haben.

Erosione di Cislano

Pisogne

Pisogne im Norden des Sees wurde in einem Sumpfgebiet gebaut, das systematisch trockengelegt worden war. Der Ort lag an der Via Valeriana, einer Römerstraße, die Brescia mit der Valcamonica verband. Im Mittelalter war Pisogne befestigt, aus dieser Zeit stammen noch drei Stadttore. Das interessanteste Bauwerk ist die Kirche Madonna della Neve aus dem 15. Jh. mit einem bekannten Freskenzyklus von Gerolamo Romanino (16. Jh.) im Innern, der dem Leben Christi gewidmet ist. Nördlich von Pisogne überquert man den Oglio.

Westufer
Lovere

Die erste Stadt auf der Westseite ganz im Norden ist das lebhafte, 5600 Einwohner zählende Lovere, der eigentliche Hauptort des Lago d'Iseo. Von der langen Uferpromenade aus hat man einen schönen Blick über den See hinweg in die Valcamonica und auf die schneebedeckten Berge im Hintergrund. In Lovere sind in dem Palazzo Tadini direkt am Ufer eine Gemäldesammlung mit Werken von venezianisch-lombardischen Malern sowie Porzellan, flämische Wandteppiche und archäologische Ausgrabungsstücke zu sehen (geöffnet: 1.5.–31.10. Mo.–Sa. 15.00–18.00 Uhr, So. u. Fei. 10.00–12.00, 15.00–18.00 Uhr). Den Palast ließ Luigi Tadini 1828 bauen, um darin die Accademia Tadini einzurichten. Sein Grab, das sich in der angeschlossenen Kapelle befindet, hat kein Geringerer als Antonio Canova geschaffen.

Riva di Solto

Von Lovere aus geht es weiter nach Riva di Solto, einem kleinen, sehr idyllischen Ort mit hübscher Uferpromenade. Lohnend ist ein Abstecher hinauf nach Solto Collina, da man von der Straße aus herrliche Panoramablicke auf den Lago d'Iseo hat. Von Riva di Solto aus führt die schmale Uferstraße direkt am Wasser entlang weiter nach Tavernola Bergamasca mit einem Segelhafen, mehreren Cafés und Restaurants. Ein Teil dieses Ortes ist 1906 durch einen Erdrutsch zerstört worden. Bei Predore wird die Landschaft lieblicher, die Berge treten etwas zurück, man kommt an kleinen Olivenhainen und Obstplantagen vorbei. In dem idyllischen Ort selbst steht direkt am Schiffsanleger der Palazzo Mezzatorre, der auf ein Kastell aus dem 15. Jh. zurückgeht.

Predore

*Sarnico

Sarnico, ein Städtchen mit ca. 6000 Einwohnern, das schon zu römischer Zeit existierte, liegt am Südwestende des Iseosees an der Stelle, an der der Oglio aus dem Seebecken austritt. Sarnico ist ein Ferienort mit sehr guten Wassersportmöglichkeiten. Außer dem alten Ortskern mit der Kirche S. Paolo (15. Jh.) und einem hübschen Uhrenturm, der an der Stelle eines alten Kastells steht, sowie der etwas höher gelegenen barocken Kirche S. Martino di Tours ist am nordöstlichen Ortseingang, direkt am Seeufer, die 1912 von dem Architekten Giuseppe Sommaruga erbaute Jugendstilvilla Faccanoni von Interesse.

Bei Paratico auf der anderen Seite des Oglio stehen auf einer kleinen Anhöhe Reste des Castello dei Lantieri (1107). Über Clusane kommt man wieder nach Iseo.

Franciacorta

Südlich des Iseosees erstreckt sich die Hügellandschaft der Franciacorta mit ihren Wiesen, kleinen Wäldern und Weinbergen. Sie ist eines der lombardischen Weinanbaugebiete. Früher war das Gebiet für rustikalen Rotwein bekannt, in den letzten Jahrzehnten hat die Franciacorta sich aber den Ruf einer kleinen Champagne erworben, da hier ein Großteil des italienischen Schaumweins nach der klassischen Methode produziert wird.

Iseosee, Franciacorta (Fortsetzung)

Auf eine der schönsten Villen der Region, die Villa Lechi (16. u. 17. Jh.), trifft man in Erbusco. In bzw. bei Rovato lohnt die Kirche S. Stefano mit Fresken aus dem 15. und 16. Jh. einen Besuch sowie der Convento dell'Annunciata etwas außerhalb, in dem ein Verkündigungsfresko von Gerolamo Romanino im Chor zu sehen ist.

Erbusco

Lago Maggiore · Lago Verbano · Langensee

C–F 3–6

Schweiz, Kanton Tessin, und **Italien**
Regionen: Lombardei und Piemont
Provinzen: Varese, Novara
Wasserspiegel: 194 m ü.d.M.

Der Lago Maggiore, in Italien Verbano (der Name geht auf die keltische Wassergottheit Verbeia zurück) und im deutschen manchmal noch Langensee genannt, ist mit 212 km² Wasseroberfläche nach dem Gardasee der zweitgrößte der oberitalienischen Seen und der inselreichste. Seine geographische Zugehörigkeit ist äußerst vielfältig: Der Zipfel zwischen Brissago und dem nördlichen Ende gehört zu dem Schweizer Kanton Tessin, das italienische Westufer gehört zu Piemont (Provinz Novara), das Ostufer zur Lombardei (Provinz Varese). In diesem Reiseführer wird der See jedoch als Ganzes gesehen und zusammen mit dem kleinen Lago di Orta beschrieben.

Allgemeines

Der kleine Hafen Porto Ronco ist besonders stimmungsvoll. Hier legt das Schiff zur Brissago-Insel an.

Allgemeines (Fortsetzung)

Der Lago Maggiore entstand wie die übrigen oberitalienischen Seen während der Eiszeiten, als Gletscher die Becken aushobelten. Er ist 65 km lang, seine Breite mißt 2 bis 4 km, am Borromäischen Golf sogar 11 km. An seiner tiefsten Stelle, zwischen Ghiffa und Porto Valtravaglia, wurden 372 m gemessen. Seine wichtigsten Zuflüsse sind der Ticino (Tessin), der unweit nördlich von Magadino in den See einmündet und ihn an der Südspitze, bei Sesto-Calende, wieder verläßt, die Maggia, die für das etwa 6 km^2 große Delta zwischen Locarno und Ascona verantwortlich ist, die Verzasca, der Toce (Tosa) und die vom Luganer See kommende Tresa.

**Landschaftsbild

Die Landschaft rings um den See ist außerordentlich schön. Die nördlichen Ufer sind von hohen, meist bewaldeten Hügeln umschlossen, deren Hintergrund die Tessiner und Walliser Alpen bilden. Im Süden flachen die Ufer zur lombardischen Ebene ab. Besonders begünstigt, sowohl klimatisch als auch landschaftlich, ist das Westufer, hier haben sich die bedeutendsten Fremdenverkehrs- und Kurorte entwickelt und ziehen sich die großartigsten Villen und Gärten die Hügel hinauf. Auch sind dem Westufer die meisten der großen und kleinen Inseln vorgelagert. Das Ostufer, von manchen etwas mitleidig "das arme Ufer" genannt, wirkt ursprünglicher. Steil und waldreich fallen hier die Ufer ab. Subtropische Pflanzen und aufwendige Parkanlagen sucht man hier vergebens, dafür gibt es unberührte Uferpartien, die noch nicht so vom Tourismus vereinnahmt sind.

Vegetation

Dank des ausgeglichenen, milden Klimas ist die Vegetation äußerst üppig. In Seenähe bestimmt eine subtropische Pflanzen- und Blütenpracht das Bild. Sie weicht im hügeligen Hinterland und im Hochgebirge subalpiner und alpiner Flora. So trifft man hier auf relativ engem Raum mediterrane und viele exotische Gewächse wie Feigen, Oliven, Granatapfel-, Mandel-, Zitronen- und Orangenbäume, Mimosen, Kamelien und Eukalyptusbäume, Sagopalmen, Johannisbrotbäume und Korkeichen, aber auch Alpenrosen, Steinbrech und Enzian.

Wirtschaft

Die Haupteinnahmequelle ist der Fremdenverkehr. Die meistbesuchten Gegenden liegen im Schweizer Gebiet um Locarno, Ascona und Brissago sowie auf italienischer Seite an der westlichen Bucht zwischen Pallanza und Stresa, in der die großartigen Borromäischen Inseln mit ihren subtropischen Parkanlagen die Hauptattraktion bilden. Neben dem Tourismus haben der Fischfang, verschiedene kleine Industrien, der Marmorabbau sowie Gemüse- und Weinbau eine gewisse Bedeutung.

Veranstaltungen

Zwischen Porto Ronco und den Brissago-Inseln werden Ende Juli/Anfang August mehrere Feuerwerke organisiert.

*Schiffsverkehr

Unbedingt empfehlenswert ist die Fahrt mit dem Schiff (ganzjähriger Betrieb) zwischen Locarno und Arona, im Sommer werden auch Aliscafi (Tragflügelboote) eingesetzt, wobei abwechselnd die Orte des westlichen und des östlichen Ufers angelaufen werden. Eine Autofähre verkehrt zwischen Intra und Laveno.

**Westufer des Lago Maggiore

Uferstraße

Im folgenden werden die wichtigsten Orte im Rahmen einer Rundfahrt um den Lago Maggiore entgegen dem Uhrzeigersinn beschrieben. Ausgangs- und Zielort ist Locarno.

Locarno

→ dort

Ascona

→ dort

*Ronco

Nicht nur die Uferstraße führt nach Ronco, sondern auch ein schöner, rund 1,5stündiger Fußweg, ausgehend vom Monte Verità oberhalb von Ascona. Der kleine Ferienort (335 m ü.d.M.; 750 Einw.) liegt 4 km südwestlich von

Ronco (Fortsetzung)

Ascona am Osthang des Corona dei Pinci. Der alte Ortskern wird von der Pfarrkirche S. Martino aus dem 16. und 19. Jh. beherrscht, der schlanke Campanile ist von 1860. In ihrem Chor sind spätgotische Fresken von Antonio da Tradate (1492) erhalten, das Altarbild (der hl. Martin als Bischof) schuf Antonio Ciseri. Gegenüber der Kirche steht die Casa Ciseri (urspr. 17. Jh.), das Geburts- und Wohnhaus des Malers Ciseri (1821 – 1891), dem Schöpfer der Grablegung Christi in der Wallfahrtskirche Madonna del Sasso (→ Locarno), mit Erinnerungsstücken und einigen Werken des Malers. Oberhalb der Pfarrkirche befindet sich die recht schlichte Barockkapelle S. Maria delle Grazie mit einer hübschen Vorhalle (1712). Die Fresken in der Chorkuppel sind von Giuseppe Antonio Felice Orelli (um 1730). Von der Piazza genießt man einen großartigen Ausblick. Ein steiler Treppenweg mit 800 Stufen, die sog. Himmelsleiter, führt hinunter nach Porto Ronco, dem an der Uferstraße gelegenen Hafenplatz; hier kann man sich zu den Brissago-Inseln einschiffen. Oberhalb von Ronco erhebt sich die Corona dei Pinci (1293 m ü.d.M.), ein Ausläufer des mächtigen Gridone-Massivs, für den lohnenden Aufstieg sollte man ca. 3,5 Std. rechnen. Von oben bietet sich ein großartiger Blick hinunter zum Lago Maggiore mit den Brissago-Inseln, nordwestlich ins Centovalli und weiter über das Onsernone-Tal hinweg ins Val di Vergeletto.

Porto Ronco

**Fernsicht

Fontana Martina

Etwa 2 km südwestlich von Ronco liegt das malerische Bergdorf Fontana Martina. Im Jahre 1923 erwarb der Schweizer Buchdrucker Fritz Jordi den verlassenen Ort, um dort eine Künstlerkommune einzurichten. Zur Finanzierung seiner Vorhaben gründete er eine Töpferei, die noch heute betrieben wird (Verkauf im angeschlossenen Laden). Aus der Künstlergemeinde ist inzwischen ein beliebter Ferienort geworden.

Brissago

Brissago liegt am Fuße des 2189 m hohen Monte Limidario. Bekannt ist der 2000 Einwohner zählende Ort vor allem Zigarrenfreunden wegen der hier seit über 100 Jahren hergestellten, langen dünnen Virginia-Zigarre "Brissago". Zu seinen illustren Gästen gehörte Ruggiero Leoncavallo (1858–1919), Komponist des "Bajazzo" ("I Pagliacci", 1892), dem man ein kleines Museum einrichten möchte. Im Mittelpunkt des alten Dorfkerns, umgeben von 600 Jahre alten Zypressen, steht die Pfarrkirche SS. Pietro e Paolo, ein Bau von Giovanni Beretta und seinem Sohn Pietro von 1526 bis 1610. Unter ihrer Ausstattung sind ein schön geschnitzter Orgelprospekt (1696/1697) sowie ein Kruzifix aus dem 16. Jh. beachtenswert. Von hier gelangt man über eine kleine Gasse zur Casa Branca, auch Palazzo Baccalà genannt. Der schöne Barockpalast wurde 1740–1750 aus einem älteren Bau im Auftrag der Kaufmannsfamilie Branca errichtet; seine reich gestaltete Hauptfassade öffnet sich zum See mit einer fünfbogigen Loggia im Obergeschoß; das Fresko mit einer Verkündigungszene darunter wird B. A. Orelli zugeschrieben. Sehenswert ist auch die Casa Borrani, eine aus mehreren Gebäuden des 17. Jh.s zusammengebaute Patriziervilla.
Am Südende des Ortes steht, ebenfalls am Seeufer, die Kirche S. Maria di Ponte mit ihrem weithin sichtbaren, 40 m hohen freistehenden Campanile. Sie entstand 1526–1546 nach Plänen von Giovanni Beretta. Mit ihrer achteckigen Kuppel und der Säulengalerie im Stil Bramantes gehört sie zu den wichtigsten Beispielen der lombardischen Renaissancearchitektur in der Schweiz. Ihr schönes Portal stammt von Berettas Sohn Pietro. Unter der Ausstattung ist ein Buntmarmoraltar in der Nordkapelle (G. P. Fossati, 1682–1686) und das Chorfresko der Himmelfahrt Mariä (1569) beachtenswert. Die südlich des Ortszentrums gelegene Tabakfabrik Brissago (Fabbrica Tabacchi) kann zwischen Mai und September nach Voranmeldung beim Verkehrsamt besichtigt werden.
Oberhalb von Brissago liegen mehrere typische Bergdörfer, u. a. Cadogno, Porta, Incella und Piodina, mit schönen, teils freskengeschmückten Renaissance- und Barockhäusern. In der Wallfahrtskapelle Sacro Monte dell' Addolorato oberhalb von Brissago sind Fresken von G. Orelli zu sehen. Man erreicht sie auf einem in der Schlucht des Valle del Sacro Monte hinaufführenden Kreuzweg mit freskengeschmückten Stationen.

Isole di Brissago

Die beiden langgestreckten Brissago-Inseln Isola Grande, auch Isola di San Pancrazio genannt, und Isolino ("kleine Insel") liegen etwa 900 m von Porto Ronco und knapp 2 km von Brissago entfernt im Lago Maggiore. Die größere der beiden – nur diese ist der Öffentlichkeit zugänglich – ist mit dem Boot am schnellsten von Porto Ronco, aber auch von Brissago, Ascona und Locarno aus zu erreichen (Besuchszeiten: Mitte April bis Mitte Oktober, täglich 9.00–18.00 Uhr). Im 13. Jh. ließen sich Humiliaten auf den Inseln nieder, ein der Armut und Askese verschriebener Orden. Drei Jahrhunderte später zogen die Mönche fort, die Klostergebäude verfielen. Einzig das Kirchlein auf der kleineren Insel diente bis ins 19. Jh. als Ziel von Flurprozessionen der Einheimischen. Die Inseln wurden Jagdgrund, Zu-

Die Isola Grande ist ein schönes Ausflugsziel.

fluchtstätte von Fischern und beinahe Standort für eine Sprengstoffabrik. Im Jahr 1885 erwarb die Baronessa Antonietta de Saint Léger die beiden Inseln und verwirklichte hier ihren Lebenstraum (→ *Baedeker Special* S. 153). Nach dem Tod des letzten Besitzers erwarben der Kanton Tessin und die Ufergemeinden die Inseln, und 1950 eröffnete auf der Isola Grande der Parco Botanico del Cantone Ticino. Die kleinere Insel ist mit heimischen Pflanzen bewachsen. Der Botanische Garten besticht durch seinen Artenreichtum, über 1800 Arten sind registriert und in Gruppen entsprechend ihrer Herkunftsländer angeordnet. Die Villa beherbergt heute Räume für Kunstausstellungen und ein Restaurant (Tel. 091/7914361).

*Botanischer Garten

*Cannobio

Der malerische alte Ort Cannobio (214 m; 5200 Einw.) liegt bereits auf italienischem Gebiet, etwa 5 km hinter der Grenze. Jeden Sonntag findet hier zwischen 8.00 und 13.00 Uhr ein beliebter Markt statt. Am Ende der Uferpromenade, neben der Schiffsanlegestelle, erhebt sich die Wallfahrtskirche S. Pietà. Sie wurde 1571 nach Plänen Pellegrino Tibaldis im Stil Bramantes gebaut. Das Gnadenbild im Innern, auf Pergament gemalt und einst für wundertätig gehalten, zeigt den toten Christus neben Johannes und Maria (um 1400); das Altarbild ist von Gaudenzio Ferrari (1536) und zeigt Christus

Baedeker Special

Geträumte Welten

Schrullig soll sie gewesen sein und sonderbar – ungewöhnlich war sie auf jeden Fall: Antoinette de St-Léger (1856–1948), Gattin des Barons Richard Flemying St-Léger aus Kingstown in Irland. Über die Abstammung der Baronin wird auch heute noch gerätselt. Man munkelte, sie sei eine russische Großfürstin. Immerhin sprach sie perfekt russisch und pflegte Beziehungen zum Zarenhof. 1885 ließ sie sich mit ihrem Gemahl auf den **Isole di Brissago**, den Brissago-Inseln im Lago Maggiore, nieder, die die beiden dann für 15 000 Franken erwarben. Das Ehepaar verwandelte die steinigen Wiesen und das undurchdringliche Dickicht der Inseln in einen prächtigen Garten. Es pflanzte seltene Bäume, Büsche und Blumen, die es von ausgedehnten Weltreisen mitgebracht hatte und die im feuchtwarmen Klima prächtig gediehen. Um die schöne und extrovertierte Baronin rankten sich bald allerlei Gerüchte; vielleicht gaben sie den Anlaß, daß ihr Mann sie 1897 verließ. Sie jedenfalls blieb auf den Inseln und lud ständig Künstler, Maler, Schrift-steller, Dichter und Gelehrte zu sich ein. Doch nach und nach verarmte die "Frau im See". 1927 mußte sie ihre Inseln verkaufen, und 1948 starb sie, 92jährig, im Armenhaus von Intragna. Der neue Besitzer, ein Hamburger Kaufmann namens Max Emden, ließ die Villa abreißen und an ihrer Stelle den neoklassizistischen Palazzo errichten, der noch heute über dem Garten thront. 1950 kauften der Kanton Tessin und drei Ufergemeinden die Inseln für 600 000 Franken und gründeten hier den heutigen Parco Botanico del Cantone di Ticino. Seither haben sich die Pflanzen von 250 auf 1800 Arten vermehrt. Wer sich keinen Urlaub in der Südsee erlauben kann – der wunderschöne subtropische Paradiesgarten auf der Isola Grande di Brissago bietet, mit etwas Phantasie, eine herrliche Alternative.

Die Baronin de St-Léger legte den Grundstein für eine Attraktion am Lago Maggiore. Daß sich der italienischsprachige Schweizer Kanton aber zu einem Wallfahrtsort des Tourismus entwickelte, ist "Aussteigern" zu verdanken. Nach der Eröffnung des Gotthard-Eisenbahntunnels 1882 entdeckten einzelne Besucher aus nördlichen Ländern die attraktive Landschaft der bis dahin vor der Welt verschlossenen Region für sich. 1901 kamen Henri Oedenkoven, ein belgischer Großindustriellensohn, und seine Lebensgefährtin, die deutsche Pianistin Ida Hoffmann, nach **Ascona** und kauften sich am Monte Monescia, am Nordostrand der Stadt, ein 1,5 ha großes Gelände für 150 000 Franken. Ihren 350 m hohen Hügel nannten sie **Monte Verità**, "Berg der Wahrheit". 1905 riefen sie die "Vegetabilische Gesellschaft

'Wahrheitssucher' auf dem Monte Verità

des Monte Verità" ins Leben, die fleischlos, mit Freikörperkultur und freier Liebe, mit selbstgenähten Kleidern und selbstgezogener Pflanzenkost, mit Meditationen und Diskussionen nach der "Wahrheit" suchte, mit der die gesellschaftlichen Probleme überwunden werden sollten. Dieses "Zurück zur Natur", über das der Anarchist und Schriftsteller Erich Mühsam in einem "alkoholfreien Trinklied" spottete: "Wir sonnen den Leib, ja wir sonnen den Leib, das ist unser einziger Zeitvertreib. Doch manchmal paddeln wir auch im Teich, das kräftigt den Körper und wäscht ihn zugleich", wirkte auf all die wie ein Fanal, die einem erstarrten, konservativen Bürgertum entfliehen wollten. Und sie strömten in Scharen zum Monte Verità, wie der Monte Monescia seit 1902 amtlich hieß: Literaten, Maler, Psychologen und Mythenforscher, Politflüchtlinge und Sektierer, Theosophen, Naturapostel und Nudisten, auch Schmarotzer, Scharlatane und Visionäre.
Manche sahen nur mal kurz vorbei, andere wiederum ließen sich hier für immer nieder, so der Schriftsteller und spätere Literatur-Nobelpreisträger Hermann Hesse, der Sozialist August Bebel, der Maler Hans Arp. Die Blütezeit der Vegetabilischen Gesellschaft währte knapp zwanzig Jahre. Dann hatten sich nicht nur die Ideale abgenützt – Henri Oedenkoven war auch das Geld ausgegangen. Er verkaufte den Monte Verità und wanderte nach Brasilien aus, um dort, wie er hoffte, seine Vorstellungen von einem naturverbundenen Leben realisieren zu können.

Auf die großen Denker und Wahrheitssucher folgten Leute der Hochfinanz und Politik. Auch unter ihnen gab es manch einen, der von der anmutigen Landschaft und dem milden Klima zur Schaffung einer Traumwelt inspiriert wurde. Bei Morcote am Luganer See schuf sich der St. Gallener Kaufmann Arthur Scherrer zwischen 1930 und 1956 eine unvergleichliche Parkanlage, den **Parco Scherrer**. Durch seine Geschäfte kam der Tuchhändler weit in der Welt herum und fand immer mehr Gefallen an asiatischen und antiken Kulturen. In seinem an einem steilen Hang gelegenen Garten ließ er dann, zwischen Palmen und Zedern, Eukalyptusbäumen und Bambushainen, farbenprächtigen Blumen und blühenden Büschen, die Gebäude nachbauen, die ihn am meisten fasziniert hatten. So kann man heute – en miniature – u. a. das Athener Erechtheion, einen ägyptischen und einen maurischen Tempel, einen Mogulpalast und viele weitere Bauten und Statuen von Hermes und Neptun bewundern. Manch einer mag das für etwas kitschig halten, doch viele ließen sich beim Anblick der hier versammelten Kunstgegenstände aus verschiedenen Erdteilen und Epochen dazu animieren, zumindest für einen Moment in eine andere Welt, in eine andere Zeit einzutauchen.

Cannobio (Fortsetzung)

auf dem Kreuzweg. Neben der barocken Pfarrkirche S. Vittore liegt der burgartige Palazzo della Ragione (1291). Von hier führen Gassen hinunter zum See, wo bunte Häuserfassaden mit ihren zum See hin offenen Laubengängen die Uferpromenade bereichern. Landschaftlich reizvoll ist ein Ausflug ins Hinterland, u. a. zur etwa 2 km entfernten Orrido di Sant'Anna, wo sich der Cannobino eine spektakuläre Schlucht in den Felsen gegraben hat; sehr schön ist auch die zwischen dem Gridone (2188 m ü.d.M.) und dem Monte Zeda (2156 m ü.d.M.) eingebettete Val Cannobina.

Orrido di Sant'Anna

Val Cannobina

Cannero Riviera

7 km südlich von Cannobio folgt am Westufer der reizvoll zwischen Wein-, Obst- und Olivengärten gelegene Ort Cannero Riviera (226 m ü.d.M.). Von der Uferstraße sieht man die zwei Inseln Castelli di Cannero. Einst waren sie Schlupfwinkel berüchtigter Raubritter, bis diese 1414 hingerichtet und ihre Burg geschleift wurde. 1519 ließ Lodovico Borromeo hier die Burg La Vitaliana erbauen, von der aber nur noch Ruinen zu sehen sind.

Verbania

Rund 16 km südlich von Cannero Riviera liegt Verbania (205 m ü.d.M.; 32 000 Einw.). Die größte Stadt am Lago Maggiore besteht aus zwei Ortsteilen: Intra, dem Industrie- und Handelszentrum sowie Fährhafen für die Autofähre nach Laveno, und Pallanza, dem schön am Fuße des 693 m hohen Monte Rosso gelegenen villenreichen Ferienort. Getrennt werden sie durch die Landzunge Punta della Castagnola, die zum großen Teil von dem ausgedehnten Park der Villa Taranto eingenommen wird. 1931 erwarb der Schotte Neil McEacharnd das 20 ha große Gelände, um hier mit viel Liebe einen Park anzulegen, der die Prinzipien eines englischen Gartens mit denen italienischer Gartenbaukunst vereint. In einer eigens dafür geschaffenen, höchst abwechslungsreichen Landschaft gedeihen viele tausend heimische und exotische Pflanzenarten; berühmt sind die Buchenbestände, über 500 verschiedene Rhododendren-Arten, Magnolien, Dahlien und Kamelien. Die Gärten sind von April bis Oktober täglich von 8.30 bis 18.30 geöffnet. Mittelpunkt des Orts und Ausgangspunkt der Promenade ist die Piazza IV. Novembre. Hier stehen der Palazzo Pretorio (Rathaus) und in der Nähe das Mausoleum des Generals Cadorna, Oberbefehlshaber des italienischen Heeres im Ersten Weltkrieg. Auf der kleinen Insel S. Giovanni hielt sich der Dirigent Arturo Toscanini gerne auf. Im barocken Palazzo Viani-Dugnani (18. Jh.; etwas nördlich der Piazza), ist ein Museum untergebracht mit archäologischen Funden, einigen Gemälden aus dem 19. und 20. Jh. sowie Skulpturen von Paolo Trubezkoj (1866 – 1938).

Verbania (Fortsetzung)

**Villa Taranto

Am Nordende des Viale Azari, rund 1 km außerhalb des alten Stadtkerns, steht eine der schönsten Renaissancekirchen der Gegend. Die vermutlich 1519 – 1527 nach Plänen Giovanni Berettas im Stile Bramantes erbaute Madonna di Campagna besitzt wie die Kirche in Brissago eine achteckige Kuppel mit einer Säulengalerie; ihr Campanile geht auf einen romanischen Vorgängerbau zurück. Im Innern sind Fresken aus dem 15. bis 17. Jh., u. a. von Camillo Procaccini, das Chorgestühl (1582) und ein Gnadenbild der Madonna delle Grazie zu bewundern (13. Jh.). Auch hier lädt das Hinterland zu Ausflügen ein; einen prachtvollen Ausblick über den Borromäischen Golf genießt man vom Monte Rosso (693 m ü.d.M.; zu Fuß etwa 2 Std.); noch umfassender ist das Panorama vom Monte Zeda (2156 m ü.d.M.), dem höchsten Gipfel in Seenähe. Lohnend ist auch ein Abstecher ins Val Grande, Teil eines Naturschutzgebietes. Dabei passiert man den Ponte Romano, eine vermutlich auf die Römer zurückgehende Brücke über den S. Bernardino.

Madonna di Campagna

Monte Rosso

Monte Zeda

Val Grande

Ein Abstecher führt zum "kleinen Bruder" des Lago Maggiore, dem 13 km langen und im Durchschnitt 1,5 km breiten Lago di Orta (Ortasee), dem westlichsten der oberitalienischen Seen. Er liegt schön zwischen niederen bewaldeten Hügeln und wird im Nordosten vom 1491 m hohen Monte Mottarone überragt. Hauptort ist Orta S. Giulio (294 m ü.d.M.; 1200 Einw.). Vom Parkplatz gelangt man über enge steile Gassen zum See und zur Piazza hinunter, die von Barockbauten aus dem 17. und 18. Jh. umgeben ist. In der Mitte steht der Palazzo della Comunità, ein Renaissancebau von 1582 mit einem Türmchen. Sein Erdgeschoß öffnet sich in weiten Arkaden; eine Außentreppe führt ins Obergeschoß, wo der Große Rat tagte. Im See liegt die gerade 3 ha große Isola S. Giulio. Um 390 n. Chr. ließ sich hier der später heiliggesprochene Julius aus Ägina nieder und gründete eine Kirche, aus der sich die heutige Basilika S. Giulio entwickelte. Ihr Inneres ist ein Durcheinander verschiedener Stile, vertreten sind spätgotische Fresken (14. – 16. Jh.) sowie Stuckdekor und Marmorintarsien aus dem Barock. Kostbarstes Ausstattungsstück ist die romanische Kanzel aus schwarzem Serpentin, die vermutlich um 1140 von einem comasco-lombardischen Bildhauer geschaffen wurde. Die auf einen Stab gestützte Figur stellt vermutlich Guglielmo da Volpiano dar, der – 962 auf der Insel geboren – ein europaweit bedeutender Benediktinerabt, Klostergründer und Schriftsteller war. Die Reliquien des Heiligen werden in einem prunkvollen Schrein in der Krypta aufbewahrt. An der Stelle einer Langobardenburg aus dem 6. Jh. steht heute ein Nonnenkloster.

*Lago di Orta

Orta S. Giulio

*Isola S. Giulio

Einen herrlichen Blick auf Ort, See und Insel hat man vom 400 m hohen, dem hl. Franz von Assisi geweihten Sacro Monte. Nach dem Vorbild des in der Nähe bei Varallo gelegenen Sacro Monte entstand ein schöner Kapel-

*Sacro Monte

Lago di Orta, Sacro Monte (Fortsetzung)

lenweg, der zu einem 1583 erbauten Franziskanerkloster hinaufführt. Die zwanzig Kapellen entstanden 1591 bis 1788; wie in → Varese und in Varallo sind sie mit Fresken und Terrakottafiguren geschmückt, welche die Passion Christi und Szenen aus dem Leben des hl. Franziskus darstellen. Die Fondazione Caldera (in Ameno, 5 km südöstlich) zeigt u. a. Werke des Malers Antonio Caldera (1903–1978).

Die Basilika auf der Insel S. Giulio geht auf das 4. Jh. n. Chr. zurück.

Baveno

Der Kur- und Ferienort Baveno (205 m; 4500 Einw.) liegt auf der Verbania gegenüberliegenden Uferseite am Fuße des Monte Camoscio. Sein rosafarbener Granit wird seit Jahrhunderten als Baumaterial genutzt, u. a. für die Galleria Vittorio Emanuele II. in Mailand, für die Peterskirche in Rom oder für S. Gaudenzio in Novara. Die im 11. Jh. erbaute und im 18. Jh. veränderte Pfarrkirche SS. Gervasio e Protasio birgt in der letzten Kapelle rechts zwei Defendente Ferrari zugeschriebene Bilder (Geburt und Anbetung Christi); das Baptisterium, ein achteckiger Renaissancebau, dessen Kern jedoch viel älter ist, besitzt Freskenreste (15./16. Jh.).

**Isole Borromee

Die vier zwischen Baveno, Stresa und Pallanza im gleichnamigen Golf gelegenen Borromäischen Inseln, die "Perlen des Lago Maggiore", sind von allen umliegenden Ufergemeinden aus per Schiff zu erreichen (geöffnet: Ende März–Okt. tägl. 9.00–12.00 und 13.30–17.30 Uhr). Viele gekrönte Häupter haben sie bestaunt, ebensoviele Künstler, darunter Stendhal, Dikkens, Dumas, Turgenjew, Flaubert und Anatole France, haben ihnen in ihren Memoiren und Dichtungen Denkmale gesetzt. So wundert es nicht, daß sie vor allem in den Sommermonaten überlaufen sind. Isola Bella und Isola Madre gehören auch heute der Familie Borromeo. Deren Vorfahren, ein altes Mailänder Grafengeschlecht, hatten 1439 von den Mailänder Herzögen der Visconti den seit 200 Jahren mit den Schweizern umkämpften Lago Maggiore erhalten. Als nach dem Untergang der Visconti und der Eroberung von Locarno und Ascona durch die Eidgenossen die Grenzen am See endgültig abgesteckt waren, erlebten die Seeufer unter den Borro-

Isole Borromee (Fortsetzung)

**Isola Bella

mäern eine Blütezeit. Ab 1630 wurden die Inseln zu einer in Europa einmalig gebliebenen Kunstlandschaft umgewandelt. Im Mittelpunkt steht die vielgepriesene Isola Bella, die Alexandre Dumas als "einen Ort unvergleichlichen Zaubers" empfand. Die "Schöne Insel", die an ein vor Anker liegendes Schiff erinnert, zählte schon im Barock als eine Art Weltwunder. Ursprünglich war sie nur ein flacher Schieferfelsen, als Graf Carlo Borromeo zusammen mit dem Architekten Angelo Crivelli um 1630 mit ihrer Umgestaltung begann. Nachdem sein Sohn Vitaliano Borromeo die Arbeiten im Jahre 1670 zu Ende geführt hatte, war aus der nach Carlos Frau Isabella d'Adda benannten Insel ein Meisterwerk italienischer Gartenbaukunst geworden. Damals wie heute nimmt der prächtige Barockgarten fast die ganze Insel ein. Er steigt vom Seeufer in zehn immer kleiner werdenden Ter-

Die Borromäischen Inseln – die "Perlen des Lago Maggiore" – hier die Isola Madre und die Isola dei Pescatori

rassen auf und ist mit Statuen, Grotten, Arkadengängen und exotischen Pflanzen geschmückt. Der prachtvoll ausgestattete, 1632 erbaute Palast ist heute ein Museum.

*Isola dei Pescatori

Die Isola dei Pescatori, auch Isola Superiore genannt, liegt etwa 500 m nordwestlich. Bis Anfang des 20. Jh.s lebten hier Fischer und ihre Familien. Heute bestimmt vor allem der Fremdenverkehr die Atmosphäre.

*Isola Madre

Die "Mutter-Insel", die Isola Madre, ist die größte der Borromäischen Inseln. Bereits 1502 hatte Lancilotto Borromeo hier mit der Anlage eines Palazzo samt Garten begonnen. Ihr heutiges Aussehen erhielt sie im 18. und 19. Jh., als Vitaliano Borromeo (1792–1874) sie im Stil eines englischen Gartens umgestalten ließ. Ihr besonderer Reiz liegt in dem prachtvollen Botanischen Garten mit seinen hundertjährigen Bäumen, großartigen Rhododendren und subtropischen und exotischen Pflanzen, in dem große Pfauen herumspazieren. Im Palazzo Borromeo, einem schönen Bau aus dem 16. Jh., ist eine Puppen- und Keramiksammlung untergebracht. Neben ihm steht die kleine Grabkapelle der Borromeo von 1858. Die vierte Insel, die kleine Isola S. Giovanni, ist in Privatbesitz und nicht zugänglich.

*Stresa

Über Meina mit seiner prächtigen Villa Farragiana erreicht man das 5000 Einwohner zählende Stresa. Es liegt am Eingang des Borromäischen Golfes (210 m ü.d.M.) am Fuß des 1491 m hohen Monte Mottarone. Im 19. Jh. war es eine der vornehmsten Kurstädte Italiens. An diese Zeiten erinnern die etwas in die Jahre gekommenen Hotelpaläste, zu deren illustren Gästen nicht nur der europäische Hochadel, sondern auch berühmte Künstler wie Stendhal, Dickens, Hemingway oder Richard Wagner gehörten. Musik hat bis heute Tradition: Alljährlich finden im August/September die Settimane Musicali di Stresa statt, ein international anerkanntes Musikfestival. Ortsmittelpunkt ist die Uferpromenade, die schöne Ausblicke auf den See und die Borromäischen Inseln bietet. An ihr liegen die Pfarrkirche und die meisten großen Hotels. Sehenswert sind die Villa Ducale (1770) und die

Villa Pallavicino

Villa Pallavicino (19. Jh.). Sie liegt am südlichen Ortsausgang in einem herrlichen botanischen Garten mit einem angeschlossenen kleinen Zoo (der Garten ist zugänglich: Mitte März bis Mitte Okt. tgl. 8.30–19.00 Uhr).

**Monte Mottarone

Der 1491 m hohe Monte Mottarone gehört zu den beeindruckendsten Aussichtspunkten des gesamten Seengebietes. Man erreicht seinen Gipfel entweder mit dem Auto (mautpflichtig), mit der Schwebebahn oder zu Fuß (rund 4 Std.). Auf halber Strecke passiert man Gignese (700 m), das mit einem originellen Schirmmuseum aufwartet (Museo dell'Ombrello; geöffnet:

*Giardino Alpino

Apr.–Sept. Di.–So. 10.00–12.00, 15.00–18.00 Uhr). Etwas oberhalb, in Alpino (768 m), wachsen im Giardino Alpino über 2000 Alpenpflanzen.

Arona

Über Belgirate und Lesa, von dessen Uferpromenade man einen herrlichen Blick auf das gegenübergelegene Seeufer bis hin zum Campo dei Fiori bei → Varese hat, erreicht man kurz vor Arona die auf einem Hügel thronende,

Colosso di S. Carlone

angeblich größte Statue Europas. Der Colosso di S. Carlone erinnert an den hl. Carlo Borromeo, berühmtester Sproß der Mailänder Adelsfamilie, der 1538 in Arona zur Welt gekommen war († 1584). Schon mit 22 Jahren war er Erzbischof und ein entschiedener Gegner der Reformation, u. a. war er dafür verantwortlich, daß es auf dem Konzil von Trient (1545–1563) zu keiner Einigung zwischen den Glaubensgegnern kam, was die Gegenreformation auslöste. Bereits 1610 war er von Papst Paul V. heiliggesprochen worden. Im Innern der 1697 aufgestellten, 23 m hohen Statue führt eine Wendeltreppe bis in den Kopf. Neben der Statue steht das 1620–1643 von Francesco Maria Richini erbaute Bischöfliche Seminar. Arona selbst ist ein Handels- und Industriestädtchen (16 000 Einw.) mit einer kilometerlangen

Museo Civico

Uferpromenade. Im Museo Civico (Piazza De Filippi) zeugen die ältesten Funde von 1200 v. Chr. von seiner langen Siedlungsgeschichte. Die erste Burg auf dem Felsen oberhalb der Stadt geht auf das 10. Jh. zurück; im Mittelalter wurde sie ausgebaut und von Napoleon schließlich geschleift.

S. Maria Nascente

Die Pfarrkirche S. Maria Nascente im unteren Stadtteil stammt aus dem 15. und 17. Jh., im 19. Jh. wurde sie stark verändert. Besuchenswert ist sie wegen Gaudenzio Ferraris Flügelaltar mit einer "Anbetung des Kindes" (1511) und wegen einer "Himmelfahrt Mariä" von Morazzone (um 1617). Die

S. Marta

Kirche S. Marta an der Piazza del Popolo wird Pellegrino Tibaldi zugeschrieben (1592); Santi Martiri, an der Piazza S. Graziano, besitzt eine barocke Fassade und einen klassizistischen Innenraum.

Sesto Calende

Am Südende des Lago Maggiore, wo der Ticino den See wieder verläßt, liegt Sesto Calende (198 m; 10 000 Einw.), ein Industrieort mit langer Siedlungsgeschichte, die im Archäologischen Museum dokumentiert wird (Museo Civico; geöffnet: Di.–Sa. 8.30–12.00, 15.00–17.00, So. 10.00 bis 12.00, 15.00–19.00 Uhr).

Die an der Straße nach Angera stehende Kirche S. Donato geht auf das 12. Jh. zurück, im Barock wurde sie stark verändert. Romanisch sind die Vorhalle, einige Kapitelle und die Hallenkrypta; die Fresken in der Nordapsis stammen aus der Spätgotik, die im Chor aus der Mitte des 17. Jh.s.

Golasecca

Ein Abstecher nach Süden führt zunächst nach Golasecca. Der kleine Ort war bereits im 12. Jh. v. Chr. besiedelt, nach ihm wurde diese früheisen-

Somma Lombardo

zeitliche Kultur auch benannt. Weiter geht es nach Somma Lombardo. Hier steht eine Visconti-Burg (12. Jh.; im 16. und 17. Jh. erheblich erweitert).

2 km östlich liegt Arsago Seprio. In dem kleinen Ort gibt es zwei bedeutende romanische Bauten, die Kirche S. Vittore, sie entstand zwischen dem 9. und 12. Jh., und das Baptisterium aus der Mitte des 12. Jahrhunderts. Rund 7 km südlich von Somma Lombardo liegt der Flughafen Malpensa.

Arsago Seprio

Malpensa

**Ostufer des Lago Maggiore

Angera

*Rocca

Das kleine Städtchen Angera (205 m; 5500 Einw.) liegt am Ostufer des Lago Maggiore auf einer Halbinsel und ist nur noch 2 km vom gegenüberliegenden Arona entfernt. An die einstige strategische Bedeutung erinnert die zinnenbekrönte Rocca di Angera, die den Ort überragt. Der Burgfelsen hatte schon den Langobarden und später mächtigen Adelsfamilien zur Sicherung ihrer Herrschaft gedient. Der heutige Bau geht auf die Visconti zurück. Diese hatten im 14. Jh. die Vorgängerburg der ihnen unterlegenen Torriani bis auf den Bergfried abreißen und neu errichten lassen. Ende des 15. Jh.s gelangte die Festung schließlich an die Familie Borromeo. Sie beherbergt ein Puppenmuseum (Museo della Bambola; Ende März bis Okt. 9.30–12.30, 14.00–18.00, Juli und August 9.30–12.30, 15.00–19.00 Uhr). Sehenswert sind die teilweise ausgemalten Räume. Der Sieg des Erzbischofs Ottone Visconti über die Torriani ist das Thema des Freskenzyklus in der Sala della Giustizia (1314). Die Sala delle Cerimonie ist mit Fresken aus dem Maländer Palazzo Borromeo ausgeschmückt, die u. a. Michelino da Besozzo zugeschrieben werden (Ende 15. Jh.) und 1946 hierher gebracht wurden. Von hier oben genießt man einen schönen Blick auf den Sacro Monte bei → Varese, auf die Südspitze des Sees und auf die kleine Insel Partegora. Wie Funde im Archäologischen Museum bezeugen, war die Gegend bereits um 1200 v. Chr. besiedelt. In einer Grotte ("Antro di Mitra", "Mithrashöhle") auf halbem Weg zur Rocca hinauf fanden sich Spuren des Mithraskultes, eines im Westen Roms zur Kaiserzeit verbreiteten Kultes zu Ehren des persischen Lichtgottes Mithras.

Puppenmuseum

S. Caterina del Sasso in Reno scheint über dem Wasser zu schweben.

Reno
S. Caterina
del Sasso

Über Ispra, Sitz des europäischen Kernforschungszentrums EURATOM, gelangt man nach Reno, das etwa 10 km nördlich liegt. Hier lohnt der Besuch der Wallfahrtskirche S. Caterina del Sasso, die in den Felsen des Steilufers gebaut wurde. Man erreicht sie nur zu Fuß oder vom See her. Im 13. Jh. lebte hier der Einsiedler Alberto Besozzo. Bei seiner Grotte entstand zunächst die Kapelle der hl. Katharina; im 14. Jh. und 15. Jh. kamen eine Kirche und ein Dominikanerkloster hinzu. Derzeit wird der ganze, ursprünglich mit Fresken geschmückte Komplex restauriert.

Laveno

Das Industriestädtchen Laveno (9000 Einw.) liegt am Fuße des Sasso del Ferro (1062 m ü.d.M.). Mit einer Seilbahn gelangt man auf seine Spitze, von der sich eine schöne Aussicht bietet. Im Ortsteil Cerro ist in der Civica Raccolta di Terraglia ein Keramikmuseum zu sehen (geöffnet: Di.–So. 14.30–18.00, Fr.–So. auch 10.00–12.00 Uhr). Für an zeitgenössischer

Arcumeggia

Kunst Interessierte bietet sich ein Ausflug nach Arcumeggia an. In dem 13 km östlich gelegenen Dorf bemalten italienische Künstler Häuserfassaden. Im benachbarten Sangiano kam 1926 Dario Fo zur Welt, der Schauspieler, Regisseur und Schriftsteller (→ Berühmte Persönlichkeiten).

Luino

Luino, wirtschaftliches Zentrum des lombardischen Ufers (15 000 Einw.), liegt in einer großen Bucht an der Mündung der vom Luganer See kommenden Tresa. Seit 1541 findet hier jeden Mittwoch ein weit über die Stadt-

*Markt

grenzen hinaus bekannter Markt statt, der die Uferpromenade und Teile der hübschen Altstadt belebt. Obwohl der Ort als Heimat des Renaissancemalers Bernardino Luini (1480/90–1532) gilt, gibt es nur ein ihm zugeschriebenes Fresko und zwar in der Kirche S. Pietro in Campagna ("Anbetung der Könige"). Die Kirche in der Nähe des Friedhofs ist ursprünglich romanisch, wurde aber im 17. Jh. erneuert. In der an der Uferpromenade gelegenen Kirche Madonna del Carmine (15. Jh.) sind in der linken Seitenkapelle Fresken von Luini-Schülern zu sehen.
Im Hinterland zwischen Luino und → Locarno liegen einige schöne Aus-

Agra
*Monte Lema

flugsziele, darunter Agra (655 m), ein Ferienort über dem Eingang ins reizvolle Val Veddasca, und der Monte Lema (1620 m ü.d.M.). Der schöne Aussichtsberg, auf den von Miglieglia eine Seilbahn hinaufführt, erhebt sich im

Malcantone

Malcantone, wie die dicht besiedelte Landschaft auf der Grenze zum Tessin, zwischen Tresa im Süden und Ticino im Norden, heißt.

*Indemini

Maccagno ist ein kleiner Ferienort am Ausgang des Val Veddasca kurz vor der Schweizer Grenze. Von hier erreicht man auf einer kurvenreichen Straße das kleine Bergdorf Indemini (942 m; 70 Einw.). Es hat sein altes Ortsbild mit eng zusammenstehenden steingedeckten Häusern, Brunnen, Treppengassen und Durchgängen (portici) erhalten; besuchenswert sind außerdem ein kleines Ortsmuseum sowie die etwas außerhalb des Ortes stehende Pfarrkirche S. Bartolomeo (um 1500 erbaut, im 19. Jh. verändert). Von Indemini kann man auf einer 17 km langen Paßstraße direkt nach Vira

*Monte Tamaro

weiterfahren; die kurvenreiche Strecke verläuft am Fuße des Monte Tamaro (1962 m ü.d.M.), der zu den schönsten Aussichtsgipfeln des Tessin gehört.

Vira

Vira (209 m ü.d.M.; 600 Einw.) ist der Hauptort des Gambarogno, wie der nach dem Monte Gambarogno (1734 m ü.d.M.) benannte Landstrich heißt. Dieser erstreckt sich zwischen der Schweizer Seegemeinde Caviano und

Gambarogno

dem Mündungsgebiet des Ticino. Er ist vor allem für Naturliebhaber ein schönes Ziel mit seiner freundlichen Uferlandschaft mit schroffen Bergen, großartigen Ausblicken, reizvollen Wanderwegen und verträumten Tessiner Dörfern. Vira selber ist eine alte Siedlung; an der wohlerhaltenen Seefront steht die im frühen Mittelalter gegründete und im 17. Jh. erneuerte Pfarrkirche S. Pietro mit einem schönen Renaissance-Taufstein (1589).

Piano di Magadino

Die weite Ebene des Ticino-Mündungsdeltas ist ein Naturschutzgebiet, Bolle di Magadino. In der Sumpflandschaft leben über 300 Vogelarten. In Magadino (199 m; 1100 Einw.), das im Mittelalter ein bedeutender Handels-

platz war, sind in der 1847 erbauten Pfarrkirche S. Carlo zwei Tafelbilder zu sehen, die Bernardino Luini zugeschrieben werden, sowie Fresken des deutschen Malers Richard Seewald (1889–1976).
Von hier sind es nur noch wenige Kilometer bis nach → Locarno, dem Ausgangspunkt der Rundfahrt um den Lago Maggiore.

Lago Maggiore, Ostufer (Fortsetzung)

Livigno

N 1

Provinz: Sondrio
Höhe: 1816 m ü.d.M.
Einwohnerzahl: 4500

*Lage und Allgemeines

Livigno liegt völlig abseits im äußersten Nordzipfel der Lombardei im Westen der Valtellina (→ Veltlin). Von → Bormio aus kommt man über den Foscagno-Paß (2291 m ü.d.M.) hierher, von Tirano aus über den Forcola-Paß (2315 m ü.d.M.) oder von St. Moritz aus über den Bernina-Paß (2323 m ü.d.M.). Livigno ist aufgrund seiner Lage und aufgrund der Sprache eine kleine Welt für sich. Die Bevölkerung spricht Ladinisch, im Deutschen als Rätoromanisch bezeichnet, ein Sprachtyp, der überhaupt nur noch von gut 500 000 Menschen gesprochen wird.

Zollfreie Zone

In den letzten Jahren erlebte der Ort einen wahren Touristenboom, der u. a. darauf zurückzuführen ist, daß Livigno zollfreie Zone ist.

Wintersport

Wintersportlern hat Livigno 120 km Pisten zu bieten, davon rund 40 km Langlaufloipen. Lange Anmarschwege sind nicht nötig – viele Loipen sind direkt von den Hotels aus zu erreichen.

Geschichte

Das Gebiet von Livigno ist seit dem 7. Jh. bewohnt. Die Bevölkerung lebte von Viehzucht und Handel mit den Regionen jenseits der Pässe. Bereits im 16. Jh. hatte Livigno Privilegien im Weinhandel und war von Zollabgaben befreit. Das heutige zollfreie Gebiet ist im 19. Jh. zur Zeit der Napoleonischen Regierung eingerichtet worden; man wollte damals verhindern, daß der abgelegene Ort, in dem sich Überalterung abzeichnete, vollkommen verlassen würde.

Trepalle

Über den Eira-Paß kommt man nach Trepalle (2079 m ü.d.M.), dem höchstgelegenen ständig bewohnten Dorf Italiens.

Locarno

E 3/4

Schweiz, Kanton Tessin
Höhe: 205 m ü.d.M.
Einwohnerzahl: 14 000 (mit den Nachbargemeinden 35 000)

*Lage und Allgemeines

Die alte Stadt Locarno liegt am Nordende des → Lago Maggiore. Im Windschutz der Alpenausläufer und dank des milden Klimas blühen hier Kamelien, Azaleen, Mimosen und Magnolien, gedeihen Oleander, Palmen, Feigen-, Oliven- und Mandelbäume. So wundert es nicht, daß die Stadt ein beliebter Erholungsort ist und im Winter als Wintersportort und im Sommer als Ausgangspunkt für Wanderungen und für Schiffsausflüge einen hervorragenden Ruf genießt. Dieser ist zumindest weitaus größer als die Stadt selber: der Bahnhof, die Kirche S. Vittore und die Uferpromenade gehören nämlich bereits zur Gemeinde Muralto und die über dem See thronende Wallfahrtskirche Madonna del Sasso zu Orselina.

Filmfestival

Ein Teil des internationalen Rufs verdankt die Stadt einer Gruppe von Tessiner Unternehmen, die 1946 das Filmfestival von Locarno ins Leben riefen. Seither findet das neben der Biennale von Venedig zweitälteste euro-

Filmfestival (Fortsetzung)

päische Filmfestspiel jedes Jahr im August statt. Im Wettbewerb um die begehrten Leoparden konkurrieren Cineasten und seit 1983 auch Fernsehfilmmacher aus aller Welt. Neben Wettbewerb und Retrospektiven bilden die abendlichen Freilichtaufführungen auf der Piazza Grande den Höhepunkt des Festivals.

Geschichte

Der heutige Name rührt von den keltischen Leukarni her, die im Mündungsgebiet des damals Leukera (= die Weiße), heute Maggia genannten Flusses lebten. Reiche Ausgrabungsfunde belegen, daß der Ort sich dank seiner Lage an der Route zu den wichtigen Alpenpässen rasch entwickelte und ein Zentrum der Glasherstellung war. Im Mittelalter beherrschten lombardische Adelsfamilien die durch Handel, vor allem Seidenhandel, reich gewordene Stadt, der 1164 Kaiser Friedrich Barbarossa das Marktrecht verlieh. In der Mitte des 14. Jh.s bauten die Mailänder Visconti das Castello Visconteo zu einer mächtigen Festung aus, die jedoch 1513 von den Eidgenossen erobert und wenig später zum größten Teil zerstört wurde. Der Niedergang setzte ein, als ein verheerender Bergsturz 1512 die traditionellen Handelswege über die Alpen unpassierbar machte. Diese Entwicklung setzte sich fort, als während der Reformationswirren 1555 alle reformierten Familien aus der Stadt ausgewiesen wurden und mit ihnen auch der sehr einträgliche Seidenhandel an Zürich verlorenging.

Piazza Grande, Mittelpunkt der Stadt Locarno

Nach der Gründung des Kanton Tessin wechselte sich Locarno mit Lugano und Bellinzona im 6-Jahres-Rhythmus als Hauptstadt des Kantons ab (1803–1878). Erst mit dem Fremdenverkehr Ende des 19. Jh.s setzte ein erneuter Aufschwung ein. Weithin bekannt wurde die Stadt, als sich im Oktober 1925 Großbritannien, Frankreich und Deutschland hier zu einer Friedenskonferenz versammelten, die mit dem Pakt von Locarno und dem Eintritt Deutschlands in den Völkerbund endete.

Stadtbild

Seit dem Mittelalter hat sich Locarnos Stadtbild enorm verändert. Dazu trug einmal die zwischen Ascona und Locarno in den Lago Maggiore mündende Maggia bei. Durch die enormen Anschwemmungen hat sich die Uferlinie im Laufe der Jahrhunderte in den See vorgeschoben. So lagen das historische Stadtzentrum, die Piazza Grande, und das Castello Visconteo ursprünglich direkt am See. Auch schlägt sich Locarnos Anziehungskraft in dem ungeheuren Baueifer nieder, mit dem die Stadt und ihre Umgebung überzogen wurde – nur Lugano und entfernt Ascona können mit einer ähnlichen Zersiedlung aufwarten, und so prägen heute vor allem Neubauten und die stark besiedelten Berghänge das Aussehen.

Sehenswertes in Locarno und Umgebung

*Piazza Grande

Mittelpunkt der Stadt ist die langgestreckte, kopfsteingepflasterte Piazza Grande, die zu den schönsten Plätzen der Schweiz gehört. Im Norden wird sie von eleganten Arkadenhäusern im lombardischen Stil begrenzt, die ihr heutiges Aussehen vor allem im 19. Jh. erhielten. Sie beherbergen Banken, Geschäfte, Cafés und Restaurants. Ältestes Gebäude ist die Torre del Comune aus dem 14. Jahrhundert. Die Piazza ist ein beliebter Treffpunkt; Donnerstag vormittags findet hier der traditionsreiche Wochenmarkt statt, und im August, während des Filmfestivals, herrscht Hochbetrieb, dann drängen sich hier Tausende Menschen. Seit langem gibt es Pläne, den Platz für den Autoverkehr zu sperren.

Altstadt

Hinter der Piazza beginnen mehrere malerische Gassen, die in die Altstadt hinaufführen. Hier liegen die bedeutendsten Sehenswürdigkeiten der Stadt sowie zahlreiche stattliche alte Patrizierhäuser aus dem 16. und 17. Jh.; eines der hübschesten Gäßchen ist die Via S. Antonio.

*Castello Visconteo

Den westlichen Eckpfeiler des Stadtkerns bildet das Castello Visconteo. Das heutige Schloß mit seinem Rundturm ist nur noch der Rest einer sehr viel mächtigeren Anlage. Nachdem die Mailänder Visconti 1432 die einheimischen Adelsfamilien Orelli, Muralti und Magoria besiegt hatten, erbauten sie an der Stelle einer Orelli-Festung (13. Jh.) ein "Castrum fortissimum", das die späteren Lehnsherren der Stadt, Franchino und Giovanni Rusca, noch erweiterten. Ursprünglich lag es direkt am Seeufer und besaß einen

Castello Visconteo (Fortsetzung)

eigenen Hafen. 1532 ließen die Eidgenossen den größten Teil der Anlage schleifen. Allein der Palas, der Wohnpalast, und der Rundturm aus dem 13. Jh. blieben erhalten. Bis 1798 waren sie Sitz der Schweizer Landvögte. Nach einer gründlichen Renovierung (1923–1929) beherbergen sie heute das Museo Civico e Archeologico, das städtische und archäologische Museum. Beachtenswert sind im Innern der schöne Arkadenhof, die Renaissance-Loggia, das Fresko im Treppenhaus (es stellt Giovanni Rusca und seine Mutter dar; um 1490), sowie die schön geschnitzten Balkendecken. Zu den Ausstellungsstücken gehören reiche Funde aus der Bronzezeit bis ins Mittelalter, eine schöne Sammlung römischer Gläser, Skulpturen aus der Kirche S. Vittore in Muralto, Möbel, Holzplastiken und Kunsthandwerk sowie eine interessante Dokumentation zum Locarno-Pakt (geöffnet: Apr. bis Okt. Di.–So. 10.00–12.00, 14.00–17.00 Uhr).

*Museo Civico

Casorella

Im 16. Jh. wurde die sog. Casorella, eines der schönsten Patrizierhäuser Locarnos, an das Schloß angebaut. Heute wird hier das Werk des Malers Filippo Franzoni (1857–1911) vorgestellt. Das Deckengemälde “Urteil des Paris” im Ehrensaal stammt von Giuseppe Antonio Felice Orelli.

S. Francesco

Etwas westlich oberhalb des Visconti-Schlosses steht die Kirche S. Francesco. Sie wurde vermutlich 1229, ein Jahr nach der Heiligsprechung des Franziskus, vom hl. Antonius von Padua gegründet. Der heutige Bau entstand 1528–1572 nach Plänen von Giovanni Beretta aus Brissago. In der für den Bettelorden typischen schlichten Renaissance-Fassade wurden Teile eines Vorgängerbaus sowie des abgetragenen Castello Visconteo verbaut. Die drei spätgotischen Reliefs in der Mauer – Lamm, Stier und Adler – symbolisieren vielleicht die drei Stände Bauern, Bürger und Adel. Fünf toskanische Säulenpaare gliedern den dreischiffigen Innenraum. Nur wenige Fresken sind erhalten; über dem Chorbogen befindet sich eine schöne Verkündigungsgruppe (16. Jh.). Durch ein Portal rechts vor der Apsis kommt man in das ehemalige Kloster (heute Lehrerseminar). Beachtenswert ist hier vor allem das Refektorium, das Baldassare Orelli 1716 mit illusionistischen Fresken ausmalte. Gegenüber der Kirche befindet sich das Grabmal des Giovanni Orello (Stefano de Vellate; 1347).

S. Antonio Abate

Die katholische Hauptkirche von Locarno, deren schöner, fünfstöckiger Campanile schon von weitem sichtbar ist, steht am nordwestlichen Altstadtrand. Sie wurde 1668–1674 an der Stelle eines Vorgängerbaus errichtet. Die Ausstattung stammt zum großen Teil aus dem 19. Jh.; beachtenswert sind das Gemälde im Chor, eine Glorifikation des hl. Antonius, von Giovanni Antonio Felice Orelli, sowie im nördlichen Querschiff eine Kreuzabnahme von demselben Künster (1742–1744).

*Pinacoteca Comunale Casa Rusca

An der Südseite der Piazza S. Antonio steht die Casa Rusca, einer der schönsten Paläste Locarnos aus dem 17. Jahrhundert. Er beherbergt die Städtische Gemäldegalerie, deren Kern auf die Sammlungen von Hans und Marguerite Arp, die lange Zeit in Locarno lebten, sowie von Nesto Jacometti zurückgeht. Zu sehen sind viele Arbeiten des Dada-Künstlers Arp sowie von befreundeten Künstlern wie Max Ernst, Georges Braque, Picasso und Chagall, ein großes Konvolut von Radierungen und Gemälden der zeitgenössischen Pariser Schule sowie regelmäßig Wechselausstellungen von Künstlern des 20. Jh.s (geöffnet: Di.–So. 10.00 bis 12.00 und 14.00 bis 17.00 Uhr).

S. Maria in Selva

Etwas westlich von S. Antonio, in der Via Vallemaggia, steht die kleine Friedhofskapelle S. Maria in Selva, eigentlich der Rest einer 1884 abgerissenen Klosterkirche aus dem 15./16. Jahrhundert. Sie ist reich mit spätgotischen Fresken aus dem 14. und 15. Jh. geschmückt, dargestellt sind Szenen aus dem Leben Jesu und Mariä. Namentlich bekannt ist nur Jacobus de Vaulate, der die Grablegung Mariä an der oberen Südwand schuf. Auch der Friedhof ist mit seinen vielen, teilweise prunkvollen Grabbauten einen Besuch wert; u. a. befindet sich hier das skulpturengeschmückte Grab von Hans Arp (1887–1966).

Weitere Sehenswürdigkeiten

Auf dem Weg zurück zur Piazza Grande kommt man an zahlreichen schmucken Patrizierhäusern vorbei, u. a. an der Casa Simona (16. Jh.; im 18. Jh. verändert; Via S. Antonio 3) und an der Casa del Negromante, vermutlich einer der ältesten Adelspaläste der Stadt (14. Jh.; Contrada Borghese 14). In der Via Citadella lohnt noch die 1630 von Cristoforo Orelli gestiftete, 1636 geweihte Kirche S. Maria Assunta einen Besuch, auch Chiesa Nuova genannt. Eine mächtige Statue des hl. Christophorus beherrscht die Fassade; das Innere birgt reichen Stukkaturen- und Freskenschmuck sowie kostbare intarsierte und vergoldete Reliquienschreine. An die Kirche schließt die Casa dei Canonici an, der 1590–1605 erbaute Palazzo des Stifters mit einem Arkadenhof.

S. Maria Assunta

Giardini Pubblici

Am Südrand der Piazza Grande beginnt der sich bis zu den Anlegestellen am Seeufer erstreckende Stadtgarten (Giardini Pubblici); hier befindet sich der Kursaal (1909/1910, G. Pagani), in dem Theater, Casino und Fremdenverkehrsamt untergebracht sind. An der südwärts führenden Via della Pace steht der Palazzo della Conferenza (Pretorio), in dem 1925 die Friedenskonferenz abgehalten wurde. Die Bucht des Lago Maggiore wird von der schönen Uferpromenade Lungolago Giuseppe Motta umzogen, hier befindet sich auch der Debarcadero, die Schiffsanlegestelle. Am südlichen Ende des Lungolago liegt der Bosco Isolino, auch Giardini Jean Arp genannt, eine hübsche Grünanlage mit Plastiken des Künstlers. Ostwärts führt die Uferpromenade unter dem Namen Viale Verbano über Muralto und Rivapiana zu dem Vorort Minusio.

*Uferpromenade

Muralto

Locarnos ältestes Gotteshaus liegt im Stadtteil Muralto, etwas östlich vom Bahnhof. Lombardische Baumeister errichteten die Kirche S. Vittore zwischen 1090 und 1110, der mächtige Campanile wurde im 16. Jh. angefügt und 1932 erhöht. Seine Südwand schmückt ein ursprünglich für das Castello bestimmtes Marmorrelief des hl. Viktor zu Pferd; die drei bärtigen Heiligenköpfe auf seiner Standarte stellen die Heilige Dreifaltigkeit dar (Martino Benzoni; um 1460). Die Kirche wurde zwischen dem 12. und 17. Jh. mit Fresken ausgestattet; der großartige romanische Zyklus an der südlichen Wand des Mittelschiffs stammt aus dem 12. Jh., die Fresken an den Chorwänden sind aus dem 15. Jh.; das "Pfingstwunder" in der Apsis schuf der Augsburger Hans Schmidt (1583). Unter dem Chor befindet sich eine der schönsten romanischen Krypten der Schweiz. Besonders beachtenswert sind die phantasievoll skulptierten Kapitelle mit figürlichen und ornamentalen Motiven; die spätgotischen Fresken im ersten Gewölbejoch entstanden um 1500.

*S. Vittore

**Krypta

Orselina

Auf halber Höhe über Locarno (355 m ü.d.M.) thront das Wahrzeichen Locarnos, die ockergelbe Wallfahrtskirche S. Maria Assunta, allgemein Madonna del Sasso, Felsenmadonna, genannt. Sie liegt im Ortsteil Orselina, und man erreicht sie mit der Zahnradbahn (Funicolare; ab Stazione Via Ramogna), mit dem Auto oder zu Fuß entweder auf dem Kreuzweg Via Crucis oder auf dem Sentiero della Valle. Die Kirche steht der Überlieferung nach an der Stelle, an der 1480 der Franziskanermönch Bartolomeo d'Ivrea eine Marienerscheinung hatte. Erbaut wurde sie Ende des 16./Anfang des 17. Jh.s zusammen mit dem benachbarten Kloster. Später erfolgten zahlreiche Veränderungen, so stammt ihre Westfassade mit dem fünfbogigen Arkadenportikus vom Ende des 19. Jh.s (A. Ghezzi). Das Innere ist überreich stuckiert und mit Fresken geschmückt. Unter der reichen Ausstattung sind die unzähligen Votivtafeln beachtenswert, Danksagungen für die vielen Wunder, die der Felsenmadonna zugeschrieben werden. Wertvollster Schatz ist das Tafelbild "Flucht nach Ägypten" im südlichen Seitenschiff von Bartolomeo Suardi, genannt Bramantino (um 1520); die "Grablegung Christi" in einer Seitenkapelle malte der aus Ronco stammende Antonio Ciseri 1870. Im Klosterbereich gibt es noch einige sehenswerte Kapellen, u. a. die Von-Roll-Kapelle mit einer hölzernen Figurengruppe der Beweinung Christi oder des Heiligen Grabes (Mailänder Meister, spätes 15. Jh.); die Pietà-Kapelle und ihr Altar gehen auf die Zeit Fra Bartolomeos

**Madonna del Sasso

Madonna del Sasso (Fortsetzung)

zurück (seit 1980 wieder unter dem zweiten Bogen der Casa del Padre); in zwei weiteren Kapellen werden mit Terrakottafiguren Szenen aus dem Neuen Testament dargestellt, darunter das "Letzte Abendmahl" und das "Pfingstwunder". Beide Arbeiten werden Francesco Silva aus Morbio zu-

Madonna del Sasso – die hochgelegene Wallfahrtskirche ist das Wahrzeichen Locarnos.

Kirchenmuseum

Kreuzweg

**Aussicht

geschrieben (1560–1641). Im angeschlossenen Kirchenmuseum (Museo Casa del Padre) sind weitere Votivbilder, Skulpturen, Gemälde, kirchliche Geräte und Gewänder ausgestellt (geöffnet: Ostern bis Mitte Okt. Mo., Fr., So. 10.00–12.00, 14.00–17.00 Uhr). Vom ursprünglichen Kreuzweg (Via Crucis) sind nur wenige Kapellen erhalten; die Terrakottafiguren in zwei Kapellen schuf Francesco Silva um 1620. Am Fuße des Prozessionsweges steht das 1502 geweihte Oratorio dell'Annunziata, es enthält die Grabplatte des Bartolomeo d'Ivrea. Prächtige Ausblicke über Locarno und den Lago Maggiore bieten sich von der seitlichen Arkadengalerie der Kirche sowie von der Terrasse.

*Cardada

*Cimetta

**Cima della Trosa

Von der Wallfahrtskirche Madonna del Sasso führt eine rund 2 km lange Seilbahn in zehn Minuten hinauf nach Cardada (Alpe Cardada; 1350 m ü.d.M.) Von hier kann man weiter mit einer 869 m langen Sesselbahn in sechs Minuten (zu Fuß in 1 Std.) zur Cimetta (1676 m ü.d.M.) inmitten eines gut erschlossenen Skigebietes gelangen (mehrere Liftanlagen). Eine großartige Aussicht belohnt diejenigen, die von der Cimetta noch etwa 1 Std. zur Cima della Trosa aufsteigen (1871 m ü.d.M.); der Abstieg könnte von dort über die Alpe Bietri ins Bergdorf Mergoscia erfolgen (Valle Verzasca).

Seitentäler Locarnos

Die Seitentäler Locarnos sind voller Natur- und Kulturschönheiten, die allein eine Reise wert sind. Ihre Beschreibung würde den Rahmen des vorliegenden Reiseführers jedoch sprengen. Valle Maggia, Valle Verzasca, Val Onsernone sowie das Centovalli sind neben vielen anderen Sehenswürdigkeiten im Baedeker Allianz Reiseführer Tessin ausführlich beschrieben.

Lodi

J/K 9

Provinzhauptstadt
Höhe: 87 m ü.d.M.
Einwohnerzahl: 42 500

Lage und Allgemeines

Am Westufer der Adda etwa 30 km südöstlich von Mailand liegt Lodi. Die kleine Stadt ist seit 1995 Hauptstadt der gleichnamigen Provinz, die sich zwischen der Adda im Osten, dem Lambro im Westen und dem Po im Süden erstreckt. Die Provinz lebt im wesentlichen von Landwirtschaft, in erster Linie von Milchwirtschaft.

Geschichte

Die Ursprünge von Lodi liegen im benachbarten Lodi Vecchio, das auf eine römische Gründung namens Laus Pompeia zurückging. Lodi Vecchio war lange Zeit eine bedeutende Stadt in unmittelbarer Nähe zu Mailand. Die Blüte zog sich bis ins 12. Jh., dann wurde Lodi Vecchio 1110 und 1158 von den machtbesessenen Mailändern zerstört, die sich der Konkurrenz entledigen wollten. Friedrich Barbarossa gründete daraufhin 1158 auf einer kleinen Anhöhe in der Nähe die neue Stadt Laus Nova.

Sehenswertes in Lodi

*Piazza della Vittoria

Zentrum des städtischen und kulturellen Lebens von Lodi ist die sehr großzügige, von Arkaden umgebene Piazza della Vittoria, die ihr Erscheinungsbild zwischen dem 15. und 17. Jh. erhielt. Alle größeren Veranstaltungen finden hier statt, seien es Feste, Konzerte oder Wahlveranstaltungen. Die zahlreichen Cafés und Bars sind Treffpunkte von Einheimischen und den wenigen Touristen.

*Dom S. Bassiano

An der Piazza erhebt sich der Dom S. Bassiano, dessen Grundsteinlegung in das Jahr 1160 fiel. Man wollte damals dem hl. Bassianus eine neue Kirche weihen, nachdem sich das Geschehen von Lodi Vecchio mit der ursprünglichen Kirche S. Bassiano in das neue Lodi verlagert hatte. Ganz oben an der Fassade erkennt man eine Statue des hl. Bassianus, eine Kopie der Statue im Innern. Knapp hundert Jahre baute man an dem Kirchenschiff, 1284 wurden letzte Arbeiten an der Fassade vorgenommen. Damals entstand die auf Löwen ruhende Vorhalle, wobei die Löwen aus der alten Kirche in Lodi Vecchio stammen. Links und rechts des Portals sieht man die Figuren von Adam (ohne Kopf) und Eva, die ca. 1180 ange-

Dom S. Bassiano (Fortsetzung)

fertigt wurden und somit neben den Löwen zu den ältesten Dekorationsteilen der Fassade gehören. Die Rosette und ebenso die Biforien beiderseits des Portals sind im 16. Jh. eingearbeitet worden, außerdem wurde der Campanile aus der ersten Bauphase im 16. Jh. erneuert. Insgesamt wurden im 16. und 18. Jh. mehrere Veränderungen an der ursprünglich romanischen Kirche vorgenommen, was dem Gesamtkomplex heute deutlich anzumerken ist.
Aus der Kirche S. Bassiano in Lodi Vecchio wurden außer den beiden Löwen noch weitere Ausstattungsstücke in den neuen Dom gebracht. Dazu gehören die sterblichen Überreste des hl. Bassianus, die in der Krypta ruhen, außerdem die Reliefarbeiten am Altar mit Darstellungen von Bassianus, Petrus und Clemens (10./11. Jh.). An der Wand des linken Seitenschiffs und in einer der Seitenkapellen sind noch Reste von gotischen Fresken erhalten.

Die Vorhalle des Doms S. Bassiano ruht auf Löwen, die aus der alten Kirche in Lodi Vecchio stammen.

Broletto

Das Rathaus von Lodi, linker Hand der Domfassade, mit der Loggia und dem Portikus an der Hauptfassade entstand im 18. Jahrhundert. Links und rechts des Portikus sind die Büsten der Gründer von Lodi Vecchio, der römische Konsul Strabo, und des heutigen Lodi, Friedrich Barbarossa, zu sehen. Durch den Portikus kommt man auf die kleine Piazza del Broletto mit den Resten des alten Broletto (= mittelalterliches Rathaus) aus dem Jahr 1284.

Piazza del Mercato

Auf der Rückseite des Doms liegt die Piazza del Mercato mit dem Palazzo Vescovile, der 1730 nach Plänen von Giovanni Antonio Veneroni gebaut wurde. Viermal pro Woche verwandelt sich die Piazza in einen lebendigen Marktplatz.

*S. Maria Incoronata

Westlich vom Dom steht die Kirche S. Maria Incoronata oder auch Santuario dell'Incoronata. Dieser architektonisch interessante Renaissancebau

S. Maria Incoronata (Fortsetzung)

wurde 1488 nach einem Entwurf des ortsansässigen Giovanni Domenico Battagio begonnen, der deutliche Bezüge zu bramantesker lombardischer Architektur zeigt. Von der Straße aus ist der Zentralbau nur schlecht als solcher auszumachen; im Innern sind die Einflüsse Bramantes besser zu erkennen. Über dem oktogonalen, durch Kapellen und Biforien gegliederten Raum spannt sich eine Kuppel, die 1513 unter der Leitung von Giovanni Antonio Amadeo gebaut wurde. Die Malereien im Innenraum stammen großenteils aus dem 16. Jh., sie wurden von den Brüdern Fulvio, Callisto, Scipione und Cesare Piazza ausgeführt, die Tafelbilder in der Westkapelle von Bergognone.

Museo Civico

Im ehemaligen Kloster S. Filippo ist heute das Museo Civico untergebracht (Corso Umberto 63; geöffnet: Mo.–Fr. 8.30–12.30 Uhr, Sa. u. So. 9.30 bis 12.30 Uhr). Unter den Exponaten befinden sich einige interessante archäologische Stücke aus Lodi Vecchio. In der Gemäldegalerie sind hauptsächlich Werke von einheimischen Künstlern zu sehen.

S. Francesco

Über die Via Strepponi/Via S. Francesco kommt man zu der gotischen Kirche S. Francesco an der Piazza Ospedale. Sie stammt aus der zweiten Hälfte des 13. Jh.s, wurde allerdings niemals zu Ende gebaut – so schließt die Fassade gleich oberhalb der Rosette ab. Die Kirche ist über einem lateinischen Kreuz erbaut und mit Fresken aus dem 14. und 15. Jh. ausgestaltet.

Ospedale Maggiore

Am selben Platz steht das Ospedale Maggiore, das Ende 1459 von dem damaligen Bischof von Lodi in Auftrag gegeben wurde. Namhafte lombardische Architekten führten Umbauten an dem Gebäudekomplex durch: Pellegrino Tibaldi erweiterte den Bau im Jahr 1571, Giuseppe Piermarini nahm 1792 eine umfassende Veränderung der Fassade vor. Sehenswert ist der Chiostro (Kreuzgang) aus dem 15. Jh. mit Terrakottadekorationen.

Museo Paolo Gorini

In einen Trakt des Kreuzgangs ist das Museo Paolo Gorini integriert (Schlüssel in der Pförtnerloge am Haupteingang des Ospedale), in dem eine Sammlung von Arbeiten des Naturwissenschaftlers Paolo Gorini (1813–1881) zu sehen ist. In der Hauptsache sind dies Forschungspräparate, genauer gesagt Körperteile und ganze Körper, an denen Konservierungsmöglichkeiten ausprobiert wurden. Über dem skurrilen und durchaus beunruhigenden Sammelsurium spannt sich eine an diesem Platz wohltuend heiter stimmende Decke mit Groteskenmalereien.

Palazzo Mozzanica-Varesi

Vom Ospedale Maggiore aus kommt man in die Via XX Settembre, in der ein bemerkenswerter lombardischer Renaissancepalast (Nr. 51) steht. Sehenswert sind die Fenstereinfassungen und das Portal sowie der Terrakottafries mit Motiven aus der klassischen Mythologie.

Umgebung von Lodi

*Lodi Vecchio

6 km westlich von Lodi liegt Lodi Vecchio, das einstige Laus Pompeia – kaum zu glauben, daß sich in dieser abgeschiedenen Ländlichkeit einstmals die zweitbedeutendste Stadt der Lombardei befunden hat. Von dem früheren Lodi ist die Kirche S. Bassiano außerhalb des heutigen Ortes erhalten geblieben. Es heißt, daß sie auf eine Gründung des hl. Bassianus im 4. oder 5. Jh. zurückgeht. Zwischen 1320 und 1323 – also lange nach der Zerstörung der Stadt – wurde sie im gotischen Stil umfassend verändert. Damals entstand die Fassade mit der kleinen Rosette und den Biforien, die sich zum freien Himmel öffnen. Den oberen Abschluß bilden fünf Fialen. Im Giebel ist – wie am Dom von Lodi auch – eine Statue des Bassianus zu erkennen, ebenfalls eine Kopie des Originals im Dom von Lodi. Von der früheren Kirche ist noch die Apsis erhalten. Der Eindruck im lichten Innenraum wird durch die reichhaltige Freskenmalerei geprägt, die zum Teil noch gotischen Ursprungs ist.

Die Kirche S. Bassiano erinnert daran, daß Lodi Vecchio einst die zweitbedeutendste Stadt der Lombardei war.

Sant'Angelo Lodigiano

Etwas südlich von Lodi Vecchio kommt man nach Sant'Angelo Lodigiano. Ortsmittelpunkt ist ein Kastell aus dem 13./14. Jh., in dem sich ein kunsthistorisches Museum, ein Brotmuseum und ein Museum zur Entwicklung der Landwirtschaft von der Jungsteinzeit bis heute befinden.

S. Colombano al Lambro

Südlich von Lodi liegt am Ufer des Lambro S. Colombano al Lambro mit Resten eines mittelalterlichen Kastells im Ortszentrum.

Il Lodigiano

Die als Lodigiano bezeichnete Ebene erstreckt sich um Lodi herum vom östlichen Ufer der Adda bis zum Lambro. Die Landschaft wird bestimmt durch die charakteristischen Pappelreihen und viele Wasserkanäle. Der wichtigste Wasserlauf ist der fast 60 km lange Canale Muzza, der im Jahr 1220 als zentraler Teil des Bewässerungssystems der Lodigiano-Felder angelegt wurde. Zum Landschaftsbild des Lodigiano gehören außerdem die typischen Cascine, die großen Gutshöfe, die weit verstreut in der Gegend stehen. Viele der Cascine lassen sich heute nicht mehr bewirtschaften und sind vom Verfall bedroht.

*Abbadia Cerreto

In dem kleinen Ort Abbadia Cerreto, ca. 10 km südöstlich von Lodi, steht die Kirche S. Pietro aus dem 12. Jahrhundert. Sie geht auf eine Benediktineranlage zurück, die im 11. Jh. gebaut und 1135 von den Zisterziensern von Chiaravalle übernommen wurde. Von dem Abteikomplex ist die Klosterkirche erhalten, die architektonische Parallelen zur Abteikirche in Chiaravalle aufweist. Bemerkenswert ist der Ostbau mit dem eleganten achteckigen Vierungsturm. Von der einstigen Ausstattung ist nur das Chorgestühl aus dem 18. Jh. erhalten; das Gemälde im linken Querschiff malte Callisto Piazza im 16. Jh.; es zeigt die Madonna mit dem Kind und Heiligen.

Pandino

In Pandino (ca. 10 km nordöstlich von Lodi) steht ein riesiges Visconti-Kastell, das 1379 nach dem Vorbild des Castello Visconteo in Pavia erbaut wurde.

Luganer See · Lago di Lugano · Lago Ceresio F/G 4/5

Schweiz , Kanton Tessin, und **Italien**
Region: Lombardei
Provinzen: Como, Varese
Wasserspiegel: 271 m ü.d.M.

Lage und Allgemeines

Der nach seinem bekanntesten Ort benannte Luganer See, von den Einheimischen auch Lago Ceresio (keltisch keresios = Horn) genannt, liegt geschützt am Südfuß der Schweizer Alpen zwischen den beiden bedeutend größeren Nachbarseen, dem → Lago Maggiore im Westen und dem → Comer See im Osten. Er ist 50,5 km^2 groß und damit kleiner als der → Iseosee; an seiner tiefsten Stelle mißt er 288 m. Zum größten Teil liegt er auf Schweizer Gebiet (Tessin), nur der Seearm im Osten, das Westufer zwischen Ponte Tresa und Porto Ceresio sowie die Enklave von Campione d'Italia sind italienisch (Provinzen Como und Varese). Der von waldreichen Bergrücken umgebene See ist stark verwinkelt. Seine Arme greifen fjordartig in die Hügel und Berge vor und sorgen zusammen mit den Buchten und halbinselförmigen Landzungen für abwechslungsreiche Landschaftsbilder. Für seine Entstehung sorgten zwei Gletscher: der Tessin-Gletscher aus dem Norden (auch für den Lago Maggiore verantwortlich) und der Adda-Gletscher aus dem Westen (er schuf auch den Comer See). Die wichtigsten Zuflüsse sind Magliasina, Vedeggio, Cassarate und Cuccio im Norden; im Westen entwässert die Tresa den See als einziger Abfluß zum Lago Maggiore hin. Für die Farbe des Wassers, meist tiefgrün und trüb, ist sein Algenreichtum verantwortlich.

**Landschaftsbild

Geschichte

Das Ufer des Luganer Sees war bereits von Etruskern und Kelten besiedelt. Reichhaltiger sind Funde aus der Zeit der Römer, Langobarden und

Morcote gehört mit Recht zu den beliebtesten Ausflugszielen am Luganer See.

Geschichte (Fortsetzung)

Franken. Im Mittelalter wiederholt in die Auseinandersetzungen zwischen Mailand und Como verstrickt, gelangten große Teile der Region 1512 unter eidgenössische, in Napoleonischer Zeit vorübergehend auch unter französische Herrschaft.

*Schiffsverkehr

Zu den schönsten Erlebnissen gehören Schiffsfahrten auf dem See. Regelmäßige Schiffsverbindungen gibt es von → Lugano, den beiden Ortsteilen Paradiso und Castagnola sowie von Gandria und Melide aus. Darüber hinaus werden von Juni bis September verschiedene Rundfahrten zu den Uferorten angeboten.

Uferstraße

Eine durchgehende Uferstraße für den Kraftfahrzeugverkehr, wie sie rings um den Lago Maggiore oder den Comer See besteht, gibt es am Luganer See nicht. Größere Abschnitte, besonders am Südufer des Porlezza-Armes, sind nur zu Fuß erreichbar. Der mittlere Teil des Sees wird bei Melide vom 700 m langen Melide-Damm (italienisch Ponte-Diga) für Straße, Eisenbahn und Autobahn gequert.

**Rundfahrt um den Luganer See

Ceresio

Die Landzunge, die sich zwischen Lugano im Osten und Agno im Westen weit in den See hineinschiebt, wird Ceresio genannt. Ihren östlichen Teil nimmt der vom Monte S. Salvatore zum Monte Arbostora (822 m ü.d.M.) reichende Bergrücken, den westlichen Teil die reizvolle Collina d'Oro (Goldener Hügel; im Monte Croce 654 m ü.d.M.) ein. Die Gegend war vor allem ein bei Künstlern beliebter Aufenthaltsort.

Gentilino

Inmitten von Kastanienwäldern liegt das alte Dorf Gentilino (388 m; 900 Einw.) mit sgraffitogeschmückten Häusern. Oberhalb des Ortes steht einsam die Barockkirche S. Abbondio, die im 16. Jh. erbaut und 1653 bis 1658 barockisiert wurde. Aus dieser Zeit stammt der eindrucksvolle Deckenstuck der Brüder Camuzzi. Das Beinhaus folgte 1723; G. A. Petrini bemalte die Arkadennischen. Auf dem gegenübergelegenen Friedhof fanden u. a. der Schriftsteller Hermann Hesse, der Dadaist Hugo Ball und Emmy Ball-Hennings, der Dirigent Bruno Walter sowie Domenico Gilardi, der nach 1812 das brandzerstörte Moskau wiederaufbaute, ihre letzte Ruhestätte.

*Montagnola

Hermann Hesse hatte sich bereits 1919 in Montagnola (472 m, 1700 Einw.) niedergelassen. Er bewohnte zunächst einen Seitenflügel der palastartigen Casa Camuzzi, der "Imitation eines Barock-Jagdschlosses" (Hesse). Architekt war der Tessiner Baumeister Agostino Camuzzi, der schon am Bau der Eremitage in St. Petersburg mitgewirkt hatte. Vor kurzem wurde hier ein kleines Museum eröffnet. Es zeigt Reiseutensilien, Manuskripte und Aquarelle des Literatur-Nobelpreisträgers (Ra Cürta 2; geöffnet: März bis Mitte Okt. Mi.–Mo. 10.00–12.30, 14.30–18.30 Uhr). 1931 wechselte Hesse in das nur ein paar hundert Meter entfernte Haus seines Freundes Hans C. Bodmer an der Straße nach Agra. Hier blieb er bis zu seinem Tod 1962. Eine Stele vor dem Haus erinnert an den Schriftsteller, der sich in vielen Romanen mit der Gegend beschäftigte.

Hesse-Museum

*Carona

Das hoch über dem Luganer See, auf einer Terrasse zwischen Monte S. Salvatore und Monte Arbostora (822 m ü.d.M.) gelegene Carona (602 m; 600 Einw.) hat sich sein spätmittelalterliches Ortsbild mit schönen Patrizierhäusern erhalten. Berühmte Künstler- und Architektenfamilien wie die Aprile, die Scala, die Casella und die Solari waren hier beheimatet (ein Solari baute 1491 die Türme des Moskauer Kreml, auf Cristoforo Solari geht das schöne Doppelgrabmal in der → Certosa di Pavia zurück) und haben den noch heute sichtbaren Wohlstand des Ortes begründet. Die Pfarrkirche S. Giorgio (1598) besitzt interessante Fresken, darunter Kopien berühmter Werke wie das "Jüngste Gericht" (D. Pezzi) oder die Darstellung des Abendmahls. Vom Turm der Pfarrkirche führt die zweigeschossige Loggia del Comune (von 1591) hinüber zum Pfarrhaus. Oberhalb des Dor-

Rundfahrt, Carona (Fortsetzung)

fes liegt die ursprünglich romanische, im 17. Jh. erweiterte Kirche S. Marta, die spätgotische Fresken aus der Zeit um 1468 aufweist. Über einen von Kreuzwegstationen begleiteten Waldweg erreicht man die Wallfahrtskirche S. Maria d'Ongero (südwestlich des Dorfs). Der Bau entstand im 18. Jh. und besitzt im Innern prächtigen Stukkaturen- und Skulpturenschmuck von Alessandro Casella sowie Malereien von Giuseppe Antonio Petrini, beide stammten aus Carona. Vom Kirchplatz bietet sich ein schöner Seeblick. Von hier erreicht man auch noch die zu Anfang des 13. Jh.s als Klosterkirche erbaute S. Maria Assunta di Torello. Ihr Stifter, Guglielmo della Torre, Bischof von Como, liegt hier auch begraben. In Carona gibt es eine Sternwarte, die Ferienkurse anbietet (Osservatorio Calina, CH-6914 Carona).

*Morcote

Am Südfuß des Monte Arbostora liegt Morcote, das sich vor allem im Ortskern sein altertümliches Stadtbild bewahrt hat und heute eines der beliebtesten Ausflugsziele des Ceresio ist (277 m ü.d.M.; 650 Einw.). Eine 1732 angelegte Treppe (408 Stufen) führt zur Wallfahrtskirche S. Maria del Sasso hinauf. Das Gotteshaus mit seinem freistehenden Campanile geht auf das 13. Jh. zurück, 1462 wurde es im Stil der Renaissance und 1758 im Stil des Barock umgestaltet. Im Innern sind hervorragende Fresken aus dem 16. Jh. erhalten. Am anderen Ende des Vorplatzes steht die Kapelle S. Antonio di Padova (von 1676). Besuchenswert ist auch der Friedhof von Morcote, hier liegen u. a. der Komponist Eugen d'Albert (1864–1932), der Dramatiker Georg Kaiser (1878–1945) und der Schauspieler Alexander Moissi (1880 bis 1935) begraben. Nicht weit entfernt schuf sich der vermögende Textilkaufmann Arthur Scherrer (1881–1956) seinen "Giardino delle meraviglie", einen "Zaubergarten", in dem er alles aufstellte, was er von ausgedehnten Reisen in fremde Länder mitgebracht hatte. Zwischen liebevoll angelegten Palmen und blühenden Büschen, zwischen Wasserspielen und verwunschenen Wegen stehen u. a. die Kopie des Athener Erechtheions, ein maurischer Sonnentempel oder ein stilvoll eingerichtetes siamesisches Teehaus. Am Ausgang steht ein Haus aus dem 14. Jh., das Scherrer aus einem Luganeser Stadtviertel hierher versetzte und das er bewohnte (geöffnet: Mitte März – Okt. tgl. 9.00–17.00 Uhr).

**Parco Scherrer

→ *Baedeker Special* S. 153

Melide

Das ehemalige Fischerdorf Melide, auf halbem Wege zwischen Lugano und Morcote gelegen und Geburtsort des großen Baumeisters Domenico Fontana (1543–1607), ist heute ein beliebter Ferienort (277 m ü.s.M.; 1400 Einw.). Hauptattraktion ist die Modellanlage Swissminiatur mit den bedeutendsten Sehenswürdigkeiten der Schweiz in 25facher Verkleinerung (geöffnet: Mitte März – Okt. 8.00–18.00 Uhr, im Juli und Aug. bis 22.00 Uhr).

*Swissminiatur

Riva S. Vitale

Das seit vorgeschichtlicher Zeit existierende Riva S. Vitale (279 m ü.d.M.; 2000 Einw.) liegt eingebettet zwischen dem Luganer See und dem Monte S. Giorgio (1100 m). Im 12. Jh. diente es Como als Stützpunkt gegen Mailand. Schon von weitem erkennt man den markanten Turm und den eleganten Kuppelbau der Kirche S. Croce, berühmt ist der Ort jedoch wegen des Baptisteriums S. Giovanni aus dem 5./6. Jh. am Südrand des mittelalterlichen Ortskerns. Der älteste erhaltene Sakralbau der Schweiz steht neben der Pfarrkirche S. Vitale (urspr. 10. Jh.; 1756–1759 erneuert). Nur der achteckige Kern der aus Natursteinquadern errichteten Taufkirche stammt noch aus dem 5./6. Jh.; einst umschloß ihn ein quadratischer, gedeckter Umgang für die Täuflinge (am Außenbau sind noch einige Dachkonsolen erkennbar). Aus der Entstehungszeit datiert das in den Boden eingelassene achteckige Taufbecken (Piscina), in dem der erwachsene Täufling untertauchen konnte (Submersions- oder Immersionstaufe). Als im frühen Mittelalter die Taufe durch Benetzen (Infusionstaufe) aufkam, stellte man einen runden, monolithischen Taufstein über das ältere Becken. Die acht Seiten des Innenraums sind durch flache und halbkreisförmige Nischen gegliedert. An den Wänden der Ostapsis sind Freskenreste des 10. Jh.s, in den Seitennischen des 12. Jh.s erhalten. Beachtenswert ist auch der teilweise erhaltene Marmorboden, verschiedene Steinarten fügen sich zu geometrischen Formen.

**Baptisterium

Riva S. Vitale, (Fortsetzung)
*S. Croce

Nördlich des alten Dorfkerns erhebt sich die in leuchtendem Gelb-Weiß gehaltene S. Croce (1588–1594), eine der bedeutendsten Renaissance-Kirchen der Schweiz. Baumeister war Giovanni Antonio Piotti, genannt Vacallo. Acht mächtige Säulen tragen eine hohe Tambourkuppel. Die Wandmalereien werden den Brüder Pozzi (1592), die Altarbilder Camillo Procaccini zugeschrieben. Im Laubwald versteckt sich zeitgenössische Architektur, die Casa Bianchi (1973, Mario Botta; Via Fomeggie 6). Beachtenswert sind außerdem die Casa Comunale und der Palazzo Della Croce, zwei Renaissance-Palazzi der Della Croce.

Im Innern des Baptisteriums S. Giovanni in Riva S. Vitale

Uferstraße nach Brusino-Arsizio

Von Riva San Vitale führt eine Fahrstraße am Seeufer entlang zu dem idyllisch am Fuße des waldreichen Monte S. Giorgio (1100 m ü.d.M.) gelegenen Fischerdorf Brusino-Arsizio (276 m). In der Kirche S. Michele (16./17. Jh.) befindet sich ein den Seregnesi zugeschriebenes Fresko, das ursprünglich eine Hauswand schmückte. Von Brusino-Arsizio führt eine Seilbahn hinauf zum Luftkurort Serpiano (650 m), von dem man einen prächtigen Ausblick genießt.

Serpiano

Capolago

Das "Haupt des Sees" (= ital. Capolago; 277 m; 630 Einw.) liegt am Südende des Luganer Sees, dicht neben Riva S. Vitale, am Fuße des Monte Generoso. Carlo Maderna (1556–1629), einer der berühmtesten Barockbaumeister, kam hier zur Welt, er beendete u. a. die Fassade des Petersdoms in Rom. In der Druckerei "Tipografia Elvetica" druckten 1830 bis 1856 Anhänger des Risorgimento ihre Streitschriften gegen die österreichische Fremdherrschaft. Die Pfarrkirche S. Maria Maddalena (urspr. 14. Jh.; barockisiert) ist reich mit Fresken (Petrini aus Carona und Antonio Rinaldi) sowie Stukkaturen ausgestattet.

**Monte Generoso

Capolago ist aber vor allem seit 1890 Ausgangspunkt einer Zahnradbahn, die in 40 Min. Fahrzeit auf den Monte Generoso (1704 m ü.d.M.) hinaufführt. Vom Gipfel bietet sich ein großartiger Blick auf die Alpen und in die Lombardische Tiefebene bis nach Mailand.

Mendrisio

Von hier bietet sich ein Ausflug ins Mendrisiotto an, der nach ihrem Hauptort Mendrisio benannten reizvollen Hügellandschaft, auch "Toskana der Schweiz" genannt, die sich wie ein Keil vom Luganer See aus nach Italien vorschiebt. Mendrisio (371 m; 7000 Einw.) hat sich trotz rücksichtsloser Bautätigkeit seinen alten Stadtkern mit einigen Stadtpalästen und Kirchen erhalten. Weithin berühmt sind die hier seit dem 16. Jh. stattfindenden Osterprozessionen. Sehenswert sind darüber hinaus die kantonale Pinakothek Giovanni Züst in Rancate (4 km westlich von Mendrisio) mit Gemälden Tessiner Künster sowie das Museo Vela im benachbarten Ligornetto, dem Heimatort der Künstlerfamilie Vela, mit Skulpturen des Bildhauers Vincenzo Vela (1820–1891; beide Museen geöffnet: März–15. Nov. Di.–So. 9.00–12.00, 14.00–17.00 Uhr). In Stabio steht die 1981 von Mario Botta entworfene Casa Rotonda (Via Pietane 12).

Pinakothek Giovanni Züst

Museo Vela

Bissone

Das altertümliche ehemalige Fischerstädtchen Bissone (274 m ü.d.M.; 750 Einw.) liegt am Ostende des Melide-Damms am mittleren Ostufer des Sees. Es ist Heimatort bedeutender Künstler, u. a. des Barockbaumeisters Francesco Borromini (1599–1667), der an der Planung des barocken Rom beteiligt war und heute den 100-Schweizer-Franken-Schein ziert.

Campione d'Italia

Nur 2 km nördlich liegt die 4 km^2 große, 2200 Einwohner zählende italienische Enklave Campione d'Italia auf Schweizer Gebiet (280 m ü. d. M.; Zollanschlußgebiet; keine Grenzformalitäten). Das "Las Vegas" Italiens verdankt seinen Ruf dem am Ufer gelegenen Spielcasino sowie zahlreichen Nachtclubs. Sein Status geht auf das Jahr 777 zurück, als das Gebiet als Geschenk an das Mailänder Kloster S. Ambrogio gelangte. 1797 teilte Napoleon Campione der Cisalpinischen Republik zu, mit der es später an Österreich fiel. Seit 1860 ist Campione italienisch. Im Mittelalter waren die "Maestri Campionesi" berühmt, die als Baumeister, Bildhauer und Maler in der ganzen Lombardei wirkten, u. a. Matteo da Campione, der am Dom von Monza arbeitete, oder ein Zweig der Solari, die im 15. Jh. am Mailänder Dom tätig waren.

*Wallfahrtskirche S. Maria dei Ghirli

Weit weniger bekannt ist die südlich der Ortschaft auf einer Terrasse über dem See gelegene Wallfahrtskirche S. Maria dei Ghirli (den Schlüssel zu der meist geschlossenen Kirche gibt es im gegenübergelegenen Pfarrhaus). Der heutige Bau entstand im 13. und 14. Jh.; im 17. Jh. wurde die Kirche barockisiert, 1740 erhielt sie ihre seeseitige Vorhalle sowie die monumentale Treppenanlage. Sie besitzt hervorragende Wandmalereien aus der Entstehungszeit und aus dem 15. und 16. Jahrhundert. Die Fresken an der südlichen Außenwand, eine Darstellung des Jüngsten Gerichts, stammen von Lanfranco de Veris und seinem Sohn Filippolo (1400); noch älter ist der Zyklus an der Südwand und der Rückwand mit Szenen aus dem Leben Johannes des Täufers, die ein unbekannter lombardischer Meister aus der Giotto-Schule Ende des 14. Jh.s schuf. Die Malereien im Chor sind von Isidoro Bianchi aus Campione (1634).

Osteno

Das kleine, am Südufer gelegene Dorf Osteno befindet sich bereits auf italienischem Gebiet. Von hier bieten sich Ausflüge ins Intelvital bis nach Ossuccio am → Comer See an. Auf halbem Weg nach Porlezza passiert man einen kleinen Wasserfall und die Grotte di Rescia, eine kleine Tropfsteinhöhle.

Porlezza

Am Ostende des Luganer Sees, nur noch 15 km von Lugano entfernt, liegt das Fischerstädtchen Porlezza (275 m; 3800 Einw.), Hauptort des italienischen Arms des Luganer Sees. Obwohl es Heimat mehrerer Künstlerfamilien war, besitzt der Ort keine bedeutenden Kunstdenkmäler. Erwähnenswert sind die Pfarrkirche S. Vittore (17. Jh.) mit einigen Freskenresten sowie der romanische Campanile, ein Überbleibsel der zerstörten Kirche S. Maurizio. Von Porlezza lassen sich schöne Ausflüge ins bergige Hinterland des Val Rezzo und des Val Cavargna unternehmen. Auch eine Fahrt nach Menaggio am Westufer des Comer Sees bietet sich an. Dabei fährt man an dem kleinen Lago di Piano vorbei. Oberhalb von Carlazzo erhebt sich der

Val Rezzo
Val Cavargna
Lago di Piano

Luganer See (Fortsetzung)

Monte Grona (1736 m ü.d.M.), rechter Hand taucht der Monte Tremezzo (1700 m ü.d.M) auf. Schöne Ausblicke genießt man auch vom Sasso di S. Martino (862 m ü.d.M.) und von der Crocetta a Specchi (505 m ü.d.M.), die man von Croce aus erreicht.

Puria

Puria ist Heimatort von Pellegrino Tibaldi (1527–1596), einem der großen Maler und Baumeister der Spätrenaissance, der u. a. die Kirchen S. Lorenzo, S. Sebastiano und S. Fedele in Mailand sowie zahlreiche Villen am Comer See baute.

*Valsolda

Bei S. Mamete geht es hinauf ins malerische Valsolda. Höchstgelegener Ort des von steilen Felsen umstandenen Tals ist Dasio (580 m ü.d.M). Die Straße wird nun immer enger und führt durch schmale Tunnel. Kurz vor Gandria (→ Lugano, Umgebung) passiert man die Grenze und erreicht Lugano, den Ausgangspunkt dieser Rundfahrt.

Lugano F 4/5

Schweiz, Kanton Tessin
Höhe: 272 m ü.d.M.
Einwohnerzahl: 29 000 (im Großraum ca. 55 000)

**Lage und Bedeutung

Lugano, die heimliche Hauptstadt des Tessin, besticht zunächst durch ihre Lage am Nordufer des gleichnamigen Sees (→ Luganer See), eingebettet zwischen den zwei markanten Bergkegeln des Monte Brè und des Monte

Piazza della Riforma in Lugano

S. Salvatore, offen gegen Süden und der Sonne zugewendet, dabei geschützt vor Winden aus dem Norden. Vegetation und Lebensart von Lugano strahlen südländisches Flair aus; das ganze Jahr über trifft man hier auf ein buntes Sprachen- und Völkergemisch, was der Stadt erfrischende

Weltoffenheit verleiht. Exklusive Boutiquen und Juwelierläden sorgen für mondäne Eleganz. Innerhalb weniger Jahrzehnte hat die Stadt eine rasante Entwicklung durchlaufen. Heute ist sie eine florierende Wirtschaftsmetropole (Textil- und High-Tech-Industrie), drittgrößter Finanzplatz der Schweiz, kultureller Mittelpunkt der Südschweiz (Sitz der 1996 gegründeten Universität, der Rundfunk- und Fernsehanstalt Radio-Televisione della Svizzera Italiana/RTSI) sowie ein äußerst beliebter Ferienort, besonders während der wärmeren Jahreszeit. Der Preis dieses Aufstiegs ist jedoch hoch: Lugano hat eine kleine, verwinkelte Altstadt sowie einige ausgedehnte Parkanlagen, das Stadtbild jedoch beherrschen Hochhäuser von Banken, Versicherungen und Immobilienbüros sowie Hotels und Wohnhäuser; der 925 m hohe Monte Brè ist fast bis zum Gipfel mit Bauten übersät. Das Stadtzentrum findet nahtlos seine Fortsetzung in den Vororten Paradiso (im Süden; zahlreiche Hotels und Appartementhäuser) sowie Cassarate und Castagnola (im Osten; prächtige Villen). Die Stadt gehört zu den abschreckenden Beispielen moderner Zersiedlung in der Schweiz, was ihrer Anziehungskraft jedoch wenig Abbruch tut, zumal Ursprünglichkeit, Natur und Ruhe jederzeit in der näheren Umgebung zu finden sind.

Lage und Bedeutung (Fortsetzung)

Stadtbild

Alljährlich findet hier Ende Juni/Anfang Juli das international renommierte Festival Jazz Lugano statt.

Jazz-Festival

Wegen der Lage an der alten Handelsroute zwischen Nordeuropa und Italien war die Gegend bereits in vorrömischer Zeit besiedelt. Im Mittelalter unterstand die Stadt dem Bischof von Como und wurde daher mehrfach in die Kämpfe zwischen Como und Mailand verwickelt. Im Jahr 1512 eroberten die Eidgenossen die Stadt. Unter Napoleon war Lugano von 1803–1868 im sechsjährigen Wechsel mit Bellinzona und Locarno Hauptstadt des Tessin. 1884 wurde Lugano Bischofssitz. Die Eröffnung der Gotthardbahn (1882) führte zu einem raschen wirtschaftlichen Aufschwung, besonders der Fremdenverkehr wurde bald zu einer der wichtigsten Erwerbsquellen.

Geschichte

Sehenswertes in Lugano und Umgebung

Die drei ineinandergreifenden Plätze Piazza della Riforma, Piazza Rezzonico und Piazza Manzoni bilden mit der autofreien Fußgängerzone den Mittelpunkt von Luganos Altstadt. Hauptplatz ist die Piazza della Riforma, die von repräsentativen Bürgerhäusern des 19. Jh.s umgeben ist. Unter den Arkaden sind Straßencafés, Restaurants und Ladengeschäfte eingerichtet. Hier findet jeden Dienstag und Freitag ein Wochenmarkt statt, während der Sommermonate außerdem samstags ein Kunst- und Antiquitätenmarkt. Die Seeseite nimmt der imposante, 1844/1845 als Regierungsgebäude errichtete Palazzo Civico ein (Rathaus; Architekt: Giacomo Moraglia); im nördlichen Tordurchgang ist Vincenzo Velas pathetisches Standbild "Spartacus" aufgestellt (1850), im Innenhof Skulpturen von Fernando Botero und Emma de Sigaldi. Südwestlich an die Piazza della Riforma schließt die kleine Piazza Riziero Rezzonico an, nordöstlich die Grünanlage der Piazza Alessandro Manzoni mit dem Palazzo Riva (jetzt Sitz der Banca della Svizzera Italiana), einem von drei gleichnamigen barocken Patrizierhäusern des 18. Jh.s (die beiden anderen an der Piazza Cioccaro bzw. Via Pretorio 7). Auf der Höhe der drei Plätze befinden sich am Ufer des Sees die Hauptanlegestellen (Debarcadero) für die Schiffe zu anderen Uferorten und für Rundfahrten.

*Altstadt

*Piazza della Riforma

Municipio

Piazza Rezzonico
Piazza Manzoni

Debarcadero

Die Altstadt drängt sich mit ihren engen, z. T. arkadengesäumten Gassen um die Piazza Riforma und steigt von dort nach Westen bergan. Hauptgeschäftsstraßen sind die Via Nassa und die Via Pessina. Die nach Norden führende Via Pessina hat ihr altes Erscheinungsbild erhalten. Hier lohnen vor allem die Lebensmittel- und Feinkostläden mit ihrem verführerischen Angebot einen Besuch. Südwärts schließt sich die von eleganten Läden gesäumte Via Nassa an, die bis zur Piazza Bernardino Luini führt.

Via Nassa & Via Pessina

Altstadt (Fts.)
**S. Maria degli Angioli

Hier steht die Kirche S. Maria degli Angioli (Hl. Maria von den Engeln). Sie entstand 1499–1515 als Kirche eines 1848 aufgehobenen Minoritenklosters. An dessen Stelle steht heute die Ruine des legendären Palace Hotels, welche die Stadt 1994 gekauft hat. Obgleich das Gotteshaus von außen äußerst schlicht aussieht, zählt es zu den kunsthistorischen Höhepunkten des Tessin. Im Innern trennt ein dreibogiger Lettner das Kirchenschiff vom Mönchschor. Seine Schauseite mit der Passion und Kreuzigung Christi ist das 1529 angefertigte Hauptwerk von Bernardino Luini, der zu den bedeutendsten Renaissancemalern der Lombardei gehört. Von dem Leonardo-Schüler stammen außerdem das "Abendmahlsfresko", das sich ursprünglich im Refektorium des Klosters befand (heute an der Südwand des Kirchenschiffs) sowie die anmutige Madonna mit dem Jesusknaben und Johannes (in einer Seitenkapelle rechts vom Eingang). Beachtenswert sind außerdem die Fresken der ersten Seitenkapelle (Flucht nach Ägypten und Anbetung der Hll. Drei Könige, 1520) sowie der Kirchenschatz (zugänglich nur nach Vereinbarung).

Detail des Lettner-Freskos in der Kirche S. Maria degli Angioli

S. Maria di Loreto

Ganz in der Nähe bildet die kleine, 1524 erbaute Wallfahrtskirche S. Maria di Loreto eine Oase der Ruhe inmitten moderner Wohn- und Hotelbauten. Das auf den ersten Blick wie ein Palazzo anmutende Gotteshaus gehörte ursprünglich zu einem Karlistenkloster. Reizvoll ist die schmucke Vorhalle, sie stammt wie der Turm von 1633. Im Innern sind der reiche Stukkaturenschmuck und die Fresken aus dem 17. Jh. bemerkenswert.

*S. Lorenzo

Die Hauptkirche Luganos erhebt sich oberhalb der Altstadt in prächtiger Aussichtslage. An ihrer Stelle gab es bereits 818 eine Vorgängerkirche. Der heutige Bau ist aus dem 13. Jh. und wurde mehrfach verändert. Die prächtige lombardische Renaissance-Fassade entstand 1500–1517. Wichtigster Baukünstler war vermutlich Gian Gaspare Pedoni von Carona, auf den auch die Fassade von S. Maria dei Miracoli in → Brescia zurückgeht. Im 18. Jh. hat man die Kirche neu ausgestattet, damals erhielt sie auch ihre

S. Lorenzo (Fortsetzung)

Seitenkapellen. Erhalten sind lediglich Reste gotischer Freskenzyklen. Der marmorne Hochaltar ist ein Werk von Andrea Biffi (1690), die beiden Statuen der hll. Laurentius und Stephanus von Francesco Pozzi (1708).

Moderne Bauten

Der weit über die Grenzen hinaus bekannte Tessiner Architekt Mario Botta (geb. 1943) errichtete 1985 das wabenartig strukturierte Geschäftshaus Palazzo Ransila am Corso Pestalozzi, 1987 den festungsartigen Komplex des Hauptverwaltungsgebäudes der Banca del Gottardo am Viale Stefano Franscini, 1990 sein Atelier (Via Ciani 16) sowie mehrere Villen. Bei der kantonalen Tourismusorganisation "Ente ticinese per il turismo" ist die Sammelmappe "Itinerari di Architettura Moderna in Ticino" (auch auf deutsch) zu bestellen. Auf mehreren Faltblättern sind die interessantesten Beispiele moderner Architektur in der Umgebung aufgelistet.

Hinweis

*Museo Cantonale d'Arte

Nordöstlich der Piazza della Riforma befindet sich das kantonale Kunstmuseum in einem Komplex dreier Palazzi aus dem 16. bis 18. Jh. (Museo Cantonale d'Arte; Via Canova 10; geöffnet: Di. 14.00–17.00, Mi.–So. 10.00–17.00 Uhr). Ausgestellt sind Gemälde aus dem 19. und 20. Jh.: Werke von Tessiner Künstlern (Vela, Ciseri, Franzoni, Gonzato, Genucchi, Filippini, Huber, Toroni u. a.), anderen Schweizern und Europäern (Hodler, Amiet, Klee, Jawlensky, Werefkin, Nicholson, Bill, Oppenheim, Carrà, Morandi, Sironi, Morlotti u. a.) sowie französischen Impressionisten (Renoir, Degas u. a.). Darüber hinaus finden das ganze Jahr über Wechselausstellungen statt.

*Parco Civico

Im Osten der Altstadt erstreckt sich entlang dem Seeufer der prächtige Stadtpark mit alten Baumbeständen, subtropischen Pflanzen und Skulpturen (u. a. "La Desolazione" von Vincenzo Vela, "Sterbender Sokrates" von Mark Antokolskij). An der Stelle des 1512 von den Eidgenossen zerstörten Kastells der Sforza steht die 1840 für die Brüder Giacomo und Filippo Ciani

Parco Civico (Fortsetzung), Villa Ciani

im Stil des Klassizismus erbaute Villa Ciani. Sie beherbergt das Museo Civico, eine gute Sammlung ausländischer und Schweizer Künstler aus dem 15. bis 20. Jh. (wegen Restaurierung vermutlich bis Ende 1998 geschlossen).
Im Osten des Stadtparks befindet sich das ebenfalls besuchenswerte Museo Cantonale di Storia Naturale (Kantonales Naturkundemuseum; geöffnet: Di.–Sa. 9.00–12.00 und 14.00–17.00 Uhr) mit zoologisch-botanischen, paläontologischen und geologisch-mineralogischen Sammlungen.

*Giardino Belvedere

Die lange, von Lugano bis Paradiso reichende Seepromenade wird vom Giardino Belvedere gesäumt, wo zwischen subtropischen Pflanzen Skulpturen international bekannter Künstler Aufstellung gefunden haben, u. a. von Ossip Zadkine, Hans Arp, Katharine Gili; auch Werke Tessiner Bildhauer sind vertreten, u. a. von Nag Arnoldi, Giovanni Genucchi, Pierino Selmoni und Piero Travaglini. An der Seeuferpromenade steht auch die Villa Malpensata (Riva Caccia 5), ein Bau des 19. Jh.s von Gianfranco Rossi. Hier finden heute wechselnde Ausstellungen neuerer Kunst und Architektur statt (während der Ausstellungen geöffnet: Di.–Fr. 10.00–12.00, 14.00 bis 18.00, Sa. und So. 10.00–18.00 Uhr).

Museo d'Arte Moderna Villa Malpensata

Castagnola

*Villa Favorita

Am Seeufer des östlich von Lugano gelegenen, vornehmen Castagnola liegt die Villa Favorita in einem prächtigen Park. Sie geht auf einen Palast der Familie von Beroldingen von 1687 zurück. 1732 ging der Besitz an die Familie Riva und 1932 an den Baron von Thyssen. In den damals angebauten Flügelbauten war bis 1991 die Kunstsammlung Collezione Thyssen-Bornemisza untergebracht, eine der bedeutendsten privaten Gemäldegalerien überhaupt. Die Mehrzahl der Werke ist seit Herbst 1992 im Madrider Palacio de Villahermosa, ein kleiner Teil im Kloster Pedralbes im Nordwesten der katalonischen Hauptstadt Barcelona ausgestellt. Seit 1993 ist hier nun eine kleinere Sammlung zu sehen, die Thyssens Tochter Francesca von Habsburg zusammengetragen hat, darunter befinden sich Arbeiten zum Thema Europa und Amerika, Gemälde und Aquarelle amerikanischer Künstler des 19. und 20. Jh.s sowie Werke europäischer und amerikanischer Künstler aus dem 20. Jh. mit so prominenten Vertretern wie Arman, Giorgio de Chirico, Max Ernst, Lucian Freud, Winslow Homer, Edward Hopper, Fernand Léger, August Macke, Kasimir Malewitsch, Edvard Munch, Emil Nolde, Francis Picabia, Jackson Pollock, Man Ray, Karl Schmidt-Rottluff, Gino Severini, Ben Shahn, Tom Wesselmann und Andrew Newell Wyeth (geöffnet: Apr.–Okt. Fr.–So. 10.00–17.00 Uhr).

Villa Heleneum

Unweit östlich der Villa Favorita befindet sich am Fußweg nach Gandria (Via Cortivo 24) inmitten eines schönen Parks die um 1930 in neoklassizistischem Stil als Kopie des Versailler Trianonschlößchens erbaute Villa Heleneum. Heute beherbergt sie ein Museum mit Exponaten aus Ozeanien, Indonesien und Afrika (Museo delle culture extraeuropee; geöffnet: Apr. bis Okt. Di.–So. 10.00–17.00 Uhr).

**Gandria

Das malerische ehem. Fischerdorf Gandria (300 m ü.d.M.; 200 Einw.) schmiegt sich an den felsigen Steilhang des Monte Brè oberhalb des Luganer Sees, etwa 5 km östlich von Lugano. Man erreicht den Ort entweder mit dem Boot oder auf der nördlichen Uferstraße (Richtung Comer See) bzw. am schönsten zu Fuß von Castagnola (etwa 3 km). Das Dörfchen mit seinen engen Treppengassen, verwinkelten Bogengängen und schmalen Rebenterrassen liegt unterhalb der Fahrstraße. Am gegenüberliegenden Seeufer (Bootsverbindung) befinden sich die Cantine di Gandria, Felsgrotten, in denen die Weine der Umgebung lagern, und das Schweizer Zollmuseum (Museo Doganale Svizzero; geöffnet: Ende Apr. – Mitte Okt. 13.30 bis 17.30 Uhr). In dem ehem. Zollposten von 1904 wird der Zöllneralltag gezeigt, darunter höchst interessante Schmuggelbehältnisse und Waffen.

*Schweizer Zollmuseum

**Monte Brè

Die Drahtseilbahn vom Stadtteil Cassarate (Via Pico; Febr.–Dez. alle 30 Min.) erreicht in 20 Minuten den Gipfel des 925 m hohen Monte Brè. Der beliebte Aussichtsberg, der die Bucht von Lugano nach Osten abschließt,

Monte Brè (Fortsetzung)

kann auch über schmale Treppen und Wege in etwa 2,5 Std. zu Fuß oder mit dem Fahrzeug auf einer kurvenreichen, schmalen Bergstraße erreicht werden. Oben erwartet die Besucher ein Restaurant, von dessen Terrasse man eine prächtige Rundsicht bis zu den Walliser und Berner Alpen genießt. Jenseits des Gipfels liegt das Bergdorf Brè, in dem der Schweizer Architekt und Maler Wilhelm Schmid (1892–1971) lebte; an ihn erinnert das Museo Schmid (geöffnet: Ostern bis Mitte Okt. Mi.–So. 14.00–17.00 Uhr).

Blick auf den Luganer See vom Monte Brè aus

**Monte S. Salvatore

Der zweite Hausberg, der sog. Erlöserberg, ist 915 m hoch. Die Talstation der Standseilbahn befindet sich im südlichen Stadtteil Paradiso (Viale delle Scuole; Mitte März–Mitte Nov. alle 30 Min.) Vom Gipfel genießt man eine phantastische Rundsicht auf Lugano und den Luganer See, die Berner und Walliser Alpen sowie die norditalienische Tiefebene.

Mailand · Milano G/H 8

Hauptstadt der Region Lombardei
Provinzhauptstadt
Höhe: 122 m ü.d.M.
Einwohnerzahl: 1 310 000

Lage und Bedeutung

Die Hauptstadt der Lombardei und der gleichnamigen Provinz ist das unumstrittene Zentrum nicht nur der Region, sondern ganz Norditaliens. Nach Rom ist Mailand die zweitgrößte italienische Stadt. Durch die Lage in der Po-Ebene am Schnittpunkt der Verkehrsadern in Nord-Süd- wie in Ost-West-Richtung ist Mailand ein wichtiger Verkehrsknotenpunkt mit zwei Flughäfen und einem verwirrenden Netz von Autobahnen und Staatsstraßen sowie bedeutendster Eisenbahnknotenpunkt mit mehreren Bahnhöfen. Ein ausgeklügeltes Wegesystem gab es hier schon zu römischer

Bedeutung (Fortsetzung)

Zeit und ebenso angeblich eine gewisse Verehrung für den Handelsgott Merkur. So ist es nicht verwunderlich, daß Mailand heute das größte italienische Industrie-, Handels- und Messezentrum Italiens ist, einer der größten Seidenmärkte Europas, Sitz der Börse und der wichtigsten Banken sowie zahlreicher internationaler Firmen. In der Provinz Mailand leben 3,7 Mio. Menschen, über 50 000 Industrieunternehmen sind hier angesiedelt. Eine katholische und eine staatliche Universität gibt es in der norditalienischen Metropole, zudem ist die Stadt Sitz eines Erzbischofs. Weit über Italiens Grenzen hinaus ist Mailand bekannt als Medienstadt und Sitz vieler Verlage, als Hauptstadt der italienischen Mode und des italienischen Designs, ebenso als wichtiges Musikzentrum. Durch das Piccolo Teatro hat Mailand unter Theaterleuten einen internationalen Ruf erlangt. Auch Fußballfreunden ist die Stadt ein Begriff, da gleich zwei Mailänder Clubs in der Ersten Liga spielen und zu den bekanntesten Mannschaften der Welt zählen: Milan (AC Milan) und Inter (FC Internazionale Milano). Fast jedes Wochende gibt es ein Heimspiel im Giuseppe-Meazza-Stadion ("S. Siro") im Westen Mailands.

Geschichte

Mailand geht auf eine Ansiedlung von Etruskern im 6. Jh. v. Chr. zurück, die an dieser Stelle einen Ort namens Melpum gegründet hatten. 396 v. Chr. wurde Melpum von Kelten unterworfen, diese wiederum mußten 222 v. Chr. den Römern die Macht in der damals als Mediolanum bezeichneten Stadt überlassen. Die Entwicklung ging zügig voran: Im 1. Jh. v. Chr. wurde Mailand zum Municipium Civium Romanorum erhoben und mit römischem Bürgerrecht ausgestattet. 15 v. Chr. wurde es zum Hauptort der römischen Provinz Cisalpina, 286 n. Chr. dann Hauptstadt des Weströmischen Reichs und Kaiserresidenz. Von Mailand – und nicht von Rom – aus verkündete Konstantin das Toleranzedikt, und die Konsolidierung des Christentums als Staatsreligion nahm hier ihren Ausgang. Zur Zeit der Völkerwanderung wurde Mailand mehrfach verwüstet, die Langobarden schließlich machten Pavia zur Hauptstadt ihres Reiches. Erst ab dem 8. Jh. erlangte Mailand wieder Bedeutung. Im 12. Jh. stellte sich die selbstbewußte unabhängige Kommune als Hauptstadt des Lombardischen Städtebunds gegen den Kaiser, 1162 wurde sie aus diesem Grunde von dem Staufer Friedrich Barbarossa erobert und zerstört.

Eine wichtige Phase begann mit der Herrschaft der Visconti im Jahr 1277, die 1450 durch die Sforza abgelöst wurden. Bis etwa 1500 war Mailand eine bedeutende Metropole und durch die rasche wirtschaftliche Entwicklung sehr wohlhabend. Unter den Herrschern dieser Epoche taten sich vor allem Gian Galeazzo I. (1347–1402), Galeazzo Maria Sforza (1444–1476), und Ludovico il Moro (1452–1508) hervor. Ausgezeichnete Künstler – darunter Leonardo da Vinci (1452–1521) und Donato Bramante (1444–1514) – wurden in die Stadt geholt, zahlreiche neue Bauten entstanden. Dann wechselte die Macht ein ums andere Mal, spanische Habsburger (nach 1530), Österreicher (1714–1796 und nochmals 1814–1859) und Franzosen (1796–1814) regierten in Mailand. Im 17. Jh. gab es in der Stadt eine schwere Pestepidemie, bei der fast die Hälfte der Bevölkerung ums Leben kam. Unter den Österreichern wurde Mailand zum intellektuellen Zentrum des Risorgimento; die Bestrebungen, Italien zu einen, waren schließlich erfolgreich und führten zur Ausrufung des Königreichs Italien mit der Hauptstadt Florenz. 1919 gründete Mussolini in Mailand die "Fasci Italiani di Combattimento", die zwei Jahre später zum Partito Nazionale Fascista umgewandelt wurde. Nach seiner Ermordung wurde der Leichnam Mussolinis am Piazzale Loreto zur Schau gestellt. Nach 1945 entwickelte sich Mailand rasch zur wirtschaftlichen Metropole Norditaliens.

Medien

Mailand ist als Medienstadt bekannt. In der Stadt erscheinen die große Tageszeitung "Corriere della Sera" und die für Italien höchst bedeutsame "Gazzetta dello Sport" mit einer täglichen Auflage von 700 000 Exemplaren für rund 3 Mio. Leser. Die großen Verlagshäuser sind Mondadori und Rizzoli, die Anfang des 20. Jh.s gegründet wurden, sowie Feltrinelli, 1955 gegründet und nach dem rätselhaften Tod Giangiacomo Feltrinellis im Jahr

1972 von seiner deutschen Frau weitergeführt. Bekannter “Medienzar” mit mehreren Zeitungen, Zeitschriften und Fernsehsendern ist Silvio Berlusconi, der 1994 von sich reden machte, als er in die Politik ging.

Medien (Fortsetzung)

Stadtbild

Im Vergleich zu vielen kleineren Städten in der Lombardei ist Mailand überwiegend modern. Im Zentrum um den Domplatz findet man sowohl noch enge kleinere Straßen als auch breite Straßenzüge mit vielen Geschäften. Zwischen dem Castello Sforzesco und der Piazza S. Babila wurde eine Fußgängerzone von insgesamt 1,5 km Länge angelegt. Die berühmtesten Einkaufsstraßen Italiens mit den namhaftesten Geschäften sind hier zu finden: die Via Monte Napoleone, die Via della Spiga, der Corso Venezia. Das Innenstadtzentrum umschließt ein Gürtel aus breiten Straßen, die sich an den früheren “Bastioni”, der alten spanischen Festungsmauer, entlangziehen. Außerhalb dieses Gürtels mehren sich die Hochhäuser. An den Stadträndern sind ausufernde Außenbezirke entstanden, darunter “Milano 2” und das gediegene “Milano 3”.

Sehenswertes in Mailand · Stadtmitte

**Piazza del Duomo

Mailands Herz schlägt auf der Piazza del Duomo, dem lebendigen Zentrum der Stadt und dem Treffpunkt von Touristen und Mailändern – sowie den unvermeidlichen Tauben. Die Piazza wurde 1865 als Domvorplatz in der heutigen Form angelegt, allerdings waren damals die Arbeiten an der Kathedrale noch nicht abgeschlossen, sie dauerten bis ins 20. Jh. hinein.

Der Dom S. Maria Nascente ist fraglos das bekannteste Baudenkmal der lombardischen Hauptstadt.

Von der Piazza aus kann man die Westfassade des riesigen Bauwerks in aller Ruhe auf sich wirken lassen. An der Nordseite sieht man den Eingang zur weltberühmten Galleria Vittorio Emanuele II., an der Südseite die beiden symmetrischen Bauten des Arengario aus dem 20. Jh. mit der Touri-

Saronno
Varese, Como
Turin
Novara
Vigevano
SS 494
Genua
Pavia
Arese
Milano
Nord
Terrazzano
Sempione
Pero
Milano-
Ghisolfa
A 4
A 8
Autostrada Torini-Trieste
Padana
Superiore
Settimo
Via Zurigo
Tangenziale Ovest
Vigevanese
Nuova
Vigevanese
Vecchia
Trezzano
Buccinasco
Bollate
Cormano
Novate
SS 35
Seveso
Via Varesina
Staz. Quarto
Oggiaro F.N.
Viale Certosa
Staz.
Milano Certosa
Olona
Via Gallarate
Staz. Bovisa
Staz. Milano
Bovisa
Viale E. Fermi
Staz.
Porta Ga
Cimitero
Monumentale
Staz. Bullona
Porta
Volta
Stadio
Meazza
Via Novara
Fiera
Campionaria
Milano
Porta
Sempione
Castello
Sforzesco
Porta
Magenta
Staz.
Ferr. Nord
Baggio
Via delle Forze Armate
Viale Zurigo
Via Lorenteggio
Staz.
Porta Geneva
Porta
Genova
Porta
Ticenese
Cesane
Boscone
Moro
Staz.
San Cristoforo
Via
Lodovico
Naviglio Grande
Corsico
Via dei Mare
Naviglio Pavese
Via Chiesa Rossa
Via dei Missaglia
Assago
Assago
Milano
Giovi
SS 35
Autostrada
Milano-Genova
Mailand
Übersicht
2 km
© Baedeker

Lecco
Monza
Triest
Cinisello-Balsamo
Milano Est
A 4
Autostrada Torino-Trieste
Agrate
Viale Zara-Sesto S. Giovanni
Brugherio
Carugate
Brugherio
Cernusco sul Nav.
Sesto San Giovanni
Cologno Monzese
Cologno Monzese
Cernusco
Sesto San Giovanni
Viale Fulvio Testi
Cascina Gobba
Naviglio d. Martesana
ss 11
Viale Monza
Vimodrone
Pioltello
Treviglio
Via Padova
Via Palmanova
Lambro
Tangenziale Est
Via Cassanese
Piazzale Loreto
Lambrate
Staz. Lambrate
Lago di Redecesio
Brescia
Strada Rivoltana
V. Rubattini
Lago Malaspina
Viale Abruzzi
Forlanini
Viale
Idroscalo
Forlanini
Aeroporto Milano Linate
Staz. Porta Vittoria
C.A.M.M.
Viale Mecenate
Corso Lodi
Romana
Ple. Corvetto
Staz. Rogoredo
Peschiera
Paullo
S.S. 9 Emilia
Lambro
ss 415
Cremona
Chiaravalle
S. Donato Milanese
S. Donato
Autostrada del Sole
Via Emilia
S. Giuliano
Mediglia
Val Tidone
A 1
S. Giuliano Milanese
Bologna, Rom

Piazza del Duomo (Fortsetzung)

steninformation. Gegenüber der Nordseite des Doms steht das berühmte Kaufhaus "La Rinascente". Das Reiterstandbild aus dem Jahr 1896 stellt Vittorio Emanuele II. dar.

**Duomo

Das bekannteste Baudenkmal in Mailand ist fraglos der Dom S. Maria Nascente. Ob auch das bedeutendste, darüber gehen die Meinungen seit jeher auseinander. Den einen ist der Mailänder Dom der pure Kitsch, den anderen eine prächtige Kathedrale mit beeindruckendem Dekorationswerk. Wie auch immer – unter den großen gotischen Kirchen Italiens nimmt er eine Spitzenstellung ein. Allein die Größe stellt einen Rekord dar; nach Sankt Peter in Rom ist mit dem Mailänder Dom der zweitgrößte Kirchenraum Italiens verwirklicht worden, in der gesamten abendländischen Kirchenarchitektur ist er mit einer überbauten Fläche von 11700 m² nach Sankt Peter und der Kathedrale von Sevilla der drittgrößte. Rund 40000 Menschen haben darin Platz. Über 3000 Statuen zieren das Bauwerk.

Baugeschichte

Interessant ist die jahrhundertelange und offenbar nervenaufreibende Baugeschichte des Mailänder Doms, in der sich anfangs die unterschiedlichen Auffassungen von gotischer Architektur südlich und nördlich der Alpen gegenüberstanden. Schriftstücke, die diese Auseinandersetzungen dokumentieren, sind bis heute erhalten. Der Herzog Gian Galeazzo I. hatte Ende des 14. Jh.s den Bau einer Kathedrale in Auftrag gegeben; er wollte sich und seiner Dynastie damit ein Denkmal setzen. 1386 wurde mit den Bauarbeiten begonnen. Man holte sich Rat in Deutschland und Frankreich, wo die großen Bauten der Gotik standen. Sehr schnell taten sich unterschiedliche Meinungen über Baustatik und angemessene Proportionen auf. Deutsche und Franzosen stellten ausgefeilte mathematische Berechnungen an und wollten den Bau sehr hoch ziehen, Italiener kamen zu anderen Ergebnissen und wollten in die Breite bauen. Unter den Deutschen war damals maßgeblich Heinrich Parler aus Schwäbisch-Gmünd beteiligt. 1391 kam er nach Mailand und wurde kurze Zeit später wieder weggeschickt – man war über seine Vorschläge schlicht entsetzt. Im Jahr 1400 gab es wiederum Probleme, als man die ersten Gewölbe bauen wollte. Diesmal wurde der Franzose Jean Mignot hinzugezogen, der insgesamt 25 baustatische Fehler schriftlich bekundete, die seiner Ansicht nach dazu führen würden, daß das Mauerwerk einbrechen würde, wenn man die Wölbung in der genannten Weise durchführen wollte. In einer Sitzung der Baukommission äußerte er, daß Kunst – also die schönen Proportionen – ohne wissenschaftliche Absicherung wertlos wären ("ars sine scientia nihil est"), während die mailändischen Baumeister meinten, Kunst sei das eine, Wissenschaft etwas ganz anderes ("ars una et scientia altera est"). Auch Jean Mignot wurde weggeschickt. Man setzte die Arbeiten nach den eigenen Vorstellungen fort, zog aber vorsichtshalber Eisenstützen ein, was für Franzosen und Deutsche frevelhaft war. Auf diese Weise konnte nun aber der mächtige, wohlproportionierte Raum entstehen. 1409 waren die Arbeiten am Ostteil beendet. Ab 1452, als die Sforza die Macht übernommen hatten, arbeiteten nur noch lombardische Architekten an dem Bauwerk; Giovanni und Guiniforte Solari leiteten die Ausführung des Längsschiffs. 1572 konnte der Dom schließlich durch den Erzbischof Carlo Borromeo geweiht werden. Damals schloß der Bau im Westen allerdings mit einer einfachen Backsteinmauer ab. Im 17. Jh. begann man die Fassade nach Plänen aus dem Jahr 1567 hochzuziehen, zu Beginn des 19. Jh.s stellte man sie anläßlich der Krönung Napoleons zum König von Italien mit neugotischen Stilelementen weitgehend fertig. Aber noch bis 1935 wurde an Einzelheiten weitergearbeitet bzw. schon restauriert, 1866 hatte man sogar noch einmal einen internationalen Wettbewerb für die Fassadengestaltung ausgeschrieben.

Smog und Autoabgase sowie der starke Verkehr, der das Bauwerk durch Vibration erschüttert, machen sich seit Mitte des 20. Jh.s mehr und mehr bemerkbar. Aufwendige Restaurierungsarbeiten an der Fassade mußten durchgeführt und die Säulen im Innern auf ihre Tragfähigkeit überprüft werden.

Mailänder Dom (Fortsetzung)
Fassade

Die fünfteilige Fassade ist eine Mixtur aus barocken und neogotischen Stilelementen. Der untere Teil wurde nach früheren Entwürfen von Pellegrini im 17. Jh. aufgebaut, während die oberen Teile und die Dekoration im wesentlichen im 19. und 20. Jh. im neogotischen Stil erfolgte. Unter den fünf Portalen ist vor allem das zentrale Hauptportal beachtenswert. Die Rahmung erfolgte im frühen 17. Jh. unter Francesco Maria Richini im frühbarocken Stil. Die Bronzetür wurde erst um 1900 von Lodovico Poliaghi mit neogotischen und Jugendstil-Elementen eingefügt. Dargestellt sind Szenen aus dem Leben der Maria. Die zweite Tür von rechts zeigt Szenen aus der Geschichte Mailands.

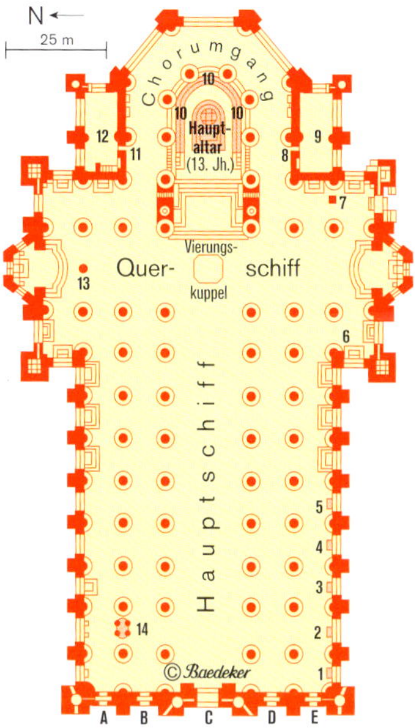

Piazza del Duomo

Mailänder Dom

THEMEN DER BRONZEPORTALE (19./20. Jh.)
- A Edikt von Mailand
- B Aus dem Leben des hl. Ambrosius
- C Aus dem Marienleben
- D Aus der Geschichte der Stadt Mailand
- E Aus der Geschichte des Mailänder Domes

DETAILS IM INNEREN DES DOMES
1. Sarkophag des Erzbischofs Ariberto da Intimiano (✝ 1045)
2. Sarkophag der Erzbischöfe Ottone Visconti (✝ 1295) und Giovanni Visconti (✝ 1354)
3. Verzeichnis der Mailänder Erzbischöfe
4. Sarkophag des Kaufherrn Marco Carelli (14. Jh.)
5. Grab des Gian Andrea Vimercati (✝ 1548)
6. Grabmonument für Gian Giacomo Medici (✝ 1555; von Leone Leoni, 1560–1563)
7. Hl. Bartholomäus (von Marco d'Agrate, 1562)
8. Portal der Südsakristei (Sockelreliefs von Hans von Fernach u. a. rhein. Meistern, 1393)
9. Südsakristei (Domschatz)
10. Holzgeschnitztes Chorgestühl (1572–1620)
11. Portal der Nordsakristei (von Giacomo da Campione und Gehilfen, 14. Jh.)
12. Nordsakristei (Reste aus der ersten Dombauphase)
13. Trivulzio-Bronzeleuchter (Anfang 13. Jh.)
14. Taufstein (von Pellegrini, 16. Jh.; unter Verwendung eines Porphyrbeckens aus römischen Thermen)

Im Innern

Der immense Innenraum ist fünfschiffig angelegt, und selbst noch das Querschiff besteht aus drei Schiffen. Die Gesamtlänge beträgt 148 m, die Breite – gemessen im Querschiff – 89 m, die Höhe im Mittelschiff 45 m, die des Vierungsturms 68 m. Die gesamte Raumwirkung wird durch das schummrige Licht bestimmt, das durch die bemalten Fenster einfällt. Die Fenster stammen in ihrem heutigen Aussehen größtenteils aus der Mitte des 19. Jh.s, einige der ursprünglichen Fenster aus dem 15. Jh. sind noch erhalten (gut zu sehen im nördlichen Querschiff). Die Chorfenster mit einer Höhe von 22,5 m und einer Breite von 11 m wurden 1402 gearbeitet, das Maßwerk stammt von Nicolas de Bonaventure.
Im ältesten Ostteil findet man zwei gotische Portale, die noch aus den ersten Baujahren stammen: das Christusportal von 1389 (links, zur Nordsakristei) und das Marienportal aus dem Jahr 1391 (rechts, zur Südsakristei). Der Umgangschor ist deutlich in Anlehnung an französische Kathedralen entstanden.
Ansonsten geht die Ausstattung des Doms im wesentlichen auf das 16. Jh. zurück, als Carlo Borromeo seinen Lieblingsarchitekten Pellegrino Tibaldi mit einer neuen Innengestaltung beauftragte. Pellegrino Tibaldi entwarf auch die Cripta di S. Carlo unter dem Chor, in der oktogonalen Cappella di

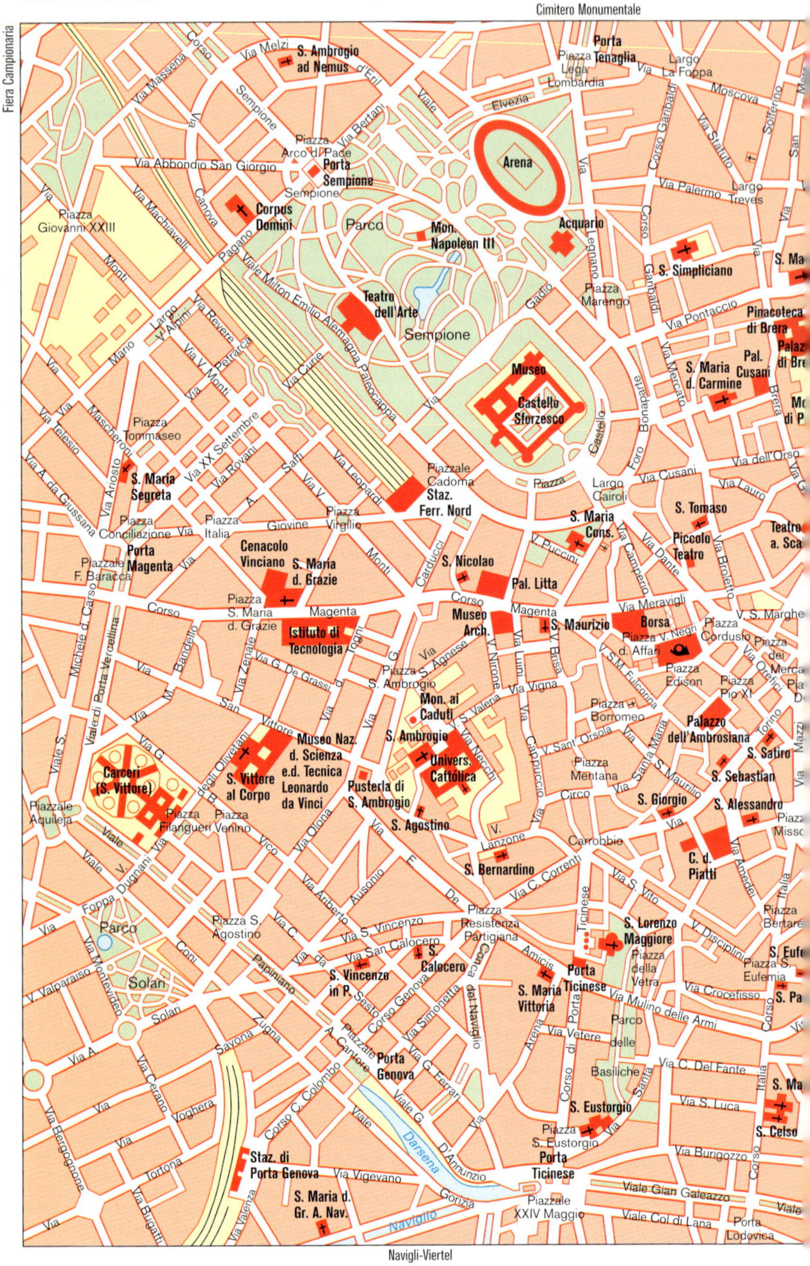
Cimitero Monumentale
Fiera Campionaria
Navigli-Viertel
S. Ambrogio ad Nemus
Porta Tenaglia
Piazza Lega Lombardia
Largo La Foppa
Arena
Piazza Arco d. Pace
Porta Sempione
Corpus Domini
Piazza Giovanni XXIII
Parco Sempione
Mon. Napoleon III
Acquario
S. Simpliciano
Teatro dell'Arte
Piazza Marengo
Pinacoteca di Brera
Museo Castello Sforzesco
S. Maria d. Carmine
Pal. Cusani
Piazza Tommaseo
S. Maria Segreta
Piazzale Cadorna
Staz. Ferr. Nord
Largo Cairoli
S. Tomaso
Piccolo Teatro
Piazza Conciliazione
Porta Magenta
Piazzale F. Baracca
Cenacolo Vinciano
S. Maria d. Grazie
S. Nicolao
Pal. Litta
S. Maria Cons.
Piazza S. Maria d. Grazie
Istituto di Tecnologia
Museo Arch.
S. Maurizio
Borsa
Piazza d. Affari
Piazza Cordusio
Piazza Edison
Piazza Pio XI
Piazza S. Ambrogio
Mon. ai Caduti
S. Ambrogio
Univers. Cattolica
Piazza Borromeo
Palazzo dell'Ambrosiana
S. Satiro
S. Sebastian
Carceri (S. Vittore)
S. Vittore al Corpo
Museo Naz. d. Scienza e.d. Tecnica Leonardo da Vinci
Pusterla di S. Ambrogio
S. Agostino
Piazza Mentana
S. Giorgio
S. Alessandro
Piazzale Aquileja
Piazza Filangueri
Piazza Venino
C. d. Piatti
S. Bernardino
Carrobbio
Piazza Resistenza Partigiana
S. Lorenzo Maggiore
Piazza della Vetra
Piazza S. Agostino
Parco Solari
S. Vincenzo in P.
S. Calocero
Porta Ticinese
S. Maria Vittoria
Parco delle Basiliche
S. Eufemia
Piazza S. Eufemia
Piazzale Porta Genova
S. Eustorgio
Piazza S. Eustorgio
S. Celso
Darsena
Staz. di Porta Genova
S. Maria d. Gr. A. Nav.
Naviglio
Piazzale XXIV Maggio
Porta Lodovica
Viale Gian Galeazzo
Viale Col di Lana

Pirelli-Hochhaus, Stazione Centrale F.S.
Monza, Lecco
Mailand
300 m
© Baedeker
Piazza della Repubblica
Via Pafini
Porta Nuova
Via Tarchetti
S. Angelo
S. Bartolomeo
Via Moscova
Largo Donegani
Montebello
Via Filippo
Palazzo Dugnani
Museo d. Cinema
Giardini Pubblici
Piazza Cavour
Fatebenefratelli
Annunciata
Archi di Porta Nuova
Centro Svizzero
Civica Galleria d'Arte Moderna
Museo del Risorgimento
Pal. Borromeo
Piazzale Morandi
Giardini di Villa Reale
Via Senato
Via Marina
Palazzo d. Senate
V. dei Cappuccini
Piazza Duse
Civico Museo di Storia Nat.
Planetario
Palestro
Venezia
Porta Venezia
Piazza Oberdan
Bastioni di Porta Venezia
Viale Vittorio Veneto
Via Panfilo Pastaldi
Via Lazzaretto
Via Zarotto
Viale L. Settala
S. Carlo al Lazz.
Tunisia
Via Palazzi
Tadino
Lecco
Buenos Aires
Gregorio
Piazza Sta. Franc. Romana
Corso
Piazzale Lavater
V. G. B. Morgagni
Piazza VII Novembre 1917
Via A. Stoppani
Viale Abruzzi
Don Sturzo
Via Pilo
Bixio
Piazza G. Ascoli
Piazza Mar. Ad. di Savoia
Via Lambro
Via Sirtori
Melzo
Nino
Carlo
Via Bellotti
Piazza Frat. Bandiera
Via G. Modena
Via Castel Morrone
Via Uberti
Via Menotti
Via Citro
Viale dei Mille
Via Manzoni
Via Borgospesso
Via S. Spirito
Via della Spiga
Via Gesù
Via Bigli
Monte Napoleone
Via S. Andrea
Via Verri
Museo Poldi Pezzoli
Pal. Belgioioso
S. Pietro Celest.
Pal. Serbelloni
Istituto dei Ciechi
Mozart
Vivaio
Prefettura
Monforte
Maino
Piave
Kramer
Poerio
Pisacane
Via Carlo Goldoni
S. Cuore di Gesù
Piazza del Tricolore
Porta Monforte
Corso Concordia
Piazza Risorgimento
Corso Indipendenza
Piazzale Dateo
S. Babila
Piazza S. Babila
V. S. Damiano
Corso Matteotti
Piazza Meda
S. Fedele
S. Carlo
Palazzo Marino
Corso Vitt. Emanuele II
Via Borgogna
Via Pietro Mascagni
Conservatorio
Via Bellini
S. Maria d. Passione
Conservatorio Verdi
V. Guicciardini
Via Sottocorno
Via Goffredo Mameli
Macedonio
Via Sismondi
Via Archimede
Fratelli
Orfanatrofio Femm.
Marcona
Bronzetti
Poma
Picerno
Piazza Emilia
Duomo
Piazza Beccaria
Piazza Fontana
Corso Europa
Durini
Via Cerva
Via U. Visconti
Palazzo Arcivescovile
Largo Augusto
Via Battisti
S. Pietro in Gess.
Corrigoni
Donizetti
Bianca Maria
Premuda
Via B. Cellini
Calvi
Fiamma
S. Maria d. Suffragio
Piazza Giornato
Porta Vittoria
Corso di Porta Vittoria
Corso XXII Marzo
S. Gottardo
Piazza S. Stefano
S. Stefano Magg.
Uff. Comunale
Teatro Lirico
S. Antonio Abate
Via S. Antonio
Ospedale Maggiore (Università)
Via Festa del Perdono
Via Francesco Sforza
Giardino Guastalla
Via Guastalla
Via Freguglia
Palazzo di Giustizia
Via Manara
Via Fontana
Via Besana
San Barnaba
Rotonda
SS. Paolo e Barnaba
S. Maria d. Pace
Soc. Umanitaria
Piazza Umanitaria
Via della Commenda
Policlinico
Via M. Fanti
Via Pace
Viale Regina Margherita
Nero
Via Sciesa
Bezzecca
Morosini
Anzani
Via Augusto
Mon. al Marinaio d'Italia
Largo Marinai d'Italia
Stazione Porta Vittoria F.S.
Anfossi
Via Spartaco
Via A. Maffei
Fogazzaro
Emilio
Cadore
Via M. Campionesi
Via Perugino
Friuli
Viale Umbria
S. Nazaro Magg.
Piazza S. Nazaro
Lamarmora
V. Curtatone
Caldara
Bergamo
Via Sim. d'Orsenigo
S. Calimero
Piazza Card. Ferrari
S. Maria al Paradiso
Corso di Porta Vigentina
Corso di Porta Romana
Via Orti
Viale Monte Nero
Botta
Viale Lazio
Piazzale Libia
Via Comelico
Via A. Mai
S. Pietro d. Pellegrini
Quadronno
Piscina Caimi
Pier Lombardo
Via Vasari
Viale Cirene
Via Crivelli
Via Anelli
V. Cassolo
Piazzale Med. d'Oro
Via S. Lattuada
Via Tiraboschi
Via Ferrini
Via Sigieri
Via Tito Livio
Via Lattanzio
S. Pio
Porta Vigentina
Viale Filippetti
Beatrice d'Este
Porta Romana
Via Muratori
Pavia
Piacenza, Parma
Linate

Mailänder Dom, In Innern (Fortsetzung)

S. Carlo werden in einem Sarkophag aus Bergkristall die Gebeine von Carlo Borromeo verwahrt. Unter dem Chor ist außerdem der Domschatz, u. a. mit einem spätromanischen Prozessionskreuz aus Chiaravalle, zu sehen (Tesoro del Duomo, von hier aus auch Zugang zur Krypta, geöffnet: 9.00 bis 12.00, 14.30–18.00 Uhr).
In den Seitenschiffen sind einige Grabmale bekannter Persönlichkeiten zu finden, so im Südschiff (von West nach Ost) der Sarkophag für den Erzbischof Ariberto da Intimiano († 1045), das Grab aus rotem Marmor für die Erzbischöfe Ottone Visconti († 1295) und Giovanni Visconti († 1354), die Marmor-Arca für Marco Carelli († 1394), das Grab für Gian Andrea Vimercati († 1548); im südlichen Querschiff das Wandgrabmal für Gian Giacomo Medici († 1555), 1563 von Leone Leoni geschaffen.
Im nördlichen Seitenschiff ist ein Taufbecken von Interesse, das Pellegrino Tibaldi aus einem römischen Porphyrbecken geschaffen hat. Im nördlichen Querschiff ist insbesondere der siebenarmige, pflanzenähnliche Trivulzio-Kandelaber sehenswert, ein 5 m hohes Bronzemeisterwerk der Romanik aus Lothringen oder aus dem Niederrhein-Maas-Gebiet, die Herkunft ist nicht eindeutig geklärt.

Battistero Paleocristiano

Neben dem Hauptportal im Innern des Doms führen Treppen hinunter zum Battistero Paleocristiano (geöffnet: 9.45–12.45, 14.00–17.45 Uhr). Beim Bau der Metro wurden unter dem Domplatz die Grundmauern der Vorgängerkirchen der Kathedrale entdeckt. Zu sehen sind nun die Mauerreste der frühchristlichen Basilica S. Tecla (gut zu erkennen ist noch die Apsis), die seit dem 5. Jh. an dieser Stelle gestanden hatte, außerdem Reste des damaligen Baptisteriums S. Giovanni alle Fonti, einer achteckigen Taufkirche.

**Terrazzi

Nicht versäumen sollte man den Aufstieg auf die Terrazzi, die Dachterrasse des Doms (geöffnet: tgl. 9.00–17.30 Uhr). Treppe und Fahrstuhl befinden sich außen an der Nordseite des Doms. Oben kann man einmal das Längsschiff abschreiten – vorbei an zahllosen schmalen und hochgestreckten, von Figuren gekrönten Fialen bis hin zum Vierungsturm. Mit den Arbeiten für den Vierungsturm wurde 1490 begonnen, erst 1769 wurde er jedoch fertiggestellt. Mehrere Architekten wirkten daran mit, u. a. Giovanni Amadeo. Eine 4 m hohe Madonnenstatue, die Madonnina, krönt das Dach in 108,5 m Höhe. In den sechziger Jahren schlug ein Blitz in die Statue ein; man stellte damals fest, daß ihr Material durch Verschmutzung bereits stark angegriffen war.
Der Blick von der Domterrasse reicht bei günstiger Wetterlage über die Dächer Mailands bis in die Po-Ebene und auf der anderen Seite bis zu den Alpen. Die auffällige, 106 m hohe, nach oben breiter werdende Torre Velasca südlich des Doms, ein Büro- und Appartementhochhaus, entstand 1957–1960 nach den Plänen von L. Belgioioso, E. Peressutti und E. Nathan Rogers als "Antwort auf den damals verbreiteten dogmatischen Modernismus".

Palazzo Reale

Gegenüber der Südseite des Doms steht der Palazzo Reale, der in der heutigen Form mit seiner klassizistischen Front auf einen Entwurf von Giuseppe Piermarini aus dem Jahr 1772 zurückgeht. 1138, also zur Zeit der freien Kommune, war an dieser Stelle das alte Rathaus, der Broletto Vecchio, gebaut worden, im 14. Jh. wurde er von den Visconti zum Corte Ducale umgebaut und als Regierungssitz genutzt. Die Sforza nahmen weitere Veränderungen vor, siedelten im 15. Jh. aber in das Castello Sforzesco über. 1943 wurde das Innere durch einen Bombenangriff zerstört.

*Civico Museo d'Arte Contemporanea

Im Palazzo Reale ist das Civico Museo d'Arte Contemporanea untergebracht, in dem eine umfangreiche Gemäldesammlung des 20 Jh.s zu sehen ist (u. a. Balla, Boccioni, Modigliani, Morandi, Fontana, de Chirico, Klee, Mondrian, Matisse, Kandinsky, Léger, Picasso, Braque; geöffnet: Di.–So. 9.30 –17.30 Uhr).

Blick vom Domdach auf den Eingang in die berühmte Galleria Vittorio Emanuele II. ▸

Museo del Duomo

Im östlichen Teil des Palazzo Reale befindet sich der Eingang zum Dommuseum (geöffnet: Di.–So. 9.30–12.30, 15.00–18.00 Uhr), in dem man anhand von Dokumenten, Skizzen und Entwürfen die Baugeschichte des Doms nachvollziehen kann. Außerdem sind Architekturfragmente und wertvolle Kunstgegenstände aus dem Dom ausgestellt.

S. Gottardo in Corte

In den Palastkomplex ist außerdem die Kirche S. Gottardo in Corte integriert (Eingang Via Pecorari). Azzone Visconti ließ sie 1330–1336 als Kirche für seinen Corte Ducale bauen, wie der Palazzo Reale seinerzeit hieß. Chor und Glockenturm, der wahrscheinlich von dem Cremonesen Francesco Pecorari gebaut wurde und deutliche Bezüge zum Torrazzo in → Cremona aufweist, sind aus dieser Zeit noch erhalten, außerdem im Innern eine in den 1980er Jahren freigelegte Wandmalerei mit dem Kreuzigungsmotiv und das Grabmal von Azzone Visconti im Chor, gearbeitet von Giovanni di Balduccio aus Pisa.

Palazzo Arcivescovile

In der Ecke südöstlich des Doms steht der Bischofspalast, der auf einen Bau aus dem 12./13. Jh. zurückgeht (Umbauten erfolgten im 15. und 16. Jh.). Portal und Innenhöfe sind im 16. Jh. von Pellegrino Tibaldi gestaltet worden, die heutige klassizistische Ostfassade Ende des 18. Jh.s von Giuseppe Piermarini.

Ospedale Maggiore

Università

Südlich des Doms steht das alte Ospedale Maggiore, ein Backsteinbau von 285 m Länge, der 1456 als erstes Krankenhaus der Stadt von Antonio Filarete begonnen und seit 1465 im Stil der Spätgotik und Renaissance weitergeführt wurde. Bis 1942 diente das Gebäude als Krankenhaus; heute sind die Fakultäten der Rechts- und Geisteswissenschaften der staatlichen Universität (Università Statale) untergebracht.

Piazza S. Babila

Von der Nordostecke des Domplatzes aus kommt man durch die zur Fußgängerzone umgestaltete elegante Geschäftsstraße Corso Vittorio Emanuele II. zur Piazza S. Babila. Die Piazza S. Babila wurde nach dem Zweiten Weltkrieg großzügig erweitert. Namengebend ist die romanische Kirche S. Babila.

**Galleria Vittorio Emanuele II.

Die Galleria Vittorio Emanuele II. an der Nordseite der Piazza del Duomo ist unter den Bauwerken Mailands neben dem Dom und der Scala das berühmteste, was die Stadt zu bieten hat. Bilder der Galleria sind schon oft um die Welt gegangen – in Mode-, Architektur- und Reisezeitschriften, nicht selten auch auf Bildschirm und Leinwand: Immer wieder hält die ungewöhnliche Architektur als Kulisse her. Die Galleria ist nicht nur Top-Adresse zum Einkaufen, sondern vor allem Treffpunkt einer bunten Mischung von Mailändern und Auswärtigen. Armani-Bekleidete findet man hier ebenso wie jugendliche Freaks. Bankangestellte, Verkäufer und Touristen bevölkern die Restaurants und Cafés; McDonalds sorgt für das jüngere Publikum.

Die Galleria Vittorio Emanuele II., benannt nach dem ersten König des geeinten Italien, wurde nach nur zwei Jahren Bauzeit im Jahr 1867 eingeweiht. Die erste Bezeichnung "Salotto di Milano" ("Wohnzimmer von Mailand") deutet auf die beabsichtigte Funktion hin – hier sollte Mailand sich treffen und unterhalten. Schon vorher hatte es an derselben Stelle eine kleine Einkaufspassage gegeben, dann jedoch wollte man etwas wirklich Großes haben. Damals war beabsichtigt, das Zentrum um den Dom neu zu gestalten und ihm einen großstädtischen Charakter zu verleihen. Unter etlichen Vorschlägen wurde der von Giuseppe Mengoni, einem Architekten aus Bologna, ausgewählt.

Mengonis mit einer Glaskonstruktion überdachte, unglaublich elegant gestaltete Flaniermeile ist kreuzförmig angelegt: in Nord-Süd-Richtung ein Arm von 196 m Länge, der die Piazza del Duomo und die Piazza della Scala verbindet, in Ost-West-Richtung ein zweiter von 105 m Länge. 15,5 m breit und 21 m hoch sind die von gewölbten Glasdächern überdeckten Ladenpassagen. Die grandiose Glaskuppel in der Mitte ist 47 m hoch.

Galleria Vittorio Emanuele II. (Fortsetzung)

Glas-Eisen-Konstruktionen solcher Art waren damals in England in Mode, und so ließ man eine englische Firma nach Mailand kommen, die diese Arbeiten übernahm. Für die Dekoration der Galleria wurden etliche historistische Details gewählt. Bereits von außen – von der Piazza del Duomo kommend – kündigt sich Großes an: Als Eingang hat Mengoni einen überdimensionalen Triumphbogen ersonnen, in dessen unterem Geschoß sich zwei berühmte Mailänder niedergelassen haben: die Firmengründer Campari und Motta. Die drei anderen Ein- bzw. Ausgänge sind dagegen eher unspektakulär, zwei befinden sich in schmalen Nebenstraßen.
1943 wurde die Galleria durch Bomben großenteils zerstört, relativ schnell aber wieder aufgebaut. Zur 100-Jahres-Feier hat man in der Mitte unter der Kuppel ein Bodenmosaik anlegen lassen.

**Teatro alla Scala

An der Piazza della Scala nördlich des Doms und der Galleria Vittorio Emanuele II. steht das Opernhaus, dessen Name weit über Mailands Grenzen hinaus bekannt ist – die weltberühmte Scala. Die Scala wurde im 18. Jh. gebaut. 1776 war das kleine Teatro Ducale im Palazzo Reale ausgebrannt, und man stellte Überlegungen für ein zeitgemäßes größeres Gebäude an.

Die Mailänder Scala – vielleicht das berühmteste Theaterhaus der Welt

Mailand wurde zu dem Zeitpunkt von Österreich regiert; Maria Theresia setzte sich für die Realisierung und Finanzierung des Baus ein. An der Stelle, die man für das neue Opernhaus auserkoren hatte, stand bisher die gotische Kirche S. Maria della Scala aus dem Jahr 1381, die Bernabò Visconti für seine Ehefrau Beatrice Regina della Scala hatte bauen lassen – daher also der Name für den späteren Musiktempel. Maria Theresia gab die Erlaubnis, die Kirche abzureißen. Die Pläne für das klassizistische Bauwerk lieferte Giuseppe Piermarini, damals der führende Architekt in Mailand. Nur 15 Monate später, am 3. August 1778, wurde das "Nuovo Regio Ducale Teatro di Milano" mit einer Aufführung der Oper "L'Europa riconosciuta" von Antonio Salieri eingeweiht. 1943 wurde die Scala durch Bomben zerstört. Man baute sie im alten Stil wieder auf, und im Mai 1946 nahm

Teatro alla Scala (Fortsetzung)

sie ihren Spielbetrieb mit einem Konzert unter dem Dirigenten Arturo Toscanini wieder auf. Toscanini selbst hatte nach dem Wiederaufbau die Akustik getestet.
Die heutige Fassade der Scala ist im Jahr 1830 gestaltet worden. Sie wird durch klassizistische Säulen, Pilaster und Fenster siebenteilig gegliedert. Das Mittelportal wird von einem dreieckigen Giebelfeld gekrönt, das ein Relief von Apoll mit seinem Sonnenwagen zeigt. Im Innern kommt man – sofern man eine Opernvorstellung besucht – in einen hufeisenförmigen Zuschauerraum mit vier Rängen und zwei Galerien mit Stehplätzen. Die Ausgestaltung stammt aus der ersten Hälfte des 19. Jahrhunderts.

*Museo Teatrale alla Scala

In einem Gebäudetrakt der Scala befindet sich ein hervorragendes Theatermuseum, das auf eine Sammlung des Antiquars Giulio Sambon zurückgeht, der seine gesamte Theaterkollektion 1911 in Paris versteigern ließ. Die Stücke gingen an Kulturbegeisterte der Stadt Mailand, 1913 wurde das Museum eröffnet (geöffnet: Mo.–Sa. 9.00–12.30, 14.00–17.30 Uhr). Zu sehen sind Porträts und Büsten von den Größen der Opernwelt (u. a. Maria Callas, Eleonora Duse, Gaetano Donizetti → Berühmte Persönlichkeiten, Giacomo Puccini), Kostüme aus "Falstaff", "Rigoletto", "Lucia di Lammermoor", Bühnenmodelle, der Steinway-Flügel von Franz Liszt. Ein Raum ist Giuseppe Verdi (→ Berühmte Persönlichkeiten) gewidmet, ein anderer Gioachino Rossini. Außerdem erfährt man allerlei Wissenswertes über europäische Theatergeschichte, über antikes Theater, die Commedia dell'arte etc. Auch kann man einen Blick in den Zuschauerraum der Scala werfen. Dem Museum ist eine theaterwissenschaftliche Bibliothek mit 90 000 Bänden angeschlossen.

Statue Leonardo da Vinci

Die Statue auf der Piazza della Scala zeigt Leonardo da Vinci, den "Erneuerer der Künste und der Wissenschaften". Das Standbild wurde 1872 von Pietro Magni geschaffen.

Palazzo Marino Municipio

Der Scala gegenüber, an der Südostseite des Platzes, steht der Palazzo Marino, der als bedeutendster Privatpalast der Stadt gilt und dessen Architektur mehrere Generationen lombardischer Bauleute beeinflußte. Der Palast wurde 1558 von Tomaso Marino, einem Kaufmann aus Genua, in Auftrag gegeben. Die Entwürfe stammen von dem Architekten Galeazzo Alessi aus Perugia. Die Fassade zur Piazza della Scala hin wurde erst Ende des 19. Jh.s nachträglich nach den Plänen Alessis gestaltet. Der Palast stellt eine manieristische Vierflügelanlage dar, die um zwei Innenhöfe gebaut ist. Vorbilder waren manieristische Paläste in Rom und in Genua. Typische Effekte des architektonischen Manierismus sind beispielsweise die antikisierten Pilaster im obersten Geschoß, denen Hermesköpfe aufgesetzt sind. Heute ist im Palazzo Marino das Mailänder Rathaus untergebracht.

Palazzo Belgioioso

In unmittelbarer Nähe des Palazzo Marino steht der Palazzo Belgioioso, der 1781 von Giuseppe Piermarini gebaut wurde.

Museo Manzoniano

Das Museo Manzoniano wurde in dem Wohnhaus des bekannten italienischen Dichters Alessandro Manzoni ("I Promessi Sposi", → Die Lombardei in Zitaten) eingerichtet, in dem er bis zu seinem Tod lebte. Das Arbeitszimmer, der Salon und das Sterbezimmer sowie Bilder, Manuskripte und Dokumente sind zu besichtigen (Via Morone 1; geöffnet: Di.–Fr. 9.30–12.00, 14.00–16.00 Uhr).

*Museo Poldi Pezzoli

Das Museo Poldi Pezzoli ist in dem gleichnamigen Palast untergebracht (Via A. Manzoni 12). Der Kunstsammler Gian Giacomo Poldi Pezzoli (1822–1879) ließ sich Mitte des 19. Jh.s den Palast aus dem 17. Jh. so erweitern, daß er darin seine Sammlung unterbringen konnte. In dem Museum sind wertvolle Gemälde (u. a. Botticelli, Piero della Francesca, Canaletto, Guardi), Porzellan, kostbare Möbel aus dem 16.–18. Jh., eine Kollektion von Murano-Glas, Schmuck aus verschiedenen Jahrhunderten, eine Uhren- und eine Kompaßsammlung zu sehen (geöffnet: Di.–Fr. 9.30 bis

"Die Scala ist das Herz der Stadt" –

So erklärte die Altistin Giulietta Simionato 1993 die vehemente Reaktion der "besten Kreise" der Stadt auf die Amtsenthebung des Scala-Intendanten Carlo Fontana. Durch eine bürokratische Fehlleistung des Ministeriums war Fontana abgesetzt worden – angeblich war seine Amtszeit seit Monaten abgelaufen –, Stein des Anstoßes war aber wohl die Tatsache, daß Fontana als Mitglied der sozialistischen Partei an seinen Posten gekommen war. Die Größten der Musikwelt waren zur Stelle und traten für den angesehenen Fontana ein: Claudio Abbado, Sir George Solti, Luciano Pavarotti, Renata Tebaldi, Carla Fracci und zahlreiche berühmte Musikerkollegen forderten die Ministerin in Rom auf, Fontana in seinem Amt zu bestätigen. Mit Erfolg. Der Vertrag wurde erneuert, Fontana konnte nach zehn amtslosen Tagen seinen Arbeitsplatz wieder einnehmen.

Wenn es um die Belange der Scala geht, gerät aber nicht nur die Musikerwelt, sondern die ganze Stadt in Aufruhr. Noch immer ist eine Aufführung in der Scala ein gesellschaftliches Ereignis, in Mailand weiß eigentlich jeder, was in der Saison gerade gespielt wird – ob "Tosca" oder "Lucia di Lammermoor" – und wie die Besetzung ist. Zwar sind die Premieren Veranstaltungen, bei denen die "Großen" Mailands unter sich sind, aber schon einen Abend später nehmen alle anderen die Plätze ein. Die Mailänder Opernfans kommen aus allen Schichten, ähnlich wie beim Fußball. Wer die teuren Karten nicht bezahlen mag oder kann, holt sich eine Stehplatzkarte für die oberen Ränge. Und nicht wenige sehen sich die Aufführungen mehrmals hintereinander an.

Das Ereignis schlechthin ist die Saisoneröffnung alljährlich am 7. Dezember, dem Tag des hl. Ambrosius, des Schutzheiligen der Stadt. Dann ist die Scala der Treffpunkt der Mailänder High Society. Alles was Rang und Namen hat und alle, die das prominente Spektakel miterleben möchten – und es sich leisten können –, kommen herbeigeeilt. Umgerechnet 1000 DM wird für eine Karte gezahlt. Am 7. Dezember fahren die entsprechenden Wagen vor, aus denen sich große Roben, Geschmeide und bekannte Gesichter auf den Scala-Vorplatz ergießen. Dazwischen wieselflinke Journalisten und Fotografen, die am nächsten Tag in den Blättern bis ins kleinste berichten.

Die Scala hat wohl alle Musikergrößen der Welt gesehen. Arturo Toscanini wurde gleich dreimal engagiert – er war von 1898 bis 1903, dann noch einmal von 1906 bis 1908 Direktor der Scala, ging nach New York an die Met, kam zurück und führte in den zwanziger Jahren die Scala zu Weltruhm. 1946 dirigierte er das Wiedereröffnungskonzert, in dem unter anderem "la Tebaldi", Renata Tebaldi, sang. Maria Callas, "die Göttliche", feierte an der Scala ihre unvergeßlichen Triumphe. 1953 gab Leonard Bernstein in Mailand sein Operndebut. Der geniale Dimitri Mitropoulos starb 1960 im Alter von 64 Jahren – auf dem Podium der Mailänder Scala während einer Probe zu Gustav Mahlers Dritter Sinfonie. Claudio Abbado wurde mit 35 Jahren ständiger Dirigent und vier Jahre später musikalischer Direktor der Scala. Und seit 1986 ist Riccardo Muti Nachfolger von Claudio Abbado.

▶

Und doch haben sich die Zeiten geändert. Renata Tebaldi beklagte das mangelnde Niveau der Sänger. Und zunehmend wurde die Finanzierung zum Problem. 1991 hatte das zuständige Finanzministerium in Rom den 13 Opernhäusern in Italien, den "enti lirici", die Zuschüsse um 4 % gekürzt. Das bedeutete für die Scala, die die höchsten Subventionen erhielt, eine erhebliche Einbuße. Da zu diesem Zeitpunkt die Stadt den Höhepunkt der Bestechungsaffären erlebte, setzte sich jedoch niemand für die Belange des weltberühmten Opernhauses ein ...
Ein internationaler Vergleich der weltgrößten Opernhäuser ergab 1995, daß an der Mailänder Scala jeder Zuschauer mit 228 Dollar subventioniert wird. Im selben Jahr verbrauchten die vier Opernhäuser in Rom, Palermo, Neapel und Mailand fast die Hälte der 750 Mio. DM, die für die 13 Enti lirici zusammen als Subvention vorgesehen war, und alle 13 Opernhäuser zusammen brachten es auf umgerechnet 50 bis 70 Mio. DM Schulden. Dabei konnte sich die Scala zumindest insofern auf die Schulter klopfen, als ihre bekanntlich besonders hohen Künstlergagen und Ausstattungskosten durch Karteneinnahmen und die laufenden Kosten durch Subventionen weitgehend gedeckt waren.
Nun sollen die 13 in "Privatbesitz" übergehen. Allen voran die Scala. In einem Privatisierungsgesetz wurde im Dezember 1995 die Umwandlung in Aktiengesellschaften festgelegt. Der Staat hat 51 % der Anteile behalten, der Rest ist von Sponsoren übernommen worden. Die Scala wird nun fast zur Hälfte von einer Stiftung finanziert, die sich aus der Mailänder CARIPLO, dem weltweit größten Sparkassenverband, sowie einer Großzahl norditalienischer Industrieunternehmen zusammensetzt. Die in solchen Fällen übliche und zunächst einmal nicht unberechtigte Angst betrifft die künstlerische Freiheit und den Rechtfertigungszwang vor den Sponsoren. Carlo Fontana – gebeutelt von der alle Initiativen verlangsamenden Bürokratie – erhofft sich aber von der "neuen Scala" vor allem ein freieres Arbeiten.

Museo Poldi Pezzoli (Fortsetzung)

12.30, 14.30–18.00, Sa. 9.30–12.30, 14.30–19.30, So. 9.30–12.30, 14.30 bis 18.00 Uhr). Auf alten Fotografien erkennt man, wie die Räume des Stadtpalastes vor der Bombardierung 1943 aussahen. Leider ist heute nur noch ein Erkerraum relativ gut erhalten.

Nordwestliche Innenstadt

Piazza Mercanti

Im Westen grenzt die Piazzi Mercanti an den Domplatz. Im Mittelalter war sie das Zentrum des städtischen Lebens. Vor rund 100 Jahren legte man dann die Via Mercanti mitten durch den Platz. Am besten begreift man die ursprüngliche Anlage, wenn man an der Südseite des Platzes oder unter der offenen Säulenhalle des Palazzo della Ragione steht.

Palazzo della Ragione

Der langgestreckte Palazzo della Ragione war im Mittelalter das "neue" Rathaus (Broletto Nuovo) – im Gegensatz zum Broletto Vecchio an der Stelle des heutigen Palazzo Reale. Gebaut wurde der Palazzo della Ragione zwischen 1228 und 1233 unter dem ersten Bürgermeister von Mailand, Oldrado da Tresseno – sein steinernes Bildnis, hoch zu Pferde, ist in einer Rundbogennische an der südlichen Außenwand zu sehen. Es ist in schlichtem romanischen Stil wahrscheinlich in der Schule des Benedetto Antelami entstanden. Unter den Arkadenbögen des Rathauses bauten die Händler ihre Stände auf, hier fand der Markt statt. Der Saal darüber diente für Versammlungen, bis 1770 war der Palast Sitz der Stadtverwaltung.

Loggia degli Osii

Die Loggia degli Osii (Piazza Mercanti 9) fällt durch ihre schwarz-weiße Marmorfassade auf, die man üblicherweise in der Toskana findet. Der Architekt, den die Adelsfamilie Osii 1316 mit dem Bau beauftragte, kam auch aus S. Gimignano. Von dem kleinen Balkon aus wurden früher Urteilsverkündungen oder wichtige kommunale Nachrichten bekanntgegeben.

Der erste Bürgermeister Mailands hoch zu Pferde

Palazzo delle Scuole Palatine

Palazzo dei Giureconsulti

Das Gebäude rechts der Loggia, der Palazzo delle Scuole Palatine (Piazza Mercanti 11), wurde 1644 bis 1645 nach Plänen von Carlo Buzzi als Pendant zum gegenüber gelegenen Palazzo dei Giureconsulti erbaut, dabei wurde ein mittelalterliches Stadttor eingefügt. Der Palazzo dei Giureconsulti, der den Platz im Norden begrenzt, entstand 1560–1568 nach dem Entwurf von Vincenzo Seregni im Auftrag von Papst Pius IV.

*S. Maria presso S. Satiro

Südlich der Piazza Mercanti steht an der Via Torino die Kirche S. Maria presso S. Satiro, die auf einen ersten, dem Bischof Ambrosius (→ Berühmte Persönlichkeiten) gewidmeten Bau aus dem 9. Jh. zurückgeht. In der zweiten Hälfte des 15. Jh.s wurde sie nach Entwürfen von Donato Bramante umgebaut. Die Kirche ist wegen einer illusionistischen Architekturmalerei bekannt: Da für den Neubau im 15. Jh. nicht genügend Raum für eine Chorerweiterung zur Verfügung stand, täuschte Bramante malerisch die Existenz eines Chores vor. So findet man nun eine illusionistische, unter Berücksichtigung von Gesetzen der Zentralperspektive täuschend echte Chordarstellung mit einer tonnengewölbten Kassettendekke. Bramante schwankte wohl lange, ob er Maler oder Architekt werden sollte; an der hervorragenden Architekturmalerei werden beide Begabungen deutlich. Beeindruckend ist außerdem die schlichte, über einem griechischen Kreuz angelegte Cappella della Pietà, die frühere Kirche S. Satiro mit einer Pietà von Agostino de Fondutis (1482).

*Pinacoteca Ambrosiana

Südwestlich der Piazza Mercanti befindet sich an der Piazza Pio XI. im Palazzo dell'Ambrosiana (1603–1609) die Pinacoteca Ambrosiana. Die Sammlung der Pinakothek wurde von Federico Borromeo, Mailänder Erzbischof im 16./17. Jh., begonnen. Sie enthält hervorragende Gemälde u. a. von Caravaggio, Tiepolo, Tizian, Botticelli, Ghirlandaio, Raffael sowie das “Porträt eines Musikers”, das einzige Tafelbild, das Leonardo da Vinci in Mailand gemalt hat. Angeschlossen ist die Ambrosianische Bibliothek, eine der ersten öffentlichen Bibliotheken in Europa. Sie verfügt über einen Bestand von mehr als 750000 Büchern und 35000 Handschriften (geöffnet: Pinacoteca, Di.–So. 10.00–17.30; Bibliothek, Mo.–Fr. 9.00–17.30 Uhr).

Via Dante

Von der Piazza Mercanti kommt man über die Piazza Cordusio mit großen Bank- und Versicherungsgebäuden in die Via Dante, eine großzügige Einkaufsstraße, die die Verbindung zum Castello Sforzesco herstellt. Auf dem Largo Cairoli zwischen der Via Dante und dem Kastell steht ein Reiterstandbild von Giuseppe Garibaldi.

Piccolo Teatro

Im Palazzo Carmagnola (14. Jh.) an der Ecke Via Dante/Via Rovello ist das Piccolo Teatro untergebracht, das 1947 von Giorgio Strehler, Nina Vinchi

Piccolo Teatro (Fortsetzung)

und Paolo Grassi als erstes italienisches Teatro pubblico gegründet wurde. Das Theater kam unter Strehler zu Weltruhm. Er inszenierte viele Stücke von Goldoni, Shakespeare, Tschechow und Brecht, mit dem er als Jugendlicher befreundet war. Mit einigen Stücken knüpfte er an die Tradition der Commedia dell'arte an (→ *Baedeker Special* S. 53). Strehler verließ zwischendurch das Piccolo Teatro, arbeitete u. a. in Paris, gründete eine eigene Schauspielgruppe und kehrte wieder nach Mailand zurück. Neben der Arbeit am Piccolo Teatro inszenierte er auch Opern an der Scala und in Salzburg.

Das Piccolo Teatro ist eines von 14 öffentlich-rechtlichen Theatern in Italien, ein sog. Teatro stabile. Obwohl es eines der bedeutendsten europäischen Theater ist, glich es immer, was Ausmaße und technische Ausstattung betrifft, einem kleinen Provisorium. Daher wurde Ende der siebziger Jahre der Bau eines neuen Hauses in Angriff genommen. Seit Jahren ist nun dieser Neubau "Nuovo Piccolo Teatro" – entworfen von dem Architekten und Designer Marco Zanuso – in den Schlagzeilen, da es immer wieder politisches Gerangel um das Projekt gibt. Bürokratische Hürden, Profilierungskämpfe in der Verwaltung und Schmiergeldaffären waren die Hindernisse für das neue größere Haus mit 1200 Plätzen, einem Verwaltungstrakt und modernster Computer-Bühnentechnik aus Bayern. 1996 scheiterte die geplante Eröffnung schließlich am fehlenden Gestühl. Giorgio Strehler trat im Lauf der ewigen Streitereien mehrfach zurück, nahm seine Arbeit aber immer wieder auf. Seit Anfang 1997 ist der frühere französische Kulturminister Jack Lang künstlerischer Leiter des Piccolo Teatro, sein Stellvertreter ist seit September 1997 Giorgio Strehler.

Durch das Hin und Her hat der Theaterbetrieb enorm gelitten, und generell war der Fall "Nuovo Piccolo Teatro" für viele Theaterleute und Kulturschaffende ein Beleg für die kleinbürgerliche Mailänder Kulturpolitik der seit 1993 von der Lega Nord geführten Stadtregierung. Im Frühjahr 1997 wurden schließlich private Mailänder Sponsoren aktiv, um die 50-Jahres-Feier des Piccolo Teatro zu retten sowie die abschließenden Arbeiten am Neubau zu unterstützen.

**Castello Sforzesco

Hinter dem Largo Cairoli kommt man direkt zum Haupttor des grandiosen Castello Sforzesco. Für die Mailänder Bevölkerung war die Befestigungsanlage immer ein Symbol der wechselnden tyrannischen Herrscher, besonders beliebt war das Castello Sforzesco daher nie.

Bereits im 14. Jh. hatten die Visconti unter Galeazzo II. eine Burg an der Stelle des heutigen Castello Sforzesco errichtet. Sie war damals außerhalb des Stadtzentrums gebaut worden und diente weniger der Verteidigung der Stadt als vielmehr der eigenen Sicherheit. Nach dem Tod des letzten Visconti wurde das Kastell 1447 weitgehend zerstört. Der Visconti-Nachfolger Francesco Sforza nahm Mitte des 15. Jh.s die Gelegenheit zu einer völligen Neugestaltung wahr. Unter der Leitung namhafter Festungsarchitekten entstand die heutige quadratische Anlage mit ihren charakteristischen Türmen. 1452 wurde der 70 m hohe zentrale Torturm, die Torre del Filarete, nach Plänen des Florentiners Antonio Filarete errichtet. 1521 wurde er durch eine Explosion zerstört und erst zu Beginn des 20. Jh.s wieder aufgebaut. Die beiden 31 m hohen Ecktürme mit Diamantquaderung wurden von dem Festungsbaumeister Bartolomeo Gadio aus Cremona gebaut. Im Westen der Anlage entstand eine sehr düster wirkende Zitadelle, die Rocchetta. Galeazzo Maria Sforza (1444–1476) ließ sich den Corte Ducale, die herzogliche Residenz, einrichten und verlegte den Regierungssitz aus dem Palazzo Reale am Dom hierher. Bekannte italienische Maler kamen nach Mailand, um die Innenräume zu gestalten, unter ihnen Vincenzo Foppa, Cristoforo Moretto und Benedetto Ferrini. 1476 wurde Galeazzo Maria Sforza Opfer einer Verschwörung; nach seiner Ermordung ließ sich seine Frau Bona di Savoia den Turm der Rocchetta, die zentrale Torre di Bona di Savoia, aus Sicherheitsgründen bauen, sie nutzte ihn als Wohnraum.

Den eigentlichen künstlerischen Höhepunkt erlebte die Residenz unter Ludovico il Moro und Beatrice d'Este, die Leonardo da Vinci und Donato

Castello Sforzesco (Fortsetzung)

Bramante nach Mailand kommen ließen. Bramante baute einen Portikus im Hof der Rocchetta sowie eine Brücke an der Nordostecke zur Corte Ducale hin. Leonardo da Vinci wurde mit der Ausmalung einiger Palasträume beauftragt sowie mit dem Entwurf für ein Reiterstandbild für Francesco Sforza und für einen neuen Zentralturm – die beiden letzten Projekte fielen der politischen Entwicklung zum Opfer, um 1500 übernahmen die Franzosen die Festungsanlage.
Unter den spanischen Vizekönigen wurde das Kastell zu einer ansehnlichen Bastion ausgebaut, in der 3000 Soldaten zur Sicherung der spanischen Herrschaft stationiert waren. Der Innenhof, die Piazza d'Armi, wurde als Exerzierplatz genutzt. Eine letzte Militäraktion ging 1848 vom Castello aus, als österreichische Soldaten Mailänder Bürger beschossen, die gegen die Besatzungsmacht rebellierten. Ende des 19. Jh.s begann man, die Festungsanlage zu restaurieren. 1943 schlugen auch hier Bomben ein und verursachten schwere Schäden.

Musei Civici del Castello Sforzesco

Seit dem Wiederaufbau nach dem Krieg werden einige Räume im ehemaligen Herzogspalast und in der Rocchetta als Museum genutzt (geöffnet: Di. – So. 9.30 – 17.30 Uhr). Unter den Exponaten befinden sich einige bedeutende Werke.

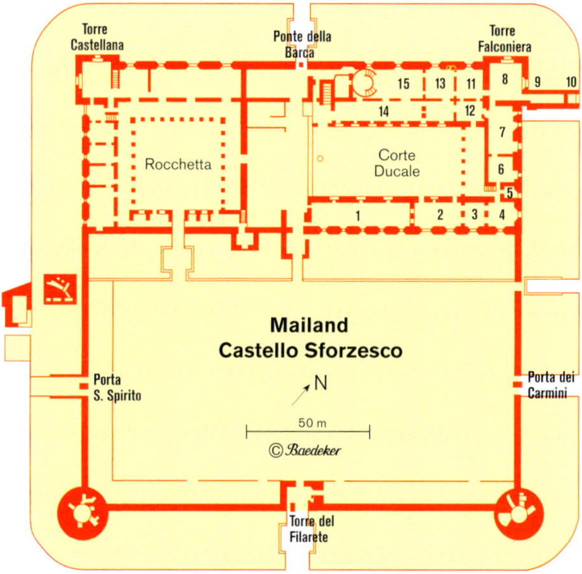

Corte Ducale Erdgeschoß

Auf dem Rundgang sind im Erdgeschoß besonders das Reiterstandbild des Bernabò Visconti (Bonino da Campione, 14. Jh. – Saal 2) sehenswert, weiter der Fries der Porta Romana (Saal 6) mit Reliefdarstellungen ambrosianischer Truppen, die Mailands Kirchen gegen die Arianer verteidigen (Anselmo da Campione, 1171).

Sala delle Asse

Die Sala delle Asse (Saal 8) ist von Leonardo da Vinci mit einer Art Baumkrone ausgemalt worden, die aus geometrischen Verästelungen besteht und von Flecht- sowie Knotenmotiven durchwirkt ist – vielleicht als Symbol für das aus Verflechtungen bestehende Leben.

Cappella Ducale

Fresken von Malern aus der Lombardei sind in der einstigen Cappella Ducale (Saal 12) erhalten.

Castello Sforzesco (Fortsetzung) Sala degli Scarlioni

In der Sala degli Scarlioni (Saal 15) ist mit der berühmten Pietà Rondanini das letzte Werk von Michelangelo zu besichtigen, das er 1564 unvollendet lassen mußte. Die Pietà befand sich bis 1953 im Besitz der Familie Rondanini und wurde dann von der Stadt Mailand gekauft.

Corte Ducale 1. Stockwerk

Im ersten Stockwerk ist wertvolles Mobiliar aus dem 15.–17. Jh. ausgestellt. In einem kleinen gesonderten Raum, der Camera di Griselda, sind Fresken aus dem Schloß Roccabianca zu bewundern. Sie zeigen Szenen, die nach dem literarischen Vorbild von Boccaccios "Decamerone" angefertigt wurden. Anschließend kommt man in die Pinakothek, in der italienische Gemälde überwiegend aus dem 15.–18. Jh. (u. a. Bellini, Mantegna, Tintoretto, Canaletto, Tiepolo) gezeigt werden.

Corte Ducale Untergeschoß

Im Untergeschoß ist eine frühgeschichtliche und ägyptische Sammlung untergebracht.

Reiterstandbild des Bernabò Visconti

Michelangelos unvollendete Pietà Rondanini

Rocchetta

Im ersten Stock der Rocchetta ist eine der bedeutendsten Musikinstrumentensammlungen Europas zu sehen, außerdem Kunsthandwerk (Glas, Keramik, Porzellan) aus verschiedenen Jahrhunderten sowie wissenschaftliche Instrumente des 14.–18. Jahrhunderts.

Biblioteca Trivulziana

Die Biblioteca Trivulziana gilt als renommierteste Privatbibliothek Europas, die über Jahrhunderte von den Generationen der Mailänder Familie Trivulzio zusammengetragen wurde. Die Bibliothek verfügt über Handschriften, die bis ins 8. Jh. zurückgehen, Miniaturen und rund 80000 Druckwerke aus dem 16.–18. Jahrhundert.

Parco Sempione

Über die Ponte della Barca kommt man in den sich nordwestlich anschließenden Parco Sempione, den ehemaligen Schloßgarten im englischen Stil, der heute eine beliebte, wenn auch recht verwahrloste Oase der Mailänder ist. Am nordwestlichen Ende des Parks steht der Arco della Pace, ein Triumphbogen mit der Siegesgöttin und ihren sechs Pferden, der unter den verschiedenen Herrschern des 19. Jh.s angefangen, weitergebaut und

Parco Sempione (Fortsetzung)

vollendet wurde. Über den Außenbögen erkennt man die Darstellung der Flüsse Po, Adige, Tagliamento und Ticino.

Acquario

In der Ostecke des Parks befindet sich das Aquarium, das vor dem Krieg eines der bedeutendsten in ganz Europa war. Das Jugendstilgebäude (1906) wurde 1943 zerbombt und erst 20 Jahre später wieder eröffnet. In ca. 50 Becken sind Meerestiere und Süßwasserfische zu beobachten (geöffnet: Di.–So. 9.30–17.30 Uhr).

S. Simpliciano

Eine der ältesten Kirchen der Stadt ist die romanische S. Simpliciano an der gleichnamigen Piazza östlich des Aquariums (geöffnet: 7.00–12.00, 15.00–19.00 Uhr, So. u. Fei. 7.30–11.30, 16.00–19.00 Uhr). Sie wurde vermutlich ab 1140 auf den Grundmauern einer frühchristlichen Basilika aus dem 4. Jh. errichtet, die wiederum eine Gründung des heiligen Ambrosius war (→ Berühmte Persönlichkeiten). Er hatte die Kirche auf dem Gelände einer römischen Nekropole anlegen lassen. Sehenswert ist das Stufenportal mit seinem Figurenschmuck. Über dem linken Eingangsportal sind die Figuren der drei Märtyrer Martirio, Sisinio und Alessandro, die in der Kirche begraben sind, dargestellt. Im Innenraum sind im Chor noch Fresken aus dem 16. Jh. erhalten. Alljährlich werden am 29. Mai auf dem Vorplatz der Kirche weiße Tauben losgelassen. Dieser Brauch geht auf eine Legende zurück, derzufolge die Märtyrer Martirio, Sisinio und Alessandro während einer Schlacht, in der Barbarossa gegen die lombardischen Kommunen kämpfte, auferstanden und als weiße Tauben auf dem Schlachtfeld für Verwirrung und den Sieg der Lombarden sorgten.

Brera-Viertel

Das Brera-Viertel östlich des Parco Sempione ist ein sympathischer und lebendiger Stadtteil mit kleineren Straßen, vielen kleinen Geschäften und Restaurants.

*Palazzo di Brera

Der Palazzo di Brera mit der Pinakothek (Via Brera 28) ist ein ehemaliger Jesuitenpalast, der auf einen ersten Bau aus dem 16. Jh. zurückgeht. Nach mehreren Umbauten erfolgte eine nochmalige Erweiterung zwischen 1776 und 1784, als der Jesuitenorden aufgelöst worden war und die Pinacoteca in den Baukomplex aufgenommen wurde. Damals wurde das klassizistische Westportal nach einem Entwurf von Giuseppe Piermarini gebaut. Außerdem integrierte man die gotische Kirche S. Maria di Brera in die Anlage – heute noch zu erkennen in der Gemäldesammlung in den Sälen III und IV, die einstmals das Mittelschiff der Kirche darstellten. In dem Palazzo di Brera sind heute neben der Pinakothek u. a. die Kunstakademie und ein Observatorium untergebracht. Durch den Arkadenhof mit einer Statue Napoleons von Antonio Canova aus dem Jahr 1809 kommt man in die Gemäldesammlung.

**Pinacoteca di Brera

Die Pinacoteca di Brera ist neben den Uffizien in Florenz die wichtigste Pinakothek Italiens. Sie verfügt über eine glänzende Sammlung von Gemälden fast aller wichtigen italienischen Maler ab dem 13. Jahrhundert. Im Jahr 1776 ließ Maria Theresia im Palazzo di Brera eine Gemäldesammlung einrichten, die ursprünglich zu Studienzwecken für die gerade gegründete Kunstakademie gedacht war. Seit 1809 ist die Sammlung für die Öffentlichkeit zugänglich (geöffnet: Di.–Sa. 9.00–17.30, So. u. Fei. 9.00–12.45 Uhr; 1.1., 1.5., 25.12. geschl.). Ein Teil der Sammlung stammt aus den im 18. Jh. aufgelösten Orden, darüber hinaus wurde sie durch Ankäufe und Schenkungen erweitert. Die Werke hängen in insgesamt 38 Sälen, von denen nicht immer alle zugänglich sind.
Zu sehen ist u. a. oberitalienische Malerei der Früh- und Hochrenaissance und des Manierismus, niederländische Malerei der Renaissance und des Barock und venezianische Malerei aus dem 18. Jahrhundert. Von den Malern der Lombardei sind Bernardino Luini, Gaudenzio Ferrari, Giovanni Bernardino, Ambrogio Bergognone, die Campi-Brüder und Vincenzo Foppa ("Madonna con Bambino e Santi"; Saal 15) vertreten. Außerdem beinhaltet die Sammlung bekannte Werke von Andrea Mantegna ("Cristo morto", Saal 6), Bellini ("La Predica di S. Marco", Saal 8; "La Pietà", Saal 6), Tintoretto ("Un Miracolo di S. Marco", Saal 9), Raffael ("Sposalizio della Ver-

Mailand
Pinacoteca di Brera

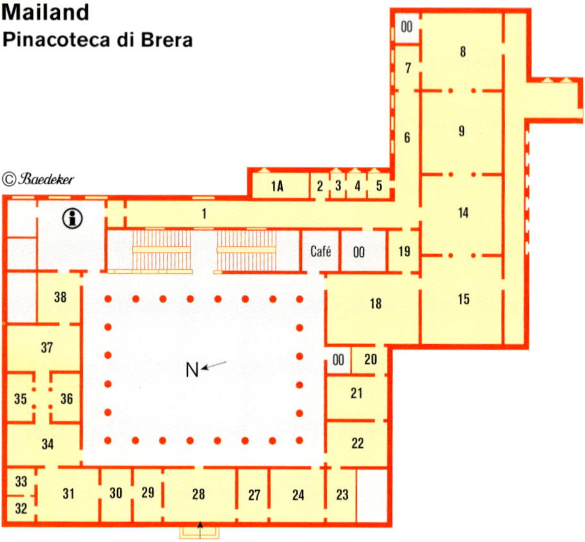

Haupteingang (im Erdgeschoß)

1 Jesi-Schenkung: Malerei und Skulpturen des 20.Jh.s (Boccioni, Carrà, De Pisis, Marino Marini, Modigliani, Morandi, Medardo Rosso)
1A Mocchirolo-Kapelle, 14.Jh.
2,3,4 Italienische Malerei 13.–16. Jh. (Giovanni da Milano, Andrea di Bartolo, Gentile da Fabriano, Stefano da Verona)
5,6 Venezianische Malerei, 15. und 16. Jh. (Bellini, Carpaccio, Cima, Liberale, Mantegna)
7 Venezianische Porträts, 16. Jh. (Lotto, Tizian, Paris Bordon, Moroni)
8 Venezianische Malerei, 15. Jh. (Giovanni und Gentile Bellini, Cima da Conegliano, Vivarini, Montagna)
9 Venezianische Malerei, 16. Jh. (Tizian, Veronese, Tintoretto, Jacopo Bassano)
14 Venezianische Malerei, 16. Jh. (Bonifacio Veronese, Savoldo, Moroni)
15 Lombardische Malerei und Fresken, 15.–16. Jh. (Foppa, Bramantino, Marco d'Oggiono, Gaudenzio Ferrari)
18 Lombardische Malerei, 16. Jh. (A. Melone, Lomazzo, i Campi)
19 Bilder religiösen Inhalts und lombardische Porträts, 15. und 16. Jh. (Bergognone, Cesare da Sesto, Luini, Solario)
20 Malerei aus den Nachbarlandschaften Ferrara und Emilia Romana, 15. Jh. (Del Cossa, Tura, Costa)
21 Polyptychen aus den Marken, 15. Jh. (Niccolò, Alunno, Girolamo di Giovanni, Carlo und Vittore Crivelli)
22,23 Malerei aus den Nachbarlandschaften Ferrara und Emilia Romana, 15. und 16. Jh. (De Roberti, Garofalo, Ortolano, Dossi, Corregio)
24 Piero della Francesca, Raffaell, Bramante
27 Malerei Zentral-Italiens, 15. und 16. Jh. (Genga, Bronzino, Signorelli)
28 Malerei Zentral-Italiens, 17. Jh. (Carracci, Reni, Guercino, Barocci)
29 Caravaggio und von ihm geprägte Maler
30 Lombardische Malerei, 17. Jh. (Procaccini, Cerano, Morazzone, Cairo)
31 Niederländische und italienische Malerei, 17. Jh. (Rubens, Van Dyck, Jordaens, Pietro da Cortona, Strozzi)
32,33 Niederländische Malerei, 16. und17. Jh. (Jan de Beer, Rembrandt, Bruegel d. Ä., Santvoort)
34 Bilder religiösen Inhalts, 18. Jh. (Tiepolo, Subleyras, Batoni)
35 Venezianische Malerei, 18. Jh. (Piazzetta, Canaletto, Guardi, Bellotto)
36 Italienische Genre-Bilder und Porträts, 18. Jh. (Crespi, Ceruti, Fra Galgario)
37,38 Italienische Malerei, 19. Jh. (Appiani, Hayez, Fattori, Pellizza da Volpedo)

Pinacoteca di Brera (Fortsetzung)

gine", Saal 24), Piero della Francesca ("Madonna e Santi", Saal 24), Bramante ("Cristo flagellato", Saal 24), Caravaggio ("Cena in Emmaus", Saal 29), Canaletto, Tiepolo, El Greco, Rembrandt, Rubens, Van Dyck. In jüngerer Zeit sind zudem bedeutende zeitgenössische Werke dazugekommen, darunter Malereien von Boccioni, Morandi und Balla sowie Skulpturen von Marini und Rosso.

Museo del Risorgimento

Im Museo del Risorgimento in der Via Borgonuovo 23, östlich des Palazzo di Brera, wird anhand verschiedener Dokumente und Bildmaterialien die

Geschichte des Risorgimento vom ersten Feldzug Napoleons (1796) bis zur Einigung Italiens (1870) gezeigt (geöffnet: Di.–So. 9.30–17.30 Uhr).

Museo del Risorgimento (Fts.)

Östlich des Brera-Viertels kommt man in die Giardini Pubblici, eine hübsche englische Parkanlage, der der kleine Giardino di Villa Reale angeschlossen ist. In den Giardini Pubblici findet man das Planetarium sowie das Museum für Naturgeschichte (Civico Museo di Storia Naturale; geöffnet Di.–So. 9.30–17.30, Sa., So., Fei. 9.30–18.30 Uhr) mit einer geologischen, mineralogischen und zoologischen Abteilung.

*Giardini Pubblici

Die klassizistische Villa Reale (1790) beherbergt die Civica Galleria d'Arte Moderna mit Gemälden des 19. und 20. Jh.s (Balla, Boccioni, Segantini, Corot, Cézanne, Millet, Gauguin, Manet, Picasso, Modigliani) sowie einer Sammlung mit Skulpturen von Marino Marini (Eingang in der Via Palestro 16; geöffnet: Di.–So. 9.30–17.30 Uhr).

Villa Reale Civica Galleria d'Arte Moderna

Im Neubau des Padiglione d'Arte Contemporanea (P.A.C.) nebenan werden wechselnde Ausstellungen zeitgenössischer Künstler gezeigt. Das ursprüngliche Gebäude von 1954 war 1993 durch ein Bombenattentat zerstört worden.

Padiglione d'Arte Contemporanea

Westliche Innenstadt

Kunsthistorisch sehr bedeutend ist die Kirche S. Maria delle Grazie am Corso Magenta, die durch ihren von Bramante entworfenen Ostteil starken Einfluß auf die lombardische Architektur um 1500 hatte. Im angeschlossenen Klosterkomplex befindet sich die weltberühmte Darstellung des Abendmahls von Leonardo da Vinci.

**S. Maria delle Grazie

Die Dominikaner-Klosterkirche wurde zwischen 1463 und 1469 unter Guiniforte Solari gebaut. 1490 wurden Altarraum und Apsis wieder abgerissen, da Ludovico il Moro hier eine Grabkirche für die Sforza einrichten wollte. Mit dem Bau beauftragte er Donato Bramante.
Allein das Äußere von S. Maria delle Grazie ist bestechend: Die Fassade ist fünfachsig aufgebaut und mit einem Renaissanceportal versehen. Im Osten hebt sich der nach Entwürfen von Bramante gestaltete überkuppelte Vierungsturm mit umlaufendem Galerieband heraus. Eine starke dekorative Wirkung geht von den Materialien in unterschiedlichen Farben aus, die den Eindruck von klarer Gliederung und Verspieltheit in einem vermitteln (s. Abb. S. 43).
Der weite Innenraum ist nicht nur baugeschichtlich interessant, sondern auch in seiner ästhetischen Wirkung einzigartig. Deutlich merkt man ihm an, daß sich während der relativ kurzen Bauzeit in der Lombardei der Wechsel zwischen Gotik und Renaissance vollzogen hat. Man erkennt die spätgotischen Elemente im Längsschiff – Spitzbögen und Kreuzgewölbe – und im Gegensatz dazu den im Stil der Frührenaissance als Zentralbau angelegten östlichen Teil. An den Vierungsblock schließen seitliche Apsiden an, im Osten der Chor, der wiederum in eine Apsis mündet. Die mächtige Vierungskuppel wurde von Bramante in Farbgebung und Proportionen eindringlich durchgestaltet und äußerst harmonisch dekoriert. Im gesamten östlichen Innenraum dominiert die Kreisform in den unterschiedlichsten Größen – einzelne Bauteile, Verzierungen, Oberlichter und natürlich Kuppel sind vom Kreis geprägt. Am Ende des linken Seitenschiffs gelangt man in die Kapelle mit dem Bildnis der Maria delle Grazie.
Der wunderschön mit einem Brunnen und kleinen Bäumen angelegte Kreuzgang ist ebenfalls nach Plänen von Bramante gebaut worden. Von hier aus bietet sich noch einmal ein hervorragender Blick auf den Vierungsturm.

Kreuzgang

Im Refektorium, das man durch einen gesonderten Eingang links der Kirche betritt, ist mit dem "Abendmahl" von Leonardo da Vinci eines der berühmtesten Gemälde der Welt zu sehen (→ *Baedeker Special* S. 45); ge-

Cenacolo Vinciano "Abendmahl"

Cenacolo Vinciano "Abendmahl" (Fortsetzung)

öffnet: Di.–So. 8.00–14.00 Uhr; in den Sommermonaten teilweise auch Do.–Sa. 20.30–23.30 Uhr). Leonardo da Vinci arbeitete von 1495 bis 1498 im Auftrag von Ludovico il Moro an dem "Cenacolo", das die Nordwand des Refektoriums einnimmt. Dargestellt ist die Abendmahlsszene in dem Moment, als Christus den Jüngern verkündet hat, einer von ihnen werde sein Verräter sein. Berühmt ist das Bildwerk vor allem wegen der eindrucksvollen Komposition und der fast schon "psychologisierten" Darstellung der Menschen. Die in Aufruhr geratenen Jünger sind in Dreiergruppen

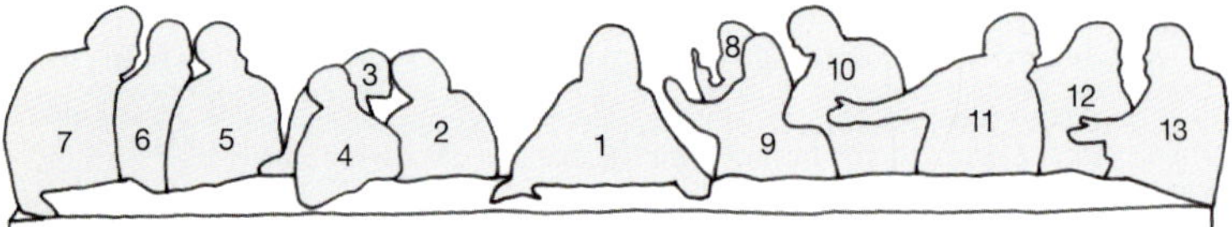

1 Christus

2 Johannes	5 Andreas	8 Thomas	11 Matthäus
3 Petrus	6 Jacobus d. J.	9 Jakobus d. Ä.	12 (Judas) Thaddäus
4 Judas	7 Bartholomäus	10 Phillippus	13 Simon der Zelot

gemalt. Petrus neigt sich zu Johannes – die Hand auf seiner Schulter – und hat dabei unbeabsichtigt Judas (4. von links) nach vorne gestoßen, dessen Gesicht dadurch als einziges in den Schatten getaucht ist. Bei den Restaurierungsarbeiten und dem Abtragen der nachträglichen Übermalungen wurde u. a. auch die ursprüngliche Lichtführung wieder deutlich: Im Bild scheint das Licht durch die Fenster an der Westseite des Refektoriums einzufallen. Für die Mönche im Refektorium muß die Wirkung des sich nach hinten öffnenden Raumes – also eine Verlängerung ihres eigenen Speisesaals – damals immens gewesen sein.

*Museo Nazionale della Scienza e della Tecnica Leonardo da Vinci

Im Museo Nazionale della Scienza e della Tecnica Leonardo da Vinci in der Via S. Vittore 21 sind architektonische und technische Modelle zu sehen, die nach Entwürfen von Leonardo da Vinci (1452–1519) gebaut wurden. Ein Großteil des Museums ist der technischen Entwicklung von der Zeit Leonardo da Vincis bis ins 20. Jh. gewidmet (geöffnet: Di.–Fr. 9.30 bis 17.00 Uhr, Sa. u. Fei. 9.30–18.30 Uhr).

**S. Ambrogio

Eine weitere wichtige Mailänder Kirche steht an der Piazza S. Ambrogio, etwas östlich des Museums (geöffnet: 7.00–12.00 und 14.30–19.00 Uhr, So. u. Fei. 7.00–13.00 und 15.00–20.00 Uhr). Sie gehört zu den bemerkenswertesten mittelalterlichen Kulturdenkmälern Mailands und gilt überhaupt als bedeutendster Sakralbau der lombardischen Romanik; sie beeinflußte alle nachfolgenden romanischen Kirchenbauten in der Lombardei. Unter anderem bekommt man hervorragende Ornamentkunst zu sehen.
Die Kirche S. Ambrogio geht auf eine Basilika aus dem 4. Jh. zurück. Namengebend ist der Bischof Ambrosius (→ Berühmte Persönlichkeiten), der die Kirche 386 nach dem Sieg über die Arianer im Westen der spätrömischen Stadt errichten ließ. Die Gebeine des Bischofs werden in der Krypta aufbewahrt. Der Kirche wurde im 8. Jh. ein Benediktinerkloster angeschlossen, im 9. Jh. wurde sie baulich erweitert, im 11. Jh nochmals umgestaltet. Der Teilneubau nach einem Einsturz der Vierung Ende des 12. Jh.s sowie eine Erweiterung um 1400 erfolgten im gotischen Stil. Ende des 15. Jh.s entwarf Donato Bramante zwei Kreuzgänge sowie den Arkadengang an der nördlichen Kirchenwand, den Portico della Canonica.
Man betritt die Anlage von S. Ambrogio durch ein langgestrecktes Atrium. Beachtenswert sind die romanischen Kapitelle an den Arkadengängen. Die Fassade – eine Vorhalle, wie sie für die frühchristliche Basilika typisch war – wird von zwei Glockentürmen flankiert, dem vorromanischen Campanile dei Monaci (9. Jh., rechts) und dem romanischen Campanile dei Canonici mit Blendbögen (12. Jh., links). Einen genaueren Blick lohnt das etwas verwahrloste Hauptportal mit reichhaltiger lombardischer Dekoration: das ty-

S. Ambrogio (Fortsetzung)

pische Flechtband in allen Variationen und verschiedene Tierskulpturen aus dem 12. Jh.; die Tür selbst wurde im 18. Jh. vollendet, sie zeigt die Geschichte von David und Saul.
Der dreischiffige Innenraum von S. Ambrogio, eine Emporenbasilika, ist der älteste Teil der gesamten Anlage. Ein Querschiff gibt es nicht, was für den Aufbau der romanischen Kirchen in der Lombardei typisch war. Hauptschiff und Seitenschiffe sind durch ein Kreuzgewölbe überspannt, was damals ein Novum war, bis dahin konstruierte man immer Tonnengewölbe. Im Hauptschiff weitet sich die Kirchendecke zu einem Vierungsgewölbe, der Chor wird von einer niedrigeren Tonnendecke überwölbt.
Sehr reichhaltig ist die Innenausstattung von S. Ambrogio. Zum einen sieht man auch hier schönen Kapitellschmuck. Unter der Vierung fällt das Ziborium ins Auge, der von römischen Porphyrsäulen getragene Altarbaldachin aus der Zeit um 900 mit lombardischer Dekoration aus bemaltem Stuck. Darunter steht der Altare d'Oro, berühmt durch den Paliotto, die karolingi-

Im Innenhof von S. Ambrogio

sche Altarverkleidung mit Reliefarbeiten aus vergoldetem Silberblech. Sie entstand im 9. Jh. als Arbeit eines Goldschmieds namens Volvinius. Die Vorderseite zeigt Szenen aus dem Leben Christi, die Vorderfront des Baldachins Christus zwischen Petrus und Paulus.
Ein weiteres Schmuckstück der Kirche ist die Marmorkanzel. Sie wurde bei dem Einsturz im 12. Jh. zerstört und wieder zusammengesetzt, wobei man Reste aus verschiedenen romanischen Phasen verwendete. Darunter steht der Sarkophag für Flavius Stilicho aus frühchristlicher Zeit, der nach dem Tod des Kaisers Theodosius 395 Regent für den minderjährigen weströmischen Kaiser Honorius war.
Unter dem Chor befindet sich die Krypta mit den Gebeinen der hll. Ambrosius, Gervasius und Protasius. Durch die letzte Kapelle im rechten Seitenschiff kommt man zur Grabkapelle S. Vittore in Ciel d'Oro, deren Bau auf das 4. Jh. zurückgeht und die wegen ihrer Mosaiken bekannt ist, die etwa auf das Jahr 470 datiert werden. Zu sehen ist eines der frühesten Bildnisse

S. Ambrogio (Fortsetzung)

des hl. Ambrosius. Vom linken Seitenschiff aus hat man Zugang zum Portico della Canonica von Bramante. Nach dem Bombardement im Zweiten Weltkrieg ist er rekonstruiert worden. Auch befindet sich auf dieser Seite ein Kriegerdenkmal von 1930.

Museo di S. Ambrogio

Vom Portico della Canonica aus kommt man in das Museo di S. Ambrogio mit Exponaten zur Geschichte der Kirche. Zu sehen sind Goldschmiedearbeiten, romanische Stuckarbeiten sowie Reliefreste der Tür der frühchristlichen Basilika (geöffnet: Mo., Mi., Do., Fr. 10.00–12.00 und 15.00 bis 17.00 Uhr, Sa. u. So. 15.00–17.00 Uhr).

Museo della Criminologia e Armi Antiche

Das auch Museo del Martirio e della Tortura genannte Museum gegenüber dem Eingang von S. Ambrogio zeigt die jahrhundertealte Geschichte der Folter. Vor dem Museum hängt ein Käfig, der an eine Hinrichtungsmethode des Mittelalters erinnert: Verurteilte wurden in Käfigen zur Schau gestellt und verdursteten und verhungerten allmählich (geöffnet: Mo. – Fr. 10.00 bis 13.00, 15.00 bis 19.30 Uhr, Sa. 10.30–13.00 Uhr, So. 15.00–19.00 Uhr).

Museo Archeologico

Am Corso Magenta 15 ist in dem früheren Benediktinerinnen-Kloster Monastero Maggiore ein kleines archäologisches Museum untergebracht, in dem Ausgrabungsfunde der etruskischen, römischen und griechischen Kultur ausgestellt werden (geöffnet: Di.–So. 9.30–17.30 Uhr). Die Kirche S. Maurizio (16. Jh.) daneben ist die frühere Klosterkirche.

Südliche Innenstadt

**S. Lorenzo Maggiore

Wie S. Ambrogio und S. Simpliciano geht auch S. Lorenzo Maggiore auf einen Bau aus dem 4. Jh. zurück. Die Bedeutung der Kirche liegt in ihrem Grundriß – S. Lorenzo Maggiore ist einer der ältesten Zentralbauten des Christentums und hatte auf die byzantinischen Kirchenbauten des 6. Jh.s entscheidenden Einfluß. Durch einen Brand im 11. Jh. wurde die Kirche zerstört und ab 1104 durch einen romanischen Neubau ersetzt, in den man den Zentralgrundriß des Vorgängerbaus übernahm. Die heutige Anlage mit den vier Ecktürmen stammt aus dieser Zeit. Im Mittelalter war die Kirche in die Stadtmauer integriert und wurde unter Kaiser Friedrich Barbarossa zur Festungsanlage umfunktioniert.

Römische Säulen

Auf dem Kirchenvorplatz fällt als erstes eine Reihe von 16 korinthischen Säulen ins Auge, die aus der römischen Kaiserzeit stammen und einst zu einem Tempel – vermutlich in der heutigen Via S. Maria Beltrade – gehörten. Im 4. Jh. wurden sie hierher umgesetzt, da sie in den Eingangsbereich der Kirche integriert werden sollten. In hervorragender Weise wird so die Übergangszeit zum frühen Christentum dokumentiert, als Kaiser Konstantin durch das Toleranzedikt entscheidend zur Entwicklung des Christentums zur Staatsreligion beitrug. Zeugnisse der bis dahin gültigen Religion wurden in die Stätten des neuen Glaubens einbezogen – wie hier Teile des römischen Tempels in eine christliche Kirchenanlage. Konstantin wurde im Säulenhof ein Denkmal gesetzt.

Die Fassade von S. Lorenzo Maggiore läßt von dem romanischen Bau kaum etwas erahnen. Die Vorhalle und die klassizistische Westfassade stammen aus dem späten 19. Jahrhundert. Die Kuppel wurde nach einem Einsturz im 16. Jh. durch den Architekten Martino Bassi im Renaissancestil erneuert. Wer sich einen Eindruck von dem ursprünglichen Bau verschaffen möchte, sollte um die Kirche herumgehen und sich die Ostseite genauer ansehen.

Beeindruckend ist die Raumwirkung der zentral aufgebauten, etwas düsteren Kirche. Der auf das Rund unter der Kuppel konzentrierte Innenraum wird durch den Umgang mit doppelgeschossigen apsisähnlichen Erweiterungen vergrößert. Die südliche Apsis öffnet sich zum Baptisterium, bestehend aus dem Vorraum mit Mosaiken und Wandmalereien aus dem 4. Jh. und der Cappella di S. Aquilino, einem überkuppelten oktogonalen Raum, in dem ebenfalls Mosaiken aus dieser Zeit erhalten sind. Hinter dem Hochaltar kann man einen Blick in die Cappella di S. Ippolito (6. Jh.) wer-

S. Lorenzo Maggiore (Fortsetzung)

fen, die über einem griechischen Kreuz erbaut ist. In die Ecken sind römische Säulen integriert. Als letztes gelangt man in die nördliche Cappella di S. Sisto aus dem 6. Jahrhundert.

Römische Säulenreihe vor S. Lorenzo Maggiore

Porta Ticinese

Südlich von S. Lorenzo Maggiore überspannt die Porta Ticinese (auch Antica Porta Ticinese genannt; 1171), Teil der mittelalterlichen Stadtmauer, den Corso. Auf dem Relief ist neben mehreren Heiligen die Figur des Ambrosius mit einem Stadtmodell dargestellt.

*S. Eustorgio

Etwas südlich steht S. Eustorgio, eine weitere beachtenswerte Kirche des Mittelalters. Benannt ist sie nach dem hl. Eustorgius, der im 4. Jh. Bischof der Stadt war; im 7. Jh. wurde ihm die Kirche geweiht. Nach S. Eustorgio sollen von Byzanz aus die sterblichen Überreste der Heiligen Drei Könige gebracht worden sein; 1164 – nach der Eroberung Mailands durch Friedrich Barbarossa – überführte man sie nach Köln.
Auch der Bau von S. Eustorgio geht auf eine frühchristliche Anlage aus dem 4. Jh. zurück, im 11. Jh. wurden Reste dieser Kirche in einen Neubau integriert. Eine nochmalige Erneuerung gab es ab 1218, nachdem sie als Klosterkirche von den Dominikanern übernommen worden war. Die Dominikaner errichteten um 1300 den Glockenturm, der mit 75 m der höchste Campanile Mailands ist. Im 15. Jh. wurden mehrere Kapellen angebaut, darunter auch die bekannte Cappella Portinari östlich vom Chor, die sich durch ihre grandiose Kuppel mit toskanischen Stilelementen heraushebt. Im Barock wurde die Kirche stark umgestaltet, die barocken Elemente sind im 20 Jh. allerdings entfernt worden. Die Fassade ist entsprechend der ursprünglichen Kirche nachgestaltet worden. Am Hauptportal fallen die zwei säulentragenden Löwen auf, die in Mailand selten, in anderen Städten der Lombardei aber häufig zu sehen sind.
Der Innenraum von S. Eustorgio besteht aus drei Schiffen, die durch Kreuzgewölbe überspannt sind und durch Pfeiler mit schön dekorierten Kapitellen voneinander getrennt werden. Die Kapellen im rechten Seitenschiff be-

S. Eustorgio (Fortsetzung)

herbergen einige Visconti-Gräber, besonders eindrucksvoll ist das zweigeschossige spätgotische Wandgrab in der Visconti-Kapelle (4. Kapelle). Einen genaueren Blick lohnt auch die überkuppelte Cappella del Rosario (3. Kapelle). In dem Sarkophag in der Cappella dei Magi im südlichen Querschiff sollen die Gebeine der Heiligen Drei Könige vor ihrer Überführung nach Köln aufbewahrt worden sein.

Hinter dem Altarraum kommt man zur Cappella Portinari, die Bartolomeo Michelozzi aus Florenz zwischen 1462 und 1468 als Grabkapelle für Pigello Portinari, einen Bankier der Medici, baute und die deutlich Einflüsse der florentinischen Renaissance aufweist. Sie besteht aus einem zentralen, rund überkuppelten Raum und einer Chorkapelle und ist mit Fresken von Vincenzo Foppa und Reliefskulpturen geschmückt. Auf dem Gebälkfries reihen sich Cherubimköpfe aneinander, der Tambour unterhalb der Kuppel ist mit tanzenden Stuckengeln umzogen. Die Fresken sind von dem Brescianer Maler Vincenzo Foppa.

Interessant ist das überdimensionale Marmorgrab in der Raummitte für Petrus Martyr, eigentlich Pietro da Verona, das Giovanni Balduccio im 14. Jh. schuf. Pigello Portinari hatte die von ihm in Auftrag gegebene Kapelle als Grablege auch für Pietro da Verona vorgesehen. Der Dominikaner Pietro da Verona war Inquisitor und als skrupelloser Verfolger der Katharer-Sekte berüchtigt. Er wurde 1252 von einem Katharer ermordet und sogleich zum Märtyrer erklärt. Das Grabmal wird als Hauptwerk der lombardischen Bildhauerei des 14. Jh.s angesehen. Der Sarkophag wird von den acht Karyatiden, den Bildnissen der Tugenden, getragen. Die Reliefbilder an den Seiten zeigen Szenen aus dem Leben des Pietro da Verona.

*Navigli-Viertel

Unweit südwestlich von S. Eustorgio, jenseits der "neuen" Porta Ticinese – im Gegensatz zur mittelalterlichen Porta Ticinese entstand diese unter Napoleon –, liegt das Navigli-Viertel, das für seine vielen kleinen Restaurants, Musikkneipen und reges nächtliches Leben bekannt ist.

Im Navigli-Viertel, etwas außerhalb vom geschäftigen Zentrum Mailands, herrscht eine ganz eigene Stimmung.

Navigli-Viertel (Fortsetzung)

Das Viertel weist eine nicht unbedeutende Geschichte auf. In der Darsena, dem einstigen Binnenhafen, in dem die Kanäle Naviglio Grande und Naviglio Pavese zusammenkommen, legten einst die Schiffe mit ihren typischen rostbraunen Segeln an. Die Mailänder Herrscher hatten immer schon von einer direkten Seeverbindung geträumt, die sie im Gegensatz zu vielen anderen wichtigen Metropolen Europas nicht hatten. Mit dem Bau des Naviglio Pavese, der bei Pavia in den Ticino mündet und somit zum Po führt, gelang die Verwirklichung dieses Traumes. Eine wichtige Funktion hatte auch der Naviglio Grande, ein vom Ticino abgezweigter Kanal, der im 14. Jh. bis ins Zentrum von Mailand gelegt wurde. Um 1200 begann man mit dem Bau des damals als "Ticinello" bezeichneten Wasserwegs, der zunächst zur Bewässerung der lombardischen Felder diente und an dem sich außerhalb Mailands sehr schnell Werkstätten und Lager niederließen. 1257 wurde er bis an den Stadtrand – damals war die Grenze etwa hier – weitergeführt, von nun an hieß er Naviglio Grande. 1395 baute man ihn weiter bis ins Zentrum in Domnähe. Auf dem Kanal wurden dann die Baumaterialien für den Dom, so auch die Marmorblöcke aus dem Steinbruch Candoglia am Lago Maggiore, per Schiff direkt zur Baustelle transportiert. Dieser Teil des Kanals wurde zugeschüttet.

Außerhalb des Zentrums

*Stazione Centrale

Der im Nordosten gelegene Hauptbahnhof von Mailand ist einer der größten Kopfbahnhöfe Europas. Die Gleisanlagen werden von einer imposanten Glas-Eisen-Konstruktion überwölbt. Mit dem Bau wurde 1912 nach Entwürfen von Ulisse Stacchini begonnen, 1931 waren die Arbeiten abgeschlossen. Fassadengestaltung und Innenausstattung zeichnen sich durch eine Mischung aus Jugendstil und monströsem Neoklassizismus aus. Im Innern befindet sich u. a. das Museo delle Cere (Wachsfigurenmuseum), in dem zahlreiche prominente Italiener und Ausländer zu sehen sind.

Pirelli-Hochhaus

Gegenüber dem Bahnhof ragt das 32stöckige Pirelli-Hochhaus in die Höhe (127 m hoch; 1955 –1960 nach Plänen u. a. von Gio Ponti erbaut).

*Cimitero Monumentale

Lohnend ist ein Gang über den Cimitero Monumentale, in dem wohlhabende Mailänder ihre letzte Ruhe gefunden haben. Der Friedhof wurde in der zweiten Hälfte des 19. Jh.s angelegt und gleicht einer Totenstadt: kleine Tempel, Oktogone, Rundkirchen – die gesamte lombardische Architektur scheint hier vertreten. Mehr oder weniger monströse, pseudorömische, pseudogotische und pseudobarocke Grabmäler, Totenhäuser im Renaissance- oder Jugendstil erinnern an die Verstorbenen, Tausende von recht dynamisch wirkenden Steinfiguren bevölkern die Szenerie. Besonders sehenswert sind die Gräber der Familien Campari, Toscanini und Motta – Alessandro Manzoni ist in der Friedhofskapelle begraben (geöffnet: April bis Sept. Di.–Fr. 8.30–17.15 Uhr, Sa., So., Fei. 8.30 bis 17.45; Okt.–März Di.–Fr. 8.30–16.15, Sa., So., Fei. 8.30–16.45 Uhr).

Casa di Riposo per Musicisti Giuseppe Verdi

Wer das Grab von Giuseppe Verdi (→ Berühmte Persönlichkeiten) sucht, wird in der Casa di Riposo per Musicisti Giuseppe Verdi an der Piazza Buonarroti 29 im Westen Mailands fündig – hier ist er neben seiner Frau Giuseppina Strepponi beigesetzt. Eine Tafel erinnert an seine erste Ehe mit Margherita Barezzi. Verdi verfügte 1899, daß die Tantiemen aus Aufführungen seiner Opern nach seinem Tod in ein Heim für mittellose alte Musiker fließen sollten.

Umgebung von Mailand

*Chiaravalle Milanese

Nur etwa 5 km südöstlich vom Stadtzentrum, an der Kreuzung Via Sant'Arialdo/Via S. Bernardo, steht die 1135 von Bernhard von Clairvaux gegründete Abtei Chiaravalle Milanese. Sie gilt als ein typisches Beispiel

Mailand, Chiaravalle Milanese (Fortsetzung)

der von den Zisterziensern nach Norditalien gebrachten französischen Gotik. Durch die Zisterzienser-Mönche kam es zur entscheidenden Entwicklung der Landwirtschaft in der Region. Charakteristisch für die Klosterbauten der Zisterzienser ist allergrößte Einfachheit und Schmucklosigkeit, was auch an der Fassade der Abteikirche S. Maria deutlich wird. Lediglich der kunstvoll gearbeitete Vierungsturm – vermutlich war Francesco Pecorari, der Architekt des Cremoneser Torrazzo, tätig – macht eine Ausnahme. Ein weiteres Charakteristikum der Zisterzienserkirchen ist der eckige Chor. Die Innenausstattung stammt hauptsächlich aus dem 17. Jahrhundert. Nur noch teilweise im ursprünglichen Zustand sind Kreuzgang und Kapitelsaal.

Mantua · Mantova

R 10

Provinzhauptstadt
Höhe: 20 m ü.d.M.
Einwohnerzahl: 51 000

Lage und Bedeutung

Die geschichtsträchtige Stadt Mantua liegt im Südosten der Lombardei am Ufer des Mincio, etwa 120 km von Mailand und nur 15 km von der Grenze zum Veneto entfernt. Im Norden und Osten der Stadt erweitert sich der Fluß zu den durch Schleusenbrücken trennbaren Seen Lago Superiore, Lago di Mezzo und Lago Inferiore. Etwa 20 km weiter südöstlich mündet

Vom Wasser aus präsentiert sich Mantua am eindrucksvollsten.

Bootsausflüge

der Mincio in den Po. In den Sommermonaten werden Bootsausflüge auf den Seen und dem Mincio flußabwärts bis zur Po-Mündung angeboten. Die Schiffe starten in der Nähe des Kastells S. Giorgio (Auskunft beim Fremdenverkehrsamt).
Mantua ist eine wohlhabende Stadt, 1991 wurde sie sogar an erster Stelle unter den reichen Städten des Landes genannt. Die Provinz Mantua lebt

Bootsausflüge (Fortsetzung)

von Chemie und Erdölvorkommen, vor allem aber von einer einträglichen Agrarwirtschaft (Gemüse- und Obstanbau sowie Viehzucht sind wichtige Zweige), ein Großteil des berühmten Parma-Schinkens wird in der Provinz Mantua produziert.

Gründungsmythos

Wie so häufig in Stadtgründungsmythen wird auch im Falle Mantuas die Gründung einer Frau zugeschrieben. Angeblich hat Manto, die Tochter des Sehers Teiresias aus Theben, das schöne und sichere Fleckchen im Sumpfgebiet des Mincio entdeckt und dort gelebt. Nach Mantos Tod sollen Siedler aus der Umgebung an dieser Stelle seßhaft geworden sein und den Ort nach ihr benannt haben. Eine Darstellung Mantos ist auf einem Wandgemälde im Palazzo Ducale zu sehen.

Geschichte

Der etwas erhöht inmitten eines ausgedehnten Sumpfgebietes gelegene Platz, der in strategischer Hinsicht einige Sicherheit bot, war bereits von den Etruskern bewohnt. In den folgenden Jahrhunderten siedelten Römer hier. Lange Zeit war die Stadt eine Insel, erst im 12. Jh. wurde der Mincio reguliert, und Mantua entwickelte sich auf einer Landzunge weiter. Ihre kulturelle Blüte erlebte die Stadt ab dem späten 11. Jahrhundert. In dieser Zeit machte Matilde di Canossa sie zum Hauptsitz ihrer Grafschaft. Im 12. Jh. war Mantua als freie Kommune Mitglied der Lega Lombarda. Ab 1272 herrschten die Bonacolsi in der Stadt, ab 1328 die Gonzaga. Im Jahre 1707 übernahmen die österreichischen Habsburger die Macht.
Die zahlreichen Kulturschätze, die heute in Mantua zu besichtigen sind, entstanden vor allem während der 300jährigen Herrschaft der Gonzaga. Dieses Geschlecht vermehrte Macht und Reichtum zielstrebig durch entsprechende Heirat oder geschickte Beziehungen zur Kirche – mehrere Gonzaga wurden Kardinäle. Großen Wohlstand brachte auch die erste und lange Zeit berühmteste italienische Pferdezucht ein, die über mehrere Generationen betrieben wurde. Pferde aus der Zucht der Gonzaga hatten im 15. und 16. Jh. die Bedeutung, die heutzutage Nobelkarossen haben. Über das Gestüt wurden Beziehungen zu den höchsten Machthabern, anderen Fürsten oder Kaisern, hergestellt. Bedeutende Architekten wie Leon Battista Alberti – Wegbereiter eines neuen Architekturstils in der Lombardei – und später der Raffael-Schüler Giulio Romano wurden nach Mantua geholt, als Hofmaler waren Antonio Pisanello, Andrea Mantegna und Peter Paul Rubens tätig, als Musiker arbeitete Claudio Monteverdi (→ Berühmte Persönlichkeiten) am Hof der Gonzaga. Der Renaissancedichter Torquato Tasso war Gast in Mantua. Die größte Blüte erlebte der Hof während der Renaissance unter Francesco II. (1466–1519) und Isabella d'Este (→ Berühmte Persönlichkeiten) und deren Sohn Federico II. (1500–1540).
In Pietole (dem einstigen Andes), etwas südöstlich von Mantua, wurde vermutlich im Jahr 70 v. Chr. der Dichter Vergil (→ Berühmte Persönlichkeiten) geboren. Ihm zu Ehren wurde der Landstrich Virgilio genannt.
Viele Österreicher kommen in die Stadt, in der der Tiroler Freiheitskämpfer Andreas Hofer erschossen wurde. Nachdem er durch Verrat von den Franzosen aufgespürt worden war, wurde Hofer am 20. 2. 1810 in Mantua hingerichtet.
Giuseppe Verdi (→ Berühmte Persönlichkeiten) hat den Schauplatz seiner Oper "Rigoletto" nach Mantua verlegt. Die Handlung spielt im Palazzo Ducale und auf einer Straße Mantuas.

**Stadtbild

Allein die Lage von Mantua am Ufer der Seen ist bestechend, allerdings wird dies nur bei der Anfahrt von Norden bzw. Nordosten oder bei einer Bootstour deutlich, da die Stadt nicht zum Wasser ausgerichtet ist. Der lebendige Stadtkern mit seinen drei Plätzen – Piazza delle Erbe, Piazza Broletto und Piazza Sordello – beeindruckt durch seine gut erhaltenen historischen Bauten. Die Plätze mit ihren Cafés und Restaurants sind für Mantuaner wie Touristen gleichermaßen attraktiv. Außerordentlich schöne Zeugnisse der Renaissance sind die vielen Arkaden, die man in der Innenstadt sieht – alle mit unterschiedlichen und teilweise sehr hübschen Kapitellen.

Sehenswertes in Mantua

*Piazza delle Erbe

Auf der Piazza delle Erbe findet heute noch Markt statt. Ihr Name erinnt daran, daß sich im Mittelalter hier ein Gemüse- und Kräutergarten befand.

**Rotonda di S. Lorenzo

Die Rotonda di S. Lorenzo, eines der bedeutendsten romanischen Bauwerke der Lombardei, steht an der Südecke des Platzes (geöffnet: tgl. 10.30 – 12.30, 14.30 – 16.30 Uhr). Die Markgräfin Matilde di Canossa ließ sie im 11. Jh. bauen – wahrscheinlich wurde sie damals als Baptisterium konzipiert. Jahrhundertelang war sie völlig zugebaut, zeitweise diente sie als Lederfabrik. Erst 1908 wurde man wieder auf sie aufmerksam, als direkt angeschlossene Gebäude abgerissen wurden. 1926 wurde die Kirche wie-

Rotonda di S. Lorenzo (Fortsetzung)

dereröffnet. Wie auch bei der Rotonda in Brescia liegt die Basis des Gebäudes ca. 1,5 m tiefer als der heutige Platz, das Niveau des Bodens hat sich mit den Jahrhunderten allmählich erhöht. Die kreisrunde zweigeschossige Kuppelrotunde mit halbkreisförmiger Apsis entstand möglicherweise in Anlehnung an die Grabkirche in Jerusalem. Das obere Geschoß diente als Matronaeum, von dem aus Frauen der Messe beiwohnten. Die ältesten Bauteile sind zwei Säulen aus römischer Zeit, man nimmt an, daß sie einst zu einem Diana-Tempel gehörten. Aus der Ursprungszeit sind noch die Würfelkapitelle und Überbleibsel von Fresken erhalten. An der Wand links vom Altar macht eine kleine Tafel darauf aufmerksam, daß sich die Reliquien von S. Lorenzo und von S. Pietro Martyr, die zuvor Privateigentum der Familie Portioli waren – der Besitz von Reliquien galt lange Zeit als ein wichtiges Statussymbol –, seit 1967 im Altar befinden. Rechts in der Apsis ist eine Darstellung des Martyriums des hl. Lorenz zu sehen.

*Palazzo della Ragione

An der Nordostseite der Piazza erstreckt sich der Palazzo della Ragione, das frühere Rathaus, das Mitte des 13. Jh.s mit frühgotischen Stilelementen gebaut wurde. Wie auch an anderen Palästen in Mantua fallen die Code di rondine, die sog. Schwalbenschwanzzinnen, ins Auge. Erst in der Renaissancezeit wurde der Arkadengang eingefügt. Im Obergeschoß befinden sich noch Fresken aus der ersten Bauperiode.

*Torre dell' Orologio

Die Torre dell'Orologio wurde 1473 nach Plänen von Luca Fancelli, dem damaligen Hofarchitekten der Gonzaga, neben dem Palazzo della Ragione erbaut. Die großartige astronomische Uhr wurde von dem Mathematiker, Mechaniker und Astrologen Bartolomeo Manfredi konstruiert. Sie diente nicht nur der exakten Zeitangabe, sondern gab auch – ganz im Sinne der Renaissance – astrologische Auskünfte für den Verlauf des Tages oder Monats, über günstige und ungünstige Einflüsse für das Marktgeschehen oder landwirtschaftliche Planungen. Die Madonna auf dem Mond (17. Jh.) steht als Symbol für den Sieg des Christentums über die Ungläubigen.

**S. Andrea

An der gegenüberliegenden Platzseite erhebt sich die Kirche S. Andrea, deren Fassade zur kleinen Piazza A. Mantegna weist. An der Stelle eines Benediktinerklosters, von dem noch der im frühen 15. Jh. gebaute spätgotische Campanile stammt, wurde die Kirche ab 1472 nach Entwürfen von Leon Battista Alberti gebaut. Sie gilt als Initialwerk der Renaissance in der Lombardei – das hier verwirklichte räumliche Konzept hat über lange Zeit die Baugeschichte geprägt. Deutlich äußert sich Albertis neues Architekturdenken an der unter Leitung von Luca Fancelli errichteten Fassade, die Bezüge zur Antike zeigt: ein Portikus mit hohem Rundbogen, Pilastern und Giebel, der formal antike Tempelfront und Triumphbogen vereint. Im Innern wird das Fassadenmotiv auf jeder Seite des Kirchenschiffs zweimal wiederholt, der hohe Rundbogen birgt nun die Seitenkapellen. Neuartig an Albertis Konzept ist der Einheitsraum mit Querschiff, Vierung und Chor anstelle der Basilika mit Haupt- und Seitenschiffen. Der "Triumphbogen" setzt sich im Innern als kassettiertes Tonnengewölbe mit 18 m Spannweite fort. Die Einheitlichkeit des Raumes, die Verbindung von Lang- und Zentralbau, nimmt bereits Gedanken des Barocks vorweg und beeinflußte die Bauten dieser wesentlich später folgenden Epoche maßgeblich. Die Kuppel wurde erst zwischen 1733 und 1756 nach Plänen von Filippo Juvarra aufgebaut.

In der ersten Seitenkapelle links ist das Grab von Andrea Mantegna zu sehen, der 1506 in Mantua starb. Berühmt ist die Büste des Malers, die für gewöhnlich als Selbstporträt des Malers erachtet wird. Die Krypta von S. Andrea birgt an der Stelle, die direkt unter dem Zentrum der Kuppel liegt, die Blutreliquie. Die angeblich mit Blutstropfen von Jesus Christus getränkte Erde wurde der Legende nach von dem hl. Longinus nach Mantua gebracht und war Eigentum der Gonzaga. Die Blutreliquie wird der Öffentlichkeit nur einmal im Jahr bei einer Karfreitagsprozession gezeigt. Da ein anderer Teil der Reliquie im baden-württembergischen Weingarten verwahrt wird, ist dies die Partnerstadt von Mantua.

Casa del Mercante
Casa Boniforte

Schräg gegenüber der Kirchenfassade an der Ecke Piazza Andrea Mantegna / Piazza delle Erbe steht ein hübscher kleiner Privatpalast, die Casa del Mercante oder Casa Boniforte, mit schöner Terrakottaornamentik. Der Palast wurde in der Zeit der Frührenaissance gebaut und weist deutlich venezianische Einflüsse auf.

Palazzo
dell'Accademia
Virgiliana
Teatro Scientifico

Östlich der Piazza delle Erbe steht an der Via Accademia 47 der Palazzo dell'Accademia Virgiliana, der 1767 gebaut und kurze Zeit später im klassizistischen Stil verändert wurde. Die Mantuaner Akademie für Dichtung und Kunst war von der österreichischen Kaiserin Maria Theresia gefördert worden. Im Innern ist der Raum des Teatro Scientifico noch unverändert aus der ersten Bauphase erhalten (Antonio Galli Bibiena, 1767–1769). Zur Einweihung des Theaters holte man den jugendlichen Mozart zu einem Konzert.

*Piazza Broletto

In der Verlängerung der Piazza delle Erbe schließt sich nordöstlich die kleine Piazza Broletto mit dem ursprünglich romanischen, im 15. Jh. im Renaissancestil veränderten Palazzo del Podestà an, in dem heute das Konservatorium von Mantua untergebracht ist. Die Torre Civica an der Ecke ist noch aus dem Mittelalter erhalten. An der Nordseite ist neben dem Durchgang zur Piazza delle Erbe eine Darstellung des Vergil aus dem 13. Jh. zu sehen.

Torre della
Gabbia

An der Ecke zur Via Cavour steht einer der alten Geschlechtertürme, die noch von den kämpferischen Auseinandersetzungen zwischen Ghibellinen und Guelfen zeugen – die verfeindeten Familien errichteten damals Wehrtürme, die in gefährlichen Situationen auch als Zuflucht dienten. Die Torre della Gabbia (Käfigturm) wurde um 1300 zur Zeit der Bonacolsi gebaut. Seinen Namen erhielt der Turm erst später nach einer damals verbreiteten Hinrichtungsmethode: Die Gonzaga brachten einen Käfig an dem Turm an, in dem der Verurteilte zur Schau gestellt wurde und in dem er langsam verdurstete und verhungerte.

**Piazza Sordello

Ältester Platz in Mantua ist die langgestreckte Piazza Sordello mit ihren historisch bedeutenden Bauten. Über Jahrhunderte war hier der Regierungssitz der Gonzaga und damit das kulturelle und politische Zentrum. Die einstige Bedeutung des Platzes kommt auch in den Dimensionen zum Ausdruck: Auf 150 x 60 m erstreckt sich die Platzanlage.

*Duomo
di S. Pietro

In der Nordecke der Piazza steht der Duomo di S. Pietro, dessen Baubeginn um 1131 lag. Von der romanischen Kathedrale ist heute nur noch der Campanile aus dem Jahr 1140 erhalten. Der Dom war ursprünglich als dreischiffige Basilika errichtet worden. Unter Francesco I. Gonzaga wurde er im spätgotischen Stil verändert; die damals erneuerte Fassade ist heute noch auf einem Gemälde im Palazzo Ducale zu sehen. 1756–1761 ist die Fassade im barocken Stil wiederum umgestaltet worden, gotisch ist nur noch die rechte Außenmauer. Der Innenraum wurde Mitte des 16. Jh.s von Giulio Romano verändert. Er richtete fünf Schiffe ein, die durch korinthische Säulen voneinander getrennt sind. Im linken Querschiff befindet sich die Sakramentskapelle, ein überkuppeltes Achteck, das 1784 im klassizistischen Stil ausgestaltet wurde. Der Entwurf der Incoronata- Kapelle davor wird Leon Battista Alberti zugeschrieben. Der quadratische Raum mit Kuppel weist Bezüge zur Florentiner Pazzi-Kapelle von Brunelleschi auf.

**Palazzo Ducale

An der Ostseite der Piazza Sordello erstreckt sich das Prunkstück der Stadt Mantua, Italiens größte Schloßanlage neben dem Vatikan und einstmals eine der reichsten Residenzen Europas mit einer Fülle von hervorragenden Kunstschätzen, der Palazzo Ducale. Nur schwer läßt sich von außen die immense Größe der prachtvollen Gonzaga-Residenz erahnen.

Palazzo Ducale (Fortsetzung)

Durch ein kleines Tor betritt man den Palazzo und befindet sich damit in einem Gebäudekomplex, der fast eine Stadt in der Stadt darstellt und eine Gesamtfläche von 34 000 m² einnimmt. Der Palast besteht aus acht Großbauten mit mehr als 500 Sälen und Zimmern sowie insgesamt 15 Gärten und Innenhöfen.

Besichtigung

Der Eingang des Palazzo Ducale liegt an der Piazza Sordello. Nur ein kleiner und nach Jahreszeit wechselnder Teil der Anlage steht zur Besichtigung offen. Die in der folgenden Beschreibung der wichtigsten Räume genannten Zahlen beziehen sich auf den Grundriß auf der Seite 216.
Der Palast ist dienstags bis samstags von 9.00 bis 14.00 und 14.30 bis 18.00 Uhr geöffnet, sonntags und montags von 9.00 bis 14.00 Uhr.

Palazzo Ducale: hier das prachtvolle Castello S. Giogio

Baugeschichte

Die einzelnen Bauten, aus denen sich der Palazzo Ducale zusammensetzt, entstanden zwischen dem 13. und 17. Jahrhundert. Unter der Herrschaft der Bonacolsi wurden die ersten Paläste errichtet, die Domus Magna im Jahr 1299 und der Palazzo del Capitano im Jahr 1308. Nach dem Sturz der Bonacolsi baute Luigi Gonzaga die beiden zur Piazza ausgerichteten Gebäude sogleich um, zwei Jahrhunderte später wurden sie zur Corte Vecchia zusammengefaßt. Ab 1395 wurde nach Plänen von Bartolino da Novara zum Seeufer hin die Verteidigungsanlage Castello S. Giorgio gebaut, ein mächtiger Backsteinbau, der einen guten Eindruck spätgotischer Befestigungsarchitektur gibt. Das Kastell sollte zur Abwehr von Angriffen der benachbarten Visconti dienen. Zwischen 1480 und 1484 entstanden nach Entwürfen von Luca Fancelli die Domus Nuova, um 1539 die Corte Nuova sowie die Rustica nach Plänen von Giulio Romano. Mit der Cavallerizza und der Palastkirche S. Barbara (Giovanni Battista Bertani) wurden 1565 die Hauptarbeiten an dem Schloßkomplex beendet.

Sala dello Stemma (1)

In der Sala dello Stemma (Wappensaal) hängt ein Gemälde von Domenico Morone, auf dem die Vertreibung der Bonacolsi durch die Gonzaga im Jahr 1328 gezeigt wird. Das Bild ist u. a. deshalb von Interesse, da es eine Vedute der Piazza Sordello zeigt, auf welcher der Dom noch mit gotischer Fassade zu sehen ist. Das Gemälde diente für die Renovierungsarbeiten am Palazzo Ducale im 20. Jh. als Vorlage.

Palazzo Ducale (Fortsetzung) Sala del Pisanello (2)

In der Sala del Pisanello legte man 1969 Reste von Wandmalereien frei. Es handelt sich dabei um die Teile eines Freskenzyklus von Antonio Pisanello zum Leben am Artushof, die um 1440 entstanden sind. Die Wahl des Motivs geht darauf zurück, daß sich die Gonzaga, da sie im Besitz der Blutreliquie waren, der ritterlichen Artuswelt und der Gralssage verbunden fühlten.

Sala delle Sinopie (3)

In der Sala delle Sinopie (sinopia = Rötel) sind weitere Rötelzeichnungen von Pisanello zu sehen.

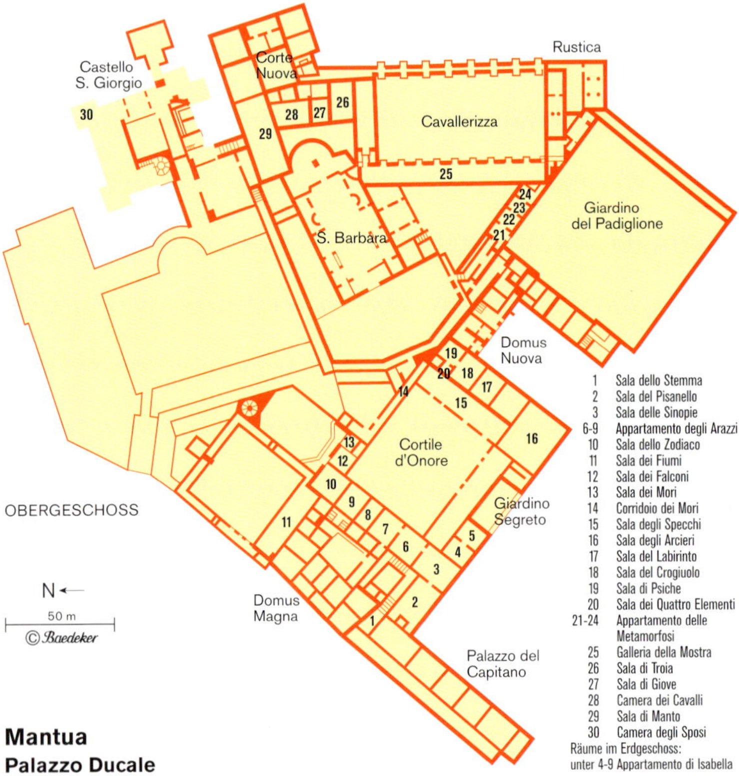

Mantua
Palazzo Ducale

Appartamento degli Arazzi (6–9)

In den vier hintereinanderliegenden Sälen hängen Brüsseler Wandteppiche (arazzo = Wandteppich) aus dem 16. Jh., die nach Entwürfen von Raffael für Papst Leo X. gearbeitet wurden. Kardinal Ercole Gonzaga hatte sie für die Schloßkirche S. Barbara erworben.

Sala dello Zodiaco (10)

Namengebend ist ein Gemälde aus der Zeit um 1579 von Lorenzo Costa il Giovane an der Saaldecke, das Diana im Tierkreis zeigt. Hier soll Napoleon einst übernachtet haben.

Sala dei Fiumi (11)

Der Saal der Flüsse links der Sala dello Zodiaco wurde als Saal für Festessen genutzt. An den Wänden sind allegorische Darstellungen der sechs Flüsse der damals größeren Provinz Mantua zu sehen (Giorgio Anselmi,

18. Jh.). Von dem Saal aus hat man Einblick in einen hängenden Garten, den der Architekt Pompeo Pedemonte im 16. Jh. im ersten Stockwerk für Gäste des Hofes angelegt hat.

Palazzo Ducale, Sala dei Fiumi (11) (Fortsetzung)

Rechts der Sala dello Zodiaco kommt man in die Sala dei Falconi mit gemalten Falken an der Decke, und über die Sala dei Mori (13) mit Ebenholzfiguren, die Schwarze darstellen sollen, in den sich anschließenden Corridoio dei Mori (14).

Sala dei Falconi (12) Corridoio dei Mori (14)

In der Sala degli Specchi, dem Spiegelsaal, sind die einst namengebenden Spiegel heute nicht mehr vorhanden. Die manieristischen Deckengemälde in dem für Feste genutzten Saal stammen von Mantuaner Malern des späten 16. Jh.s, die feinen Wanddekorationen aus dem Jahr 1779. Außerordentlich gelungen ist der Trompe-l'œil-Effekt der Pferdegespanne am Anfang und am Ende des Saals (Darstellungen von Tag und Nacht), die dem Betrachter beim Gang durch den Saal folgen, sowie die Frauenfigur mit dem Reif in der Hand (5. Bild links), deren Arm ebenfalls stets dem Besucher entgegengestreckt bleibt, unabhängig davon, wo er sich im Raum befindet.

*Sala degli Specchi (15)

In der Sala degli Arcieri (Saal der Bogenschützen) sind wertvolle Gemälde aus dem 17. Jh. zu sehen. Von Peter Paul Rubens stammt die Darstellung der Familie Gonzaga in Anbetung der Hl. Dreieinigkeit. Das Gemälde ist in Teile zerlegt worden, man sieht heute nur einen Ausschnitt des Bildes, kann aber die einstige Größe anhand des danebenhängenden Fragments erahnen.

*Sala degli Arcieri (16)

Der Saal trägt seinen Namen von dem Deckengemälde mit der Darstellung des Labyrinths als Symbol für die Ungewißheit des Lebens. Die Inschrift "Forse che si, forse che no" ("Vielleicht ja, vielleicht nein") nimmt Bezug auf eine Schlacht in den Türkenkriegen, die lange Zeit nicht entschieden wurde.

Sala del Labirinto (17)

In der Sala del Crogiuolo erkennt man an der Decke den Schmelztiegel (ital. crogiuolo) als Zeichen Francescos II. Neben der Sala del Crogiuolo liegen die Sala di Psiche (19) und die Sala dei Quattro Elementi (20) mit Darstellungen der vier Elemente.

Sala del Crogiuolo (18)

In den vier Räumen befand sich einst die wertvolle Bibliothek der Gonzaga. Die Darstellungen der Ovidschen "Metamorphosen" von Antonio Maria Viani aus dem 17. Jh. sind nicht vollendet. Die Büsten stammen aus dem 1. und 2. Jh. n. Chr., es handelt sich um Kopien von griechischen Originalen.

Appartamento delle Metamorfosi (21 – 24)

In der Cavallerizza waren ehedem die berühmten Pferde des Gonzaga-Gestüts zu begutachten. In der Galleria della Mostra, die sich an der Cavallerizza entlangzieht, war die bedeutende Gemäldesammlung der Gonzaga untergebracht. Einige der Gemälde wurden durch Brände zerstört, die übrigen sind in anderen europäischen Museen gelandet. Heute sind hier einige römische Kaiserbüsten und Skulpturen ausgestellt.

Cavallerizza Galleria della Mostra (25)

In der Sala di Troia sind Wandgemälde erhalten, die Szenen aus dem Trojanischen Krieg zeigen. Die Entwürfe dazu stammen von Giulio Romano, 1538/1539 wurden sie von seinen Schülern angefertigt.

Sala di Troia (26)

Das Deckengemälde, das Jupiter (ital. Giove) zeigt, stammt vermutlich von Rinaldo Mantovano, einem Schüler von Giulio Romano. In den Nischen waren früher die Büsten zwölf bekannter Condottieri ausgestellt.

Sala di Giove (27)

In der Camera dei Cavalli hingen einst Gemälde von den berühmten Gonzaga-Pferden. Wie viele der Kunstwerke fielen die Bilder ebenfalls Plünderungen zum Opfer.

Camera dei Cavalli (28)

Palazzo Ducale (Fortsetzung) Sala di Manto (29)

Auf den Wandgemälden, die verschiedene Szenen der Stadtgeschichte zeigen, ist u. a. auch eine Darstellung der legendären Stadtgründerin Manto (in grünem Kleid) zu sehen.

**Camera degli Sposi (30)

Eine der Hauptsehenswürdigkeiten befindet sich im Castello S. Giorgio: die Camera degli Sposi, das Hochzeitsgemach. Andrea Mantegna malte den Raum 1465 bis 1474 aus. Das Hochzeitsgemach wird als Pavillon dargestellt, an den Wänden sind die Familienmitglieder der Gonzaga zu sehen: Ludovico mit seiner Ehefrau Barbara von Brandenburg, die Kinder und der Hofstaat, sowie Ludovico im Gespräch mit seinem Sohn Francesco – vor dem Hintergrund einer schönen Landschaft. Über der Eingangstür tragen Putten eine Widmungsinschrift. Auf einem der Pilaster hat sich der Künstler mit einem kleines Selbstbildnis verewigt. Über eine Balustrade schauen Frauen und Putten in den Saal hinunter, andere leiten den Blick des Betrachters hinauf, wo in der Mitte des Deckengewölbes ein Rund ausgespart ist, der den Blick auf einen gemalten Himmel freigibt. Diese illusionistische Malerei Mantegnas, in der reale und gedachte Räume ineinander übergehen, beeinflußte sowohl die Malerei als auch die Architektur seiner Zeitgenossen.

Ludovico Gonzaga im Gespräch mit seinem Sohn

Decke in der Camera degli Sposi

*Appartamento di Isabella (Räume unter 4–9)

Nach dem Tod ihres Mannes (1519) zog Isabella d'Este aus ihren früheren Gemächern im Kastell in die Corte Vecchia. In ihrem als Studierzimmer genutzten Studiolo mit der Kassettendecke und in der Grotta sind Holzintarsien mit Musikinstrumentendarstellungen und Stadtveduten sowie eine römische Büste der Faustina erhalten. Das herausragende Marmorportal stammt von Cristoforo Romano. Interessant sind die dargestellten Leitsprüche von Isabella d'Este – "Nec spe, nec metu" ("Weder aus Hoffnung noch aus Furcht") oder die Notenlinien mit den Pausensymbolen – Ausdruck des Schweigens. Viele andere Einrichtungsgegenstände der Isabella d'Este sind geraubt oder von Kunsthändlern geplündert worden.

Weitere Bauten an der Piazza Sordello

Der Palazzo Bonacolsi-Castiglioni stammt wie die frühesten Gebäude des Palazzo-Ducale-Komplexes noch von den Bonacolsi. Der langgezogene Backsteinpalast – ebenfalls mit Schwalbenschwanzzinnen – wurde 1281 gebaut. Im Jahr 1808 ging er in den Besitz der Familie Castiglioni über.
Der Palazzo Bianchi daneben an der Ecke zum Dom hin ist heute Bischofspalast. Der Barockbau entstand zwischen 1756 und 1768.

Westliche Innenstadt
Palazzo Canossa

An der Piazza Canossa erstreckt sich der Bau des Palazzo Canossa. Er wurde 1560 im manieristischen Stil von Giovanni Battista Bertani für den Markgrafen von Canossa gebaut. Besonders prächtig ist die Treppenanlage mit den Barockskulpturen.

*Palazzo d'Arco

Lohnend ist der Besuch des Palazzo d'Arco an der Piazza Carlo d'Arco, ein Patrizierpalast aus der zweiten Hälfte des 18. Jh.s (Architekt: Antonio Colonna) mit einer kleinen Gartenanlage aus dem späten 19. Jahrhundert. Die letzte Bewohnerin der Arco-Familie, die keine Nachkommen hatte, verfügte, daß die Räume so, wie sie sie bewohnte, nach ihrem Tod öffentlich zugänglich gemacht werden sollten. Auf diese Weise erhält man einen hervorragenden Eindruck von der Wohnkultur des Mantuaner Adels mit Einrichtungsgegenständen und Kunstwerken aus dem 15. bis 18. Jh.; besonders beeindruckend ist die alte Küche. Die Familie verfügte über eine umfangreiche Gemäldesammlung und über eine wertvolle Bibliothek (geöffnet: März bis 4. Nov. Di.–Fr. 10.00–12.30, 14.30–18.00, Sa., So. u. Fei. 10.00–18.00 Uhr; 5. Nov. bis Ende Febr. Sa. 10.00–12.30, 14.00–17.00 Uhr, So. u. Fei. 10.00–17.00 Uhr).

S. Francesco

Die Kirche S. Francesco unweit südlich des Palastes entstand als Klosterkirche zu Beginn des 14. Jh.s und ist heute die bedeutendste mittelalterliche Kirche in Mantua – obwohl es sich bei dem heutigen Bau im wesentlichen um eine Rekonstruktion handelt, da die Kirche im Zweiten Weltkrieg stark beschädigt wurde. Noch von dem ursprünglichen Bauwerk stammt die Cappella Gonzaga – den Gonzaga diente S. Francesco lange Zeit als Grabkirche. Aus dem 14. Jh. sind Fresken erhalten geblieben, die Szenen aus dem Leben des hl. Ludwig von Toulouse zeigen.

Südliche Innenstadt

Casa di Giulio Romano

In der Via Carlo Poma steht der einstige Wohnpalast des berühmten Renaissance-Architekten Giulio Romano. Der aus Rom stammende Raffael-Schüler arbeitete unter Federico II. Gonzaga, er war der Architekt des Palazzo del Tè und außerdem an den damaligen Neubauten des Palazzo Ducale beteiligt. Sein Wohnhaus entwarf er 1538, im Jahr 1544 – zwei Jahre vor seinem Tod – wurde es fertig. Um 1800 erfuhr das Gebäude wesentliche Veränderungen im klassizistischen Stil, ist also nicht mehr original erhalten.

S. Sebastiano

An der Via Giovanni Acerbi, unweit nördlich des Palazzo del Tè, steht die zum Gefallenendenkmal erklärte Kirche S. Sebastiano. Sie entstand 1460 nach Entwürfen von Leon Battista Alberti, ein Zentralbau der Frührenaissance auf dem Grundriß eines griechischen Kreuzes. Die Kirche ging 1488 an den Lateranenserorden und blieb damals unvollendet; so ist die Fassade nicht mehr auf Albertis Pläne zurückzuführen.

Casa del Mantegna

Das Wohnhaus des Malers Andrea Mantegna (1431–1506) wurde im Stil der Frührenaissance errichtet. Der Maler lebte hier bis zu seinem Tod (Via Acerbi 47; geöffnet: Di.–So. 10.00–12.30, 15.00–18.00 Uhr).

**Palazzo del Tè

Der Palazzo del Tè, neben dem Palazzo Ducale die zweite große Sehenswürdigkeit von Mantua, gilt als Hauptwerk von Giulio Romano, dem Lieblingsarchitekten Federicos II. Der kunstliebende Herzog ließ sich den Sommerpalast 1525–1535 vor den Toren der Stadt auf der Insel Tè bauen, die

Palazzo del Tè (Fortsetzung)

damals mitten in dem zu Seen aufgestauten Mincio lag und auf der Federico II. bereits seine Pferdezucht hatte. Bis zur Trockenlegung des Sees im 18. Jh. führte eine Brücke auf die Insel hinüber.
Auf der Insel war keine übliche Fürstenvilla entstanden, sondern ein weitläufiges Gartenschloß mit Teichen, Gärten und Pferdeställen, das später Vorbild für Schlösser wie Versailles, Nymphenburg oder Schönbrunn wurde. Federico II. verbrachte seine Zeit hier nicht mit seiner Ehefrau Margarita Paleologa, sondern mit Isabella Boschetti, zu der er über Jahre eine leidenschaftliche Liebesbeziehung hatte – eine Verbindung, die vor allem bei Isabella d'Este, der Mutter Federicos, großes Mißfallen erregte. Im Palazzo del Tè wurden Feste gefeiert und illustre Gäste empfangen, so weilte auch der Pferdefreund Karl V., der Federico II. 1530 zum Herzog ernannte, 1530 und 1532 in dem Palast.
Das nach Plänen von Giulio Romano errichtete Hauptgebäude ist eine Vierflügelanlage mit nur 1 1/2 Geschossen um einen quadratischen Innenhof. Die Ausgestaltung der einzelnen Säle mit teilweise bedeutenden Fresken erfolgte ebenfalls nach seinen Plänen, ihre Ausführung wurde größtenteils von Schülern Giulio Romanos vorgenommen. In jedem Raum wird ein bestimmtes Thema bearbeitet – Fürstliches, Göttliches und Christliches. Man hat nachgewiesen, daß in der gesamten Anlage alles nach genauen Programmen von Philosophen, Philologen, Astrologen und Gelehrten durchgeplant ist. In allen Techniken, in Architektur, Malerei, Plastik und in den Stuckarbeiten, sind Elemente der römischen Antike verarbeitet. Überall wurden Ordnungen der Antike übernommen, dann aber – und das ist das Besondere an den Werken Giulio Romanos – übersteigert und verfremdet. Das Gebäude erscheint auf den ersten Blick einfach im Aufbau, übersichtlich und transparent. Bei näherer Betrachtung erweist es sich aber als verblüffend und komplex in der Durchführung. Zahllose Verstöße gegen die Regeln der Antike kann man feststellen, sie sind bewußt eingesetzt und versuchten wohl ein heiteres Element in die höfische Architektur zu bringen. So wird das Gesetz der Symmetrie ein ums andere Mal gebrochen. Beispielsweise ist jeder Gebäudetrakt der gleichmäßig erscheinenden Vierflügelanlage bewußt unterschiedlich gestaltet. Motive der Hauptfassade werden an den Gartenfassaden aufgenommen – aber überraschend variiert. Die wichtigsten Elemente der Fassaden bleiben erhalten, die Fenster und Nischen sind aber teilweise blind bzw. funktionslos. Das beste Beispiel für Giulio Romanos innovative und effekterzielende Vorgehensweise, die sich mit diesen bewußt eingearbeiteten Brüchen von der seines Lehrers Raffael oder von der Bramantes unterscheidet, sieht man an den dorischen Triglyphen am Fries, die in die Zone unterhalb des Zwischengesimses abzurutschen drohen. Mit der Aufnahme der Triglyphen orientierte sich Romano an der Antike, mit ihrem drohenden Abrutschen brachte er aber symbolisch Bewegung in die überkommenen Regeln.

Besichtigung

Der Palazzo del Tè ist dienstags bis sonntags von 9.00 bis 18.00 Uhr und montags von 13.00 bis 18.00 Uhr zu besichtigen
Die ersten Räume, in die man während des Rundgangs kommt, waren für Isabella Boschetti eingerichtet worden – hier sieht man hauptsächlich Wanddekorationen mit mythologischen Themen –, der nächste Trakt diente für Empfänge von Gästen und Freunden und für größere Tanzfeste, der dritte Gebäudeteil war für Karl V. ausgeführt worden. Berühmtheit erlangten neben der Sala dei Cavalli und dem Appartamento della Grotta insbesondere die Sala di Psiche und die Sala dei Giganti mit ihren hervorragenden Fresken.

*Sala dei Cavalli

Die Sala dei Cavalli, die als Empfangssaal diente, ist den Pferden des Gestüts gewidmet. Sechs Pferde – ausdrücklich Pferde des Gestüts, wie man an den Namen erkennt – sind vor eine ideale Landschaft gestellt. Rinaldo Mantovano führte die Entwürfe von Giulio Romano aus. Die Kassettendecke ist von Gasparo Amigione. Auffällig sind die Wappenzeichen von Federico, der Olymp, als Symbol des Aufstiegs zur Macht, und der Feuersalamander – in der Renaissance glaubte man, der Feuersalamander

Palazzo del Tè (Fortsetzung)

könne Feuer überwinden, und Federico wählte dieses Zeichen in Anspielung auf das Feuer der Liebe, dem er durch die Liaison mit Isabella Boschetti sehr nahe gekommen war. Entsprechendes gilt für das Motto "Was jener nicht hat, quält mich" ("Quod huic deest me torquet").

**Sala di Psiche

In der Sala di Psiche, dem Speiseraum, wird die Vermählung von Amor und Psyche thematisiert, die Götter kommen zum Festbankett zusammen. Es heißt, daß die Verbindung zwischen Amor und Psyche ähnliche Züge trägt wie die zwischen Federico und Isabella Boschetti, auch die Rolle der Mütter, Venus bzw. Isabella d'Este, die sich gegen den Liebesbund stell-

Die Götter verstanden es zu feiern – hier festgehalten in der Sala di Psiche.

ten, weist Parallelen auf. Der schwierige Part der Beziehung ist an der Decke dargestellt. Ansonsten zeigen die Malereien allerlei unbefangenes Liebesleben, u. a. sind Mars und Venus beim Bad zu sehen. Nach neuplatonischer Interpretation gilt der Raum als Einladung an Federico, die Schwierigkeiten der materiellen Liebe zu durchstehen, um zur spirituellen Liebe zu gelangen.

**Sala dei Giganti

Die Sala dei Giganti ist der bedeutendste Palastsaal. Dargestellt wird die Vernichtung der Titanen, die sich gegen die Götter verschworen hatten. An der Decke sitzt im Kreis der erschrockenen Götter Jupiter auf einer Wolke und schleudert zur Strafe einen Blitz in den Saal der machtgierigen Giganten. An den Wänden sieht man die entsetzten Titanen, die von den einstürzenden Fels- und Gesteinsmassen erschlagen werden. Die Ausgestaltung des Raumes – wie auch der Nebenräume – wurde zu Ehren Karls V. vorgenommen. Entsprechend sind die Malereien zu lesen: Karls Macht wird mit der ordnenden Macht der Götter verglichen; einer anderen Interpretation zufolge sollte Federico, der gerade zum Herzog ernannt worden war, vor weiterem Machtstreben gewarnt werden, vielleicht gilt die Warnung aber vor jeder Art der Verschwörung. Über Jupiter erkennt man einen kleinen überkuppelten Tempel mit offenem Säulenrund, das den Blick in den Himmel freigibt – und an Andrea Mantegnas Camera degli Sposi im Palazzo

Palazzo del Tè, Sala dei Giganti (Fortsetzung)

Ducale denken läßt. Der Raum, der über eine außergewöhnliche Akustik verfügt, wurde abends durch ein Kaminfeuer beleuchtet, wodurch das Szenarium noch erschreckender wirkte.

*Gartenanlage

Der Palast öffnet sich zum Garten hin in einer luftigen Loggia, der Übergang wird durch Pflanzendarstellungen unterstrichen. Die Wassereffekte sind geplant, die architektonischen Bögen werden durch Spiegelung in der ruhigen Wasseroberfläche zu Kreisen. In die Münder der Fabelwesen setzte man früher Kerzen zur Beleuchtung des abendlichen Gartens. Im Nordosten wird die Anlage durch eine bogenförmige Exedra abgeschlossen, die erst im 17. Jh., zu österreichischer Zeit, angefügt wurde.

*Appartamento della Grotta

In einem abgelegenen Winkel des Gartens ließ sich Federico ein kleines Haus bauen, das nur für ihn bestimmt war. Die Dekoration mit Mosaiken, mythologischen Themen und floralen Ornamenten ist der in einer pompeianischen Villa nachempfunden. Die achteckige Grotta ist als römische Therme konzipiert.

Umgebung von Mantua

Sabbioneta

35 km südwestlich von Mantua liegt das sehenswerte → Sabbioneta. Von Mantua aus werden Fahrten mit dem Schiff über den Mincio und den Po bis nach Boretto und von dort aus weiter mit dem Bus nach Sabbioneta angeboten.

*S. Benedetto Po

Südöstlich von Mantua, jenseits des Po, kommt man nach S. Benedetto Po, in dem die Basilika gleichen Namens steht. S. Benedetto Po war ehedem ein bedeutendes Kloster. Die Anlage verfügte allein über drei Kreuzgänge. Die Benediktinermönche, später die Zisterzienser, haben das durch den Po häufig überschwemmte Land urbar gemacht.
Das Kloster geht auf eine Gründung von Tedaldo di Canossa im Jahr 1007 zurück. Erste Bauten aus dem 11. Jh. wurden im 16. Jh. durch Giulio Romano verändert und erweitert. Wer die Bauten Giulio Romanos aus Mantua kennt, wird hier vor allem in der Fassadengestaltung bekannte Motive des Renaissance-Architekten entdecken. Zudem sind Anklänge an die Kirche S. Andrea in Mantua zu erkennen, so an der Südseite das Fassadenmotiv von S. Andrea. Auch die Ausstattung im Innern stammt größtenteils aus dem 16. Jahrhundert. Die Terrakottafiguren sind von Antonio Begarelli gefertigt worden. Sehenswert ist der Marmorsarkophag der Markgräfin Matilda di Canossa, die Mantua im 11. Jh. als Hauptstadt ihrer Territorien auserkoren hatte. Ihre sterblichen Überreste wurden ein halbes Jahrtausend nach ihrem Tod in den Petersdom in Rom überführt.

*Curtatone

In Curtatone, wenige Kilometer westlich von Mantua, lohnt der Besuch der Wallfahrtskirche S. Maria delle Grazie, die zu Beginn des 15. Jh.s von Bartolino da Novara errichtet wurde. Ihr Bau geht auf ein Gelöbnis von Francesco I. Gonzaga zurück, das er während einer Pestseuche im Jahr 1399 abgelegt hatte. Bis Mitte des 16. Jh.s wurde an dem Komplex gebaut. Im Innenraum ist insbesondere die Ausstattung sehenswert, die in vielerlei Form das Überleben bei Unglücksfällen oder bei ungerechten Todesurteilen thematisiert. So sieht man u. a. gleich hinter dem Hauptportal ein einbalsamiertes Krokodil unbekannter Herkunft an der Decke hängen, oder an der Wand die Darstellung eines Mannes, der mit einem Stein beschwert in einem Brunnen versenkt werden soll. Pilaster und Säulen sind mit Votivgaben, Körperteilen aus Wachs oder Holz, geschmückt. Mit etlichen kleinen Bildern werden private Unglücke – Schlangenbiß, Autounfall, Krankheit – als Häkel- oder Stickarbeit, Foto oder Gemälde dokumentiert. Auf allen liest man die Kürzel P.G.R. für “Per Grazia Ricevuta” (“durch Gnade empfangen”). Jedes Jahr am 15. August zu Mariä Himmelfahrt findet hier ein internationaler Wettbewerb der sog. Madonnari statt, Pflastermaler, die sich auf religiöse Motive spezialisiert haben.

Monza

H 7

Provinz: Milano
Höhe: 162 m ü.d.M.
Einwohnerzahl: 120000

Lage und Bedeutung

Monza liegt nur etwa 15 km nordöstlich von Mailand an den Ufern des Lambro. Viele Monzesen arbeiten in der nahen Metropole. Über eine der am dichtesten befahrenen Schnellstraßen Europas gelangen sie Tag für Tag in ihre Büros und Geschäfte. Daß sie in Monza und nicht in Mailand leben, ist für sie aber von Bedeutung; in dem Städtchen ist man stolz auf die größere Ruhe und die angeblich feinere Atmosphäre als in der benachbarten Hauptstadt. Von der einstigen Bedeutung – Monza war unter den Langobarden Krönungsstadt – ahnt man heute nur noch direkt im Zentrum ein wenig.

Geschichte

Die Stadt geht auf eine Gründung keltischer Insubrer zurück. Nach der römischen Besiedlung – damals hieß Monza Modicia – erlebte die Stadt unter dem Namen Modoetia zu langobardischer Zeit eine kulturelle Blüte, da die bayerische Herzogstochter Theodelinde (→ Berühmte Persönlichkeiten) Monza zur Residenzstadt erkor; im 10. Jh. diente Monza Berengar I. als Königssitz. Im Mittelalter ließ Monza sich gegen das mächtige und bedrohlich nahe Mailand von den Kaisern unterstützen. 1324 fiel die Stadt, durch innere Machtkämpfe geschwächt, dann doch an die Visconti und teilte in der Folge weitgehend die Geschicke Mailands.

Stadtbild

Monza ist heute eine eher nichtssagende Industriestadt. Lediglich der alte Stadtkern, in dem viele Straßen zu Fußgängerzonen gestaltet sind und in dem es ein paar hübsche Plätze gibt, ist recht ansprechend.

Duomo S. Giovanni Battista – seine Marmorfassade ist eine der prachtvollsten Schaufassaden der Lombardei.

Sehenswertes in Monza

*Duomo S. Giovanni Battista

Die Hauptsehenswürdigkeit von Monza ist zweifellos der Dom S. Giovanni Battista, der auf eine erste Kirche aus der Zeit um 595 zurückgeht. Gründerin des ersten Gotteshauses war Theodelinde, die als Katholikin den Übertritt der arianischen Langobarden zum Katholizismus entscheidend vorangebracht hatte.
Mit dem Bau des heutigen Doms wurde 1260 begonnen. Damals errichtete man über einem griechischen Kreuz einen spätromanischen Zentralbau, der im folgenden Jahrhundert von Matteo da Campione um das Hauptschiff und die Nebenapsiden erweitert wurde. 1396 waren die Arbeiten weitgehend abgeschlossen – man erneuerte und restaurierte aber bis ins 20. Jh. hinein noch an der Fassade und am Campanile.

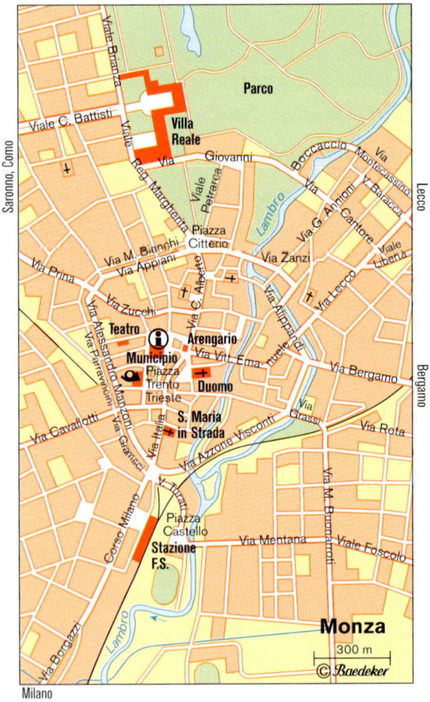

Die Fassade des Doms ist wie viele Kirchenfassaden in der Toskana aus grünem und weißem Marmor gestaltet, doch der Gesamteindruck wird von dem besonders im oberen Teil fast schon filigranen lombardischen Dekor bestimmt. Pilaster, die in hohen Fialen enden, gliedern die Fassade in fünf Teile, das Zentrum bildet eine Rosette. An der Portalvorhalle findet man, wie so oft in der Lombardei, die säulentragenden Löwen. Sehenswert ist das Tympanon, der oben u. a. Theodelinde zeigt, die die Langobardenkrone an S. Giovanni Battista (Johannes d. Täufer) übergibt – ein deutliches Zeichen der Verquikkung von weltlicher und geistlicher Obrigkeit. Unten ist die Taufe Christi dargestellt. Merkwürdig unpassend nimmt sich der erst Ende des 16. Jh.s als Werk von Pellegrino Tibaldi entstandene Campanile aus.
Das Dominnere ist dreischiffig; das Hauptschiff wird von einem Tonnengewölbe überspannt. Gotische Elemente lassen sich noch im Querschiff und in den Apsiden ausmachen. Ansonsten geht die Ausstattung überwiegend auf den Barock zurück. Besonders sehenswert ist die Cappella di Teodelinda links vom Chor, in der der größte Schatz der Kirche, die Eiserne Krone der Langobarden (Corona ferrea), verwahrt und gezeigt wird (Mo. keine Besichtigung). Die aus Gold und Edelsteinen gefertigte Krone wurde u. a. von Berengar I., Friedrich Barbarossa, Karl V. und Napoleon getragen. Ihr Name geht auf den schmalen Eisenreif auf der Innenseite der Krone zurück, den die hl. Helena, Mutter des Kaisers Konstantin, bei ihrer Suche nach Spuren aus dem Leben Christi gefunden haben soll – der Überlieferung nach handelt es sich um einen der Kreuzesnägel. Man nimmt an, daß die Krone in der zweiten Hälfte des 9. Jh.s angefertigt wurde. In der Kapelle sind weiterhin die spätgotischen Fresken der Brüder Zavatteri aus dem 15. Jh. von Interesse, die die Königin Theodelinde zeigen. Sie gehören zu den wichtigsten lombardischen Malereien ihrer Zeit.

*Museo Serpero

In dem angeschlossenen Museo Serpero sind einige hervorragende sakrale Goldschmiedearbeiten zu sehen, die ältesten stammen aus frühchristlicher Zeit. Besonders hübsch ist eine sehr schlicht gearbeitete Votivkrone der Theodelinde und die Darstellung der "Henne mit Küken", möglicherweise ein Symbol für die Kirche und ihre Gläubigen. Zu dem Domschatz gehört außerdem ein bedeutender Einband eines Evangeliars, das Papst Gregor der Große Theodelinde anläßlich der Taufe ihres Sohnes schenkte (geöffnet: Di.–So. 9.00–12.00, 13.00–17.00 Uhr).

Museo Serpero (Fortsetzung)

An der Piazza Roma in unmittelbarer Nähe des Doms erinnert der Arengario, das alte Rathaus (spätes 13. Jh.) mit der offenen Arkadenhalle im Erdgeschoß, an die Zeit, als Monza selbständige Kommune war. Wer den Palazzo della Ragione in Mailand vor Augen hat, wird einige Parallelen erkennen, die der Architekt von dort übernommen hat. Der Rathausturm, die Torre del Comune, wurde ebenfalls im ausgehenden 13. Jh. gebaut.

*Arengario

Über die Via Italia kommt man zur spätgotischen Kirche S. Maria in Strada, die besonders wegen der Terrakottaverzierungen bemerkenswert ist.

S. Maria in Strada

Nördlich des Zentrums befindet sich die Villa Reale, ein klassizistisches Schlößchen, das sich Ferdinand von Österreich zwischen 1777 und 1780 errichten ließ. Giuseppe Piermarini entwarf die Dreiflügelanlage in harmonischen Proportionen, die von außen eher schlicht erscheint, innen aber prunkvoll gestaltet ist. Die Innenräume können heute nur noch zur Zeit von Wechselausstellungen besichtigt werden, die in der Villa Reale veranstaltet werden.

Villa Reale

Zu dem Palast gehören die Königlichen Gärten, die in einen weiten englischen Park übergehen. Diese ausgedehnte Parkanlage, die zu Beginn des 19. Jh.s vom Stiefsohn Napoleons, Eugène de Beauharnais, in Auftrag gegeben wurde, stellt eine Oase in dem sonst vollkommen zersiedelten und von Autostraßen verunstalteten Norden Mailands dar. Im Jahr 1900 wurde der Savoyerkönig Umberto I. in dem Park von dem Anarchisten Gaetano Bresci erschossen.

*Giardini Reali und Park

1922 wurde im Park mit dem Autodromo die berühmte Autorennbahn von Monza gebaut. Jedes Jahr wird hier der Große Preis von Italien, Lauf der Formel-1-Weltmeisterschaft, ausgetragen. Der Autodromo stieß und stößt allerdings auf wenig Gegenliebe bei all denen, die das verbliebene Fleckchen Natur gern ohne Motorengeheul genießen würden. Wer sich dagegen für Autorennen und die dazugehörige Kultur interessiert, hat in der Saison oft genug Gelegenheit, Rennen zu besuchen oder sich das Gelände anzusehen (geöffnet: 8.00–12.00, 13.00–17.30 Uhr).
Nach Abschluß der Saison kann man mit dem eigenen Wagen selbst die Piste erproben (Tel. 0 39/2 48 22 53).

Autodromo

Umgebung von Monza · Brianza

Die einst wunderschöne Hügellandschaft Brianza liegt im Norden von Monza und zieht sich bis in die südlichen Gebiete des Comer Sees. Bereits in römischer Zeit war die Brianza Mailands ländliche Oase, in der schon damals etliche aufwendige Villen standen. Auch in späteren Jahrhunderten ließen sich reiche Mailänder Adelsfamilien hier ihre Sommerresidenzen bauen, so daß man noch auf einige barocke oder klassizistische Anwesen oder deren Reste stoßen kann. Eine Fahrt durch die Brianza kann heute nur noch in Maßen empfohlen werden, da sie großenteils von einem verwirrenden Netz von überfüllten Autostraßen durchzogen ist und die kleinen Ortschaften – zumindest in der Nähe von Monza – fast zusammengewachsen sind. Nur hier und da kann man von der einstigen Anziehung dieser Landschaft noch etwas erahnen.

Allgemeines

Bei Carate Brianza, 12 km nördlich von Monza, ist von der einstmaligen Schönheit der Brianza noch ein wenig erhalten. Im Ortsteil Costa gibt es in

Carate Brianza

Carate Brianza (Fortsetzung)

Agliate

Romanisches Baptisterium in Agliate

schöner Lage über dem Lambro eine Adelsvilla aus dem späten 18. Jh. mit italienischem Garten.
Lohnend ist ein Abstecher in den Ortsteil Agliate mit der Basilica dei SS. Pietro e Paolo. Die romanische Säulenbasilika entstand in der ersten Hälfte des 11. Jh.s, geht aber schon auf eine Gründung aus dem späten 9. Jh. zurück. Der archaisch anmutende, schmucklose Bau besteht aus drei Schiffen, die in einer größeren zentralen und zwei kleineren Seitenapsiden enden. Das Baptisterium ist mit einem Rundbogenfries verziert. Im Innern befindet sich ein achteckiges Taufbecken.

Inverigo

In Inverigo einige Kilometer weiter nördlich hat man von einer kleinen Aussichtsterrasse einen schönen Blick in die Landschaft. Eine bekannte Villa im Ort ist die sog. Rotonda aus der Zeit um 1813, ein runder überkuppelter Bau, der mit einem klassizistischen Säulenportal versehen ist. Die Villa ist ein Werk von Luigi Cagnola; sie zeigt deutliche Anleihen an die bei Vicenza gelegene berühmte Villa Rotonda von Palladio, der an allen vier Seiten ein Säulenportikus vorgesetzt ist. Die Rotonda gehört heute einer Stiftung und ist nicht öffentlich zugänglich. Die zweite Villa von Inverigo, die Villa Crivelli, ist mittlerweile völlig verfallen. Einstmals beeindruckte vor allem der angeschlossene Park mit seinen beträchtlichen Ausmaßen, von dem heute noch eine einzigartige, wenngleich nicht mehr gepflegte Zypressenallee erhalten ist.

Civate

Am Nordufer des Lago di Annone liegt Civate. Ausgesprochenen Liebhabern romanischer Kirchenarchitektur und -malerei sei das etwas schwierige Unternehmen, zur Kirche S. Pietro al Monte hinaufzupilgern, empfohlen. Die Kirche eines früheren Bendiktinerklosters liegt an einem Berghang oberhalb von Civate und ist nur zu Fuß zu erreichen. Die Gründungszeit des Klosters ist nicht mehr genau zu bestimmen (vermutlich 8. Jh.). Auf jeden Fall blickt die S. Pietro al Monte auf eine ungewöhnliche Baugeschichte zurück. Ursprünglich bestand sie aus einem Kirchenschiff mit drei Apsiden. Da das Oratorium S. Benedetto etwas unterhalb des Chorraums liegt und man einen direkten Zugang schaffen wollte, öffnete man die Hauptapsis und legte hier einen neuen Eingang an – ein neuer Chorraum wurde auf der gegenüberliegenden Seite geschaffen. Besonders schön sind die Fresken, die unter dem Einfluß byzantinischer Kunst entstanden. Thematisch behandeln sie das Jüngste Gericht. Sehenswert sind zudem die Stuckreliefs. In dem Oratorium S. Benedetto sind ebenfalls noch Fresken erhalten, auf denen Heiligenfiguren dargestellt sind.

Cantù

Cantù, eine kleine Stadt mit knapp 40 000 Einwohnern, liegt im westlichen Teil der Brianza wenige Kilometer von Como entfernt. Auf einem Hügel im nordöstlich gelegenen Ortsteil Galliano ist ein interessantes Bauensemble erhalten, das allerdings meist nur von außen zu besichtigen ist: die schlichte romanische Kirche S. Vincenzo und das angegliederte Baptisterium S. Giovanni (frühes 11. Jh). Die Kirche selbst geht auf einen Vorgängerbau aus dem 5. Jh. zurück, sie wurde 1007 neu gebaut. Auffällig ist die große Apsis, die sich an das einfache Kirchenschiff anschließt. Im Innen-

Umgebung von Monza, Cantù (Fortsetzung)

raum sind in erster Linie Fresken interessant, die teilweise noch aus der Entstehungszeit der Kirche stammen. Sie wurden von einem unbekannten Maler angefertigt und zeigen Darstellungen von Jesus mit den Erzengeln Michael und Gabriel, darunter die Propheten Jeremias und Ezechiel. Architektonisch beeindruckend ist vor allem das Baptisterium auf vierpaßförmigem Grundriß. Der Baukomplex wurde zu Beginn des 19. Jh.s teilweise zerstört – das rechte Seitenschiff der Kirche wurde abgetragen – und 1909 und 1932 notdürftig restauriert.

Saronno

Das Industriestädtchen Saronno, gut 15 km westlich von Monza, hat mit der Kirche Madonna dei Miracoli eine lohnende Sehenswürdigkeit zu bieten (geöffnet: 7.00–12.00, 15.00–19.00 Uhr). Die Madonna dei Miracoli wurde 1498 gebaut – den Anlaß gab ein Marienwunder im Jahr 1447 – und im 16. Jh. erweitert, die barocke Fassade ist 1612 hinzugefügt worden. Architektonisches Vorbild war die Mailänder Kirche S. Maria delle Grazie, am deutlichsten erkennt man das an dem durch die umlaufende Galerie mit Biforien gestalteten Vierungsturm. Im Innern sind Renaissancefresken lombardischer Maler aus dem 16. Jh. zu sehen, u. a. hervorragende Kuppelfresken von Gaudenzio Ferrari ("Konzert der Engel") und in der Kapelle der Madonna im Chor die Fresken von Bernardino Luini.
In Saronno wird der echte Amaretto-Likör produziert, außerdem kommen die kleinen Amaretti-Mandelmakronen von hier.

Oltrepò Pavese

G–J 10/11

Provinz: Pavia

Lage und Bedeutung

Die wohl lieblichste Landschaft der Lombardei ist das Oltrepò Pavese, jener südlichste Zipfel der Provinz, der sich, von Pavia aus gesehen,"jenseits des Po" wie ein Keil zwischen Piemont und Emilia-Romagna hineinschiebt. In der Nähe des Po noch eine weite Ebene, geht das Oltrepò Pavese nach Süden hin in eine sanfte Hügellandschaft über, einen "großen Garten" mit von Kastellen gekrönten Obst- und Weinbergen. Im Gebiet des nördlichen Apennin bestimmen bewaldete Hänge und Berge zwischen 300 m und 1700 m Höhe das Bild.
Eine schöne Einfahrt in die abgelegene Region bieten die Brücken über den Po, teilweise grandiose Konstruktionen wie die Brücke an der Straße Sannazzaro de' Burgondi – Voghera oder der Ponte della Becca südöstlich von Pavia in Richtung Stradella.

Weinanbau

Das Oltrepò Pavese ist eines der bedeutendsten Weinanbaugebiete der Lombardei, über die Hälfte des lombardischen Weins und etwa zwei Drittel der DOC-Weine kommen von hier. Bekannt ist der Spumante, der die Bezeichnung Classese tragen darf, wenn er nach der klassischen Methode hergestellt ist. Zum großen Teil gehen die Trauben an Schaumweinhersteller anderer Gegenden, die selten Hinweise auf deren Herkunft geben. Die Weinstöcke werden im mittleren Bereich des Oltrepò Pavese angebaut, das Klima mit den leichten Winden im Sommer und den trockenen Wintern eignet sich hervorragend. Pinot Nero, Bianco und Grigio, Riesling Italico, Cortese, Muskateller, Bonarda, Barbera, Rosato kommen aus dem Gebiet. Mehrere "Weinstraßen" führen durch das Oltrepò Pavese: die "Cortese"-Straße, die "Sekt"- und "Muskateller"-Straße und die "Riesling"-Straße.

Sehenswertes im Oltrepò Pavese

Voghera

Hauptstadt des Oltrepò Pavese ist Voghera mit 45000 Einwohnern. Die Stadt, die in römischer Zeit ein recht bedeutendes Zentrum war, hat für Touristen nicht allzuviel zu bieten. Der Dom S. Lorenzo Martire an der Piazza del Duomo wurde zwischen 1605 und 1611 gebaut. Er ist über einem

Voghera (Fortsetzung)

griechischen Kreuz angelegt und wird durch die mächtige Vierungskuppel beherrscht. Bemerkenswert ist außerdem das Teatro Sociale mit seiner interessanten klassizistischen Fassade aus dem Jahr 1845.

*Salice Terme

Wunderschön ist Salice Terme, ein bekanntes Heilbad mit ruhiger Kurort-Atmosphäre, das über Thermalquellen mit schwefelhaltigem und jodsalzhaltigem Wasser verfügt und bei rheumatischen Beschwerden und Erkrankungen der Atemwege Linderung verspricht. Der Ort, der in eine liebliche Landschaft eingebettet ist, bietet sich als Ausgangspunkt für Erkundungen des Oltrepò Pavese an.

Wein, soweit das Auge reicht. Oltrepò Pavese ist eines der bedeutendsten Weinbaugebiete der Lombardei.

*Ponte Nizza

Abbazia S. Alberto di Butrio

Östlich von Ponte Nizza (ca. 10 km südöstlich von Salice Terme) liegt in den Bergen die Abbazia S. Alberto di Butrio, eine interessante Klosteranlage. Sie geht auf eine Einsiedelei aus der Mitte des 11. Jh.s zurück, die im 15. Jh. um Klostergebäude und drei Kirchen erweitert wurde. Sehenswert ist die Kapelle S. Antonio, in der noch spätgotische Fresken erhalten sind. Der bekannteste Klosterbruder war Cesare Pisano, der mit 12 Jahren erblindete und in das abgelegene Kloster kam. Als Frater Ave Maria lebte er hier bis zu seinem Tod .

*Varzi

Der kleine Ort Varzi, in der südlichen Bergregion, hat sich seinen verwinkelten alten Ortskern bewahrt. Von hier gelangt man in die höheren Gebiete des Apennin und über den Passo del Penice (1149 m) in die Emilia-Romagna. Vom Monte Penice (1460 m ü.d.M.) hat man eine hervorragende Fernsicht.

Broni

Broni, im Nordosten des Oltrepò Pavese, geht auf eine römische Ansiedlung zurück. Der kleine Ort mit einem hübschen Zentrum verfügt über Schwefelquellen. Das benachbarte Stradella lebt in erster Linie von der Weinproduktion. Außerdem werden hier Ziehharmonikas gebaut.

Pavia

G/H 9

Provinzhauptstadt
Höhe: 77 m ü.d.M.
Einwohnerzahl: 75 500

Lage und Bedeutung

Die alte Universitätsstadt Pavia liegt ca. 35 km südlich von Mailand am Ufer des Ticino, der nur wenige Kilometer südwestlich in den Po mündet (schöner Blick auf die Mündung von der Ponte della Becca auf der Straße 617). Durch den Kanal Naviglio Pavese sind Mailand und Pavia miteinander verbunden. Um Pavia herum breiten sich Reisfelder aus, die im Frühjahr überflutet werden und im Sommer mit einem sattgrünen Reisteppich bedeckt sind. Mitte September, wenn der Reis erntereif ist, leuchten die Felder strohgelb. In Richtung Norden sieht man bei gutem Wetter die Alpen, im Süden die Ausläufer des Apennin. Daß Pavia nur eine halbe Bahnstunde von Mailand entfernt liegt, bringt für die Paveser zwar einige Vorteile mit sich, gleichzeitig droht die Provinzhauptstadt neben der großen Schwester aber in der Bedeutungslosigkeit zu versinken.

Über den Ponte Coperto gelangt man in Pavias schöne Altstadt.

Das Leben in der kleinen Stadt wird ganz entscheidend von den 25 000 Studenten geprägt – zumindest unter der Woche; am Wochenende dagegen strömen sie aus Pavia in alle Himmelsrichtungen, um die freien Tage bei der Familie zu verbringen.

Die gleichnamige Provinz Pavia erstreckt sich in Richtung Süden jenseits des Po bis in die nördlichen Ausläufer des Apennin hinein (→ Oltrepò Pavese), im Westen liegen die weiten Ebenen der dünn besiedelten Lomellina (→ Vigevano, Umgebung). Die Provinz lebt von Landwirtschaft (Reis, Mais und Getreide), Weinanbau (im Hügelland des Apennin) sowie von Maschinenbau, Textil- und Bekleidungsindustrie.

Geschichte

Pavia blickt auf eine lange und teilweise bedeutende Geschichte zurück. Als erste siedelten hier die Ligurer, welche die Lage am Ticino (Tessin) und die nahe Po-Mündung schätzten. Jahrhunderte später setzte unter den Römern die eigentliche Entwicklung der Stadt ein – damals hieß sie Ticinum. Die heutigen Hauptstraßen im Zentrum gehen auf die römische Stadtanlage zurück. Unter Theoderich war Pavia Residenzstadt der Ostgoten (493–526). Die wichtigste Epoche begann dann im Jahr 569, als Pavia Hauptstadt des Langobardenreichs wurde; im 7. Jh. erhielt die Stadt den Namen Papia. Diese Blütezeit dauerte etwa 200 Jahre, bis sich Karl der Große nach der Zerschlagung und Einnahme des Langobardenreichs 774 in Pavia zum König der Franken und Langobarden krönte. Im 12. Jh.

Geschichte (Fortsetzung)

sah Pavia die Krönung Friedrich Barbarossas zum König von Italien. Die Vormachtstellung der Stadt endete 1360 mit der Übernahme der Macht durch die Visconti, Pavia wurde mit Mailand verbunden. 1525 wurde in Pavia nochmals Geschichte geschrieben, als das kaiserliche Heer Karls V. in der berühmten Schlacht von Pavia den Franzosen Franz I. besiegte. Mitte des 16. Jh.s gelangte Pavia zusammen mit dem Herzogtum Mailand an die spanischen Habsburger und im 18. Jh. an die Österreicher.

*Stadtbild

Die durch die vielen Studenten sehr lebhafte Stadt hat einen recht hübschen Ortskern. Die Hauptgeschäftsstraßen sind der Corso Cavour/Corso Mazzini, der in Ost-West-Richtung verläuft, und die Strada Nuova, die sich von Norden nach Süden bis zum Fluß hinunterzieht. Der Ticino trennt die Altstadt von den neueren Vierteln im Süden.

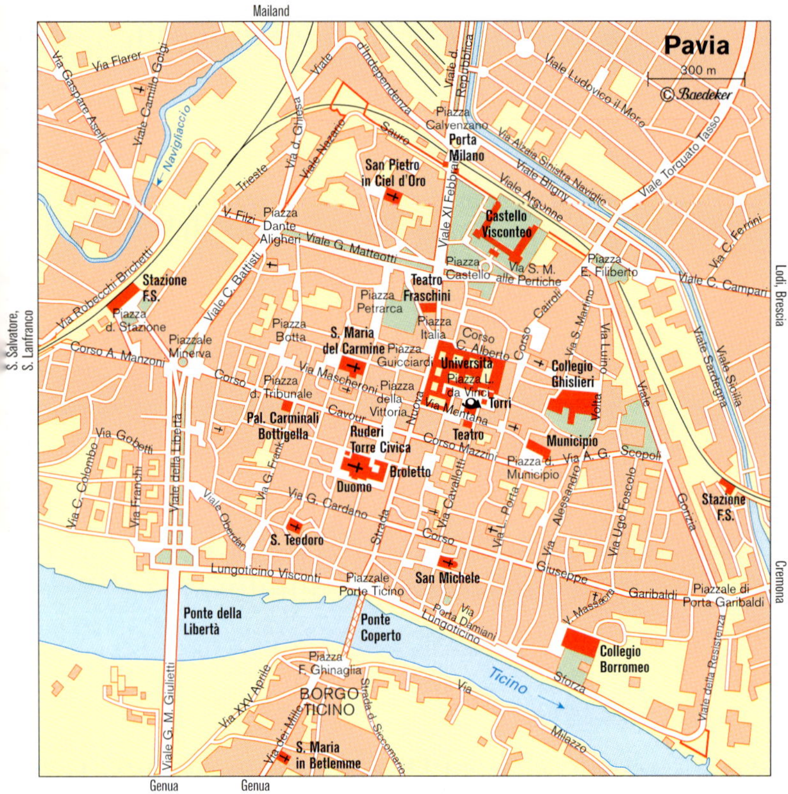

Sehenswertes in Pavia

**Piazza della Vittoria

Lebhafter Stadtmittelpunkt ist die Piazza della Vittoria, die etwa an der Schnittstelle der Strada Nuova und des Corso Mazzini/Corso Cavour liegt. Wie in fast allen lombardischen Städten gibt es auch hier viele, immer gut besuchte Cafés. Der Broletto, das alte Rathaus der Kommunalzeit am Südende des Platzes, neben dem man die Rückseite des Doms sieht,

Piazza della Vittoria (Fortsetzung)

zeugt von der langen Vergangenheit der Piazza. Kleine Gassen zweigen von dem Platz ab und verlieren sich im Gewirr der umliegenden Viertel.

*Broletto

Der Broletto von Pavia ist das älteste Rathaus der Lombardei und geht auf das 11. Jh. zurück. In den folgenden Jahrhunderten wurde das Gebäude jedoch mehrfach umgestaltet – dies allerdings in recht gelungener Weise. Die relativ geschlossene Fassade mit den unregelmäßig verteilten, kleinen Fenstern entstand größtenteils im 13. Jh., die Renaissance-Loggia wurde in der zweiten Hälfte des 16. Jh.s angebaut.

*Duomo

Abgesehen von der riesigen Kuppel, die den Broletto weit überragt, nimmt sich der Dom unter den Kirchenbauten Pavias recht unspektakulär aus. Er stellt ein nicht sehr glückliches Stilgemisch aus unterschiedlichen Epochen dar, stellenweise wirkt er äußerst baufällig. Ab 1488 wurde er nach Plänen von Donato Bramante, Giovanni Antonio Amadeo und Cristoforo Rocchi an der Stelle der Kirche S. Maria del Popolo aus dem 12. Jh. errichtet. Die Bauarbeiten zogen sich über Jahrhunderte hin. Der Unterbau der Kuppel war schließlich 1750 fertig, das Kuppeldach und die Fassade folgten erst im späten 19. Jahrhundert. Das Querschiff ist 1936 angefügt worden.
Der Eindruck im Innenraum wird von der hohen Kuppel bestimmt: Sie gehört mit 30 m Durchmesser und 90 m Höhe zu den größten Kuppeln in Italien, neben denen des Petersdoms in Rom und der Dome in Florenz und Brescia. An der Kanzel sind Reliefs aus dem Leben des S. Siro zu sehen. Am Eingang zeigt eine Arbeit von Daniele Crespi die Anbetung der Heiligen Drei Könige.
Wer sich einen Eindruck von den ursprünglichen Plänen des Doms verschaffen möchte, hat dazu Gelegenheit im Castello Visconteo, wo ein sehr anschauliches Holzmodell ausgestellt ist.

Torre Civica

Direkt links neben der Domfassade stand einst der Glockenturm, die sog. Torre Civica aus dem 11. Jahrhundert. Der fast 80 m hohe Turm stürzte im März 1989 ein. Bei dem Unglück kamen drei Menschen ums Leben.

**S. Michele

Die bedeutendste Kirche Pavias ist S. Michele an der kleinen Via S. Michele. Sie geht auf eine von Langobarden gegründete Vorgängerkirche aus dem 7. Jh. zurück, die ebenfalls dem Erzengel Michael geweiht war und die vermutlich zu Beginn des 12. Jh.s zerstört wurde. Diese erste Kirche war Krönungskirche der Langobarden und damit Hauptkirche des Langobardenreichs. Karl der Große soll sich seinerzeit hier die Krone aufgesetzt haben, nachdem er sich das Langobardenreich einverleibt hatte. Die heutige Kirche entstand vermutlich zwischen 1117 und 1150 im romanischen Stil. Auch sie war Krönungskirche, u. a. ließ sich Friedrich Barbarossa 1155 hier krönen.
Die Fassade von S. Michele ist durch grobe Pilaster und die Portale dreigeteilt und wird oben mit einer parallel zum Giebel aufsteigenden Galerie abgeschlossen. Über den beiden Außenportalen sind die Bischöfe Ennodius und Eleucadius zu sehen, die in Pavia sehr beliebt waren. In der Mitte erkennt man den Erzengel Michael, den Langobarden-Heiligen und Namensgeber der Kirche. Er hält den schlangenartigen dämonischen Drachen mit dem Fuß im Zaum. Von außerordentlicher Schönheit war der fein gearbeitete Reliefschmuck mit Tierfiguren, pflanzlichen Ornamenten, Kämpfern und Fabelwesen, die das Böse am Eindringen in die christliche Kirche hindern sollten (s. Abb. S. 41). S. Michele ist ein trauriges Beispiel für die Zerstörung durch die Luftverschmutzung: Als Material für die Fassade verwendete man gelblichen Sandstein, "arenaria", aus dem Oltrepò Pavese, der der Kirche im Volksmund den Beinamen Chiesa della Polenta, nach dem lombardischen gelben Maisbrei, eingetragen hat. Das Material ist sehr empfindlich und löst sich unter den schlechten Luftverhältnissen auf, so daß die Zerstörung der Reliefs und des Figurenschmucks schon stark fortgeschritten ist. 1967 hatte man mit einem neuen Verfahren Restaurationsversuche gestartet, jedoch wurden die Blumenornamente und Tier- und Menschenfiguren an den Portalen und an den Reliefbändern sehr

S. Michele (Fortsetzung)

schnell wieder spröde und mürbe, und inzwischen ist die Fassade seit Jahren eingerüstet.
S. Michele ist über kreuzförmigem Grundriß aufgebaut, die Vierung wird von einer Kuppel überspannt. Das Längsschiff ist in drei Schiffe gegliedert, über den niedrigen Seitenschiffen sind Emporen eingerichtet. Besonders sehenswert sind die romanischen Kapitelle mit ornamentalem, mythologischem und biblischem Reliefschmuck, in Einzelheiten am besten zu erkennen in der Krypta. Die Freskenmalereien stammen aus der Zeit zwischen dem 13. und dem 19. Jahrhundert. Die spätgotische Kreuzigungsgruppe im Chorbogen aus der Mitte des 15. Jh.s wird Urbino da Surso zugeschrieben. Im Chor sind noch Reste des ursprünglichen Fußbodenmosaiks erhalten.

Pavias Universität, eine der berühmtesten Hochschulen des Landes

Zwei Wehrtürme – Zeugen einer gewalttätigen Vergangenheit

*Università degli Studi

Pavias berühmte Universität steht an der Strada Nuova. Sie wurde 1361 von dem Visconti Gian Galeazzo I. gegründet und ist damit nach der Universität von Bologna die zweitälteste in Italien bzw. eine der ältesten überhaupt. Eine erste Bildungseinrichtung, die man vielleicht als Vorgänger der Universität bezeichnen kann, hatte es bereits im 9. Jh. gegeben. Der Gebäudekomplex zieht sich um mehrere Innenhöfe mit hübschen Arkaden und Statuen von großen Gelehrten. Sehenswert sind die altehrwürdigen Hörsäle, die teilweise mit schönen Decken- und Wandgemälden ausgestattet sind. Zahlreiche Umbauten veränderten das ursprüngliche Erscheinungsbild, zuletzt wurde auf Initiative von Maria Theresia das Äußere mit klassizistischen Elementen umgestaltet und trägt seitdem den dunkelgelben Anstrich.
Die Università von Pavia genießt einen hervorragenden Ruf. Der Naturwissenschaftler Alessandro Volta aus Como (→ Berühmte Persönlichkeiten) erzielte hier um 1800 seine bahnbrechenden wissenschaftlichen Erfolge. Mit dem bekannten italienischen Dichter Ugo Foscolo gab es in Pavia eine weitere Professorengröße. Der wohl bekannteste Student war Carlo Gol-

Università degli Studi (Fortsetzung)

doni, der jedoch mit 18 von der Universität flog, weil er in einem satirischen Stück Pavias Frauen verhöhnt hatte. Hintergrund dieses Vorfalls war ein Beschluß der Bürger von Pavia, daß ein Mädchen, das sich mit einem der unbeliebten Studenten eingelassen hatte, hinterher keinen Mann aus Pavia mehr heiraten dürfe.

*Geschlechtertürme

Zeugen aus einer längst vergangenen Zeit stellen die drei Geschlechtertürme an der Piazza Leonardo da Vinci südlich der Universität dar. Sie sind ein Überbleibsel von einstmals rund 200 Türmen. Alte Stadtansichten zeigen in eindrucksvoller Weise eine Silhouette, die an Wolkenkratzer-Metropolen erinnert (s. Abb. S. 27). Die Türme entstanden zu Zeiten der Geschlechterkriege zwischen Guelfen und Ghibellinen als Wehrtürme bzw. Zufluchtsort. Zwei weitere Geschlechtertürme, darunter einer der Familie Belcredi, stehen etwas weiter südöstlich an der Via Luigi Porta.
An der Piazza Leonardo da Vinci trifft man zudem auf die archäologische Ausgrabungsstelle der Krypta S. Eusebio (7.–11. Jh.).

Castello Visconteo – hier residierten die mächtigen Visconti

**Castello Visconteo

Eine der Hauptsehenswürdigkeiten von Pavia ist das Castello Visconteo, das im Norden des eigentlichen Zentrums steht und städtebauliches Wahrzeichen der Visconti-Zeit ist. Der im 14. Jh. errichtete Bau strahlt mit seinen massiven, fast schmucklosen Backsteinmauern, die nur durch die beiden gotischen Fensterreihen etwas aufgelockert werden, noch heute den Charakter einer Verteidigungsanlage aus. 1360 war Baubeginn; Auftraggeber war Galeazzo II. Visconti. Das Castello Visconteo war ursprünglich eine quadratische Vierflügelanlage mit vier Ecktürmen. Die Residenz entsprach damit der üblichen Anlage lombardischer Talburgen dieser Zeit; Galeazzo II. hatte auch in Mailand das Castello Sforzesco auf quadratischem Grundriß errichten lassen. Eine weitere Parallele zum Mailänder Kastell war die Wahl des Bauplatzes außerhalb der Stadt. Auch in Pavia war also nicht der Schutz der Stadt, sondern der der Visconti selbst ausschlag-

Castello Visconteo (Fortsetzung)

gebend. 1525, während der Schlacht um Pavia, wurde der Nordflügel des Castello Visconteo mit den beiden flankierenden Türmen zerstört und später nicht wieder aufgebaut. Sehenswert ist der weite Innenhof, der ganz im Gegensatz zu den abweisenden Außenfronten mit Arkaden und Maßwerköffnungen ansprechend gestaltet ist. An der nun offenen Nordseite stellten einst Garten- und Parkanlagen eine 9 km lange Verbindung zur → Certosa di Pavia her.

In den Räumen des Castello Visconteo ist das Museo Civico mit Ausgrabungsfunden aus römischer Zeit sowie Architekturfragmenten von romanischen Kirchen aus Pavia untergebracht. Wer sich für lombardische Bauplastik der Romanik begeistert, kommt in dem Museum voll auf seine Kosten, da man hier aus allernächster Nähe die hervorragenden Dekorationen von Kapitellen etc. studieren kann.

In der Pinacoteca Malaspina im oberen Stockwerk werden Gemälde von lombardischen und venezianischen Malern aus dem 14.–17. Jh. gezeigt.

Öffnungszeiten

Innenhof und Museen sind zugänglich Di.–Fr. 9.00–13.30, Sa. u. So. 9.00 bis 12.30, 15.00–18.00 Uhr.

S. Pietro in Ciel d'Oro

Die zwischen 1120 und 1200 an der Stelle einer langobardischen Kirche erbaute S. Pietro in Ciel d'Oro, westlich des Kastells, ist neben S. Michele die zweite große romanische Kirche Pavias (geöffnet: 7.00–12.00, 15.00 bis 19.00 Uhr). Sie beherbergt das Grabmal des hl. Augustinus, die große Arca di S. Agostino im Chor (1362), ein Werk von Giovanni di Balduccio aus Pisa. Sie gilt als eine der wichtigsten plastischen Arbeiten des 14. Jh.s in der Lombardei – dies vor allem, da sie in der Anlage bereits Renaissance-Elemente aufweist, wohingegen die Ausgestaltung noch vollkommen gotisch ist. Ein weiteres bekanntes Grab ist in der Krypta mit dem Urnengrab des römischen Philosophen, Schriftstellers und Staatsmannes Boethius (480–524) zu sehen, der als Berater am Hof des Ostgotenkönigs Theoderich arbeitete. Als er dort für einen angeklagten Freund eintrat, wurde er des Hochverrats bezichtigt. In seiner Gefangenschaft verfaßte er eine philosophische Abhandlung, die "Tröstung der Philosophie" ("De consolatione philosophiae"), in welcher der auf seine Hinrichtung Wartende mit der personifizierten Philosophie einen Dialog führt. Im Mittelalter war die "Tröstung der Philosophie" außerordentlich beliebt.

Eine schlichte Grabtafel in der Basis des Vierungspfeilers (neben dem Zugang zur Krypta) erinnert an den Langobardenkönig Liutprand, der in seiner Regierungszeit große Teile Italiens unterwarf und zusammenführte.

S. Maria del Carmine

An der Piazza Carmine, westlich der Universität, steht die gotische Karmeliterkirche S. Maria del Carmine. Der Baubeginn lag im Jahr 1370, man arbeitete nach Plänen von Bernardo da Venezia. Erst knapp hundert Jahre später wurde der Kirchenbau mit der in Backstein errichteten spätgotischen Westfassade mit der Rosette abgeschlossen. Der Innenraum ist als dreischiffige Basilika gestaltet, er besteht aus Doppeljochen mit Stützenwechsel, bei dem jeder zweite ein mächtiger Bündelpfeiler ist. Interessant sind insbesondere die Freskenreste, die in beiden Querschiffarmen zu finden sind. Sie stammen noch aus der Entstehungszeit der Kirche.

*S. Teodoro

Zwischen Dom und dem Ticino-Ufer steht die Kirche S. Teodoro, eine romanische Backsteinkirche aus dem Jahr 1150. Im Innern, das als eine harmonische, in sich geschlossene Einheit erscheint, sind vor allem die Fresken sehenswert. Berühmt ist die bekannte Renaissanceansicht von Pavia, die die Stadt mit ihren vielen Geschlechtertürmen zeigt. Im Vordergrund erkennt man nur noch schemenhaft den Stadtheiligen Antonius Abbas. Bernardino Lanzani malte das Fresko 1522 (s. Abb. S. 27). Ihm werden auch die Fresken in den Querarmen zugeschrieben, die die Legenden der hl. Agnes und des hl Teodoros schildern.

Ponte Coperto

Am Ende der Strada Nuova erreicht man das Ufer des Ticino. Über diesen führt der berühmte Ponte Coperto, die auf ihrer ganzen Länge überdachte Brücke. Sie war 1352 auf römischen Fundamenten errichtet worden. Der heutige Bau ist eine Rekonstruktion aus dem Jahre 1951, nachdem das Original 1944 von Bomben zerstört worden war.

Pavia, Ponte Coperto (Fts.)

Im Südosten des Zentrums liegt das Collegio Borromeo, das 1559 von dem damaligen Mailänder Kardinal und Erzbischof Carlo Borromeo ins Leben gerufen wurde und für besitzlose Studenten gedacht war. Das Universitätskolleg ist ein manieristischer Bau nach Plänen von Pellegrino Tibaldi, der als einer der wichtigsten Baumeister seiner Epoche in der Lombardei galt.

Collegio Borromeo

Das Collegio Ghislieri östlich der Universität war ebenfalls eine Einrichtung für arme Studenten. Es wurde 1569 von Papst Pius V. gegründet, dessen bürgerlicher Name Michele Ghislieri war. Er entstammte zwar einer mittellosen Familie, war aber trotzdem in den Genuß einer guten Ausbildung gekommen. Die Statue des Papstes erhebt sich auf der Piazza Ghislieri. Auch dieses Gebäude wurde von Pellegrino Tibaldi entworfen.

Collegio Ghislieri

Ein Stück westlich außerhalb des Zentrums liegt die Kirche S. Salvatore, die 650 als Grabkirche der Langobardenkönige gegründet wurde. 1490, in der Übergangszeit von Spätgotik zur Renaissance, wurde diese erste Kirche durch einen Neubau auf einem kreuzförmigen Grundriß ersetzt. Der Architekt war vermutlich Guiniforte Solari. Besonders im Innenraum sind deutlich die Merkmale der Stilwende auszumachen.

S. Salvatore

Einen Besuch lohnt auch die noch etwas weiter westlich, in Ticino-Nähe gelegene Kirche S. Lanfraco. Der 1236 geweihte, einfache Backsteinbau enthält die Marmor-Arca des hl. Lanfraco, des um 1198 gestorbenen Bischofs und Namensgebers. Giovanni Antonio Amadeo, der bereits an der Certosa di Pavia mitgearbeitet hatte, schuf dieses Meisterwerk lombardischer Bildhauerkunst um 1498. Beachtenswert sind außerdem die Freskenreste an der Südwand; sie stammen aus der 2. Hälfte des 13. Jh.s und behandeln die Ermordung von Thomas Becket von Canterbury. Von Amadeo sind auch die Überbleibsel der reich mit Terrakottaschmuck verzierten Kreuzgänge.

*S. Lanfraco

Umgebung von Pavia

9 km nördlich von Pavia liegt die berühmte → Certosa di Pavia.

Certosa di Pavia

Etwa 10 km östlich von Pavia steht in Belgioioso ein Sommerschloß der Visconti, das um 1350 errichtet wurde. Die Residenz diente nach der Schlacht um Pavia als Gefängnis für Franz I. von Frankreich. Bei dem gut erhaltenen festungsähnlichen Bau handelt es sich um einen vierflügeligen Backsteinkomplex, dessen Westflügel im Barock erneuert und der später mit klassizistischen Gebäudeteilen erweitert wurde.

Belgioioso

Sabbioneta

Q 10/11

Provinz: Mantova
Höhe: 18 m ü.d.M.
Einwohnerzahl: 4900

Sabbioneta liegt 35 km südwestlich von Mantua in einer der einsamsten Gegenden der Po-Ebene. Der Ortsname leitet sich von ital. “sabbia”, Sand, ab, und deutet an, daß die Gegend einst sandig und unfruchtbar war. Seine Bedeutung zieht das kleine, heute etwas verschlafen wirkende Städtchen aus einer sehr kurzen, aber kulturgeschichtlich interessanten Phase in der zweiten Hälfte des 16. Jh.s, als Vespasiano Gonzaga (1531 bis 1591) hier seine Residenz hatte und eine “ideale Stadt” errichten wollte.

Lage und Bedeutung

Geschichte

Die Gegend um Sabbioneta gehörte seit 1446 einer Nebenlinie der Gonzaga, die im nahen Mantua residierten. Bereits im 9. Jh. gab es hier ein Kastell sowie eine christliche Gebetsstätte. Vespasiano Gonzaga war 14 Jahre alt, als er 1525 die Burg Sabbioneta samt ein paar Dörfern von seinem Großvater erbte. In den folgenden Jahren machte er eine militärische Karriere und erhielt 1554 den Herzogstitel. Aus seiner kleinen Residenz Sabbioneta wurde – ohne daß sie sich vergrößerte – eine Grafschaft und schließlich ein Herzogtum. Die Stadt, die kurze Zeit 3000 Einwohner zählte, entstand als Gonzagas Schöpfung, in der er die Ideen der Renaissance umsetzen wollte. Hierfür holte der Herzog noch nicht einmal besonders namhafte Künstler, dennoch ist sein Vorhaben in die Geschichte eingegangen. Vorbild für den städtebaulichen Entwurf sowie für Stil- und Proportionsfragen waren die Theorien von Vitruv aus dem 1. Jh. v. Chr. Als Grundriß diente ein schiefes, von einem tiefen Wassergraben umgebenes Oktogon. Innen wurde die Stadt nach Art der Römer, aber asymmetrisch, in dreißig Häuserblocks geteilt, die sog. Insulae. Sabbioneta wurde als "Piccola Atene" (Klein-Athen) bezeichnet – von diesem Vergleich zeugt auch die Statue der Pallas Athene an der Piazza d'Armi, die laut einer Legende 1527 bei der Plünderung Roms erbeutet wurde. Zu Lebzeiten Vespasiano Gonzagas erlebte Sabbioneta eine kurze kulturelle Blüte, er richtete eine Münzanstalt ein, gründete ein Theater und eine Akademie, die von Mario Nizolio geleitet wurde, einem Humanisten, dessen Schriften später Leibniz neu herausgab. Nach dem Tod des Schöpfers 1591 wurden die Tore der Prunkbauten genauso schnell geschlossen, wie sie einst eröffnet wurden, und die Stadt wurde schnell zu einer "Rumpelkammer der Geschichte".

Ortsbild

Wenn man nicht um die Geschichte wüßte, würde man dem kleinen Ort mit seinem historischen Kern, in dem gerade einmal 400 Menschen leben, nicht allzuviel anmerken. Die einst bedeutenden Gebäude sind verschlossen und von außen nicht besonders aufsehenerregend. Auch im Innern sind von der einstigen Pracht mit einigen Ausnahmen nur noch Reste erhalten.

Besichtigung

Für eine Besichtigung der Bauwerke meldet man sich beim örtlichen Verkehrsbüro (Pro loco) an der Piazza d'Armi zu einer Führung an.

Sehenswertes in Sabbioneta

*Palazzo Ducale

Der Palazzo Ducale (1568) an der gleichnamigen Piazza zeigt sich von außen sehr schlicht. Die illusionistische Außenbemalung ist verschwunden. Große Teile der einstigen prunkvollen Ausstattung fehlen, der überwiegende Teil ist verkauft oder gestohlen. Beachtenswert sind in der Sala delle Aquile, dem Adler-Saal, vier lebensgroße Reiterstatuen, sie stellen den Bauherrn und Familienmitglieder dar, und in der Sala degli Antenati, dem Ahnensaal, die Reliefs der Gonzaga und ein Deckengemälde, auf dem Phaeton mit dem Sonnenwagen zu sehen ist (→ *Baedeker Special* S. 17). Die Ausmalungen sind zum Teil von Bernardino Campi aus Cremona.

S. Maria Assunta

An der Piazza Ducale steht auch die Kirche S. Maria Assunta, die 1580 bis 1582 gebaut wurde. Das Gewölbe der Sakramentskapelle malte Ferdinando Galli Bibiena in der Art einer durchbrochenen Kuppel aus, die den Blick zum Himmel freigibt – ein architektonisches Novum, das sein Sohn Antonio Bibiena, Architekt der prächtigen, 1765–1784 erbauten Barockkirche S. Antonio (in Villa Pasquali, nördlich von Sabbioneta) raffiniert einsetzte.

Villa Pasquali

S. Maria Incoronata

Kunstgeschichtlich bedeutend ist die Kirche S. Maria Incoronata. Sie entstand als Kuppeloktogon der Spätrenaissance nach Vorbildern, die bereits ein Jahrhundert zuvor realisiert worden waren, wie S. Maria della Croce in → Crema oder S. Maria Incoronata in → Lodi. Die Kirche birgt das manieristische Grabmal von Vespasiano Gonzaga. Herausragend ist die Bronzestatue des Vespasiano, 1588 von Leone Leoni geschaffen, die deutlich die Medici-Gräber in S. Lorenzo in Florenz zum Vorbild hatte.

Im Teatro all'Antica thronen die Götter des Olymp über den Zuschauern.

*Teatro all'Antica

Das Teatro all'Antica wurde 1588–1590 von Vincenzo Scamozzi gebaut. Der Architekt hatte das von Palladio entworfene Teatro Olimpico in Vicenza fertiggestellt – daher findet man auch manchmal die Bezeichnung Teatro Olimpico für das Theater in Sabbioneta. Die Götter des Olymp stehen auf einem von korinthischen Säulen getragenen Bogen über dem Publikum. Die Wände sind mit illusionistischen Motiven ausgemalt. In dem kleinen Theater wurden nur wenige Stücke aufgeführt – kurz nach der Fertigstellung starb Vespasiano Gonzaga, und der Bau verwaiste. In diesem Jahrhundert diente er als Kino, jetzt wird er hin und wieder als Theater genutzt.

Palazzo del Giardino

Den Palazzo del Giardino an der Piazza d'Armi ließ sich Vespasiano Gonzaga als privaten Gartenpalast bauen. Auch hier sind die Fassadenfresken abgetragen worden. Von den einst reich ausgestalteten Innenräumen – wiederum war Bernardino Campi aus Cremona tätig – ist besonders die große Sala degli Specchi mit Landschaftsmotiven sehenswert. Im Gabinetto delle Grazie sind hübsche Groteskenmalereien erhalten.

Sabbioneta (Fts.)
Galleria degli Antichi

Das auffallendste Gebäude von Sabbioneta ist die Galleria degli Antichi, die gegenüber dem heute verschwundenen Castello stand. In dem 1583/1584 erbauten Arkadentrakt, ein 90 m langer und 5,8 m breiter Korridor mit sehenswerten Hintergrundfresken, war die reichhaltige Kunstsammlung des Herzogs untergebracht, bis sie 1771 nach → Mantua überführt wurde.

Museo d'Arte Sacra

Der größte Schatz des Museo d'Arte Sacra ist das Goldene Vlies, das man erst 1988 im Grab von Vespasiano Gonzaga gefunden hat. Vespasiano gehörte seit 1577 dem Ritterorden des Goldenen Vlieses an, er trug das Zeichen an einer Kette um den Hals, und man kann dieses Attribut auch verschiedentlich auf Fresken etc. wiederentdecken.

Sinagoga

In der Synagoge erfährt man etwas über die einstmals große jüdische Gemeinde in Sabbioneta. Zu Zeiten Vespasianos unterhielten Juden in Sabbioneta eine Münzprägestätte und eine Druckerei.

Das Castello Masegra oberhalb von Sondrio

Sondrio

M 3/4

Provinzhauptstadt
Höhe: 307 m ü.d.M.
Einwohnerzahl: 22 200

Lage und Allgemeines

Etwa in der Mitte der Valtellina (→ Veltlin) liegt die lebhafte Provinzhauptstadt Sondrio an der Einmündung des Gebirgsflüßchens Mallero in die Adda. Das Tal ist hier sehr weit und von Bergen mit Höhen zwischen 2100 m und 2800 m umgeben. Nach Norden hin öffnet sich das wildromantische Malenco-Tal (ital. Valmalenco). Der Ort ist von herrlichen Weinbergen umgeben, auf denen Grumello und Sassella wachsen. Neben den Regionen → Oltrepò Pavese südlich von Pavia und Franciacorta in der Provinz Brescia ist die Gegend um Sondrio die wichtigste Weinregion der Lombardei

Allgemeines (Fortsetzung)

(→ Valtellina). Bekannt ist es auch für seine Erzeugnisse aus Pietra ollare (Topfstein). Obwohl Sondrio das ganze Jahr über von Urlaubern besucht wird – es ist ein beliebter Ausgangspunkt für Bergwanderer und ein Jagd- und Angelsportzentrum – wirkt das Städtchen überhaupt nicht touristisch. Nach einer Untersuchung der Zeitschrift "Sole-24 Ore" wurde Sondrio Ende 1996 unter 134 Städten als Ort mit der durchschnittlich besten Lebensqualität Italiens eingestuft.

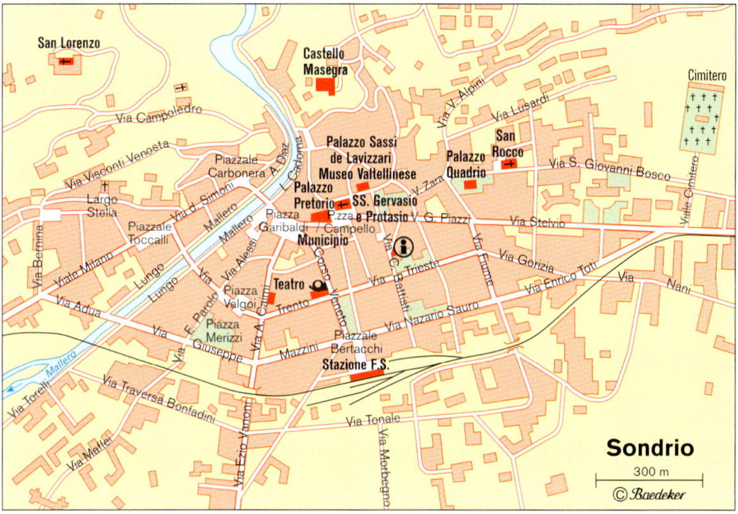

Sehenswertes in Sondrio und Umgebung

*Piazza Garibaldi

Die weite Piazza Garibaldi mit der Statue des Freiheitskämpfers, die 1909 hier aufgestellt wurde, bildet den Mittelpunkt der Stadt mit mehreren Cafés und ansehnlichen Bankgebäuden. Die Platzanlage stammt aus der Zeit der Österreicher, als Sondrio seine Blütezeit erlebte, da die Stadt an einer Verbindungsstraße von Österreich über das Stilfser Joch an den Comer See lag. Ein Großteil der Gebäude stammt noch aus dem 19. Jahrhundert.

Castello Masegra

Oberhalb der Stadt thront das Castello Masegra, ein Bauwerk aus dem 14. Jh., das auf eine Befestigungsanlage aus dem 11. Jh. zurückgeht und im 15. Jh. noch einmal verändert wurde. Derzeit steht das zuletzt als Kaserne genutzte Gebäude leer, geplant ist der Ankauf durch die Stadt. Der Aufstieg lohnt sich schon wegen des schönen Ausblicks auf die Stadt und ihre Umgebung.

Piazza Campello

Über den Corso Italia kommt man zur Piazza Campello, an der vor allem die Kirche SS. Gervasio e Protasio ins Auge fällt. Die Kollegiatskirche mit dem etwas abgesetzten Campanile wurde im 18. Jh. nach Plänen von Pietro Ligari anstelle einer Kirche aus dem 12. Jh. gebaut, die Fassade 1838 nach Plänen von Guiseppe Sertoli gestaltet. Am selben Platz ist in dem Renaissance-Palast Palazzo Pretorio aus dem 16. Jh. das Rathaus untergebracht; der schöne Innenhof ist einen Blick wert.

Altstadt

Hier der Piazza Campello erstreckt sich der alte Stadtkern mit zahlreichen kleinen Läden und hübschen Palazzi.

Sondrio (Fts.)
Palazzo Sassi de Lavizzari
Museo Valtellinese

In der Via Maurizio Quadrio steht der im 17. Jh. erbaute Palazzo Sassi de Lavizzari. Er beherbergt das Museo Valtellinese di Storia e Arte mit einer archäologischen, einer kunsthistorischen und einer volkskundlichen Abteilung. Das Museum verfügt u. a. über eine Möbelsammlung aus dem Veltlin und der Umgebung von Chiavenna aus dem 15. bis 19. Jh. sowie Fresken und Malereien überwiegend aus dem 17. und 18. Jh. (geöffnet: Mo. 14.30 bis 16.30 Uhr, Di.–Fr. 9.00–12.00, 14.30–16.30 Uhr, Sa. 9.00–12.00 Uhr).

Palazzo Quadrio

Im Palazzo Quadrio (Via IV. Novembre), einem kleinen Neorenaissance-Palast von 1914 in einem schönen Garten, ist eine Bibliothek mit 60 000 Büchern und Dokumenten über das Veltlin untergebracht.

Santuario della Madonna della Sassella

Etwa 3 km westlich außerhalb der Stadt steht auf einem Felsen die Kapelle Madonna della Sassella aus dem 15. Jahrhundert. Im Innern sind Fresken aus dem Jahr 1511 erhalten. Der Besuch lohnt sich allein schon wegen der besonderen Lage.

*Umgebung

In der Umgebung von Sondrio gibt es zahlreiche lohnende Ausflugsziele, u. a. das schöne Tal Valmalenco; reizvoll ist auch eine Fahrt auf der Strada Panoramica dei Castelli, die hoch über Sondrio nach Teglio bis kurz vor Tirano führt (→ Veltlin).

Valcamonica N–Q 3–6

Provinz: Brescia

Lage und Allgemeines

Die Valcamonica ist ein knapp 80 km langes Tal im Nordosten der Lombardei, das vom Oglio durchflossen wird. Es reicht vom Passo del Tonale im Nordosten bis zur Nordküste des Lago d'Iseo. Der obere Teil der Valcamonica wird von den Spitzen des Corno dei Tre Signori (3360 m ü.d.M.) und der Adamello-Gruppe (3554 m ü.d.M.) eingerahmt. In Ponte di Legno, unterhalb des Passo del Tonale, gibt es sehr gute Wintersportmöglichkeiten. Aufsehenerregend war die Entdeckung der frühgeschichtlichen Felsgravierungen an verschiedenen Orten des Tals, auf die man 1908 erstmals aufmerksam wurde und die seit Mitte der fünfziger Jahre freigelegt und erforscht werden (→ *Baedeker Special* S. 243).

Geschichte

Aufgrund der Felsgravierungen weiß man, daß die Valcamonica spätestens seit der Jungsteinzeit durch die namengebenden Camunen – ein noch weitgehend rätselhaftes Jäger- und Hirtenvolk – besiedelt war. Durch die Verbindung über den Passo dell'Aprica mit dem Veltlin und von dort weiter über den Bernina-Paß war die Valcamonica immer ein bedeutendes Durchgangstal zwischen den höheren Alpenregionen bzw. den nördlicheren Ländern und der Po-Ebene. Ab 16 v. Chr. herrschten die Römer in dem Tal, Cividate Camuno (damals Civitas Camunorum) war das Zentrum der Valcamonica. Die Franken machten Breno im 8. Jh. zu ihrem Hauptort; später fiel die Valcamonica an die Mailänder Visconti.

In der *Valcamonica

Boario Terme

Boario Terme, wenige Kilometer nordwestlich vom → Iseosee am Ufer des Oglio gelegen, ist wegen seiner schwefel- und kalkhaltigen Quellen ein bekannter Kurort, der bei Stoffwechselerkrankungen aufgesucht wird. Bereits im 16. Jh. wurden die Heilquellen genutzt. Im Ort gibt es das altehrwürdige Grand Hotel, Kuranlagen und einen Kurpark aus der Zeit um die Jahrhundertwende. Ein klassischer Kurbetrieb mit Musikveranstaltungen etc. sorgt für die Unterhaltung der Kurgäste. Sofern man nicht weiter die Valcamonica hinauf nach Capo di Ponte fahren will, sollte man dem Parco di Luine einen Besuch abstatten, in dem Felsgravierungen zu sehen sind.

Angolo Terme

Unmittelbar westlich oberhalb von Boario Terme liegt das kleinere Heilbad Angolo Terme mit schwefel- und kalkhaltigen Quellen. Der Ort ist in eine hübsche Landschaft eingebettet.

Cividate Camuno

Im Museo Archeologico della Valcamonica sind archäologische Ausgrabungsfunde aus römischer Zeit zu sehen, als Cividate Camuno Zentrum der Valcamonica war (geöffnet: Di.–So. u. Fei. 9.00–14.00 Uhr).

Breno, Hauptort der Valcamonica, mit den Überresten eines mittelalterlichen Kastells

Breno

Der alte, 5000 Einwohner zählende Hauptort Breno liegt zu Füßen eines 389 m hohen Felsens. Ihn schmücken die Überreste eines Kastells, das im 11. Jh. auf den Resten einer Burg Karls des Großen errichtet wurde. In der Kirche S. Antonio (14. Jh.; Via Capellini) sind Fresken mit Szenen zur Danielslegende zu sehen, die im 15. und 16. Jh von den Künstlern Pietro da Cemmo und Girolamo Romanino aus der Valcamonica gemalt wurden. Beim Rathaus befindet sich das sehenswerte Museo Camuno mit zahlreichen Funden der Camunen (Piazza Ghislandi 4; geöffnet: Mo.–Fr. 8.30 bis 12.00 Uhr; es ist ratsam, sich vorher anzumelden, Tel. 0364/22041).

*Capo di Ponte

In Capo di Ponte kommt man zur eigentlichen Attraktion der Valcamonica, die in der Tat viele Ausflügler anzieht.

**Parco Nazionale delle Incisioni Rupestri

Im oberhalb von Capo di Ponte sich erstreckenden Parco Nazionale delle Incisioni Rupestri auf der Höhe von Naquane kann man auf fünf verschiedenen Routen die berühmten frühgeschichtlichen Felsgravierungen erkunden – auf ca. 100 Felsen sind an die 30000 Figuren eingeritzt. Alle Felsen sind numeriert; eine Karte mit den Fundorten gibt es im Centro Camuno (geöffnet: Di.–So., März–Juni u. im Sept. 8.30–18.30 Uhr, im Juli und August 8.00–19.00 Uhr, Fei. 9.00–17.30 Uhr).

*S. Salvatore

Etwas nördlich des Parks liegt mitten in der Landschaft die romanische Basilika S. Salvatore (11. Jh.), die von Cluniazensern gebaut wurde (am

Capo di Ponte, S. Salvatore (Fortsetzung)

Eingangstor des Geländes klingeln). In dem schmucklosen Innenraum kommen die wunderschönen Kapitelle mit Ornamenten, Tierfiguren und einer Jonasdarstellung hervorragend zur Wirkung. Wenige Freskenreste sind noch auszumachen. Archaisch wirkt die oktogonale Kuppel. An der Außenmauer sind einige Steine mit Felseinritzungen aus der Umgebung verarbeitet. An dem kleinen Weg zur Basilika sieht man einen prähistorischen Altar.

S. Salvatore in Capo di Ponte

Cemmo

Museo d'Arte e Vita Preistorica

Auf der anderen Talseite, jenseits des Oglio, liegt der Ortsteil Cemmo. In dem kleinen Museo d'Arte e Vita Preistorica erfährt man anhand unterschiedlicher Dokumente und Exponate etwas zum frühgeschichtlichen Leben in der Valcamonica und zur Geschichte und Technik der Felsgravierungen (geöffnet: tgl. 8.30 – 12.30, 13.30 – 17.30, So. u. Fei. 8.30 – 12.30, 14.00 bis 18.00 Uhr).

**Massi di Cemmo

Auch in Cemmo sind Felsgravierungen zu sehen, und zwar an den zwei Felsen "Massi di Cemmo", deren Bedeutung man erst 1908 erkannte und die als die schönsten in der Valcamonica gelten (gegenüber dem Museum, jenseits des Fußballfeldes). Man erkennt Darstellungen von Jagdtieren, die vermutlich aus dem 3. Jt. v. Chr. stammen.

Archeodromo

Auf einem Fußweg kommt man zum Archeodromo hinauf, einer Art Lehrmuseum, das über Leben, Handwerk und Kunst der jungsteinzeitlichen Bevölkerung unterrichtet. Man hat hier versucht, ein neolithisches Dorf zu rekonstruieren, wie es vor etwa 6000 Jahren von einer Großfamilie bewohnt gewesen sein könnte. Die Rekonstruktion hat man anhand von Funden und Ausgrabungen vorgenommen (geöffnet: tgl. 9.00 – 13.00, 14.00 bis 18.00 Uhr).

S. Siro

Auf einem Felsen oberhalb des Ortes (Zugang über einen Seitenweg neben dem Archeodromo) steht die Kirche S. Siro, die wahrscheinlich im 11. Jh. auf den Resten eines langobardischen Vorgängerbaus aus dem 8. Jh. erbaut wurde. Auffällig sind die drei tief heruntergezogenen Apsiden, in deren unterem Teil die Krypta liegt.

Baedeker Special

Zeichen im Stein

Eine merkwürdige Naturerscheinung könnte der Grund gewesen sein, daß ausgerechnet oberhalb von Capo di Ponte, auf der Höhe von Naquane, so unglaublich viele Felszeichnungen eingeritzt wurden. Der Pizzo Badile unmittelbar östlich des Ortes wirft zweimal im Jahr, zu Beginn des Frühjahrs und zu Beginn des Herbstes, einen Schatten – nicht ins Tal, sondern in den Himmel. "Geist des Bergs" nennen ihn die Leute hier heute noch. Möglicherweise wurde dieser Berg als heilig angesehen und in unmittelbarer Nähe ein Kultplatz angelegt.

Daß es zu Füßen des Pizzo Badile einst ein Heiligtum gegeben hat, wird auch aus anderen Gründen angenommen. Ritzzeichnungen wurden nämlich bisher an sehr vielen Stellen der Alpen gefunden, aber man hat wichtige Unterschiede festgestellt. An einigen Stellen, so eben hier in der Valcamonica, aber auch am Monte Baldo am Gardasee und im Veltlin, konzentrieren sich figurative Felszeichnungen mit symbolischem Gehalt oder ganze Kompositionen. Etwa 300 000 solcher anspruchsvollen Gravuren hat man bisher ausmachen können. Von diesen unterscheiden sich die zahllosen kleineren, graphisch nicht so ausgefeilten Zeichen, die weniger ausdrucksstark und in jedem Fall ohne erkennbaren Zusammenhang sind. Von denen hat man bis heute über eine Million gezählt. Sicher ist, daß in den Felseinritzungen religiöses Empfinden zum Ausdruck kommt. Die in Form und Inhalt höherstehenden und differenzierteren Gravuren scheinen sozusagen von Ritz-Profis angefertigt zu sein, während die anderen jedoch eher von Laien stammen. Eine mögliche Erklärung lautet deshalb, daß die komplizierteren Zeichnungen auf der Naquane-Höhe von besonders begabten und geschulten Künstlern ausgeführt wurden und besonderen Zwecken gedient haben müssen, z. B. zur Ausschmückung eines Kultplatzes.

Warum aber überhaupt die Felsgravierungen? Und von wem stammen sie? Das Warum spricht das menschliche Grundbedürfnis an, Bilder und Abbildungen zu schaffen. Zeugnisse des eigenen Lebens in Stein zu meißeln bedeutet, sich unsterblich zu machen, zu verewigen. Schon früh haben Menschen realisiert, daß es etwas gibt, was weiterhin vorhanden ist, wenn das menschliche Leben zu Ende gegangen ist. Im Fließen des Wassers, im jahreszeitlichen Wechsel, in allem Werden und Vergehen erweist sich der Stein als dauerhaft und die Spuren, die man in Stein hinterläßt, ebenfalls. Auf diese Weise die Zeit zum Stillstand zu bringen, ein Mittel, der Unsterblichkeit näher zu kommen oder gar sich aus der materiellen Welt in eine übernatürliche, ewige zu begeben – all das sind schon damals menschliche Impulse gewesen. Die Verbindung mit dem Übernatürlichen zu suchen, wird Anlaß für die Aktion des Eingravierens gewesen sein – eine Art Gebet vielleicht, das über einen längeren Zeitraum andauerte. Bitten um eine erfolgreiche Jagd zum Beispiel oder anschließend das Bekunden von Dankbarkeit sind mögliche Anlässe gewesen.

▸

Die Entwicklung der Menschheit von der Steinzeit über die Bronze- bis zur Eisenzeit ist in den Alpen in Stein verewigt. Zunächst gab es nur ein zufälliges Nachahmen von Vorgefundenem, später eine bewußte Äußerung mit einem bestimmten Inhalt. Mit der Zeit wurden die Zeichnungen immer deutlicher, bezogen sich auf immer konkretere Situationen und sind so auch relativ sicher zu datieren. Anhand des Dargestellten sind Merkmale der jeweiligen Kultur abzulesen. Spielten die Jagd eine Rolle, Landwirtschaft, gezähmte Tiere, Waffen, Werkzeuge, Fortbewegung per Pferd, per Wagen?
In der Valcamonica sollen die Camunen, die von der Jungsteinzeit bis zur Römerzeit hier siedelten und nach denen das Tal benannt ist, die Felsgravuren angefertigt haben. Sie hinterließen der Nachwelt steinerne Fußformen, Hände, schematische Menschenfiguren, weibliche und männliche Sexualsymbole, tanzende, reitende und kämpfende Menschen, Menschen mit Waffen, Äxten, Pfeilen, Lanzen, Schaufeln und Schildformen, Hirsche, Schweine, Ziegen, Hunde, Pferde, Fische, schließlich Jagdszenen und Darstellungen aus der Welt des Ackerbaus, Webgeräte, von Tieren gezogene Karren. Und nicht zuletzt das Sonnenzeichen, das als keltische oder camunische Rose zum Symbol der Lombardei geworden ist. Man stieß auch auf römische Inschriften und auf christliche Kreuze, ein Beleg dafür, daß das camunische Heiligtum bis in die Römerzeit hinein genutzt wurde.

Die Forschungsgeschichte der "Incisioni rupestri" ist vergleichsweise jung, auch wenn die Zeichen den Bewohnern der Alpentäler schon immer bekannt waren. Mitte des 17. Jh.s hat sich ein Historiker aus Nizza schriftlich über Felszeichnungen geäußert. Systematische Untersuchungen gibt es etwa seit 1820. In der Valcamonica war ab 1956 der Mailänder Forscher Andrea Anati tätig, der sich in Sachen Felsgravuren weltweit einen Namen gemacht hat und zahllose Studenten hierher geholt und begeistert hat. Bereits 1955 hat man auf einer Fläche von 300 000 m^2 den Parco Nazionale delle Incisione Rupestri eingerichtet. 1979 wurde er von der UNESCO sogar zum bedeutenden Kulturdenkmal erklärt, neben dem Forum Romanum und Leonardo da Vincis "Abendmahl". So hat das uralte Heiligtum schließlich seine Würdigung durch das 20. Jh. erfahren.

Valcamonica (Fortsetzung) Edolo

Bei Edolo beginnt der hochgelegene Teil der Valcamonica. Das hübsche Ortszentrum liegt am Ufer des Oglio. Vom Vorplatz der Kirche S. Maria hat man einen schönen Blick auf den Ort und in die Umgebung.

Ponte di Legno

Ponte di Legno (1260 m ü.d.M.), am oberen Ende der Valcamonica ist ein bekannter Skiort, der zwischen der Ortler- und der Adamello-Gruppe liegt. Insgesamt werden hier rund 80 km Skipisten angeboten; die höher gelegenen eignen sich sogar zum Sommerski.

Varese E/F 6

Provinzhauptstadt
Höhe: 382 m ü.d.M.
Einwohnerzahl: 84 800

Lage und Bedeutung

Die Provinzhauptstadt Varese liegt im Nordwesten der Lombardei knapp 50 km von Mailand entfernt am Ufer der Olona, eingebettet in die ersten Anhöhen am Alpenrand. Die Provinz hat sich trotz ihrer Bevölkerungsdichte und trotz der starken Industrialisierung – Varese ist eine der am dichtesten besiedelten und am stärksten industrialisierten Provinzen Italiens – einige Ecken allerschönster Landschaft bewahren können. Als "Kleinod der Voralpen" wird auch der nördliche Teil der Provinz mit seinen vier kleinen Seen (Lago di Monate, Lago di Comabbio und die benachbarten Laghi di Varese und Biandrate) sowie der faszinierenden Bergkulisse bezeichnet. Wohlhabende Familien aus Mailand haben sich seit jeher auf den Hügeln um Varese niedergelassen, und noch heute bevorzugen reiche Mailänder dieses Gebiet als Sitz ihrer Feriendomizile.

Lage und Bedeutung (Fortsetzung)

Die Industrialisierung der Provinz begann schon relativ früh mit Spinnereien am Ufer der Olona. In den vergangenen 120 Jahren hat die Provinz eine enorme Entwicklung durchgemacht, was an einer Zunahme der Bevölkerung um 240 % abzulesen ist – der Durchschnittswert liegt in der Lombardei bei 181 %. Das Pro-Kopf-Einkommen der Bevölkerung von Varese liegt im italienischen Vergleich auf einem der ersten Plätze.

Der Literaturnobelpreisträger 1997, Dario Fo, stammt aus der Provinz Varese (→ Berühmte Persönlichkeiten).

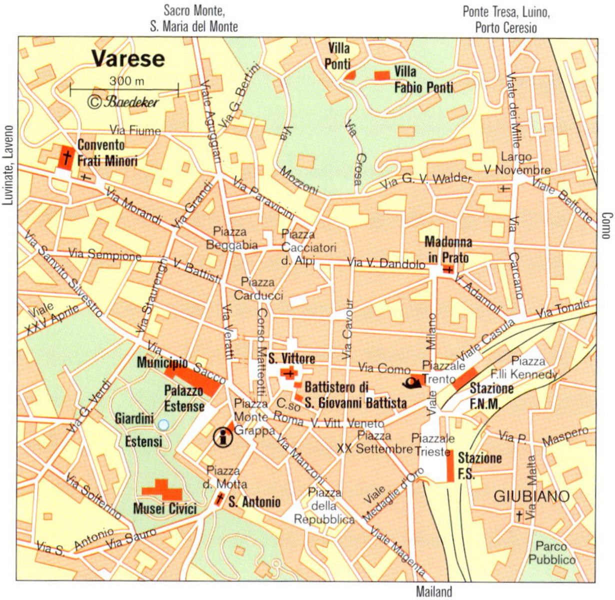

Varese geht wahrscheinlich auf eine keltische Gründung am Ufer der Olona zurück. Der Ortsname dagegen leitet sich von dem römischen Vallium exitus ("Ausgang der Täler") ab, was die Lage am Alpenrand recht gut bezeichnet. Ende des 13. Jh.s wurde Varese zum Verwaltungszentrum, nachdem das benachbarte und bedeutendere Castelseprio (→ Castiglione Olona, Umgebung) zerstört worden war. 1538 erklärte Karl V. die Stadt zur freien Kommune. Die österreichische Herrschaft schlug sich architektonisch in einem Schlößchen im Zentrum der Stadt nieder, das sich Francesco III. d'Este, der von 1765 bis 1780 kaiserlicher Statthalter der Lombardei war, bauen ließ.

Geschichte

Varese besticht nicht unbedingt durch Schönheit. Da es keine historische Stadt ist, gibt es nur wenig Sehenswertes von kunsthistorischem Interesse. Die Stadt besitzt aber einen hübschen Stadtkern, in dessen Fußgängerzone es sehr lebhaft zugeht. Der Corso Matteotti mit seinen Arkadenreihen zu beiden Seiten ist die Haupteinkaufsstraße, um ihn herum liegen einige hübsche Altstadtgassen.

Stadtbild

Sehenswertes in Varese

S. Vittore

Die Basilika S. Vittore an der gleichnamigen Piazza wurde zwischen 1580 und 1615 nach Plänen von Pellegrino Tibaldi gebaut. Der auffällige, 77 m hohe Campanile stammt von dem ortsansässigen Giuseppe Bernasconi, er wurde 1617 hochgezogen. Die klassizistische Fassade wurde erst 1788 nach einem Entwurf des Wiener Architekten Leopold Pollack vorgesetzt. Das Innere der Basilica di S. Vittore ist prächtig mit Fresken aus dem 17. Jh. gestaltet.

*Battistero di S. Giovanni Battista

Unmittelbar hinter der Kirche steht das schlichte Baptisterium, ein romanischer Bau aus dem 12. Jh., der auf den Resten eines Vorgängerbaues aus dem 9. Jh. errichtet wurde. Die Figur im Giebel aus dem 14. Jh. stellt S. Giovanni Battista, Johannes den Täufer, dar; die Freskenreste über dem Eingang sowie im quadratischen Innenraum stammen ebenfalls aus dieser Zeit.

Piazza Monte Grappa

Südwestlich der Piazza S. Vittore kommt man zur Piazza Monte Grappa, die 1927–1935 durch Marcello Piacentini, einen der führenden Architekten des italienischen Faschismus, umgestaltet wurde. Dafür mußten die ursprünglich hier stehenden Gebäude weichen.

*Palazzo Estense

Westlich der Piazza S. Vittore steht an der Via Sacco der Palazzo Estense, heute Rathaus, einst Schlößchen von Francesco III. d'Este, der sich den Palazzo im 18. Jh. von Giuseppe Bianchi errichten ließ. Sehenswert sind

Palazzo Estense von den Giardini aus gesehen

die spätbarocke Fassade zur Gartenseite hin und vor allem die wunderschöne Gartenanlage, die nach dem Vorbild der Gärten von Schönbrunn in Wien entstanden ist. Der Weg durch die Giardini Estensi steigt bis zur Grotte leicht an, von dort kann man den Blick über die Stadt und in die Berge der Umgebung genießen.

Villa Mirabello Musei Civici

In den benachbarten englischen Gartenanlagen (Zugang über die Piazza della Motta) steht die Villa Mirabello aus dem 18. Jh., die 1843 umfassend verändert wurde. Sie beherbergt heute die Musei Civici (Stadtmuseum) mit einer archäologischen Sammlung und einer Gemäldeabteilung, in der Werke bekannter lombardischer Maler aus verschiedenen Jahrhunderten zu sehen sind (geöffnet: Di.–So. 10.30–12.30 und 14.30–18.30 Uhr).

S. Antonio

An der Piazza della Motta steht die Kirche S. Antonio, die um 1600 gebaut wurde. Für die Gestaltung war Giuseppe Bernasconi zuständig. Im Innern sind insbesondere die illusionistischen Malereien im Chor bemerkenswert.

Madonna in Prato

Nordöstlich des eigentlichen Zentrums kommt man zur Kirche Madonna in Prato. Ein spätgotisches Kirchlein an dieser Stelle wurde im 17. Jh. umgebaut, damals erhielt der Bau sein heutiges Aussehen. Sehenswert sind die barocke Fassade und die illusionistische Dekoration im Innern.

Biumo Superiore

Nördlich des Zentrums liegt auf einem der lieblichen Hügel, die Varese umgeben, das heute eingemeindete Dorf Biumo Superiore, in dem stattliche Villen und alte Parkanlagen das Bild bestimmen. Eine dieser Villen ist die Villa Ponti aus dem Jahr 1858, die heute im Besitz der Handelskammer von Varese ist. Lohnend ist ein Gang durch den angeschlossenen öffentlichen Park.

Umgebung von Varese

**Sacro Monte

Die bedeutendste Sehenswürdigkeit der Region ist ohne Zweifel der wenige Kilometer nordwestlich von Varese gelegene Sacro Monte, der wichtigste der zehn Wallfahrtsberge in Norditalien, die zur Zeit der Gegenreformation als symbolische Abwehr gegen das von Norden her drohende Luthertum mit Kirchen und Kapellen bebaut wurden. In 880 m Höhe steht die Kirche S. Maria del Monte, die auf eine verschlungene Geschichte zurückblickt. Bereits im Kampf der Katholiken gegen die Arianer hatte dieser Platz eine Rolle gespielt: Der Bischof Ambrosius (→ Berühmte Persönlichkeiten) soll hier eine Gruppe von schutzsuchenden Arianern vertrieben und eine Marienkapelle gegründet haben. Später kamen eine Wallfahrtskirche und 1452 ein Nonnenkloster dazu. Ende des 16. Jh.s, nach dem Sieg der Heiligen Liga (Papst Pius V., Spanien und Venedig) über die Osmanen, ließ Carlo Borromeo, der damalige Erzbischof von Mailand, der die Marienverehrung maßgeblich förderte, den Prozessionsweg mit 14 Kapellen und einer kleinen Kirche am Anfang des Kapellengangs ausstatten.
Von dem herrlichen Weg aus hat man mit zunehmender Höhe immer schönere Blicke in die Umgebung von Varese. Sehr gut sieht man von hier aus den Lago di Varese liegen (s. unten).

Kapellen

Die Kapellen wurden nach Plänen von Giuseppe Bernasconi ab 1604 gebaut, alle als kleine überkuppelte Zentralbauten konzipiert, allerdings mit unterschiedlichen Grundrissen, achteckig, rund oder quadratisch. Zusammen mit der Wallfahrtskirche sind sie thematisch in Fünfergruppen gefaßt, die durch drei Bögen voneinander getrennt sind. In den Kapellen werden mit überlebensgroßen bemalten Terrakottafiguren und Wandmalereien die Geheimnisse des Rosenkranzes dargestellt: Freudenreicher Rosenkranz (Verkündung, Heimsuchung, Geburt Jesu, Darbringung im Tempel, Disput mit den Schriftgelehrten), Schmerzhafter Rosenkranz (Gebet in Gethsemane, Geißelung, Dornenkrönung, Gang nach Golgatha, Kreuzigung) und Glorreicher Rosenkranz (Auferstehung, Christi Himmelfahrt, Ausgießung des heiligen Geistes, Mariä Himmelfahrt). Nach der letzten Kapelle kommt man an der Fontanta del Mose mit der Mosesfigur (G. Monti, 1831) vorbei.

S. Maria del Monte

In der Wallfahrtskirche, die 1473 auf den Mauern einer romanischen Kirche erbaut und in der Renaissance und im Barock erweitert und umgestaltet wurde, ist das letzte Rosenkranzmysterium dargestellt: Der Hochaltar ist der Marienkrönung gewidmet. Der Altar stammt aus dem Jahr 1660, das Gnadenbild aus dem 14. Jahrhundert. Der Kirchenraum ist reich mit Ma-

Varese, S. Maria del Monte (Fts.)

Villa Ludovico Pogliaghi

lereien und Stuckarbeiten ausgestattet. Sehenswert ist die Krypta mit spätgotischen Fresken. Um die Kirche ziehen sich die ehemaligen Klostergebäude. Etwas oberhalb der letzten Kapelle steht die Casa-Museo Ludovico Pogliaghi, in der der Mailänder Bildhauer Ludovico Pogliaghi (1894 bis 1906) lebte. Heute ist hier ein kleines Museum eingerichtet, in dem griechische, ägyptische und mittelalterliche Skulpturen und Arbeiten von verschiedenen Künstlern aus dem 19. und 20. Jh. zu sehen sind (geöffnet: Apr.–Sept. Di.–So. 10.00–12.00 und 14.30–17.30 Uhr).

Museo Baroffio

Im Museo Baroffio etwas unterhalb der Kirche sind mittelalterliche Handschriften und lombardische Malereien aus dem 17. und 18. Jh. ausgestellt (geöffnet: Di.–So. 10.00–12.00 und 14.30–17.30 Uhr).

Campo dei Fiori

Der Hausberg von Varese, der Campo dei Fiori (1226 m ü.d.M.), erhebt sich unmittelbar neben dem Sacro Monte nordwestlich der Stadt. Das Gebiet mit seinen ausgedehnten Wäldern wurde 1984 als Parco Regionale zum Naturpark erklärt.

Lago di Varese

Voltorre

Gavirate

Isola Virginia

Der Lago di Varese liegt eingebettet in eine sanft gewellte Landschaft im Westen von Varese. Im Vergleich mit den benachbarten oberitalienischen Seen ist der Lago di Varese alles in allem ein wenig nichtssagend. Auf der Fahrt von Varese um den See kommt man am nordöstlichen Ufer durch Voltorre mit der hübschen Kirche S. Michele aus dem 12. Jahrhundert. Die im Barock umgestaltete Kirche gehörte zu einem Klosterkomplex der Cluniazenser. Sehenswert ist insbesondere der stimmungsvolle Kreuzgang mit Terrakottadekor. Am Nordzipfel des Sees liegt Gavirate, ein kleines Städtchen, das von Industrie und etwas Tourismus lebt. Von Biandronno auf der Westseite kann man mit dem Schiff zu der kleinen Isola Virginia hinüberfahren, auf der man 1863 auf die Überreste einer jungsteinzeitlichen Pfahlbausiedlung stieß. Archäologische Ausgrabungsstücke sind u. a. in dem Museum in Varese zu sehen.

Laghi di Monate e Comabbio

Noch weiter westlich auf halber Strecke zum → Lago Maggiore kommt man zu den wesentlich kleineren Seen Lago di Monate und Lago di Comabbio.

Bisuschio

*Villa Cicogna-Mozzoni

Auf halber Strecke zwischen Varese und Porto Ceresio am → Luganer See liegt in der Valceresio der Ort Bisuschio, in dem sich der Besuch der Villa Cicogna-Mozzoni lohnt, sie gilt als eine der schönsten in der Provinz Varese. Die im 16. Jh. erbaute Villa ist mit Fresken ausgeschmückt, die wahrscheinlich von den Campi aus Cremona stammen. Herrlich ist der terrassenförmig angelegte Garten mit Wasserbecken, Brunnen und Grotten (geöffnet: Apr.–Okt. So. u. Fei. 9.30–12.30 und 14.30–19.00 Uhr; im August tgl. 14.30–19.00 Uhr).

Veltlin · Valtellina J–P 2–4

Provinz: Sondrio

Lage

Das Veltlin (ital. Valtellina) im Nordosten der Lombardei ist ein etwa 100 km langes Tal, das von Bormio im Nordosten bis zum Nordende des Comer Sees reicht. Es trennt die Berninagruppe im Norden von den niedrigeren Bergamasker Alpen im Süden. Durch das Tal fließt von Osten nach Westen die Adda, bevor sie in den Comer See eintritt. Die Valtellina ist das längste in der Eiszeit entstandene Tal, das sich nicht in Nord-Süd-Richtung, sondern in Ost-West-Richtung durch die Alpen zieht. Daher war und ist sie eine der wichtigsten Verkehrsadern im Innern der Alpen – ein Vorzug, der sich in den letzten Jahrzehnten ins Gegenteil verkehrt hat, da der Durchgangsverkehr erschreckende Ausmaße angenommen hat. Die wichtigsten Pässe, durch die das Veltlin mit den nördlichen Regionen verbunden ist,

Lage (Fortsetzung)

sind im Nordosten das Stilfser Joch (2757 m ü.d.M.) und der Bernina-Paß (2323 m) sowie im Nordwesten über die Valchiavenna der Maloja-Paß (1815 m) und der Splügen-Paß (2115 m).

Name

Die Bezeichnung Valtellina leitet sich von Tellium, dem römischen Namen des heutigen Teglio östlich von → Sondrio, ab. Teglio – heute ein kleiner Ort – war über lange Zeit eine wichtige Stadt im Veltlin. Tellium wiederum stand in Zusammenhang mit dem Namen des Gottes Tyllino, dessen Statue im Ort stand, und Tyllino – so weiß man heute – war Herakles.

Geschichte

Durch die Valtellina verlief seit jeher der Weg aus dem germanischen Norden nach Italien. Über die Pässe führten zunächst Maultierpfade, später Fahrwege. Zwischen 1820 und 1825 wurde die berühmte Alpenstraße über das Stilfser Joch angelegt. Durch den Handelsverkehr hatten die Orte im Veltlin schon früh Sonderrechte und waren relativ unabhängig; Bormio zum Beispiel war jahrhundertelang freie Republik mit eigenen Gesetzen und Behörden, ein Status, der sich erst zu Beginn des 19. Jh.s änderte. Zwischen dem 11. und dem 13. Jh. kämpften Mailand und Como um das Veltlin, schließlich kam es unter Mailänder Herrschaft. 1512 fiel es als Untertanengebiet an Graubünden. Als sich der Protestantismus unter den Graubündnern verbreitete, gab es immer wieder politische und religiöse Auseinandersetzungen. Die zahlreichen kleinen katholischen Wallfahrtskirchen im Veltlin hatten in dieser Zeit eine wichtige Aufgabe. Die Zwistigkeiten zwischen Katholiken und der Graubündner Regierung gipfelten in den Jahren 1620–1639 in den sog. Veltliner Wirren, einem Krieg, in den auch Spanier und Franzosen eingriffen. 1814/1815 gelangte die Valtellina mit der Lombardei an Österreich und 1859/1861 schließlich an Italien.

*Landschaftsbild

Die Valtellina gehört zu den faszinierendsten Landschaften der Lombardei. Während sich in dem breiten Tal die Adda ihren Weg gebahnt hat, steigen im Norden die Gipfel der Berninagruppe mit Höhen bis zu 4050 m an, im Süden die Bergamasker Alpen, die Höhen von knapp 3000 m erreichen. Überall kommt man in kleine, engere Nebentäler, von denen die meist bewaldeten Hügel rasch ansteigen. In den oberen Regionen wird es zunehmend schroff und karg. Über die Hänge der Valtellina ziehen sich in den unteren Regionen kleine Obstplantagen und Weinberge, streckenweise vermittelt das Tal hier einen geradezu lieblichen Eindruck. Auch die vielfältige Vegetation und Tierwelt in den noch unberührten Landstrichen (→ Zahlen und Fakten, Pflanzen und Tiere) sind beeindruckend.

Fremdenverkehr

Die Valtellina lebt heute vor allem vom Fremdenverkehr, im Sommer finden die Besucher viele Wandermöglichkeiten in verschiedenen Schwierigkeitsgraden und im Winter hervorragende Skisportbedingungen. Die bedeutendste alpine Station der Lombardei ist Bormio, weitere wichtige Skiorte sind → Livigno, das Valfurva-Tal, das Malenco-Tal bei → Sondrio und Aprica. Touristischer Anziehungspunkt sind außerdem die Thermalquellen bei Bormio.

Weinanbau

Eine wichtige Rolle spielt auch der Weinanbau. Neben den Regionen → Oltrepò Pavese südlich von Pavia und Franciacorta in der Provinz → Brescia liegt hier die wichtigste Weinregion der Lombardei. Auf den Terrassen der Valtellina werden auf einer Länge von über 50 km die Trauben in kleinsten Parzellen angebaut, die nur in Ausnahmefällen den Einsatz von Maschinen zulassen. Die Valtellina, die schon zu Römerzeiten vielgepriesenes Weingebiet war, ist außerhalb des Piemonts einer der wenigen Orte, wo die Nebbiolo-Traube gedeiht, mit 6 Mio. Flaschen im Jahr ist das Veltlin somit eines der ertragreichsten Nebbiolo-Gebiete. Sassella, Inferno, Grumello und Valgella sind die bekanntesten hier erzeugten, allesamt vollmundige kräftige Rotweine.

Hinweis

Auf einer Fahrt durch die Valtellina von Westen nach Osten lohnen sich Zwischenstops in einigen Orten, die im folgenden vorgestellt werden. Be-

sonders nördlich der meist recht verkehrsreichen Staatsstraße 38 bieten sich immer wieder kürzere oder längere Nebenstraßen an, von denen aus sich die landschaftliche Schönheit am besten genießen läßt.

Hinweis (Fortsetzung)

In der *Valtellina

Morbegno

Morbegno liegt südlich der Adda in 248 m Höhe in der westlichen Valtellina. Der Ortsname leitet sich wahrscheinlich vom lateinischen "morbus" (Krankheit) ab und deutet vielleicht auf das einstige Vorkommen von Malaria hin. Bereits im Mittelalter hatte der am Zugang zum Passo di S. Marco (1992 m ü.d.M.) gelegene Ort eine gewisse Bedeutung, da er am Handelsweg nach Venedig lag. Heute lebt das Städtchen in erster Linie von Nahrungsmittel- und Textilindustrie.
Allzuviele Sehenswürdigkeiten hat Morbegno nicht zu bieten, jedoch stehen im historischen Zentrum einige elegante Stadtpaläste, die teilweise hübsch freskiert sind. Der Palazzo Malacrida, etwas versteckt in der Via Malacrida gelegen, weist eine schöne Säuleneingangshalle mit Fresken von Cesare Ligari aus dem 18. Jh. auf. Unter den Sakralbauten ist die Kirche S. Giovanni Battista (Piazza S. Giovanni Battista) aus dem 16. Jh. mit umfassenden baulichen Veränderungen und barocken Freskierungen von Pietro Ligari im frühen 18. Jh. sehenswert, außerdem die Kirche S. Antonio (Piazza S. Antonio), ein Renaissancebau, der von den Brüdern Rodari und von Gaudenzio Ferrari, damals bekannten lombardischen Künstlern, mit plastischen Werken und Fresken ausgestaltet wurde. Auch im Santuario dell'Assunta (Ortsausgang in Richtung Sondrio) sind Arbeiten von Gaudenzio Ferrari zu sehen.

Costiera dei Cèch

Die Costiera dei Cèch, das Gebiet nordwestlich von Morbegno, wird vom Monte Spluga (2967 m) überragt. Die kleinen Dörfer wie Traona, Mello und Caspano, die man über die alte Via Valeriana erreicht, eine auf die Römer zurückgehende Straße, blicken auf eine lange Geschichte zurück.

Valle del Bitto

Südlich von Morbegno erstreckt sich die Valle del Bitto, welche die Täler von Gerola und Albaredo einschließt. Die Valle del Bitto war schon den Römern bekannt, da man hier Eisenerz gefunden hatte.

Sacco

Interessant ist die Ortschaft Sacco unmittelbar südlich von Morbegno, in der die Fresken an einigen Hauswänden auffallen. In der Contrada Pirondini findet man an der Casa Vaninetti eine populäre Malerei, die den legendären "Uomo Selvatico" zeigt. Probieren sollte man hier eine kulinarische Spezialität – den Bitto –, einen Käse, dessen Herstellung im Gerola-Tal eine lange Tradition hat.

Valmasino

Die Valmasino nordöstlich von Morbegno ist bei Bergwanderern und Kletterern sehr beliebt. Im Norden erhebt sich der Pizzo Cengalo (3367 m ü.d.M.), im Nordosten der Monte Disgrazia (3678 m). Eine der schwierigsten Trekking-Strecken Europas führt über die umliegenden Gipfel der Valmasino. Thermalquellen gibt es in Bagni del Masino am oberen Ende des Tals in 1172 m Höhe. Zudem ist die Region für ihre Mineralien bekannt, über 150 verschiedene Gesteine hat man hier ausmachen können.

Sondrio

→ dort

Valmalenco

Die Valmalenco, das Tal nördlich von Sondrio, ist touristisch gut erschlossen. Im Sommer bietet sie sich für Wanderausflüge an, im Winter ist sie beliebtes Skigebiet. Auf der Fahrt von Sondrio in Richtung Lanzada kann man in Chiesa in Valmalenco in 960 m Höhe Station machen – einem beliebten Ort für Sommerfrische und Wintersport. Etwas nördlich liegt 1274 m hoch Primolo mit der Kapelle der Madonna delle Grazie, die am ersten

◀ *Blick von der Strada Panoramica dei Castelli über das weite Adda-Tal – hier bei Ponte in Valtellina*

Valmalenco (Fortsetzung)

Sonntag im August mit einem Fest gefeiert wird. Caspoggio etwas östlich (1098 m) ist ein beliebter Skiort, in dem internationale Skimeisterschaften stattfinden. Lanzada in 983 m Höhe schließlich ist seit dem ausgehenden Mittelalter das landwirtschaftliche Zentrum der Region.

*Strada Panoramica dei Castelli

Von Sondrio führt eine landschaftlich außerordentlich schöne Panoramastrecke in Richtung Osten, eine Nebenstraße, die durch die kleinen Dörfer Montagna in Valtellina, Poggiridenti und Ponte in Valtellina nach Teglio führt. Die Straße verläuft durch kleine Obstplantagen und die Weinhänge des Grumello und Inferno und gibt wunderschöne Blicke ins Adda-Tal und auf die umgebenden Alpengipfel frei. Zudem kommt man an mehreren alten Palästen und herrlich in der Landschaft gelegenen, mitunter reich freskierten Dorfkirchen vorbei. Gleich zu Beginn der Tour fällt die Ruine der Grumello-Burg bei Montagna in Valtellina auf; ansonsten sieht man von der Straße aus – entgegen ihrem Namen – kaum ein Kastell. Ponte in Valtellina lohnt einen Zwischenstop. Hier lädt ein schön erhaltener alter Ortskern zu einem Bummel ein. Von Bernardino Luini stammt das Tympanonfresko der Madonna mit dem hl. Mauritius über dem Portal der Kirche S. Maurizio.

Castello Grumello

Ponte in Valtellina

Palazzo Besta in Teglio

*Teglio

Der kleine Ort Teglio (856 m ü.d.M.), der in der Antike Tellium hieß und dem Veltlin seinen Namen gegeben hat, ist ein bei Wintersportlern wie Sommerfrischlern gleichermaßen beliebter Ferienort. In Teglio befindet sich mit dem Palazzo Besta einer der kulturellen Höhepunkte des Veltlin (geöffnet: Mai–Sept. Di.–Sa. 9.00–13.00 und 14.30–17.30, Okt.–Apr. Di.–Sa. 9.00 bis 14.00; außerdem 1. u. 3. So. und 2. u. 4. Mo. jedes Monats). Der Palast wurde unter Azzo I. Besta und seinem Sohn Azzo II. in der ersten Hälfte des 16. Jh.s gebaut. Für einen Renaissance-Palast – zumal in der herben Umgebung des Veltlin – nimmt sich der Palazzo Besta ausgesprochen heiter und einladend aus. Schon seine helle, zur Straße gewandte, langgezogene Front ist beeindruckend. Dahinter verbirgt sich ein von Arkaden umzogener Innenhof, dessen Wände vollkommen bemalt sind. Der untere Teil ist in Brauntönen gehalten – zwischen den dekorativen Ornamenten kann man die Porträts von Azzo I. und seinem Sohn ausmachen. Dagegen wird der obere Teil von Fresken in vorherrschenden Grautönen bestimmt, die

*Palazzo Besta

Teglio (Fortsetzung)

auf starke Licht- und-Schatteneffekte abheben. Thematisch sind sie der "Aeneis" von Vergil gewidmet. Bemerkenswert sind – wie so oft in dieser Region – die phantastischen Wasserspeier-Figuren. Beim Rundgang durch den Palast wird man durch reich freskierte Säle – der Ehrensaal ist mit Szenen zum Thema des "Orlando Furioso" ("Rasender Roland") von Ariost geschmückt – mit teilweise hervorragend gearbeiteten Holzdecken und einigen schweren Holzmöbeln geführt. Sehenswert ist die für die Region typische Stüa (Stube), die ganz mit Zirbelkieferholz getäfelt ist; eindrucksvoll sind außerdem die nebeneinandergelegenen heizbaren Zimmer für den Hausherrn und für die Dame des Hauses sowie die alte Küche. Bei der Besichtigung des Antiquariums bekommt man die berühmten jungsteinzeitlichen Stelen zu sehen, die 1941 bei Teglio entdeckt wurden. Die Stele II von Caven zeigt u. a. Tiere und ein Sonnensymbol, die Stele III von Caven Spiralzeichen und Sonnen.
Gegenüber dem Palazzo Besta steht die Kirche S. Lorenzo, die Grabkirche der Besta. In der Ortsmitte steht die Kirche S. Eufemia aus dem späten 15. Jh., die im Barock umgestaltet worden ist. Ihr gegenüber sind an der Fassade des Oratorio della Confraternità dei Bianchi Reste eines Totentanzfreskos auszumachen. Am östlichen Ortsrand trifft man auf die kleine romanische Kirche S. Pietro aus dem 11. Jahrhundert.

Aprica

Südöstlich von Teglio kommt man über die in Kurven ansteigende Staatsstraße 39 in das gut 300 m höher gelegene Aprica (1172 m ü.d.M.). Aufgrund der Lage an der Verbindungsstraße zwischen dem Veltlin und der Valcamonica war diese Stelle bereits in frühgeschichtlicher Zeit besiedelt. Im Mittelalter entwickelte sich der Ort zu einer bedeutenden Station an dem Weg zwischen dem Bernina-Paß und den südlichen Ebenen, der von Händlern und Soldaten benutzt wurde. Seit 1853 gibt es hier eine Straße. Aprica ist beliebter Wintersportort und im Sommer Ausgangspunkt für Wanderungen und Ausflüge in die faszinierende Bergwelt bzw. in das nahe Veltlin und in die Valcamonica. Der recht touristische Ort bietet zahlreiche Sportmöglichkeiten. Eine Besichtigung lohnt das Museo Etnologico e Naturalistico mit Exponaten zu Kultur und Traditionen der Region.

Basilica Madonna di Tirano

Tirano

Tirano (9000 Einw.) liegt in 441 m Höhe am Ufer der Adda. Nur wenige Kilometer weiter nordwestlich beginnt die Schweiz, die bei Tirano wie ein Keil in lombardisches Gebiet rein reicht.

*Basilica Madonna di Tirano

Bekanntes Kulturdenkmal in Tirano ist die Wallfahrtskirche Madonna di Tirano gleich am westlichen Ortseingang, die 1505 an dem Ort einer angeblichen Marienerscheinung gebaut wurde. Zwischen dem 16. und 19. Jh. war sie eines der wichtigsten religiösen Zentren im Veltlin, der Vorplatz zudem bedeutender Marktplatz und Treffpunkt der Händler. Der Bau aus der Hochrenaissance mit seinen klaren und einfachen harmonischen Proportionen wird von einem ungewöhnlich hohen Campanile überragt.
Das Innere ist überreich mit manieristischen und barocken Freskenmalereien bestückt, so daß auch hier die architektonische Leistung ein wenig überdeckt wird.

Tirano (Fortsetzung)

Am Kirchenplatz ist in dem Palazzo S. Michele aus dem 16. Jh. das Museo Etnografico Tiranese untergebracht, in dem Ausstellungsstücke zur Tradition und Kultur des Veltlin zu sehen sind (geöffnet: Juni–Sept. Di.–So. 10.00–12.00 und 15.30–18.30 Uhr, Okt.–Mai nur Sa. 10.00–12.00 und 15.00–18.00 Uhr).

Palazzo Salis

Unter den alten Palästen von Tirano, die alle Namen bekannter Adelsfamilien der Region tragen – Merizzi, Visconti Venosta, Torelli, Parravicini um nur einige zu nennen – ist nur der Palazzo Salis an der Via Salis aus dem 16. Jh. zu besichtigen.

**Rhätische Bahn Ferrovia Retica

Von Tirano aus gibt es eine spektakuläre Eisenbahnverbindung nach St. Moritz in der Schweiz, bei der man die Berninagruppe mit dem Piz Bernina (4050 m) passiert. Während der zweieinhalbstündigen Fahrt ergeben sich einzigartige Panoramablicke.

Grosio

Bei Grosio wird das Tal enger, von hier aus führt die Straße aufwärts durch die immer kargere und schroffe Bergwelt in Richtung Stilfser Joch. Im Ort lohnen vor allem die Kirche S. Giorgio aus dem 14. Jh. mit ansprechenden, fast lyrischen Fresken sowie am Ortsrand die Kirche S. Giuseppe aus dem 17. Jh. einen Blick. Im Palazzo Visconti Venosta ist heute das Museo Civico untergebracht. Das Castello Nuovo, 1350 von den Visconti errichtet, ist nur noch als eindrucksvolle Ruine erhalten.

*Rupe Magna

Die bedeutendste Sehenswürdigkeit der Region ist der Felsblock Rupe Magna, direkt unterhalb des Schlosses, mit frühgeschichtlichen Felsgravierungen. In den letzten Jahren sind an verschiedenen Stellen im Veltlin derartige Spuren gefunden worden, diese an der Rupe Magna und weitere an der Rupe degli Armigeri sind die am besten zugänglichen. Geometrische Formen sowie Tiere und menschliche Figuren lassen sich ausmachen (→ *Baedeker Special* S. 243).

Pizzo Coppetto

Westlich der Straße zwischen Sondalo und Bormio sieht man den Pizzo Coppetto liegen, an dem es – noch heute deutlich sichtbar – im Sommer 1987 nach lang anhaltenden Regenfällen einen verheerenden Bergrutsch gab, bei dem mehrere Dörfer verschüttet wurden und die Gesteinsmassen die Adda zu einem See, dem Lago di Pola, stauten.

*Bormio

Lage und Allgemeines

Im nordwestlichen Zipfel der Lombardei, der direkt an das Engadin angrenzt, liegt das 4200 Einwohner zählende Bormio (1217 m ü.d.M.) mit einem recht gut erhaltenen historischen Zentrum. Überragt wird der Ort im Osten von der Cresta di Reit (3075 m), dem westlichsten Gipfel der Ortler-Gruppe.

Bormio ist ein sehr beliebter Skiort und für seine guten Wintersportmöglichkeiten bekannt. Zudem gibt es in der Region Thermalquellen, die Bagni di Bormio. Sie liegen nördlich der Stadt an der Straße zum Stilfser Joch. Bereits die Römer wußten die 38 bis 40 °C heißen Quellen zu schätzen, die Linderung bei Erkrankungen des Bewegungsapparats und der Atemwege versprechen.

Aufgrund seiner Lage unterhalb des Stilfser Jochs blickt Bormio auf eine nicht unbedeutende Geschichte zurück. Paläste, Burgen und über 30 Geschlechtertürme bestimmten lange Zeit das Ortsbild. 1621 wurde Bormio von spanischen Truppen zerstört und verlor mehr und mehr an Bedeutung.

*Piazza Cavour

Ortsmittelpunkt ist die Piazza Cavour, hier findet man die Hauptsehenswürdigkeiten sowie einige hübsche Cafés. Der älteste Bau an der Piazza Cavour ist die offene Loggia, der Kuerc oder Coperchio (Deckel) aus dem 14. Jh., in dem einst Recht gesprochen wurde und Ratsversammlungen stattfanden. Am selben Platz fällt die Torre Civica oder Torre del Comune aus dem 15. Jh. mit dem Zifferblatt auf. Sie ist für ihre große Glocke, die sogenannte Baiona, bekannt, die einst die Bevölkerung zu besonderen An-

Bormio, Piazza Cavour (Fortsetzung)

lässen zusammenrief oder in bedrohlichen Situationen alarmierte. Die Collegiata dei SS. Gervasio e Protasio wurde noch in dem Jahr, in dem die Spanier die Stadt in Flammen hatten aufgehen lassen, nach Plänen von Gaspare Aprile über den Resten der zerstörten Kirche aus der Zeit um 800 aufgebaut.

Piazza Cavour in Bormio

Torre degli Alberti

In der Via Roma steht ein letzter Wehrturm, die Torre degli Alberti. Er beherbergte Ludovico il Moro und Beatrice d'Este im Jahr 1496.

Museo Civico

In der Via Buon Consiglio steht der Palazzo de Simoni, ein Stadtpalast aus dem 18. Jh., der von einem mittelalterlichen Turm überragt wird. In dem Palast ist heute das Museo Civico untergebracht, in dem Kunsthistorisches und Volkskundliches zu sehen ist. Neben mehreren luxuriösen Reisekutschen für die Badegäste des Ortes kann man eine Postkutsche begutachten, die bis zum Ersten Weltkrieg zwischen Bormio und Tirol über das Stilfser Joch verkehrte, von sechs Pferden gezogen wurde und bis zu zehn Personen befördern konnte (geöffnet: 15.6.–15.9. 10.00–12.30 und 15.00–19.00 Uhr, Mo. 15.00–19.00 Uhr; in den übrigen Monaten meist nur Do. u. Sa. geöffnet).

Giardino Botanico Rezia

Viele der Pflanzen, die im Nationalpark Parco Nazionale dello Stelvio östlich von Bormio wild wachsen, sind in Bormio im Giardino Botanico Rezia angepflanzt worden (geöffnet: Mai–Okt. Mo.–Fr. 9.00–12.00 Uhr und 14.00–17.00 Uhr, Juli/Aug. tgl. 9.00–12.00 und 14.00–17.00 Uhr).

**Parco Nazionale dello Stelvio

1935 wurde der Parco Nazionale dello Stelvio gegründet, der mit 134 620 ha der größte italienische Nationalpark Stilfser-Joch (→ Zahlen und Fakten, Pflanzen und Tiere). Er erstreckt sich zwischen Ponte di Legno bis ins Schweizer Inntal; auf seinem Gelände liegen rund 50 Seen und 100 Gletscher.

Valfurva

*Ghiacciaio dei Forni

Zentrum des waldreichen Valfurva-Tals, das sich im Südosten von Bormio erstreckt, ist der Ort S. Caterina Valfurva, in dem es sowohl im Sommer als auch im Winter Fremdenverkehr gibt. Sehenswert ist der Gletscher Ghiacciaio dei Forni, der größte Italiens, den man vom Albergo Ghiacciaio dei Forni (2176 m) aus bewundern kann.

**Stilfser-Joch-Straße

Von Bormio aus windet sich mit einer Steigung bis zu 15 % die 1825 fertiggestellte Straße mit atemberaubenden Panoramablicken hinauf zum Passo dello Stelvio, dem berühmten Stilfser Joch (2757 m ü.d.M.). Die fast schon legendäre Straße, die die Österreicher in ihrer Regierungszeit in Oberitalien als Verbindung zwischen der Lombardei, dem Inntal und Wien anlegten, gilt mit ihren 83 Serpentinen als Glanzleistung des alpinen Straßenbaus.

Vigevano F 9

Provinz: Pavia
Höhe: 116 m ü.d.M.
Einwohnerzahl: 65 000

Lage und Bedeutung

Im Südwesten der Lombardei, rund 30 km von Mailand entfernt, liegt Vigevano am westlichen Ufer des Ticino etwas abseits der Touristenpfade. Die kleine Stadt, das unumstrittene Zentrum der Lomellina (s. unten), lebt von der Schuhproduktion, hier befindet sich das Zentrum der italienischen Schuhindustrie.

Geschichte

Das Gebiet von Vigevano war vermutlich schon in der Jungsteinzeit besiedelt. Unter den Römern gab es hier das Dorf Vigenti Columnae, das wahrscheinlich an der Stelle des heutigen Castello Sforzesco lag. Nach dem Bau einer Brücke über den Ticino kam es im Mittelalter zwischen Mailand und Pavia zu erbitterten Auseinandersetzungen um Vigevano, da der Ort nunmehr eine strategisch wichtige Position hatte. Zur Zeit der Visconti erlebte das Städtchen ab dem 14. Jh. eine kulturelle Blüte. Mitte des 19. Jh.s wurden in Vigevano erstmals in Italien Schuhe industriell hergestellt.

Sehenswertes in Vigevano

**Piazza Ducale

Ein Besuch von Vigevano lohnt sich allein wegen der wundervollen Piazza Ducale. Sie ist die früheste Renaissance-Anlage der Lombardei und gilt als schönster Platz der italienischen Frührenaissance überhaupt. Die Piazza entstand Ende des 15. Jh.s im Auftrag von Ludovico il Moro wahrscheinlich nach Entwürfen von Donato Bramante oder von Architekten aus seinem Schülerkreis. Im Zuge des Ausbaus der gotischen Burg der Visconti wollte man damals das mittelalterliche Zentrum repräsentativ umgestalten.

Piazza Ducale, im Hintergrund der Turm des Castello

Die 134 x 48 m große Piazza wird an drei Seiten von einheitlichen Fassaden und Arkadengängen eingefaßt. Diese sind mit mehrfarbigen Dekorationen in Fresko und Sgraffito geschmückt, die Wappen, Ornamente, Porträtmedaillons und illusionistische Architekturmotive zeigen. Viele Cafés laden zum Verweilen ein, kleine Geschäfte unter den Arkaden zum Schaufenster- und Einkaufsbummel.

*Duomo S. Ambrogio

An der Ostseite der Piazza steht der Duomo S. Ambrogio, der 1532 nach Entwürfen von Antonio da Lonate gebaut wurde. Die auffällige, konkav ge-

Duomo S. Ambrogio (Fortsetzung)

schwungene Fassade im Barockstil wurde erst im 17. Jh. angefügt. Ihr Entwurf stammt von dem Spanier Juan Caramuel de Lobkowitz, dem damaligen Bischof von Vigevano.

*Castello Sforzesco

Das Kastell von Vigevano geht im Kern auf einen Bau der Visconti aus dem 14. Jh. zurück, der sich im Südosten der Anlage befindet. Im späten 15. Jh. entstanden dann die übrigen Gebäude im Auftrag von Ludovico il Moro, der sich hier eine Jagdresidenz einrichtete. Aus dieser Zeit stammt auch der von Bramante entworfene Turm, auf den man hinaufsteigen kann (geöffnet: Di–Fr. 10.00–12.00, 16.00–17.30 Uhr, Sa., So. 10.00–12.00, 14.30–18.30 Uhr). Die Schloßbauten sind um einen weiten Hof herum angeordnet und werden gegenwärtig umfassend renoviert. Sehenswert ist u. a. die prächtig ausgestaltete Loggia della Falconiera; vom Palazzo Ducale führt ein 167 m langer überdachter Wehrgang zur Rocca Vecchia, der einstigen Burg von Vigevano.

Museo Civico Museo della Calzatura

Das städtische Museum in der Via Cesarea ist der Geschichte der ortsansässigen Schuhindustrie und der Geschichte des Schuhs generell gewidmet. Zu den Exponaten gehören außerdem unterschiedlichste Fußbekleidungen aus Afrika, Asien, Amerika und Europa (geöffnet: Sa., So. Fei. 10.30–12.30 und 15.00–18.00 Uhr).

Umgebung von Vigevano

Abbiategrasso

Wenige Kilometer nordöstlich von Vigevano liegt Abbiategrasso, das bereits zur Provinz Mailand gehört. Die Stadt liegt am Naviglio Grande und ist so über den Wasserweg mit Mailand verbunden. Jahrhundertelang war sie ein wichtiger Umschlagplatz für die landwirtschaftliche Versorgung der Metropole. Am Ufer sind noch einige Villen erhalten, die sich der Mailänder Adel hier erbauen ließ. Von kunstgeschichtlichem Interesse ist die Kirche S. Maria Nuova (Via Borsani), deren gotische Säulenhalle 1497 nach Plänen von Donato Bramante eine Renaissance-Vorhalle erhielt. Südöstlich außerhalb der Stadt steht das Zisterzienserkloster Morimondo. Es geht auf eine Gründung aus dem Jahr 1115 zurück. Die Zisterzienser hatten sich in dem abgelegen Sumpfgebiet niedergelassen, um es urbar zu machen. Die dreischiffige Klosterkirche aus dem 12. Jh. besitzt einen für die Zisterzienser typischen geraden Chorabschluß, der Vierungsturm ist aus der Mitte des 15. Jh.s; der Kreuzgang, der im 15./16. Jh. umgebaut wurde, ist nur noch ansatzweise erhalten.

Sforzesca

Südlich von Vigevano liegen etwas erhöht die Reste der Sforzesca, eines kleinen Jagdschlosses, das sich Ludovico il Moro 1486 hier bauen ließ. Es heißt, daß an der Gestaltung auch Leonardo da Vinci beteiligt gewesen

Sforzesca (Fortsetzung)

sein soll. Ludovico il Moro war nicht nur ambitionierter Jäger, er interessierte sich zudem für Fragen der Landwirtschaft und ließ um die Sforzesca Viehweiden und Reisfelder sowie das dazu notwendige Bewässerungssystem anlegen, das man heute noch sehen kann.

*Lomellina

Westlich und südwestlich von Vigevano erstreckt sich die "Kornkammer Italiens", die Lomellina, eine wenig besiedelte und ausgesprochen reizvolle Landschaft – reizvoll zumindest für diejenigen, die das Flachland lieben. Charakteristisch sind hier die dekorativen Pappelreihen und die weiten Reis- und Maisfelder.
Einst war die Lomellina ein riesiges Sumpfgebiet. Erst Anfang dieses Jahrtausends begannen Mönche mit seiner Entwässerung und Urbarmachung. Im 15. Jh. wurde Reis über Spanien nach Italien importiert, und es heißt, Ludovico il Moro persönlich habe Leonardo da Vinci beauftragt, die Pläne für das Kanalsystem zur Bewässerung der Reisfelder zu erstellen. Heute ist die Lomellina Italiens zweitgrößte Reisanbaufläche. Im Frühjahr werden die Reisfelder geflutet, Wasser gibt es hier ja genug. Im Frühsommer bedeckt dann ein grüner Reisteppich die Seenlandschaft. Nun bilden sich die Rispen, an denen die Reiskörner hängen. Nach der Blüte, Ende Juli, Anfang August, wird das Wasser wieder in die Kanäle geleitet, denn die Felder werden nicht mehr bewässert. Die Felder färben sich strohgelb. Mitte September ist schließlich Erntezeit.

Mortara

In Mortara, einem lebendigen Land- und Industriestädtchen mit 15 000 Einwohnern, sind insbesondere der Duomo S. Lorenzo, ein Bau aus dem späten 14. Jh., sowie die Kirche S. Croce, die im 11. Jh. gegründet wurde, zu beachten. Der heutige Bau entstand im Jahr 1596 nach Plänen von Pellegrino Tibaldi. 2 km nordwestlich von Mortara trifft man mitten in der Landschaft auf das Santuario della Madonna del Campo, das im 15. Jh. errichtet wurde. In der Apsis ist eine Madonna del Latte aus dem 16. Jh. zu bewundern.

S. Giovanni ad Fontes in Lomello

*Lomello

Lomello, 15 km südlich von Mortara, ist ein heute recht unscheinbar wirkender Ort, der jedoch eine bedeutende Vergangenheit aufweisen kann. Das römische Laumellum lag direkt an der Straße von Pavia nach Gallien und war ein lebendiges Städtchen. Auch die Langobarden errichteten hier eine Burg. Zu dieser Zeit muß es auch schon eine christliche Stätte gegeben haben, denn in Lomello wurde die Trauung zwischen der katholischen Theodelinde (→ Berühmte Persönlichkeiten) und dem arianischen Agilulf vollzogen. Sehenswert ist das Ensemble der Kirche S. Maria Maggiore aus dem 11. Jh. und des achteckigen Baptisteriums S. Giovanni ad Fontes, das aus dem 8. Jh. stammt, vermutlich aber auf einen Vorgängerbau aus dem 5. Jh. zurückgeht. Die dreischiffige Backsteinkirche S. Maria Maggiore wurde im 11. Jh. als Wehrkirche in die Burganlage der Langobarden integriert. Sie wurde im Barock stark verändert, erhielt aber durch umfassende Restaurierungsarbeiten ihr ursprüngliches Erscheinungsbild zurück. Das Kastell an der kleinen Piazza ist heute Sitz des Rathauses. Die Kirche S. Michele südöstlich des Zentrums ist ein schöner romanischer Bau aus der Zeit um 1200. Ihre Fassade stammt allerdings aus dem 18. Jahrhundert.

Praktische Informationen von A bis Z

Praktische Informationen von A bis Z

Agriturismo – Ferien auf dem Land

Allgemeines

Agriturismo, die italienische Form der "Ferien auf dem Land", wird in der Lombardei seit den sechziger Jahren angeboten. Die Auswahl der Unterkünfte reicht von Zeltplätzen und einfachen Zimmern auf einem Bauernhof bis zu gut ausgestatteten Appartements in ländlicher Umgebung.

Unter Agriturismo versteht man aber nicht nur die Übernachtungsmöglichkeiten fernab der Städte. Viele der Agriturismo-Betriebe haben nur einen ländlichen Restaurantbetrieb mit regionalen Speisen oder bieten eigene Erzeugnisse wie Olivenöl, Naturhonig, Marmeladen, Fleisch, Würste, Käse, Weine, Grappa an. Dazu gibt es oft ein umfangreiches Freizeitangebot mit Tennis, Angeln, Fahrradverleih oder Reiten.

Auskunft

Informationen erhält man bei den Fremdenverkehrsämtern direkt vor Ort (→ Auskunft). Bei der ENIT kann man den "Führer des Agrartourismus in der Lombardei" mit den Adressen sämtlicher am Agriturismo beteiligten Betriebe anfordern. Auch an folgende Interessenverbände kann man sich wenden:

Agriturist Lombardia, Via Isonzo 27, I-20135 Milano, Tel. 02/58 30 21 22
Terranostra, Via Salvini 1, I-20122 Milano, Tel. 02/76 01 51 51
Turismo Verde, Piazza Caiazzo 3, I-20124 Milano, Tel. 02/6 70 55 44

Anreise

Mit dem Auto

Die schnellste Verbindung für die Anreise aus dem Nord- und Südwesten Deutschlands ist die Strecke über den Gotthard, aus dem Nord- und Südosten die über den Brenner. Je nach Zeit bieten sich landschaftlich sehr reizvolle, jedoch längere Strecken u. a. über den Lukmanier- oder Maloja-Paß sowie durchs Engadin an.
Die ersten Tage im August sollten als Reisetage vermieden werden, da sie in Italien Hauptreisetage sind. Aktuelle Auskünfte über Autoverkehr, günstige Reisezeiten, Beschreibungen der Alpenpässe (incl. Öffnungszeiten), Baustellen sowie günstige Routen erteilt der ADAC.

Über Österreich

Die schnellste Verbindungsstrecke von Deutschland bzw. Österreich aus ist die Autobahn München – Rosenheim – Kufstein – Innsbruck – Brenner. Die Autobahn führt dann weiter über Bozen in Richtung Süden, und man kann am Gardasee entlang in die Lombardei hineinfahren. Alternativ kann man auch von Innsbruck aus die Autobahn in Richtung Landeck nehmen und dann über den Reschenpaß (Grenzübergang) und das Stilfser Joch (im Winter geschlossen) ins Veltlin und zum Iseosee weiterfahren.

◀ *Bei Cremona: Angler im Wettbewerb – ganz unter sich*

Anreise (Fortsetzung) Über die Schweiz

Eine westlichere Verbindung verläuft von Deutschland aus durch die Schweiz. Man benutzt die E 43 ab Memmingen/Bregenz; sie führt über S. Bernardino – Lugano – Como in Richtung Mailand. Auf dieser Strecke erreicht man schnell den Lago Maggiore, den Luganer oder den Comer See. Man kann auch früher abzweigen und kommt dann direkt über den Splügen-Paß an den Comer See. Die westlichste Strecke führt über Zürich und Basel oder von Bern über den Sankt Gotthard und dann ebenfalls über Lugano – Como weiter nach Süden; auch diese Strecke bietet sich für Reisende an, die die westlichen Seen anfahren wollen.

Gebühren

Für die Strecke müssen neben den Benzinkosten Gebühren für Autobahn (in Italien) und Vignette (Österreich, Schweiz) sowie auf der Strecke Innsbruck – Brenner auch Mautgebühren für die Brennerautobahn eingeplant werden. Die Mautgebühren für die Brennerautobahn und die Autobahngebühren für die italienischen Autobahnen können mit der Viacard bezahlt werden, die man u. a. beim ADAC erhält. Die Vignetten für Österreich und die Schweiz kann man beim ADAC oder an der Grenze bzw. an grenznahen Tankstellen kaufen.

Grenzübergänge Österreich – Italien

Die wichtigsten, ständig geöffneten Grenzübergänge von Österreich nach Italien mit direkter Verbindung zur Lombardei sind:
Brenner: Strecke Innsbruck – Bozen
Reschenpaß: Strecke Landeck – Meran – Bozen

Grenzübergänge Schweiz – Italien

Die wichtigsten, ständig geöffneten Grenzübergänge zwischen der Schweiz und Italien mit direkter Verbindung zur Lombardei sind:
Chiasso: Strecke Lugano – Como
Castasegna / Chiavenna (Maloja-Paß): Strecke St. Moritz – Mailand

Mit der Bahn

Bahnreisende kommen von jeder größeren europäischen Stadt aus über Zürich nach Mailand oder über den Brenner nach Trient und Verona, von wo es Busverbindungen zum Gardasee gibt. Von Mailand aus fahren Züge oder Busse in alle Städte der Lombardei und zu allen oberitalienischen Seen. Die Züge aus Richtung Zürich kommen am Mailänder Hauptbahnhof Stazione Centrale an, für alle weiteren Verbindungen innerhalb der Lombardei muß man sich nach dem jeweiligen Abfahrtsbahnhof erkundigen. Die Verbindungen innerhalb der Lombardei sind nicht immer direkt. Die Fahrt von Frankfurt/Main nach Mailand dauert etwa 10 Stunden.

Autoreisezug

Direkte Autoreisezüge in die Lombardei gibt es nicht. Die nächsten Verladebahnhöfe sind Bozen, Verona, Alessandria und Bologna.

Mit dem Flugzeug
Linienflüge

Direktverbindungen gibt es von Frankfurt/Main, Berlin, München, Düsseldorf, Hamburg, Köln-Bonn, Stuttgart, Wien und Zürich nach Mailand.

Flughäfen

Neben dem kleineren Flughafen bei Bergamo gibt es in der Lombardei zwei große internationale Flughäfen bei Mailand: Malpensa, etwa 50 km nordwestlich von Mailand, und Linate, 10 km östlich außerhalb der Stadt. Von Malpensa aus fährt der Malpensa-Shuttle zum Mailänder Hauptbahnhof Stazione Centrale, Fahrzeit je nach Verkehrsaufkommen ca. 60 Minuten. Der Bus hält außerdem in der Nähe des Messegeländes und am Platz vor dem Kastell. Ab dem Jahr 2000 wird es außerdem eine Zugverbindung geben; die Fahrt in die Innenstadt dauert dann 25 Minuten.
Von Linate aus fahren STAM-Busse ebenfalls bis zum Hauptbahnhof, die Fahrzeit beträgt knapp 30 Minuten. Die Busse fahren etwa alle 20 Minuten. Die städtische Buslinie 73 fährt zur zentralen Piazza S. Babila.

Apotheken (farmacìa)

Öffnungszeiten

Die Apotheken haben in der Regel Mo. – Fr. 9.00 – 12.30 Uhr und 16.00 bis 19.30 Uhr geöffnet. Sie schließen wechselweise mittwochs und samstags.

Apotheken (Fortsetzung)

In Mailand und den größeren Städten haben auch einige Apotheken durchgehend von 8.30 – 21.00 Uhr geöffnet.

Notdienste

Ein Verzeichnis mit den nachts und feiertags geöffneten Apotheken (farmacie di turno) hängt in den Schaufenstern oder an den Türen aller Apotheken aus.

Kleines Lexikon

→ Sprache

Ärztliche Hilfe

Notarzt

Tel. 113

Medizinische Notversorgung

In allen größeren Orten und in den touristischen Zentren ist für eine ausreichende medizinische Versorgung gesorgt.
Die meisten Krankenhäuser (ospedali) haben eine Notfallversorgung rund um die Uhr. Vielerorts gibt es die Guardia Medica, die auch nachts von 20.00 bis 8.00 Uhr, sonntags und feiertags zur Verfügung steht (Guardia Medica notturna e festiva). Erste Hilfe (pronto soccorso) leisten in Italien außerdem das Rote Kreuz (Croce Rossa Italiana), das weiße Kreuz (Croce Bianca) und das Grüne Kreuz (Croce Verde). Wichtige Telefonnummern sind in den Telefonbüchern auf den ersten Seiten unter "Avantielenco" zu finden. Stationär wird außer in Krankenhäusern auch in Privatkrankenhäusern behandelt. Zahnärzte findet man im Telefonbuch unter dem Stichwort "medici dentisti".

Krankenversicherung

Versicherte der deutschen Krankenkassen haben im Krankheitsfall in Italien Anspruch auf eine Behandlung. Voraussetzung ist, daß man sich vor Reiseantritt eine Anspruchsbescheinigung (Vordruck E 111) besorgt.
Die ärztliche Behandlung bei den Vertragsärzten und -krankenhäusern der staatlichen Krankenversicherung (U.S.L. – Unità Sanitaria Locale) wird nach den in Italien gültigen Vorschriften gewährt. U.S.L.-Dienststellen befinden sich in allen größeren Ortschaften. Die Anschrift der für den Ort zuständigen U.S.L. erfährt man im Hotel, bei der Orts- bzw. Gemeindeverwaltung oder im Verkehrsamt. Gegen Vorlage des ausgefüllten und unterschriebenen Formulars E 111 erhält man von der U.S.L. ein Gutscheinheft mit Krankenscheinen, mit denen man sich von den Vertragsärzten behandeln lassen kann. In jeder U.S.L. liegt ein Anschriftenverzeichnis der Vertragsärzte des Gesundheitsdienstes aus. Im allgemeinen muß ein Teil der Kosten für ärztliche Behandlung und verordnete Arzneimittel bezahlt werden (Quittungen zur Vorlage bei der Krankenkasse aufbewahren). Weitere Informationen sind den Merkblättern der Krankenkassen zu entnehmen.
Österreichische Reisende verfahren genauso (Formular SE 100-07).
Schweizer müssen die ärztliche Behandlung und Medikamente selbst bezahlen. Privat Versicherte erhalten die Kosten gegen Vorlage der Quittungen erstattet.

Private Reiseversicherung

Da die Kosten für ärztliche Behandlung und Medikamente in der Regel teilweise vom Patienten zu tragen sind und die Krankenkassen die Kosten eines evtl. notwendigen Rücktransports nicht übernehmen, empfielt sich der Abschluß einer Reise-Krankenversicherung.

Auskunft

In Deutschland

Staatliches Italienisches Fremdenverkehrsamt ENIT
(Ente Nazionale Italiano per il Turismo)
Kaiserstraße 65, 60329 Frankfurt/M., Tel. 0 69/23 74 34, Fax 23 28 94
Goethestraße 20, 80336 München, Tel. 0 89/53 13 17, Fax 53 45 27

In Deutschland (Fortsetzung)

Karl-Liebknecht-Straße 34, 10178 Berlin, Tel. 0 30/23 14 69 17, Fax 23 14 69 21
Für Prospektbestellungen gilt für ganz Deutschland die gebührenpflichtige Servicenummer Tel. 01 90/79 90 90.

In Österreich

ENIT, Kärntner Ring 4, A-1010 Wien
Tel. 01/5 05 18 39 u. 5 05 43 79, Fax 5 05 02 48

In der Schweiz

ENIT, Uraniastr. 32, Ch-8001 Zürich, Tel. 01/2 11 36 33, Fax 2 11 38 85

Auskunftsstellen in der Lombardei

In allen größeren Gemeinden der Lombardei gibt es Fremdenverkehrsämter, die Aziende di Promozione Turistica (APT). In den Provinzhauptstädten gibt es jeweils eine APT-Zentrale für die gesamte Provinz sowie Informationsbüros für die Stadt selbst. Außer den genannten Adressen findet man in fast allen kleineren Orten mit Sehenswürdigkeiten die lokalen Verkehrsvereine Pro Loco.

Provinz Bergamo
Azienda di Promozione Turistica del Bergamasco, I-24121 Bergamo, Viale Vittorio Emanuele 20, Tel. 0 35/21 31 85 oder 21 02 04, Fax 23 01 84

Bergamo

Informationsbüro Città bassa: Piazzale Marconi 7, Tel. 0 35/24 22 26, Fax 24 29 94
Informationsbüro Città alta: Vicolo Aquila Nera 2, Tel. 0 35/23 27 30 (von April bis Oktober)

S. Pellegrino Terme

I-24016 S. Pellegrino Terme, Via Papa Giovanni 18, Tel. und Fax 03 45/21 10 20

Selvino

I-24020 Selvino, Corso Milano 19, Tel. 0 35/76 33 62

Provinz Brescia
Azienda di Promozione Turistica del Bresciano, Corso Zanardelli 38, I-25121 Brescia, Tel. 0 30/4 50 52 u. 3 75 64 50, Fax 29 32 84

Brescia

Informationsbüro: Corso Zanardelli 34, Tel. 0 30/4 34 18

Darfo Boario Terme

I-25047 Darfo Boario Terme, Piazza Einaudi 2, Tel. 03 64/53 16 09, Fax 53 22 80

Desenzano del Garda

I-15015 Desenzano del Garda, Via Porto Vecchio 34, Tel. 0 30/9 14 15 10, Fax 9 14 42 09

Edolo

I-25048 Edolo, Piazza Martiri della Libertà 2, Tel. und Fax 03 64/7 10 65

Gardone Riviera

I-25083 Gardone Riviera, Corso Repubblica 5, Tel. und Fax 03 65/2 03 47

Idro

I-25074 Idro, Via Trento 46, Località Pieve, Tel. und Fax 03 65/8 32 24

Iseo

I-25049 Iseo, Lungolago Marconi 2, Tel. 0 30/98 02 09, Fax 98 13 61

Limone sul Garda

I-25010 Limone sul Garda, Via Comboni 15, Tel. 03 65/95 40 70, Fax 95 46 89

Ponte di Legno

I-25056 Ponte di Legno, Corso Milano 41, Tel. 03 64/9 11 22, Fax 9 19 49

Salò

I-25087 Salò, Lungolago Zanardelli 39, Tel. und Fax 03 65/2 14 23

Sirmione

I-25019 Sirmione, Viale Marconi 2, Tel. 0 30/91 61 14 und 91 62 45, Fax 91 62 22

Toscolano Maderno

I-25088 Toscolano Maderno, Lungolago 18, Tel. und Fax 03 65/64 13 30

Provinz Como
Azienda del Comasco, Piazza Cavour 17, I-22100 Como, Tel. 0 31/3 30 01 11, Fax 26 11 52;

Como

Informationsbüros: Piazza Cavour 17, Tel. 0 31/26 97 12 und P.le S. Gottardo, Stazione FS, Tel. 0 31/26 72 14

Bellagio

I-22021 Bellagio, Piazza della Chiesa 14, Tel. 0 31/95 02 04

Canzo

I-22035 Canzo, Piazza della Chiesa 4, Tel. 0 31/68 24 57

Cernobbio

I-22012 Cernobbio, Via Regina 33/B, Tel. 0 31/51 01 98

Griante Cadenabbia

I-22011 Griante Cadenabbia, Via Brentano 6, Tel. 03 44/4 03 93

Auskunft

Lanzo d'Intelvi	I-22024 Lanzo d'Intelvi, Piazza Novi 1, Tel. 0 31/84 01 43
Menaggio	I-22017 Menaggio, Piazza Garibaldi 8, Tel. 03 44/3 29 24
Tremezzo	I-22019 Tremezzo, Via Regina 3, Tel. 03 44/4 04 93
	Provinz Cremona
	Azienda di Promozione Turistica del Cremonese, Piazza del Comune 5, I-26100 Cremona, Tel. 03 72/2 17 22 und 41 26 42, Fax 2 17 22
Cremona	Informationsbüro: Piazza del Comune 5, Tel. 03 72/2 32 33
	Provinz Lecco
	Azienda di Promozione Turistica del Lecchese, Via N. Sauro 6, I-22053 Lecco, Tel. 03 41/36 93 90, Fax 28 62 31;
Lecco	Informationsbüro: Via N. Sauro 6, Tel. 03 41/36 23 60
Barzio	I-22040 Barzio, Piazza Garibaldi 9, Tel. und Fax 03 41/99 62 55
Varenna	I-22050 Varenna, Piazza S. Giorgio 19, Tel. 03 41/83 03 67
	Provinz Lodi
Lodi	Azienda di Promozione Turistica del Lodigiano, Piazza Broletto 4, I-20075 Lodi, Tel. 03 71/42 13 91, Fax 42 13 13
	Provinz Mantova
	Piazza A. Mantegna 6, I-46100 Mantova, Tel. 03 76/32 82 53, Fax 36 32 92;
Mantua	Informationsbüro: Piazza A. Mantegna 6, Tel. 03 76/32 82 53
	Provinz Milano
	Via Marconi 1, I-20123 Milano, Tel. 02/72 52 41 und 72 52 43 00, Fax 72 52 42 50
Mailand	Informationsbüros: Via Marconi 1, Tel. 02/72 52 43 00, Fax 72 52 43 50 (direkt am Dom) und Stazione Centrale FS, Tel. 02/6 69 04 32 und 6 69 05 32 (obere Bahnhofshalle)
Monza	I-20052 Monza, Palazzo Comunale, Tel. 0 39/32 32 22
	Provinz Pavia
	Via Fabio Filzi 2, I-27100 Pavia, Tel. 03 82/2 72 38, Fax 3 22 21
Pavia	Informationsbüro: Via Fabio Filzi 2, Tel. 03 82/2 21 56
Salice Terme	I-27056 Salice Terme, Via Marconi 20, Tel. 03 83/9 12 07 und 9 28 21, Fax 94 45 40
Varzi	I-27057 Varzi, Piazza Fiera, Tel. 03 83/54 52 21
Vigevano	I-27029 Vigevano, Corso Emanuele 29, Tel. 03 81/29 92 82
	Provinz Sondrio
	Via C. Battisti 12, I-23100 Sondrio, Tel. 03 42/51 25 00, Fax 21 25 90
Sondrio	Informationsbüro: Via C. Battisti 12, Tel. 03 42/51 25 00
Aprica	I-23031 Aprica, Corso Roma 178, Tel. 03 42/74 61 13, Fax 74 77 32
Bormio	I-23032 Bormio, Via Roma 131 b, Tel. 03 42/90 33 00, Fax 90 46 96
Chiavenna	I-23022 Chiavenna, Piazza Stazione, Tel. 03 43/3 34 42, Fax 3 63 84
Chiesa Valmalenco	I-23023 Chiesa Valmalenco, Piazza SS. Giacomo e Filippo 1, Tel. 03 42/45 11 50, Fax 45 25 05
Madesimo	I-23024 Madesimo, Via Carducci 27, Tel. 03 43/5 30 15, Fax 5 37 82
S. Caterina Valfurva	I-23030 S. Caterina Valfurva, Piazza Magliavaca, Tel. und Fax 03 42/93 55 98
Teglio	I-23036 Teglio, Piazza Credaro 1a, Tel. und Fax 03 42/78 00 38
Livigno	I-23030 Livigno, Via Dala Gesa 65, Tel. 03 42/99 63 79, Fax 99 68 81
	Provinz Varese
	Viale Ippodromo 9, I-21100 Varese, Tel. 03 32/28 46 24, Fax 23 80 93;
Varese	Informationsbüro: Via Carrobbio 2, Tel. 03 32/28 36 04
Castiglione Olona	I-21043 Castiglione Olona, Palazzo Branda Castiglioni, Tel. 03 31/85 80 48
Laveno	I-21014 Laveno, Palazzo Comunale, Tel. 03 32/66 61 00
Luino	I-21016 Luino, Via Piero Chiara 1, Tel. 03 32/53 00 19

Auskunftsstellen für das Tessin

Schweiz Tourismus, Landesvertretung für Deutschland
Kaiserstr. 23, D-60311 Frankfurt/Main, Tel. 0 69/25 60 01-0,
Fax 25 60 01-10 und -38
Automatischer Auftragsdienst Tel. 0 69/25 60 01 60

In Deutschland

Schweiz Tourismus, Landesvertretung für Österreich
Kärntner Str. 20, A-1010 Wien, Tel. 01/5 12 74 05, Fax 5 13 93 35

In Österreich

Überregionaler Touristikverband, ETT Ente Ticinese per il Turismo
Via Lugano 12, Casella Postale 1441, CH-6501 Bellinzona,
Tel. 0 91/8 25 70 56, Fax 8 25 36 14; Info-Telefon 00 41/157 120 190

Im Tessin

Ente Turistico Ascona e Losone, Casa Serodine, CH-6612 Ascona,
Tel. 0 91/7 91 00 90, Fax 7 92 10 08
Ente Turistico di Locarno e Valli, Largo F. Zorzi 1, CH-6601 Locarno,
Tel. 0 91/7 51 03 33, Fax 7 51 90 70
Ente Turistico Lugano e Dintorni, Palazzo Civico, Riva Albertolli 5,
CH-6901 Lugano, Tel. 0 91/9 21 46 64, Fax 9 22 76 53

Regionalverbände

Behindertenhilfe

Über Bahn- und Flugreisen (behindertengerechte Einrichtungen, Vergünstigungen) informieren die Reisebüros. Der Bundesverband Selbsthilfe Körperbehinderter (BSK) organisiert Gruppenreisen und vermittelt Reisepartner:

BSK-Reisedienst, Altkrautheimerstr. 17,
D-74238 Krautheim/Jagst, Tel. 0 62 94/6 81 12

Behindertengerechte Unterkünfte nennt der Hotel- und Reiseratgeber für Rollstuhlfahrer/Behinderte aus dem FMG-Verlag
Postfach 1547, D-53005 Bonn, Tel. 02 28/61 61 33.

Unterkunft

Bundesarbeitsgemeinschaft der Clubs Behinderter und ihrer Freunde
Eupener Str. 5, D-55131 Mainz
Tel. 0 61 31/22 55 14

Weitere Kontaktadressen

Verband aller Körperbehinderten Österreichs
Lützowgasse 24–28, A-1014 Wien,
Tel. 0 61 31/9 11 32 25 und 94 55 62

Mobility International Schweiz
Hard 4, CH-8408 Winterthur
Tel. 0 52/2 22 68 25

Benzin

Überall in Italien kann man bleifreies Benzin tanken (benzina senza piombo oder benzina verde; 95 Oktan), außerdem Superbenzin (97 Oktan) und Dieselkraftstoff (gasolio).

Die Tankstellen sind in der Regel 7.00–12.00 und 13.30–22.00 Uhr geöffnet. An den Autobahnen gibt es meist einen 24-Stunden-Service. Selbst in größeren Orten sind die Tankstellen häufig das Wochenende über geschlossen. Es gibt aber automatische Tanksäulen, an denen man mit Lire-Scheinen tanken kann, meistens werden 10 000-, 20 000- oder 50 000-Lire-Scheine akzeptiert.

Öffnungszeiten

Camping und Caravaning

Allgemeines

In der Lombardei gibt es fast 200 Campingplätze, die überwiegend an den oberitalienischen Seen liegen. Hier werden oft Wohnwagenplätze für ein Jahr vermietet, so daß die Platzzahl für Kurzzeitgäste beschränkt ist. Generell empfiehlt sich eine rechtzeitige Anmeldung. Viele Campingplätze sind nur in den Sommermonaten geöffnet.

Auskunft

Genauere Informationen erhält man bei den Touristeninformationen vor Ort, in Deutschland bei den Büros der ENIT und beim italienischen Campingverband:
Federazione Italiana del Campeggio e del Caravaning
Via Vittorio Emanuele II, I-50041 Calenzano (Firenze)
Tel. 0 55/88 23 91, Fax 8 82 59 18

Campingführer

Detaillierte Angaben zu den einzelnen Campingplätzen kann man dem ADAC-Camping-Führer, Band 1, Südeuropa, und dem DCC-Campingführer Europa entnehmen.

Caravaning, Wildes Zelten

Mit einem Wohnmobil oder Wohnwagen darf man generell eine Nacht auf einem Park- oder Rastplatz bzw. am Straßenrand stehen, sofern dies nicht durch regionale Hinweise verboten ist. Aus Sicherheitsgründen sollte jedoch ein offizieller Campingplatz aufgesucht werden.
Wildes Zelten in freier Natur ist nicht erlaubt. Auf Privatgrundstücken muß man zuvor die Erlaubnis des Besitzers einholen.
Mitunter wird im Rahmen des "Agriturismo" das Zelten auf Privatgrundstücken angeboten.

Campingplätze (Auswahl)
Provinz Bergamo

Predore (Lago d'Iseo): Campeggio Eurovil, I-24060 Predore, Via Sarnico, Località San Giorgio 2, Tel. 0 35/93 80 45, 150 Plätze
Sarnico (Lago d'Iseo): Campeggio Lido di Nettuno, I-24067 Sarnico, Via Predore 18, Tel. 0 35/91 04 02, 162 Plätze

Provinz Brescia

Bagolino: Campeggio Pian d'Oneda, I-25072 Bagolino, Via Pian d'Oneda 4, Frazione P.te Caffaro, Tel. /Fax 03 65/99 03 65, 140 Plätze
Desenzano del Garda (Lago di Garda): Campeggio Vò, -25015 Desenzano del Garda, Via Vò 4, Tel. 0 30/9 12 13 25, Fax 9 12 07 73, 80 Plätze
Manerba del Garda (Lago di Garda): Campeggio La Rocca, I-25080 Manerba del Garda, Via Cavalle 22, Tel. 03 65/55 17 38, Fax 55 20 45, 205 Plätze
Sirmione (Lago di Garda): Campeggio Tiglio, I-25019 Sirmione, Via Punta Grò 6, Tel. 03 65/9 90 40 09, 156 Plätze
Iseo (Lago d'Iseo): Campeggio del Sole, I-25049 Iseo, Via per Rovato 26, Tel. 0 30/98 02 88, Fax 9821721, 360 Plätze
Monte Isola (Lago d'Iseo): Campeggio Monte Isola, I-25050 Monte Isola, Via Croce, Località Carzano, Tel. 03 5/9 82 52 21, 86 Plätze

Provinz Como

Porlezza (Lago di Lugano): Campeggio La Sbianca, I-22018 Porlezza, Via Osteno 24, am See, Tel. 03 44/6 10 27, 104 Plätze
Menaggio (Lago di Como): Campeggio Lido, I-22017 Menaggio, Via Roma 4, Tel. 03 44/3 11 50, 55 Plätze

Provinz Cremona

Cremona: Camping Parco al Po, I-26100 Cremona, Viale Lungo Po Europa 12/a, Tel. 03 72/2 12 68, Fax 2 71 37, 109 Plätze

Provinz Lecco

Dervio (Lago di Como): Campeggio Europa, I-22050 Dervio, Via Marconi 10, Tel. 03 41/85 02 89, 200 Plätze
Oliveto Lario (Lago di Como): Campeggio Oliveto, I-22030 Oliveto Lario, Via Garibaldi 133, Località Onno, Tel. /Fax 0 31/96 97 92, 50 Plätze

Mantova: Campeggio Sparafucile, I-46100 Mantova, Via Legnaghese 2, Località Lunetta di S. Giorgio, sul Lago, Tel. 03 76/37 24 65, 70 Plätze — Camping (Fts.) Provinz Mantova

Milano: Campeggio Città di Milano, I-20100 Milano, Via Airaghi 51, Tel. 02/48 20 01 34, Fax 48 20 29 99, 240 Plätze — Provinz Milano

Monza: Campeggio Autodromo, I-20052 Monza, Parco di Villa Reale, Tel. 0 39/38 77 71, 180 Plätze

Pavia: Campeggio Ticino, I-27100 Pavia, Via Mascherpa 10, Località Gagni Chiozzo, Tel. 03 82/52 70 94, 80 Plätze — Provinz Pavia

Valdisotto: Campeggio Cima Piazzi, I-23030 Valdisotto, Via Nazionale, Frazione Tola, Tel. 03 42/95 02 98, 80 Plätze — Provinz Sondrio

Angera (Lago Maggiore): Campeggio Città di Angera, I-21021 Angera, Via Bruschera al Lago 99, Tel. 03 31/93 07 36, Fax 96 03 67, 530 Plätze — Provinz Varese

Lavena Ponte Tresa (Lago di Lugano): Campeggio International, I-21037 Lavena Ponte Tresa, Via Marconi 16, Tel. 03 32/55 01 17, 185 Plätze

Diplomatische und konsularische Vertretungen

Vertretungen von Italien

in Deutschland

Botschaft: Karl-Finkelnburg-Str. 49
D-53173 Bonn
Tel. 02 28/8 22-0
Generalkonsulate in Berlin, Frankfurt/Main, Hamburg, Hannover, Köln, Leipzig, München und Stuttgart.

in Österreich

Botschaft: Rennweg 27
A-1030 Wien
Tel. 01/7 12 51 21-0
Generalkonsulate in Graz, Linz, Klagenfurt, Bregenz und Salzburg

in der Schweiz

Botschaft: Elfenstr. 14, Postfach
CH-3000 Bern 16
Tel. 0 31/3 52 41 51
Generalkonsulate in Basel, Genf, Lausanne, Lugano und Zürich

Vertretungen in Italien

Deutschland

Botschaft: Via Po 25 c,
I-00198 Roma,
Tel. 06/88 47 41, Fax 8 54 79 56
Konsulat: Via Solferino 40, 20121 Mailand
Tel. 02/6 55 44 34/5/6, Fax 6 55 42 13

Österreich

Botschaft: Via Pergolesi 3,
I-00198 Roma
Tel. 06/ 8 44 01 41, Fax 8 54 32 86
Konsulat: Via Tranquilo Cremona 27, 20145 Mailand
Tel. 02/4 81 20 66 u. 4 81 29 37, Fax 4 8 00 96 30

Schweiz

Botschaft: Via Barnaba Oriani 61,
I-00197 Roma
Tel. 06/80 95 71, Fax 8 08 08 71
Konsulat: Via Palestro 2, 20121 Mailand
Tel. 02/76 00 92 84, Fax 76 01 42 96

Einkäufe & Souvenirs

Allgemeines

Typische Mitbringsel aus der Lombardei sind Modeartikel, Seiden- und Lederwaren sowie Designerprodukte, Markenkosmetik, Kunsthandwerk und handgefertigte Möbel. Daneben eignen sich natürlich auch kulinarische Produkte als Souvenir.

Einkaufsstraßen Mailand

Das größte Angebot bietet Mailand. Die berühmtesten Einkaufsstraßen sind hier Via Monte Napoleone, Via della Spiga, Corso Venezia und Via S. Andrea, wo kostspielige Mode, Schuhe, Stoffe und Asseccoires in Hülle und Fülle angeboten werden; auch sind hier die wichtigsten Modedesigner vertreten. Alles unter einem Dach hat man im Kaufhaus La Rinascente direkt neben dem Dom, in der Galleria Vittorio Emanuele II. läßt es sich gut bei Regenwetter bummeln. Second-hand-Artikel findet man auf dem Corso Garibaldi oder auf dem Corso di Porta Ticinese, Innendesign ebenfalls auf dem Corso Garibaldi und auf dem Corso Matteotti.

Brescia

Auch Brescia ist eine gute Einkaufsstadt, die besten Läden gibt es auf dem Corso Zanardelli und in den angrenzenden Seitenstraßen.

Kulinarisches

An landwirtschaftlichen Produkten und Feinkostspezialitäten bietet die Lombardei einiges, was sich als Mitbringsel eignet. Aus Cremona kann man sich eine klebrig-süße Portion Torrone mitnehmen. In Brescia wird ein spezieller Limonenlikör angeboten. In der Certosa di Pavia wird ein eigener Likör verkauft. Typische Souvenirs aus Mailand sind natürlich eine Flasche Campari oder ein Panettone. Aus Saronno stammen der echte Amarettolikör und die Amaretti, knusprige Mandelmakronen.
Ein Einkaufserlebnis ganz besonderer Art bieten die sog. Grotti (grotto = Höhle) in Chiavenna mit ihren regionalen Erzeugnissen. Landwirtschaftliche Produkte kann man überall in der Lombardei direkt vom Erzeuger kaufen – viele Agriturismo-Betriebe bieten hauseigene Erzeugnisse an: Olivenöl, Konfitüren, Ravioli, Würste, Käse, Weine und Grappa. In der Franciacorta, im Oltrepò Pavese, südlich des Gardasees und im Veltlin werden auf vielen Agriturismo-Höfen und natürlich in vielen Weinkellereien regionale Weine verkauft.

Kunsthandwerk

Im Veltlin bekommt man Topfsteinprodukte (Pietra ollare), die sich hervorragend zum Zubereiten und Aufbewahren von Speisen eignen. Ein charakteristisches Produkt sind außerdem Flickenteppiche, die sog. Pezzotti, die aus groben Stoffstücken gewebt werden.

Antiquitäten und Trödel

Ein im wahrsten Sinne des Wortes schwerwiegendes Souvenir sind nachgearbeitete Kapitelle sowie sonstige Architekturfragmente, die mancherorts angeboten werden. Die wohl größte Auswahl gibt es in einem Laden in Sabbioneta (Piazza Ducale). Außerdem gibt es hier eine Werkstatt, in der man sich Gemälde nach Originalfresken anfertigen lassen kann (Via Vespasiano Gonzaga 18).

Märkte Auswahl

Reizvoll sind auch Trödel- und Antiquitätenmärkte mit ihrem breiten Angebot. Diese finden u. a. statt:

Castiglione Alona: erster Sonntag im Monat
Como: erster Samstag im Monat auf der Piazza S. Fedele
Locarno: Handwerksmarkt am Largo Zorsi, Juni bis Ende September, Montag bis Samstag
Lugano: Di., Fr. und Sa., Via Canova (Quartier Maghetti)
Mailand: letzter Sonntag im Monat – außer im Juli und im August – an den Ufern des Naviglio Grande;
Samstag an der Darsena, Viale d'Annunzio;
jeden 3. Samstag im Monat im Brera-Viertel, zwischen Via Fiori Chiari, Piazza Formentini und Via Madonnina
Varese: ab September an jedem 3. Sonntag im Monat.

Einkäufe und Souvenirs (Fts.)
Möbel

An manchen Orten in der Lombardei kann man sehr gut handgefertigte Möbel erstehen. Als besonders gute Handwerker gelten die Möbeltischler aus Cantù, wo auch Intarsienarbeiten angeboten werden.

Musik

Opernfreunde können im Museum der Scala in Mailand eine CD-Kassette mit historischen Aufnahmen aus der Scala kaufen. Auch andere Artikel zum Thema Oper – Bücher, Bildbände etc. – werden hier angeboten. Eine schöne Idee, aber sicher vor allem für Liebhaber von Streichinstrumenten, ist der Besuch in einer Geigenbauwerkstatt in Cremona, wo man ein Instrument kaufen bzw. die Anfertigung in Auftrag geben kann.

Elektrizität

Das Stromnetz führt 220 Volt Wechselspannung. In den größeren Hotels kann man im allgemeinen Euronorm-Gerätestecker benutzen, ansonsten benötigt man häufig Adapter (ital. reduzione; im örtlichen Fachhandel).

Essen und Trinken

Allgemeines

Die örtliche Küche ist so vielfältig wie die Landschaften der Lombardischen Provinzen. Sie basiert vor allem auf Nudeln und dem um Pavia und Mailand angebauten Reis. Zudem spielt Polenta, der goldgelbe Maisbrei aus Mais- oder Buchweizenmehl, der aus der bäuerlichen Küche des Veltlin stammt, eine große Rolle.
In den Alpentälern wird deftiger gekocht, zum Beispiel wird mit Butter anstelle von Olivenöl gebraten. Gourmets kommen in ausgewählten Restaurants und in den Städten auf ihre Kosten. In Mailand kann man sich nicht nur durch typische Gerichte aus allen Provinzen der Lombardei probieren, sondern Typisches aus ganz Italien essen – die Metropole gilt als die italienische Stadt, in der man am besten speisen kann.
Die Erzeugnisse bestimmter ländlicher Regionen sowie die hervorragende Qualität sind teilweise historisch bedingt. Herrscherfamilien wie die Gonzaga in Mantua oder die Sforza in Mailand bestanden auf besten Zutaten für ihre Speisen; so war zum Beispiel die Gänseleber, bevor sie auf französischen Speiseplänen auftauchte, in der Lombardei lange schon bekannt. In der Po-Ebene gibt es eine große Zahl von Schweine-, Kaninchen- und Geflügelzüchtern; Gänse aus Mortara sind europaweit bekannt. Lombardische Bauern produzieren ausgezeichnetes Olivenöl; außerdem kommt nahezu jeder zweite Käse Italiens aus der Lombardei.

Mahlzeiten

Die italienischen Essensgepflogenheiten sind in mancher Hinsicht anders als die nordeuropäischen. Bereits beim Frühstück fängt der Unterschied an: Ein reichhaltiges **Frühstück** (prima colazione) kennt man in Italien nicht, üblich ist ein morgendlicher Espresso, Caffè oder Cappuccino im Stehen in einer Bar, manchmal nimmt man ein Gebäck dazu. Wer in kleineren Hotels oder Pensionen wohnt, wird sich mit dieser Art des Frühstücks begnügen müssen. In größeren Hotels wird ein mehr oder weniger umfangreiches nordeuropäisches Frühstücksbüffett aufgebaut.
Mittagessen (pranzo) wird ab 12 Uhr angeboten; **Abendessen** (cena), zu dem man sich gerne in großer Runde trifft, in der Regel ab 20.00 Uhr. In größeren und touristischen Städten findet man oft noch bis nach 22.00 Uhr etwas zu essen.

Speisefolge

Mittag- und Abendessen bestehen aus einer kalten oder warmen Vorspeise (antipasto), einem ersten Gang (primo piatto) mit Nudeln (pasta), Suppe (zuppa) oder Risotto, einem zweiten Gang (secondo piatto) mit einem Fleisch- oder Fischgericht; zum Schluß gibt es ein süßes Dessert (dolce) oder Käse (formaggio) und schließlich einen Espresso oder Kaffee, manchmal noch einen Grappa. Wem diese Mahlzeit zu umfangreich ist, kann

Speisefolge (Fortsetzung)

durchaus auf einen oder zwei Gänge verzichten. Unüblich ist es allerdings, nur eine Portion Nudeln – also den kleinen ersten Gang – und ein Getränk zu bestellen.

Typische Gerichte

Antipasti

Als Antipasti gibt es oftmals einfach Oliven (olive), Artischocken (carciofi), Wurst (salame) oder Schinken (prosciutto). In Mantua werden als Antipasto auch eine Art kleiner Ravioli in Bouillon (agnolini in brodo) angeboten. Im Veltlin ißt man Sciatt, Teigklöße mit Käsefüllung, am Comer See werden als besondere Spezialität an der Luft getrocknete Fische, Missoltitt (oder Missoltini), als Vorspeise serviert. Bresaola, ein abgehangener Rinderschinken, der in dünnen Scheiben und mitunter mariniert auf den Tisch kommt, ist eine Spezialität aus dem Norden der Lombardei.

Pasta

Zum ersten Gang kann man fast immer zwischen Spaghetti, Makkaroni, Lasagne, Ravioli und Tagliatelle wählen. Besondere Zubereitungen sind die Tortelli di zucca, Teigtaschen mit Kürbisfüllung, oder Gnocchi di zucca, Kürbisnocken, die man in Mantua bekommt. Pizzoccheri, Bandnudeln aus Buchweizenmehl, ißt man im Norden der Lombardei, besonders im Veltlin. Sie werden mit Kartoffeln, Kohl und geschmolzenem Käse zubereitet. In Brescia ißt man Casonsei, Teigtaschen mit Wurst und Käse. Marubini bekommt man in Cremona angeboten, ebenfalls eine Ravioli-Art.

Suppen

Alternativ zur Pasta kann man als ersten Gang die wohlschmeckenden Suppen essen, denen oft auch ein paar Nudeln beigemengt sind. Meistens werden Suppen aus verschiedenen Gemüsearten (minestroni) serviert oder eine Bohnensuppe (zuppa di fagioli), mitunter auch Kirchererbsensuppe (zuppa di ceci). Wer mag, kann eine Suppe aus Kutteln (trippa) bestellen. Die Mailänder Version heißt Busecca, sie wird besonders kräftig gewürzt. Bei einer Stracciatella handelt es sich um eine Kraftbrühe mit Eierstich.

Risotto

Der in der Po-Ebene angebaute Reis steht vor allem in der südlichen Lombardei in allen möglichen Risotto-Variationen auf der Speisekarte (in Italien werden pro Kopf und Jahr 5 kg Reis verbraucht, in der Lombardei sogar 10 kg). Zusammen mit dem Piemont ist die Lombardei das größte zusammenhängende Reisanbaugebiet außerhalb Asiens. Für einen guten Risotto benötigt man besonderen Reis, dessen Korn beim Kochen am äußersten Rand weich wird, innen aber fest bleibt. Die Reiskörner sollten länger als 5,2 mm sein (semifino), besser noch länger als 6,4 mm (fino). Wenn sie zudem besonderen Qualitätsmerkmalen entsprechen, werden sie als "superfino" bezeichnet. Vialone Nano, der Modereis der neunziger Jahre, ist ein Semifino. Den besten Ruf genießen in der Lomellina die Superfino-Sorten Arborio, Carnaroli und Baldo. Am bekanntesten sind der Risotto alla milanese mit Safran und der Rrisotto alla mantovana, der mit Salamistücken serviert wird. Wer in der Provinz Pavia Risotto con le rane bestellt, sollte wissen, daß er Risotto mit Froschschenkeln bekommt. Auch der Risotto alla certosina ist mit Froschfleisch und weiter mit Barsch, Süßwassergarnelen und Gemüse angereichert.

Polentagerichte

Fleischgerichte werden oft mit Polenta serviert, so auch das typische lombardische Gericht Ossobuco, mit Gemüse gedünstete Kalbshaxe, das aus dem Veltlin stammt. Polenta e osei alla bergamasca ist eine mit Wildgeflügel, Butter und Salbei zubereitete Polenta, die man in Bergamo als Spezialität anbietet. Zur Polenta ißt man auch Cassoeula, ein Eintopf mit Schwein, Kohl, Sellerie und Karotten. Aber man bekommt den Maisbrei auch als Hauptgericht. Die Polenta rustica wird mit Butter und Zwiebeln gebraten, die Polenta taragna zusätzlich mit herzhaftem Käse gewürzt.

Fleisch und Fisch

Mit etwas Glück findet man ein Restaurant, in dem man zusehen kann, wie Fleisch und Fisch am offenen Feuer zubereitet werden. Verschiedene ge-

Baedeker Special

Prominente Köstlichkeiten aus lombardischen Küchen

Wiener Schnitzel in Mailand? Nein, Costoletta milanese in Wien! Wenn nämlich stimmt, was die historischen Dokumente sagen, dann ist das berühmte Wiener Schnitzel nur ein Double. Es ist wie mit der Henne und dem Ei. Wer war zuerst da – das Wiener Schnitzel oder ein verblüffend ähnlich zubereitetes Stück Kalbfleisch, das unter dem Namen Costoletta milanese (auch Cotoletta) auf den Tisch gebracht wird? Diese Frage ließ sogar die Historiker aufhorchen.

Um den Werdegang des Wiener Schnitzels und dessen Originalität herauszufinden, wühlte man sich in Wien durch die Archive und stieß schließlich auf den österreichischen Feldmarschall Radetzky. Der hatte angeblich in einer Schrift ein leckeres Kalbskotelett erwähnt, das ihm unter den lombardischen Speisen am besten schmeckte. Die Besonderheit: Das Fleisch war in Ei getränkt, paniert und in Butter gebraten. Diese goldgelbe Kreation soll am österreichischen Hof größte Begeisterung hervorgerufen haben und wurde offenbar sofort in den Speiseplan aufgenommen. Von dort aus nahm sie ihren Weg als Wiener Schnitzel in die Restaurants und Gaststuben Österreichs.

Was weiter für die lombardischen Wurzeln des Wiener Schnitzels spricht, ist der Hang der Lombarden zum Goldgelben. Es heißt nämlich, daß die Speisen an den Fürstenhöfen mit edlem Blattgold versetzt waren. Da diese Gepflogenheit außerhalb der Höfe die Haushaltskassen gesprengt hätte, ersann man Alternativen. Der Mailänder Risotto, in dem die Sforza feinste Goldblättchen vorfanden, wurde außerhalb der Schloßmauern schlicht und ergreifend mit Safran "vergoldet", in Wild- und Geflügelgerichte gab man Ei statt Gold, und das Kalbskotelett wurde statt mit Gold mit Ei überzogen. So oder zumindest ähnlich soll es sich in lombardischen Küchen zugetragen haben.

Keinerlei Zweifel am italienischen Urheberrecht gibt es im Fall des "Panettone". Was den Dresdnern ihr Christstollen, ist den Mailändern ihr Panettone – *das* Markenzeichen einer italienischen Weihnacht. Man nimmt an, daß sich das kuppelförmige Backwerk aus einem mittelalterlichen Brauch herleitet, als am Weihnachtstag Scheiben eines großen Brotlaibes – daher der Name Panettone – geschnitten und als gutes Omen verteilt wurden. Mehl, Eier, Butter, Hefe, Rosinen, kandierte Orangenschalen und Zedernessenz sind die Zutaten. Panettone – Riesenbrot – oder aber, wie die Mailänder selbst meinen, "pane di Tonio", "Tonios Brot". Mit Tonio ist Antonio Cova gemeint, der den Mailändern zufolge den Panettone erst sehr viel später erfunden haben soll. Er hatte gleich neben der Scala seine Bäckerei und mixte – Erzählungen zufolge – erstmals Weihnachten 1820 einen Panettone zusammen. Das luftig-lockere Gebäck wird am Weihnachtsmorgen zu einem Milchkaffee gegessen, später am Tag begleitet er ein Gläschen leichten Spumante aus Oltrepò Pavese oder Franciacorta. Auch zu Silvester wird der Panettone angeschnitten. 87 % aller Italiener sollen den Jahreswechsel mit einem Stück Panettone begehen, 30 Millionen Kilogramm werden angeblich alljährlich am 31. Dezember verspeist – etwa ein Pfund pro Person. Und zu Ostern kann man den Panettone erneut genießen, wiederum mit caffè latte und Schaumwein – diesmal aber in der österlichen Form der "Colomba" – "Taube". Es gibt auch eine Genueser Variante des Panettone. Dort wird er mit Pinienkernen anstelle der kandierten Früchte versetzt, außerdem gibt man

▸

Hier wird der berühmte Gorgonzola hergestellt.

einen Schuß Marsala, süffigen sizilianischen Süßwein, dazu.
Eine weitere prominente Köstlichkeit will die Lombardei mit dem "Torrone" hervorgebracht haben. Die schwere süße, mit Nüssen versetzte Masse soll aus Cremona stammen. Um seine Ursprünge rankt sich eine vornehme Geschichte. Im Jahr 1441 heiratete die siebzehnjährige Bianca Maria Visconti, letzter Abkömmling der mächtigen Familie, den vierzigjährigen Condottiere Francesco Sforza in Cremona. Zu eben diesem Ereignis soll die süße Verführung erstmals kreiert worden sein und sogleich den lombardischen Adel bezaubert haben. Historisch wahrscheinlicher ist aber die Herkunft des Torrone aus dem arabischen Raum, von wo aus er über Sizilien nach Norditalien gelangte.

Bleibt – nach so vielen Süßigkeiten – der Käse. Der beliebte Sahnefrischkäse Mascarpone ist ein lombardisches Produkt, ebenso der halbfeste Taleggio. Und daß der berühmte Gorgonzola aus der Lombardei stammt, wissen wohl die wenigsten. Der blaugeäderte Schimmelkäse, der nicht zu kalt und leicht fließend am allerbesten schmeckt, kommt aus einem unscheinbaren Städtchen östlich von Mailand, von dessen Existenz selbst kundige Lombardeireisende oft nichts wissen. Wäre nicht der aromatische Käse – niemand hätte vermutlich jemals den Ortsnamen gehört.

Fleisch und Fisch (Fortsetzung)

grillte Fleischsorten kann man unter "grigliata mista" bestellen. Lombata ist ein Lendenstück, Stracotto ein Schmorbraten, der regional unterschiedlich zubereitet wird. Bollito misto, ein traditioneller Eintopf aus Kalb-, Hühner- und Rindfleisch, oft auch Zunge und Wurst, wird je nach Region mit Salsa (Sauce), Mostarda di Cremona oder Mostarda mantovana, eingelegten Senffrüchten, serviert. Typisch für die mantuanische Küche sind Gerichte mit Esel- und Pferdefleisch, sie kommen meistens als Schmorbraten auf den Tisch. Carpaccio ist sehr dünn geschnittenes rohes Fleisch oder Fisch, das mit Olivenöl und Basilikum oder einer anderen Marinade gereicht wird.
An den oberitalienischen Seen dominieren Fischgerichte. Stör (storione), Karpfen (carpa), Schleie (tinca), Aal (anguilla), Lachs (salm), Forelle (trota) stehen auf dem Speiseplan. Am Comer See sind marinierte und gebakkene Alsen (Agone alla comasca) eine Spezialität. Der gleiche Fisch stieg als Curadura vom Arme-Leute-Essen zum Gourmettip auf: in Lorbeer eingelegt und in Holzfäßchen gepreßt.

Dolce

Das schmackhafteste Dessert ist sicher der Zabaione, eine mit Eigelb hergestellte Weinschaumspeise. Cotizze sind fritierte Apfelstücke; unter Cassata versteht man Halbgefrorenes, Gelato ist ein Eis. In Mantua gibt es den als Sbrisolona bezeichneten trockenen Streuselkuchen zum Kaffee.

Formaggio

Zahlreiche Käsesorten kommen aus der Lombardei; außer Taleggio, Gorgonzola und Mascarpone sollte man auch die unbekannteren probieren,

Essen und Trinken, Formaggio (Fortsetzung)

wie den Grana padano, einen feinkörnigen Hartkäse, der sich zum Reiben eignet, oder den weichen Bel casale. In einem Seitental des Veltlin erzeugt man den Bitto, heute aus Kuhmilch, früher gab man Ziegenmilch dazu. Als junger Hartkäse ist er sehr mild, später wird er fest und pikant und kann schließlich gerieben werden. Casera und Scimud werden aus entrahmter Kuhmilch produziert, sie sind leicht säuerlich und pikant. Aus Bagolino in der Nähe des Idrosees kommt der Bagoss, ein würziger Hartkäse. Auch der Cingherlin, ein Ziegenkäse, der in dem Landstrich zwischen Varese und Como hergestellt wird, ist zu empfehlen.

Getränke

Italien ist das Land des Aperitifs. Der Campari, den man mit Soda oder Orangensaft gemischt trinken kann, stammt aus Mailand. Standardgetränke zu den Mahlzeiten sind Wein (vino) und Mineralwasser (acqua minerale) mit oder ohne Kohlensäure (con o senza gas). Das Wasser aus S. Pellegrino Terme ist das bekannteste regionale Mineralwasser. Weitere gängige Getränke sind Limonaden (limonata) oder Fruchtsäfte (succo di ...). Außerdem kann man verschiedene Biere (birra) bestellen, sowohl das leichte italienische als auch diverse ausländische.

Weine

Tischweine werden offen serviert – in der Karaffe zu 1 Liter (un litro), 0,5 Liter (mezzo litro) oder 0,25 Liter (quarto litro) oder im Glas (un bicchiere). Die älteren Jahrgänge und Weine von hoher Qualität werden in verkorkten Flaschen mit Etikett an den Tisch gebracht.
Wenn auch die Lombardei kein großer Weinproduzent ist und man hier viele Weine aus anderen Regionen wie aus Piemont, der Toskana, Friaul oder dem Trentino bekommt, sollte man einmal einen der lombardischen Weine kosten. Sehr beliebt sind die Rotweine aus dem Oltrepò Pavese (Barbera, Bonarda, Buttafuoco, Sangue di Giuda), aber auch die weißen Riesling-, Pinot- und Moscato-Weine. Im Oltrepò Pavese und in der Franciacorta werden hervorragende Schaumweine (Spumante) erzeugt, die teilweise nach der klassischen Methode hergestellt werden. Aus dem Veltlin kommt ein fruchtig-kerniger Rotwein, gewonnen aus der Nebbiolo-Traube. Die bekanntesten sind Sassella, Grumello und Inferno. Ein angenehmer und erfrischender Weißwein ist der Lugana aus den Regionen südlich des Gardasees. Der Lambrusco aus der Provinz Mantua steht seinem berühmten Artgenossen aus der Emilia-Romagna nicht nach.

Klassifizierung

Unter den lombardischen Weinen sind einige DOC-Weine, von denen etwa zwei Drittel im Oltrepò Pavese erzeugt werden. Im Fall der DOC-Weine (Denominazione di Origine Controllata) ist der Ursprung kontrolliert. Im Gegensatz zu den Tafelweinen (Vino da tavola) stammen sie aus einem genau definierten Anbaugebiet, unterliegen Produktionsvorschriften und müssen vor der Vermarktung zur analytischen und geschmacklichen Prüfung eingereicht werden.

Feiertage

1. Januar: Neujahr (Capodanno)
6. Januar: Hl. Drei Könige (Epifania)
25. April: Nationalfeiertag (Tag der Befreiung 1945)
Ostern: Ostermontag
1. Mai: Tag der Arbeit (Festa del primo maggio)
15. August: Mariä Himmelfahrt (Ferragosto)
1. November: Allerheiligen (Ognissanti)
8. Dezember: Mariä Empfängnis (Immacolata Concezione)
25./26. Dezember: Weihnachten (Natale)

Hinweis

Pfingstmontag, Karfreitag, Fronleichnam, Heiligabend und Silvester sind keine Feiertage. Am 7. Dezember wird in Mailand der Tag des Schutzheiligen S. Ambrogio gefeiert (→ Veranstaltungen).

Geld

Währung

Die Währungseinheit ist die italienische Lira (Lit; Mehrzahl Lire). Es gibt Banknoten zu 1000, 2000, 5000, 10 000, 50 000 und 100 000 Lit; gebräuchlich sind Münzen zu 20, 50, 100, 200 und 500 Lit.

Wechselkurse (schwankend)

1000 Lit = 1,09 DM	1 DM = 917 Lit
1000 Lit = 7,42 öS	1 öS = 135 Lit
1000 Lit = 0,87 sfr	1 sfr = 1149 Lit

Geldwechsel

Bargeld ist in Italien etwas günstiger zu tauschen als in Deutschland. Für die ersten Ausgaben in Italien (z. B. für die Autobahngebühren) sollte man aber ausreichend Bargeld in Landeswährung dabeihaben.
Von den verschiedenen Umtauschmöglichkeiten sind die Wechselstuben in Reisebüros wegen der Bearbeitungsgebühren am teuersten.

Banken

In allen größeren Orten in der Lombardei gibt es Banken. Die Öffnungszeiten sind mit geringen Abweichungen im allgemeinen Mo. – Fr. 8.30 – 13.00 Uhr, nachmittags ca. 14.30 – 15.30. Geldwechsel ist an manchen Orten nur vormittags möglich.

Geldautomaten

Geldautomaten (Bancomat), an denen man per ec- oder Kreditkarte abheben kann, gibt es in den größeren bzw. touristischen Orten. Dies ist im Moment die günstigste Tauschmöglichkeit.
Beim Bancomat können per ec-Karte 400,- DM/Tag bzw. 1000,- DM/Woche abgehoben werden, derzeit wird auf 1000,- DM/Tag bzw. 3000,-DM/Woche umgestellt. Bei Kreditkarten liegen die Grenzen höher.

Reiseschecks

Möglich ist das Einlösen von DM- oder Lire-Reiseschecks in Banken. Eurocheques, die allerdings immer seltener werden, können in einer Höhe bis zu 300 000 Lire ausgestellt werden. Beim Einlösen von Schecks wird eine Bearbeitungsgebühr erhoben, die erheblich schwankt – zwischen 1500 und 10 000 Lire –, so daß ein Vergleich unbedingt lohnt. Beim Verlust von DM-Reiseschecks kann man innerhalb von 24 Stunden mit Ersatz rechnen. Lire-Reiseschecks werden erst später ersetzt, man sollte also nicht nur mit Lire-Reiseschecks in den Urlaub fahren.
Beim Verlust von Eurocheques und/oder Scheckkarte sollte man umgehend den Zentralen Annahmedienst für Verlustmeldungen von Eurocheque-Karten in Frankfurt am Main anrufen (Telefon von Italien aus: 00 49/69/74 09 87; Tag und Nacht besetzt).

Kreditkarten

Banken, größere Hotels, Restaurants der gehobenen Kategorien, Autovermieter und viele Einzelhandelsgeschäfte akzeptieren die meisten internationalen Kreditkarten. Verbreitet sind Visa, Eurocard, American Express und Diners Club. Auch bei Verlust von Kreditkarten benachrichtige man unverzüglich die jeweilige Zentralstelle.

Postsparkasse

Inhaber von Postsparbüchern der Deutschen Post AG können bei italienischen Postämtern unter Vorlage von Personalausweis oder Reisepaß und der blauen Ausweiskarte Geld abheben. Ausgezahlt wird nur direkt an den Sparbuchinhaber in einer Höhe von umgerechnet höchstens 1000,- DM/Tag bzw. 2000,- DM/Monat.

Hotels

Allgemeines

Ein jährlich aktualisiertes Verzeichnis der Unterkünfte in der Lombardei ist bei der ENIT erhältlich (→ Auskunft).
Neben Hotels, Pensionen, Ferienwohnungen und Ferienhäusern kann man auch Unterkünfte auf dem Land wählen (→ Agriturismo).

Reservierung

In der Lombardei gibt es eine große Anzahl von Hotelbetten. Trotzdem kann es während großer Messen in Mailand und in den Sommermonaten besonders an den oberitalienischen Seen eng werden. In diesen Zeiten ist eine rechtzeitige Zimmerreservierung unbedingt zu empfehlen.
Wer von zu Hause aus schon eine Reservierung vornehmen möchte, kann dies telefonisch oder per Fax direkt beim Hotel machen oder unter Tel. 00 39/2/29 53 16 05, Fax 29 53 15 86 bei der Reservierungszentrale in Mailand.
Innerhalb Italiens gibt es die gebührenfreie sog. grüne Nummer (numero verde), unter der ebenfalls reserviert werden kann: Tel. 1 67/01 57 72.

Hotelkategorien

Die Hotels in Italien sind amtlich in fünf Kategorien eingeteilt: lusso, prima, seconda, terza und quarta categoria, d. h. vom Luxushotel mit 5 Sternen bis zur einfachen Unterkunft mit 1 Stern. Die Zusatzbezeichnung Luxus (L) erhalten Fünf-Sterne-Hotels, die über außergewöhnliche Ausstattungen und Dienstleistungen verfügen. Insgesamt bietet die Klassifizierung nur einen groben Anhaltspunkt, da sich die Preisbereiche überschneiden bzw. innerhalb einer Kategorie die Qualität schwankt. Zudem findet man auch kleinere, nicht klassifizierte Betriebe, die durchaus akzeptabel sind. Pensionen gibt es in der Lombardei kaum.

Hotelparkplatz

Manche kleinere Hotels haben keine eigene Garage, kümmern sich aber in der Regel darum, wo man sicher parken kann. Mitunter muß man einen Stellplatz auf dem Hotelgelände extra bezahlen.

Preiskategorien

Mit etwa 50 000 Lire pro Person muß man mindestens rechnen, um eine akzeptable Unterkunft zu bekommen. Die Hotelpreise variieren je nach Jahreszeit, auch sind sie in Mailand insgesamt höher. Für Einzelzimmer zahlt man 25 bis 30 % weniger als für ein Doppelzimmer.

Kategorie	Preise
*****	275 000 bis 417 000 Lire
****	95 000 bis 290 000 Lire
***	80 000 bis 120 000 Lire
**	55 000 bis 110 000 Lire
*	45 000 bis 100 000 Lire

Ausgewählte Hotels in der Lombardei

Es kann hier nur eine kleine Auswahl an Hotels genannt werden, in fast allen Orten gibt es eine erheblich größere Auswahl. Z. bedeutet Zimmerzahl, B. bedeutet Bettenzahl.

Alzate Brianza

****Villa Odescalchi, Via Ananzi 12, 22040 Alzate Brianza
Tel. 0 31/63 08 22, Fax 63 20 79 64 Z., 115 B.
Wer in der Brianza südlich des Comer Sees schön übernachten möchte, ist hier richtig – das Hotel ist in einer historischen Villa in einem Park eingerichtet, Ausstattung mit ausgesuchtem Mobiliar; Tennis, Swimmingpool, Garage; gutes Restaurant.

Angera (Lago Maggiore)

***Dei Tigli, Via Paletta 20, 21021 Angera
Tel. 03 31/93 08 36, Fax 96 03 33, 28 Z., 55 B.
Das beste Hotel von Angera, trotzdem recht preisgünstig, solide Ausstattung, Parkmöglichkeit am Haus.

Bellagio (Lago di Como)

*****Grand Hotel Villa Serbelloni, Via Roma 1, 22021 Bellagio
Tel. 0 31-95 02 16, Fax 95 15 29, 86 Z., 169 B. (Nov. – März geschl.)
Das Traditionshotel des Comer Sees., eingerichtet in einer wunderschönen alten Villa, die Pracht und Charme vergangener Zeiten ausstrahlt. Domizil vieler Größen aus Politik und Filmwelt. Die Villa Serbelloni ist direkt am Seeufer in einem schönen Park gelegen. Viele Zimmer und Suiten mit Blick auf den See, Restaurant auf der Terrasse vor dem

Bellagio (Fortsetzung)

Haus. Baden im Swimmingpool und im See möglich. Ein regelrechtes Hotelerlebnis.

***Belvedere, Via Valsassina 31, 22021 Bellagio
Tel. 0 31/95 04 10, Fax 95 01 02, 58 Z., 110 B. (Nov. – März geschl.)
Sehr beliebtes Hotel mit freundlicher und trotz der Größe familiärer Atmosphäre. Blick auf den östlichen Arm des Comer Sees. Schön ausgestattete, individuell eingerichtete Zimmer. Großes Gelände mit Liegewiese und Swimmingpool. Restaurant mit Blick auf den See.

*La Pergola, Via del Porto 1, 22021 Bellagio
Tel. 0 31/95 02 63, 10 Z., 20 B.
Sehr einfaches Hotel ohne nennenswerten Komfort, das aber ausgesprochen hübsch in der Hafenbucht an der Ostseite von Bellagio liegt. Angeschlossen ist ein Restaurant mit Seeterrasse unter einer Pergola.

Bergamo

****Hotel Excelsior San Marco, Piazzale della Repubblica 6, 24100 Bergamo,
Tel. 0 35/36 61 11, Fax 22 32 01, 176 Z., 297 B.
Sehr gutes Hotel in zentraler Lage in der Nähe der Standseilbahn zur Città alta. Geschmackvoll eingerichtete Zimmer, hervorragender Service, große Garage und Parkplatz. Das reichhaltige Frühstück wird im 8. Stock serviert; von dort hat man einen wunderbaren Blick auf die Türme der Città alta.

***Il Gourmet, Via S. Vigilio 1, 24100 Bergamo
Tel. und Fax 0 35/4 37 30 04, 11 Z., 23 B.
Gutes Hotel; angenehme Atmosphäre. Die Zimmer sind komfortabel ausgestattet. Restaurant mit ausgezeichneter Küche.

***S. Vigilio, Via S. Vigilio15, 24100 Bergamo, Tel. 0 35/25 31 79, Fax 40 20 81, 9 Z.,
Kleines Hotel hoch über der Altstadt mit angeschlossenem guten Restaurant.

**Agnello d'Oro, Via Gombito 22, 24129 Bergamo Alta
Tel. 0 35/24 98 83, Fax 23 56 12, 20 Z., 36 B.
Das einfache Hotel in einem Gebäude aus dem 17. Jh. ist direkt im Zentrum der Città alta gelegen – besonders an Wochenenden kann es etwas laut sein, dafür ist man mitten im Leben. Ein Restaurant ist angeschlossen.

**Commercio, Via Tel. Tasso 88, 24100 Bergamo
Tel. 0 35/22 40 96, Fax 22 04 51, 31 Z., 58 B.
Sehr einfaches, freundliches Hotel. Schlichte Ausstattung, sauber. Zentral und ruhig gelegen. Parkplatz am Haus.

Bormio

****Posta, Via Roma 66, 23032 Bormio
Tel. 03 42/90 47 53, Fax 90 44 84, 52 Z., 93 B. (Mai, Okt., Nov. geschl.)
Gepflegtes Hotel im Zentrum von Bormio. Angenehme Atmosphäre, gediegen eingerichtete Zimmer, guter Service.

***Hotel Astoria, Via Roma 73, 23032 Bormio
Tel. 03 42/91 09 00, 90 45 41, Fax 90 52 53, 44 Z., 81 B. (Mai, Okt., Nov. geschl.)
Solides, ruhiges Hotel im historischen Zentrum von Bormio. Die Ausstattung der Zimmer ist schlicht und gepflegt. Es gibt eine Sonnenterrasse, eine hauseigene Garage und einen Parkplatz. Im Restaurant werden Spezialitäten aus der Valtellina serviert.

Brescia

*****Hotel Vittoria, Via X Giornate 20, 25121 Brescia
Tel. 0 30/28 00 61, Fax 28 00 65, 66 Z., 105 B.

Brescia (Fortsetzung)

Das beste Hotel von Brescia und eines der wenigen im Zentrum. Hervorragende Ausstattung der Zimmer und Suiten. Angeschlossen ist ein erstklassiges Restaurant.

****Igea, Viale Stazione 15, 25100 Brescia
Tel. 0 30/4 42 21, Fax 4 42 24, 85 Z., 133 B.
Relativ preiswertes Hotel in günstiger Lage am Rand der Innenstadt von Brescia. Parkplatz am Haus.

Carimate (Brianza)

****Castello, Piazza Castello, 22060 Carimate
Tel. 0 31/79 17 70, Fax 79 06 83, 40 Z., 75 B.
In der Brianza südlich des Comer Sees (südlich von Cantù) liegt dieses alte Visconti-Castell, in dem man nächtigen kann. Hervorragender Service, sehr schöne Einrichtung, Gartenanlage. Ein entsprechendes Restaurant ist angeschlossen.

Cernobbio (Lago di Como)

*****Grand Hotel Villa d'Este, Via Regina 40, 22012 Cernobbio
Tel. 0 31/34 81, Fax 34 88 44, 156 Z., 320 B. (März bis Nov.)
Das legendäre Luxushotel ist in der berühmten historischen Villa in einmaliger Lage eingerichtet – Strand und Park gehören dazu. Ansonsten hat das Hotel alles zu bieten, was in dieser Preisklasse erwartet wird.

Cervesina (Oltrepò Pavese)

****Castello di S. Gaudenzio, Ortsteil Gaudenzio, 27050 Cervesina
Tel. 03 83/33 31, Fax 33 34 09, 45 Z., 83 B.
Nördlich von Voghera in der Nähe des Po liegt dieses sehr eindrucksvolle Hotel, das in einem alten Kastell eingerichtet wurde. Entsprechend ist die Ausstattung – einige Zimmer sind noch mit Holzkassettendecken versehen, einige mit kostbaren alten Möbeln. Gediegener Salon, gutes Restaurant. Das schöne Gebäude ist in einem hübschen Park gelegen.

Chiavenna

***Crimea, Via Pratogiano 16, 23022 Chiavenna
Tel. 03 43/3 43 43, Fax 3 59 35, 35 Z., 59 B.
Zentral und ruhig im Grotti-Viertel von Chiavenna gelegenes solides Hotel, familiäre Atmosphäre, angenehme und schlichte Einrichtung der Zimmer. Parkplatz am Haus.

***Aurora, Via Rezia 73, Ortsteil Campedello, 23022 Chiavenna
Tel. 03 43/3 27 08, Fax 3 51 45, 47 Z., 94 B.
Hübsch gelegenes Hotel, etwas außerhalb von Chiavenna, schlicht und gut ausgestattet. Hauseigener Parkplatz.

Cologne (Franciacorta)

***Cappuccini, Via Cappuccini 54, 25033 Cologne
Tel. 0 30/7 15 72 54, Fax 7 15 72 57, 7 Z., 14 B.
Sehr individuelles kleines Haus in der Franciacorta, eingerichtet in einem ehemaligen Kapuzinerkloster aus dem 16. Jh.; geschmackvolle, sparsame Einrichtung. Angeschlossen ist ein Restaurant.

Crema

****Hotel Palace, Via Cresmero 10, 26013 Crema
Tel. 03 73/8 14 87, Fax 8 68 76, 42 Z., 61 B.
In einem kleinen Park gelegenes gutes Hotel. Klimaanlage; Garage für Hotelgäste.

Cremona

****Hotel Continental, Piazza Libertà 26, 26100 Cremona
Tel. 03 72/43 41 41, Fax 45 48 73, 57 Z., 114 B.
Sehr gut geführtes Haus am Rand des historischen Zentrums. Gediegene Räumlichkeiten; gepflegte, schön ausgestattete Zimmer. Parkplatz vorhanden. Großes Restaurant.

***Duomo, Via Gonfalonieri 13, 26100 Cremona
Tel. 03 72/3 52 42, Fax 45 83 92, 23 Z., 34 B.
Sehr hübsch direkt im Zentrum am Dom gelegen, klein und sympathisch, angenehme Atmosphäre. Die Zimmerausstattung ist einfach

Cremona (Fortsetzung)

und gepflegt. Gutes Restaurant, das gern auch von Italienern besucht wird.

Erbusco (Franciacorta)

****L'Albereta, Via V. Emanuele 11, 25030 Erbusco
Tel. 0 30/7 76 05 50, Fax 7 76 05 73, 42 Z., 84 B.
In der landschaftlich schönen Weinregion Franciacorta zwischen Brescia und Bergamo südlich des Lago d'Iseo gelegenes luxuriöses Hotel. Sehr großzügig ausgestattete, im Landhausstil eingerichtete Zimmer, einige mit Kamin. Tennisplatz, Swimmingpool, Billard.

Gardone Riviera (Lago di Garda)

****Villa Paradiso, Via Zanardelli 192, 25083 Gardone Riviera
Tel. 03 65/2 18 83, Fax 2 02 69, 36 Z., 70 B.
Zentrales, sehr hübsches Hotel mit kleiner Parkanlage; Swimmingpool und hauseigener Parkplatz vorhanden.

***Montefiori, Via dei Lauri 8, Ortsteil Morgnaga, 25083 Gardone Riviera
Tel. 03 65/29 02 35, Fax 2 14 88, 31 Z., 54 B.
Außerordentlich schön gelegenes Hotel in historischem Gebäude, Blick über den Gardasee, Parkanlage, Swimmingpool, Restaurant.

Idro (Lago d'Idro)

***Alpino, Via Lungolago 20, Ortsteil Crone, 25074 Idro
Tel. 03 65-8 31 46, Fax 82 31 43, 24 Z., 43 B.
Einfaches und preiswertes Hotel am ruhigen Ostufer des Lago d'Idro direkt am See, hoteleigene Garage.

Iseo

****I due Roccoli, Via S. Bonomelli, Loc. Invino, 25049 Iseo
Tel. 0 30/9 82 29 77, Fax 9 82 29 80, 13 Z., 25 B.
Oberhalb des Iseosees in einem Park an der Straße Richtung Polaveno gelegenes kleines Landhotel. Von den hübsch eingerichteten Zimmern hat man einen hervorragenden Blick auf den See und die Berge der Umgebung. Eleganter Aufenthaltsraum mit Kamin. Swimmingpool, Tennisanlage. Gutes Restaurant.

***Ambra, Via Porto G. Rosa 2, 25049 Iseo,
Tel. 0 30/98 01 30, Fax 9 82 13 61, 29 Z., 54 B.
In Iseo direkt an dem kleinen Hafen gelegenes, gutes und preiswertes Hotel ohne übertriebenen Komfort. Viele Zimmer mit Balkon und Blick auf den See. Parkplatz am Haus.

Livigno

**Camana Veglia, Via Ostaria 107, 23030 Livigno
Tel. 03 42/99 63 10, Fax 99 75 55, 15 Z., 24 B. (geschl. Mitte Mai bis Mitte Juni, Nov.)
Hübsches kleines Holzchalet am Nordrand von Livigno. Einfaches, aber sympathisches Hotel. Restaurant mit regionaler Küche.

Lodi

***Anelli, Viale Vignati 7, 20075 Lodi
Tel. 03 71/42 13 54, Fax 42 21 56, 29 Z., 53 B.
Gutes, solides Hotel am südlichen Rand des historischen Zentrums, klimatisierte Zimmer, Garage für Hotelgäste.

Luino (Lago Maggiore)

****Camin, Viale Dante 35, 21016 Luino
Tel. 03 32/53 01 18, Fax 53 72 26, 13 Z., 23 B.
Am See gelegenes sehr gutes Hotel mit Parkanlage, angenehmer Service; empfehlenswertes Restaurant.

Mailand

*****Grand Hotel et de Milan, Via Manzoni 29, 20121 Milano
Tel. 02/72 31 41, Fax 86 46 08 61, 95 Z., 188 B.
Luxushotel mit viel Charme. Bei der Modernisierung rettete man die kostbare Inneneinrichtung aus der Zeit der Jahrhundertwende, in der sich schon verschiedene prominente Gäste – allen voran Giuseppe Verdi – wohl fühlten. Sehr zentral gelegen, in Fußgängerentfernung zur Scala, zum Dom etc.

Mailand (Fortsetzung)

****Diana Majestic, Viale Piave 42, 20129 Milano
Tel. 02/29 51 34 04, Fax 20 10 72, 94 Z., 151 B.
In der Nähe der Porta Venezia gelegenes Jugendstilhaus. Hübsche Zimmer mit komfortabler Ausstattung. Im Garten kann man sich von den Strapazen der Stadtbesichtigung erholen. Metro-Station in unmittelbarer Nähe.

***Hotel King, Corso Magenta 19, 20123 Milano
Tel. 02/87 44 32, Fax 89 01 07 98, 48 Z. 84 B.
Altehrwürdiges, gemütliches Hotel direkt am Corso Magenta (mit Schallschutzfenstern). Hübsche Zimmer, alle mit Klimaanlage. Einen schönen Blick über die Dächer von Mailand hat man aus dem oberen Stockwerk. Sehr gute Verkehrsverbindungen ins Zentrum, allerdings ist die Entfernung auch zu Fuß zu bewältigen. Parkplatz vorhanden.

***Casa Svizzera, Via S. Raffaele 3, 20121 Milano
Tel. 02/8 69 22 46, Fax 72 00 46 90, 45 Z., 79 B.
Hübsches Hotel mit sehr angenehmer Atmosphäre und schöner Ausstattung, am Domplatz auf der Seite der Galleria Vittorio Emanuele II. gelegen. Entsprechend gibt es gute Verkehrsverbindungen in alle Richtungen.

*Hotel Jolanda (Antica Locanda Leonardo),
Corso Magenta 78, 20123 Milano
Tel. 02/46 33 17, 48 01 41 97, Fax 48 01 90 12, 12 Z., 20 B.
Kleines Hotel in sehr guter Lage in einem ruhigen, typischen Mailänder Hinterhof. Das Hotel ist neu renoviert, die Zimmer sind sehr geschmackvoll eingerichtet und mit Klimaanlage ausgestattet. Kleiner Garten mit Pergola. Kein Parkplatz. Straßenbahn vor der Haustür.

Mantua

****San Lorenzo, Piazza Concordia 14, 46100 Mantova
Tel. 03 76/22 05 00, Fax 32 71 94, 32 Z., 64 B.
Sehr zentrales gutes Hotel, Piazza delle Erbe und Palazzo Ducale sind gleich um die Ecke. Gepflegte Ausstattung, guter Service.

**Bianchi Stazione, Piazza Don Leoni 24, 46100 Mantova
Tel. 03 76/32 64 65, Fax 32 15 04, 51 Z., 96 B.
Das sehr gut und sympathisch geführte Hotel liegt gegenüber vom Bahnhof. Viele Zimmer gehen auf den stillen Innenhof hinaus. Abgeschlossener Parkplatz vorhanden. Etwa 10 Min. zu Fuß zu den Sehenswürdigkeiten im Zentrum.

Menaggio (Lago di Como)

****Grand Hotel Menaggio, Via IV. Novembre 69, 22017 Menaggio,
Tel. 03 44/3 06 40, Fax 3 06 19, 53 Z., 119 B.
Hervorragendes Hotel am Westufer des Lago di Como, sehr gute Ausstattung, hübsch eingerichtete Zimmer, ausgezeichneter Service, Garage für Hotelgäste.

Monza

**Antica Trattoria dell'Uva, Piazza Carrobiolo 2, 20052 Monza,
Tel. /Fax 0 39/32 38 25, 10 Z., 16 B.
Kleines, einfaches Traditionshotel im Zentrum von Monza in einer kleinen ruhigen Straße gelegen. Angeschlossen ist ein Restaurant.

Orta S. Giulio (Lago di Orta)

***Leon d'Oro, Piazza Motta 43, 28016 Orta S. Giulio
Tel. 03 22/91 19 91, Fax 9 03 03, 38 Z., 84 B.
In Orta direkt an der zentralen Piazza Motta am See mit Blick auf die Isola S. Giulio, modernisierte und hübsch eingerichtete Zimmer, familiäre Atmosphäre. Sehr ordentliches Restaurant mit Terrasse, auf der man unter einer Pergola mit Blick aufs Wasser sitzt.

Pavia

****Hotel Ariston, Via Scopoli 10/D, 27100 Pavia
Tel. 03 82/3 43 34/5, 53 90 73, Fax 2 56 67, 60 Z., 75 B.

Pavia (Fortsetzung)

In einem schönen Teil der Altstadt von Pavia gelegenes, ruhiges Hotel. Sehr gepflegte Räumlichkeiten. Restaurant mit lombardischer Küche.

****Hotel Moderno, Viale Vittorio Emanuele 41, 27100 Pavia
Tel. 03 82/33 34 01, Fax 2 52 25, 53 Z., 90 B.
Das Hotel liegt am Bahnhof von Pavia, 10 Minuten zu Fuß von der zentralen Piazza entfernt. Gute Ausstattung und gepflegtes Ambiente. Parkplatz vorhanden.

Porlezza (Lago di Lugano)

***Europa, Via Lungolago Matteotti 19, 22018 Porlezza
Tel. 03 44/6 11 42, Fax 7 22 56, 35 Z., 70 B.
Schön gelegenes, preiswertes Hotel, solide Zimmer, Parkanlage; Garage für Hotelgäste.

***Regina, Via Lungolago Matteotti 11, 22018 Porlezza
Tel. /Fax 03 44/6 12 28, 23 Z., 55 B.
Fast benachbart zum Hotel Europa liegt das etwas teurere Regina, schlichte Ausstattung, freundliche Atmosphäre.

Sale Marasino (Lago d'Iseo)

****Hotel Villa Kinzica, Via Provinciale 1, 25057 Sale Marasino
Tel. 0 30/9 82 09 75, Fax 9 82 09 90
Kleines Hotel im Landhausstil oberhalb des Iseosees (Ostufer), sehr gediegene Einrichtung, Salon mit Kamin, Lesezimmer mit Seeblick.

Salice Terme (Oltrepò Pavese)

****Hotel Milano, Via delle Terme 62, 27052 Salice Terme,
Tel. 03 83/9 12 06, Fax 94 43 08, 42 Z., 80 B.
In zentraler, ruhiger Lage, sehr geschmackvoll und individuell eingerichtete Zimmer, teilweise mit schönem Blick. Heller Frühstücksraum, kleiner Garten mit Swimmingpool.

Salò (Lago di Garda)

****Duomo, Lungolago Zanardelli 63, 25087 Salò
Tel. 0365/21026, Fax 21028, 22 Z., 42 B.
Sehr gut geführtes Hotel am Gardasee-Ufer. Hübsch ausgestattete Zimmer, guter Service. Restaurant.

**Panoramica, Via del Panorama 28, 25087 Salò,
Tel. 0365/41435/6, Fax 521210, 10 Z., 36 B.
Das preisgünstige Hotel liegt etwas außerhalb oberhalb des Sees, man hat eine schöne Aussicht. Gartenanlage, Parkmöglichkeit.

S. Pellegrino Terme

****Hotel Terme, Piazzale della Fonte, 24016 San Pellegrino
Tel. 0345/21125 u. 21306, Fax 23497, 47 Z., 87 B.
Sehr hübsches, altmodisches Hotel direkt am kleinen Kurpark und am Kursaal, weitläufige, gepflegte Räumlichkeiten, helle Zimmer, teilweise mit schönem Ausblick ins Tal. Das gute Quellwasser sprudelt direkt aus einem Becken im Hotel.

Sirmione (Lago di Garda)

*****Palace Hotel Villa Cortine, Via Grotte 6, 25019 Sirmione
Tel. 030/9905890, Fax 916390, 55 Z., 100 B.
Luxushotel in einer alten Villa mit Park mit wunderschönem Baumbestand; Hauptgebäude aus dem Jahr 1957. Exklusive Ausstattung, hervorragender Service. Swimmingpool, Tennis, Privatstrand.

****Flaminia, Piazza Flaminia 8, Tel. 030/91 64 57, Fax 91 61 93, 45 Z.
Gepflegtes Hotel mitten in der Altstadt. Es liegt direkt am See und besitzt eine wunderschöne Sonnenterrasse.

Sondrio

****Hotel della Posta, Piazza Garibaldi 19, 23100 Sondrio
Tel. 03 42/51 04 04, Fax 51 02 10, 40 Z., 64 B.
Schönes, altehrwürdiges Hotel mit angenehmer Atmosphäre, an der zentralen Piazza Garibaldi von Sondrio gelegen; ruhig, da die Piazza für den Durchgangsverkehr gesperrt ist. Stilvolle und gepflegte alte Einrich-

Sondrio (Fortsetzung)

tung. Am schönsten sind die Zimmer nach vorne zur Piazza. Gutes Restaurant mit internationaler und lombardischer Küche. Abgeschlossener Parkplatz am Haus.

Varenna (Lago di Como)

****Hotel Royal Victoria, Piazza S. Giorgio 5, 22050 Varenna
Tel. 03 41/81 51 11, Fax 83 07 22, 43 Z., 84 B.
Schön am Ufer des Comer Sees gelegenes traditionelles Hotel, in dem schon die englische Queen abgestiegen ist und angeblich länger blieb als geplant. Gebäude und Garten ziehen sich terrassenartig zum See und zum alten Bootsanlegeplatz hinunter. Die gepflegten Zimmer haben entweder Blick auf den See oder auf den hübschen Dorfplatz. Restaurant mit Terrasse und Blick auf den See. Parkplatz vorhanden.

***Villa Cipressi, Via IV. Novembre 18, 22050 Varenna
Tel. 03 41/83 01 13, Fax 83 04 01, 21 Z., 49 B.
Eine herrliche alte Villa aus dem 16. Jh., umgestaltet im Jahr 1876, über dem Seeufer in einem terrassenartigen Park mit altem Baumbestand gelegen, in dem verschlungene Wege bis zum Wasser hinunterführen. Gepflegte Zimmer und geschmackvoll eingerichtete Gasträume. Hotelterrasse mit Springbrunnen und Blick auf den See.

Varese

****Crystal Hotel, Via Speroni 10, 21100 Varese
Tel. 03 32/23 11 45, Fax 23 71 81, 44 Z., 75 B.
Im Zentrum von Varese in einem nüchternen Hochhaus. Zimmer sind geschmackvoll renoviert und recht hübsch eingerichtet.

***Hotel Europa, Piazza Beccaria 1, 21100 Varese
Tel. 0332/280170, Fax 234325, 33 Z., 58 B.
Sehr zentral gelegenes Hotel in einem charmanten alten Haus. Parkplatz am Haus. Die Straße, die an der Rückseite vorbeiführt, ist nicht ganz leise!

**Hotel Vecchia Riva, Via G. Macchi 146, 21100 Schiranna (Varese)
Tel. 03 32/31 13 75, Fax 31 04 52, 11 Z. 17 B.
Außerhalb von Varese an einem hübschen Fleckchen direkt am Lago di Varese gelegen. Kleines, sehr gepflegtes und solides Hotel mit moderner Einrichtung. Parkplatz am Haus.

Vigevano

****Hotel Europa, Via Trivulzio 8, 27029 Vigevano
Tel. 03 81/69 04 83, Fax 8 70 54, 42 Z., 65 B.
Am Rand des historischen Zentrums gelegenes Hotel, gediegene Ausstattung, klimatisierte Zimmer; wird gern von Besuchern der großen Mailänder Messen aufgesucht. Hauseigener Parkplatz.

Jugendherbergen

Für die Übernachtung in Jugendherbergen benötigt man einen internationalen Jugendherbergsausweis, den das Deutsche Jugendherbergswerk ausstellt (Deutsches Jugendherbergswerk, Bismarckstr. 8, 32754 Detmold, Tel. 0 52 31/7 40 10).
Die Preise schwanken abhängig von Lage und Ortsgröße, in der Regel liegen sie zwischen 15 000-25 000 Lire pro Person und Tag. Eine Voranmeldung ist vor allem in der Saison ratsam. Ein Verzeichnis mit Adressen der italienischen Jugendherbergen kann man beim Deutschen Jugendherbergswerk anfordern.

In der Lombardei gibt es die folgenden Jugendherbergen:

Mailand

Piero Rotta Youth Hostel, Via Martino Bassi 2 (Q.T.8 – San Siro), I-20148 Milano, Tel. 02/39 26 70 95

Jugendherbergen (Fortsetzung)

Via Gallileo Ferraris 1, 24123 Bergamo, Tel. 0 35/36 17 24
Villa Olmo Youth Hostel, Via Bellinzona 2, 22100 Como, Tel. 0 31/57 38 00

Über Berghütten im Norden der Lombardei erteilen die APT von Sondrio, Como und Lecco Auskunft (→ Auskunft).

Karten

Neben der zu diesem Reiseführer gehörenden Übersichtskarte gibt es weiteres Kartenmaterial mit unterschiedlichen Maßstäben:
1:150 000: Gardasee und Venetien, ADAC-Karte, ADAC-Verlag München
1:150 000: Oberitalienische Seen, ADAC-Karte (Lago Maggiore, Lago di Lugano, Lago di Como, Lago d'Iseo), ADAC-Verlag München
1:200 000: Die Generalkarte, Italien 1, Oberitalienische Seen, Mailand, Turin, Marco Polo
1:200 000: Die Generalkarte, Italien 2, Brenner, Verona, Parma, Marco Polo
1:250 000: Lombardia; touristische Straßenkarte; Istituto Geografico de Agostini (kostenlos erhältlich bei der ENIT, → Auskunft)

Boario Terme gehört zu den bekannten Kurorten und Thermalbädern in der Lombardei

Kurorte und Thermalbäder

Allgemeines

Die Lombardei ist diejenige italienische Region mit den meisten Heilbädern. Viele Thermalquellen liegen in reizvollen Landschaften. In dem Führer "Thermalkurorte in der Lombardei" werden sämtliche Orte beschrieben. Herausgeberin ist die Regione Lombardia (→ Auskunft). Genauere Auskünfte erteilen auch die APT-Büros der jeweiligen Provinz (→ Auskunft).

Provinz Bergamo

S. Pellegrino Terme (400 m ü.d.M.)
Alkalische natriumbicarbonat- und schwefelhaltige Quelle (26 °C)
Indikationen: Frauenleiden, Rheuma und Hauterkrankungen
Heilbehandlung: Massage, auch Wassermassage, Schlammbäder, Trink- und Badekuren, Inhalation, Wärmebehandlung

Trescore Balneario (271 m ü.d.M.)
Heilbehandlung: Massage, Inhalationen, Moorbäder und -packungen, Wärmebehandlung

Kleinere Heilbäder in der Provinz Bergamo sind Fonte Bracco und Gaverina Terme.

Provinz Brescia

Boario Terme (221 m ü.d.M.)
Alkalische kochsalz-, kalk- und sulfathaltige Quellen sowie kolloidale Wässer mit katalysierender und hypotonischer Wirkung
Indikationen: u. a. Verdauungsstörungen, Stoffwechselerkrankungen und Gallenleiden
Heilbehandlung: Trinkkuren, Thermalbäder, Moorschlammbäder, Inhalation

Angolo Terme (433 m ü.d.M.)
Kalk- und sulfathaltige Quellen
Indikationen: Magen- und Darmkrankheiten, Leber- und Nierenbeschwerden, Diabetes, Gicht
Heilbehandlungen: Massagen, auch Wassermassagen, Schlammbäder, Inhalationen, Trinkkuren

Sirmione (68 m ü.d.M.)
Radioaktive, schwefelhaltige, hyperthermale Quelle mit Jod-, Brom- und Chloranteilen (69 °C)
Indikation: u. a. Atemwegserkrankungen, rheumatische Beschwerden
Heilbehandlung: Massage, auch Wassermassage, Schlammbäder und -packungen, Badekuren, Wärmebehandlung, Inhalation

Provinz Lecco

Terme di Tartavalle (418 m ü.d.M.)
Eisen- und arsenhaltige Quelle
Heilbehandlung: Trinkkuren

Provinz Mailand

S. Colombano al Lambro (80 m ü.d.M.)
Indikationen: Magen-Darm-Leiden, Nieren- und Harnwegserkrankungen
Heilbehandlung: Trinkkuren

Provinz Pavia

Salice Terme (173 m ü.d.M.)
Jodsalzhaltige Quelle und Schwefelwässer
Indikation: rheumatische Beschwerden, Erkrankungen der Atemwege
Heilbehandlung: Massage, auch Wassermassage, Schlammbäder und -packungen, Bäder, Wärmebehandlung, Inhalationen, Trinkkuren

Rivanazzano (152 m ü.d.M.)
Brom- und jodsalzhaltiges sowie schwefelhaltiges Wasser, Naturfango
Indikation: rheumatische Beschwerden, Erkrankungen der Atemwege
Heilbehandlung: Massage, Schlammbäder und -packungen, Inhalation

Miradolo Terme (78 m ü.d.M.)
Schwefel-, salz- und magnesiumhaltige Quellen
Heilbehandlung: Schönheitsbehandlung, Massage, auch Wassermassage, Schlammbäder und -packungen, Inhalation, Trink- und Badekuren

Provinz Sondrio

Bagni di Bormio (1318 m ü.d.M.)
Thermalquellen mit einer Temperatur von 38 bis 40 °C
Indikationen: u. a. Atemwegserkrankungen, Verdauungsstörungen, rheumatische Beschwerden

Kurorte und Thermalbäder, Provinz Sondrio (Fortsetzung)

Heilbehandlung: Schönheitsbehandlungen, Massagen, auch Wassermassagen, Schlammbäder und -packungen, Inhalation, Trink- und Badekuren

Bagni di Masino (1172 m ü.d.M.)
Indikationen: u. a. Bronchialerkrankungen und Leberfunktionsstörungen
Heilbehandlung: Bäder, Inhalation, Trinkkuren

Literaturempfehlungen

Burton Anderson: Atlas der Italienischen Weine. Lagen, Produzenten, Weinstraßen. Hallwag Verlag, Bern/Stuttgart
ders.: Italiens Weine, Taschenführer. Hallwag Verlag, Bern/Stuttgart
Für Weinfreunde ein unentbehrlicher Begleiter.

Gertrud Born: Shopping in Norditalien. Fink – Kümmerly + Frey, Ostfildern
Schnäppchenführer für Norditalien

Gerardo Brown-Manrique: Architekturführer Tessin und Lombardei · Die neuen Bauten. Verlag Gerd Hatje, Stuttgart 1990
Der übersichtlich nach Orten und Provinzen unterteilte Führer enthält alle notwendigen Informationen (Pläne, Beschreibungen bis hin zu Karten, Wegbeschreibungen und Besichtigungsmöglichkeiten) und unterrichtet über die drei Generationen moderner Architekten, die im Tessin und in der Lombardei wichtige Akzente gesetzt haben.

Günther Engler: Treffpunkt Scala. Musikalischer Reiseführer durch Italien, Reclam, Stuttgart 1993
Ein Reiseführer, der den Spuren der großen Musiker von Bergamo bis Palermo nachgeht.

Carlo Goldoni: Geschichte meines Lebens und meines Theaters. Winkler-Verlag, München 1968
In Goldonis Lebenserinnerungen ist vieles über das Italien das 18. Jahrhunderts und über das Leben in mehreren lombardischen Städten zu erfahren.

H. V. Morton: Wanderungen in Italien. Verlag Heinrich Scheffler, Frankfurt am Main 1964
Nur noch antiquarisch bzw. in Bibliotheken zu bekommen ist dieses Buch über Gesamt-Italien, in dem gut ein Drittel der Lombardei gewidmet ist. In den etwas altmodisch anmutenden und manchmal weitschweifigen Beschreibungen ist allerlei Wissenswertes, mitunter auch Fabuliertes über Geschichte und in den sechziger Jahren Aktuelles zu erfahren.

Diakonus Paulus: Geschichte der Langobarden. Hrsg. von Alexander Heine. Phaidon-Verlag, 1992
Ausführliches Buch zur Geschichte der Langobarden, die der Lombardei den Namen gaben.

Ausilio Priuli: Felszeichnungen in den Alpen. Priuli & Verlucca, Ivrea
Ein Handbuch über die Kunst der Felszeichnungen, das Amateuren und Wissenschaftlern das Lesen der vorgeschichtlichen Zeugnisse erleichtert.

Mietwagen

Allgemeines

Um in Italien einen Mietwagen zu leihen, muß man mindestens 21 Jahre alt sein, einen nationalen Führerschein besitzen und ein Jahr Fahrpraxis haben. Bei den internationalen Autovermietern kann man bereits von Deutschland, Österreich oder der Schweiz aus buchen. In den größeren

Mietwagen (Fortsetzung)

Städten findet man die Autovermieter im Telefonbuch unter dem Stichwort Noleggio.

Reserrvierungszentralen in Deutschland

Avis: Tel. 0180/55577
europcar: Tel. 0180/5221122
Hertz: Tel. 0180/5333535
Sixt/Budget: Tel. 0180/5214141

Notrufe

Allgemeines

Auf den ersten Seiten der örtlichen Telefonbücher (Elenco telefonico) sind unter dem Stichwort Avantielenco die Notrufnummern der jeweiligen Orte angegeben.

Polizia, soccorso pubblico, landesweit: Tel. 113 — Notruf, Erste Hilfe
Carabinieri, pronto intervento: Tel. 112 — Polizei
Vigili fuoco: Tel. 115 — Feuer
Soccorso stradale (ACI): Tel. 116 — Pannenhilfe
Soccorso alpino lombardia: Tel. 03 46/2 31 23 — Bergwacht
Nur für Mailand: Tel. 118 — Krankenwagen

Deutschsprachige Notrufstation

Der ADAC unterhält in Mailand eine deutschsprachige Notrufstation unter Tel. 02/66 10 11 06.
Dienstzeiten: Mai bis Oktober Mo. – Sa. 9.00 – 17.00, So. 9.00 – 13.00 Uhr, November bis April Mo. – Fr. 9.00 – 17.00 Uhr.

Notrufdienste in Deutschland

ACE-Notrufzentrale Stuttgart
Kranken- und Fahrzeugrückholdienst
Telefon aus Italien: 00 49/18 02/34 35 36

ADAC-Notrufzentrale München
Beratung nach Unfällen etc.: Telefon aus Italien: 00 49/89/22 22 22 (rund um die Uhr besetzt);
Krankenrücktransport und Telefonarzt: Tel. 00 49/89/76 76 76 (8.00–22.00 Uhr, in der Hauptreisezeit 7.00–23.00 Uhr)

DRK-Flugdienst Bonn
Telefon aus Italien: 00 49/2 28/23 00 23

Deutsche Rettungsflugwacht Stuttgart
Telefon aus Italien: 00 49/7 11/70 10 70 (Alarmzentrale)

in Österreich

ÖAMTC-Notrufzentrale Wien
Telefon aus Italien: 00 43/1/9 82 13 04 (ÖAMTC-Euronotruf)

in der Schweiz

Schweizerische Rettungsflugwacht Zürich
Telefon aus Italien: 00 41/1/3 83 11 11

Alarmzentrale TCS Schweiz Genf
Telefon aus Italien: 00 41/22/7 35 80 00

Reiserufe im Radio

→ Radio und Fernsehen

Öffnungszeiten

Einzelhandel

Die Öffnungszeiten für Einzelhandelsgeschäfte sind sehr unterschiedlich. Die Kernöffnungszeiten liegen etwa zwischen 9.00 und 12.30 Uhr und 16.00 und 19.00 Uhr.

Öffnungszeiten, Einzelhandel (Fortsetzung)

Samstag nachmittag und Sonntag sind normalerweise alle Geschäfte geschlossen, einige haben auch Montag vormittag zu.
In sehr touristischen Orten sind die Geschäfte dagegen auch am Wochenende geöffnet.

Kirchen

Die großen Kirchen sind meist ab 7.00 Uhr geöffnet, mitunter sind sie über Mittag zwischen 13.00 und 15.30 Uhr geschlossen und bleiben dann bis ca. 19.00 Uhr geöffnet. Kleinere Kirchen sind in der Regel mittags geschlossen. Viele Kirchen sind überhaupt nur während des Gottesdienstes geöffnet. Bei kleineren Kirchen ist es durchaus üblich, nach einem Schlüssel zu fragen. Entweder ist direkt an der Kirche eine Adresse angegeben, an die man sich wenden kann, oder man muß sich in der örtlichen Touristeninformation erkundigen.

Museen

Die Öffnungszeiten für Museen sind normalerweise 9.00–13.00 und 16.00–19.00 Uhr. Die letzte Einlaßzeit liegt meist eine halbe Stunde vor der Schließzeit. Montags sind fast alle Museen geschlossen. Bei kleineren Museen sollte man sich von einer geschlossenen Tür nicht abschrecken lassen, entweder gibt es eine Klingel oder man muß sich erkundigen, wer einen Schlüssel hat.

Weitere Hinweise

Apotheken → dort; Banken → Geld; Post → dort; Restaurants → dort

Parken

Das Auto überhaupt und dann auch noch einigermaßen sicher und legal abzustellen, ist in den Städten der Lombardei nicht ganz einfach. Fast alle Städte sind mittlerweile im Zentrum verkehrsberuhigt oder völlig autofrei. Die Zufahrt zu den Hotels ist allerdings gestattet. In der Nähe von autofreien Innenstadtzonen gibt es meistens nur gebührenpflichtige Parkplätze, die tagsüber häufig besetzt sind. Je weiter man sich vom Zentrum entfernt, desto einfacher ist es, einen Parkplatz – meist auch gebührenfrei – zu finden.
Generell gilt, daß gelb markierte Parkflächen für Taxis, Busse, Fahrzeuge der Kommune etc. reserviert sind, Parken ist hier also grundsätzlich verboten. Auf blau gekennzeichneten Parkplätzen kann man mit einem Parkschein, den man an einem Automaten löst, parken. Weiß umrandete Parkplätze sind meistens mit Parkscheibe für eine Stunde gebührenfrei zu benutzen, mitunter auch ohne Parkscheibe. Hier muß man die Schilder am Straßenrand beachten.

Post

Hinweis

In den italienischen Postämtern kann man nicht telefonieren (→ Telefon), sie sind nur für den Post- und Paketdienst zuständig. Für einen Gang zur Post muß man sich mitunter auf lange Warteschlangen einstellen und genügend Zeit einplanen.

Öffnungszeiten
In Mailand

Geöffnet sind sie in der Regel Mo.–Fr. 8.30–14.00 Uhr, Sa. 8.30–12.00 Uhr.
Hauptpost, Via Cordusio 4: Mo.–Fr. 8.00–19.30 Uhr, Sa. 8.00–17.00 Uhr; Postbankschalter, Gebäude Piazza Cordusio, Mo.–Fr. 8.30–17.30 und Sa. 8.30–13.00 Uhr; Post am Hauptbahnhof Mo.–Fr. 8.15–19.30 Uhr und Sa. 8.15–15.30 Uhr; Postbank Mo.–Fr. 8.15–17.30 Uhr und Sa. 8.15–13.00 Uhr
Alle Postämter haben am Monatsletzten kürzere Öffnungszeiten.

Briefmarken

Briefmarken (francobolli) kann man sowohl in Postämtern als auch in Tabakgeschäften mit einem "T"-Schild kaufen.

Radio und Fernsehen

RAI, Sendungen in deutscher Sprache

Die staatliche Rundfunk- und Fernsehanstalt RAI (Radio Televisione Italiana) strahlt im Radio stündlich Sendungen in deutscher Sprache aus. Rundfunksendungen in deutscher Sprache strahlt auch die Rundfunkanstalt Südtirol (RAS) bzw. der Sender Bozen aus.
Straßenzustands- und Verkehrsmeldungen werden jede halbe Stunde im italienischen Rundfunk in allen drei Programmen in der Nachrichtensendung "Onda Verde Europa" auf französisch, englisch und deutsch durchgegeben.

Deutsche Welle

Die Deutsche Welle sendet kostenlos das aktuelle Programm mit genauen Sendezeiten und gültigen Frequenzangaben zu (Deutsche Welle, Hörerpost, Postfach 100444, D-50588 Köln).

Reiserufe im Radio

Der ADAC vermittelt in dringenden Notfällen über die ADAC-Zentrale (Tel. 089/76 76 25 63) kostenlose Suchmeldungen im italienischen Rundfunk und in italienischen Tageszeitungen.

Fernsehen

Neben dem staatlichen italienischen Fernsehen RAI mit dem Regionalprogramm RAI-Tre gibt es zahlreiche private Sender.

Reisedokumente

Personalpapiere

Seit dem 1. Januar 1993 entfallen Paßkontrollen für EU-Bürger (also auch für deutsche und österreichische Staatsbürger). Da dennoch Stichproben gemacht werden und Ausweispflicht auf Flughäfen weiterhin besteht, sollten Besucher aus Deutschland, Österreich und der Schweiz zur Einreise nach Italien den Personalausweis oder Reisepaß unbedingt mitnehmen. Kinder unter 16 Jahren müssen einen Kinderausweis besitzen oder im Elternpaß eingetragen sein.

Fahrzeugpapiere

Der Führerschein und der Kfz-Schein des Heimatlandes werden anerkannt und sind mitzuführen. Die Internationale Grüne Versicherungskarte sollte ebenfalls mitgenommen werden, da sie bei Verkehrskontrollen oder Unfällen verlangt wird. Wer keine dabei hat, muß an der Grenze eine relativ teure Versicherung abschließen.

Nationalitätenkennzeichen

Kraftfahrzeuge müssen das ovale Nationalitätskennzeichen tragen, andernfalls droht eine saftige Geldbuße.

Kopien

Es ist ratsam, von den Reisedokumenten Fotokopien anzufertigen, da sie bei Verlust der Originale die Beschaffung der Ersatzpapiere wesentlich erleichtern (Kopien getrennt von den Papieren aufbewahren).

Reisezeit

Oberitalienische Seen

Die ideale Reisezeit für die oberitalienischen Seen ist von Mai bis Ende September, aber auch die Wintermonate können hier sehr schön und mild sein. Im Juli und August sind die Temperaturen mit durchschnittlich 21 °C am höchsten, jedoch fällt in diese Zeit auch der größte Urlauberansturm, so daß man ein Quartier auf jeden Fall rechtzeitig reservieren muß. Insofern eignen sich Mai oder September für eine Reise zu den oberitalienischen Seen am besten. Lange Schlechtwetterperioden sind selten, mit kurzen, heftigen Regenschauern muß man aber immer rechnen.

Po-Ebene

Für eine Tour durch die Po-Ebene und zu den kleinen lombardischen Städten eignen sich grundsätzlich die Monate April bis Oktober. Da es in den Sommermonaten in der Po-Ebene sehr heiß und schwül werden kann und zudem im Juli und August Hauptreisezeit ist, sind die Frühlings- und Herbstmonate normalerweise günstiger. Auch sind während des sog.

Reisezeit, Po-Ebene (Fortsetzung)

Ferragosto (Mitte August; → Feiertage und Feste) zahlreiche Museen und andere Einrichtungen in den Großstädten geschlossen. Im Spätherbst muß man schon mit den ersten Nebeln rechnen. Als winterliches Reiseziel eignet sich die Po-Ebene nicht, da es hier sehr häufig bedeckt und neblig ist und auch sehr kalt werden kann.

Höhere Bergregionen

In den Alpengebieten sind die Sommermonate meist sehr schön und nicht zu heiß; als erholsam gelten auch die recht trockenen Herbstmonate. Während der Wintersaison sind die Skigebiete in den Alpen bevorzugte Ferienziele. Weniger geeignet ist das frühe Frühjahr, da in dieser Zeit noch mit relativ viel Regen oder Schnee zu rechnen ist.

Restaurants

Lokale

Neben Restaurants (ristorante) gibt es Trattorien (trattoria), Osterien (osteria) und die als “tavola calda” (warme Küche) bezeichneten Lokale. Während früher ein Ristorante ein eher teures Haus mit gepflegter Atmosphäre und eine Trattoria ein recht einfacher Familienbetrieb war, ist eine solche Unterscheidung heute kaum noch möglich. In den Städten findet man darüber hinaus auch Pizzerien, Imbisse und Selbstbedienungsrestaurants.

Öffnungszeiten

Die meisten Restaurants sind zwischen 12.30 und 15.00 Uhr und zwischen 19.00 und 23.00 Uhr geöffnet, im Sommer je nach Betrieb abends auch länger. Ein Ruhetag in der Woche ist die Regel.

Essenszeiten

Meist gibt es Mittagessen ab 12.30 bis ca. 14.30 Uhr, abends geht es ab 19.00 Uhr los. In den Städten ist die Küche lange geöffnet, in kleineren Orten kann es schwierig werden, wenn man erst nach 21.00 oder 22.00 Uhr kommt.

Schon gewußt?

In italienischen Restaurants ist es unüblich, sich seinen Tisch selbst auszusuchen. Man wartet am Eingang, bis der Kellner den Platz anweist. Zu dem normalen Preis für ein Gericht werden meist Bedienung (servicio) und das Gedeck (coperto) zusätzlich berechnet.

Kleine Auswahl an Restaurants

Bellagio (Lago di Como)

Bilacus, Via Serbelloni, Tel. 0 31/95 04 80, außerhalb der Saison Montag geschl.
Etwas oberhalb der Uferpromenade an einer Treppengasse gelegen. Man sitzt auf einer Dachterrasse. Internationale Küche. Sehr beliebt auch bei Italienern.

Bergamo

La Cantina, Via Ghislanzoni 3, Tel. 0 35/23 71 46, So. geschl.
Ein ausgesprochen originelles kleines Restaurant mit ungewöhnlicher Einrichtung – Holztische aus einem früheren Medikamentenlager und alte Weinregale aus dem Mailänder Kaufhaus La Rinascente. Man ißt hier einen hervorragenden Schmorbraten (Stracotto), Kirchererbsensuppe und Casoncelli (Teigtaschen) in Butter und Salbei.

Osteria di Via Solata, Via Solata 8, Tel. 0 35/27 19 93, Di. Ruhetag
Die in der Oberstadt gelegene Trattoria ist in einem historischen Gebäude eingerichtet. In freundlicher Atmosphäre bekommt man hier gute Tortelli di zucca (Teigtaschen mit Kürbisfüllung, die ursprünglich aus Mantua stammen), Risotto, der mit Zitrone abgeschmeckt ist und hervorragenden Ossobuco.

Antica Osteria Giubi, Via Cascinetto 2, 24030 Almenno S. Bartolomeo, Tel. 0 35/54 01 30, Mi. geschl.

Bergamo (Fortsetzung)

Dieses etwas außerhalb gelegene Restaurant, ein Familienbetrieb, ist etwas Besonderes: Hier kann man in gemütlichen Gasträumen oder auf der schönen Gartenterrasse einen ganzen Abend lang regionale Spezialitäten essen, die nach einander auf den Tisch kommen – für Gourmets ein schönes Erlebnis. Selbstverständlich gibt es auch eine Speisekarte. Sehr guter Weinkeller.

Bormio

Vecchia Combo, Via S. Antonio 6, Combo, Tel. 034 2/90 15 68, So. geschl.
Sehr kleines Restaurant, in dem man vorzügliche Kost aus der Valtellina vorgesetzt bekommt: leckere Bresaola, hausgemachte Pizzoccheri und eine deftige Polenta taragna. Außerdem stehen Sciatt, kleine Eierkuchen mit Käsefüllung, und Bisciona, eine Veltliner Art des Panettone mit Nüssen, Feigen und Rosinen, auf der Speisekarte.

Brescia

Trattoria S. Rita, Piazza Tito Speri 11, Tel. 0 30/29 49 63, Mo. geschl.
Hübsches, intimes Restaurant an einem kleinen Platz zwischen Dom und Kastell, man sitzt gemütlich drinnen oder draußen auf der Piazza. Hauptgerichte ab 18 000 Lire, viel Fisch und Fleisch, unter den Primi piatti kann man Gnocchetti mit Kartoffeln, Tomaten und Basilikum wählen.

Altamira, Vicolo S. Agostino 3/B, Tel. 0 30/5 22 54, Mo. geschl.
Altamira an der Ecke zum Domplatz ist bekannt für seine Gerichte auf dem heißen Stein. Gemüse, Fleisch und Käse können bei einem ausgedehnten Essen in aller Ruhe zubereitet und gegessen werden.

Chiavenna

Ristorante Crotto Ombra, Viale Pratogiano 14, Tel. 03 43/3 34 03, Di. geschl.
Einer der für Chiavenna charakteristischen Grotti (oder Crotti), eingerichtet in oder neben natürlichen Felshöhlen. Im Crotto Ombra sitzt man unter Felsen. Es gibt Gnocchetti alla Chiavennasca und Bresaola in verschiedenen Zubereitungen. Große Auswahl an nicht zu teuren Menüs.

Crema

Acqua potabile, Via XI. Febbraio 38, Tel. 03 73/25 70 18, Mo. geschl.
Restaurant auf drei Ebenen mit geschmackvoll-modern eingerichteten Räumen. Man kann gut essen – Ravioli mit Wirsingfüllung, Tortelli cremaschi, Pasta mit Bohnen, deftige Schweinshaxe – oder auch nur einen Imbiß zu sich nehmen. Kleines, ausgesuchtes Weinangebot.

Cremona

Il Cigno, Vicolo del Cigno 7, 03 72/2 13 61, So. geschl.
Der “Schwan” ganz in der Nähe des Torrazzo ist das typische Beispiel einer Antica Trattoria, die man als gutes Restaurant bezeichnen kann. Menü ab 50 000 Lire, Tagliatelle nach Art des Hauses und eine große Auswahl an Weinen aus den Gegenden Franciacorta und Oltrepò Pavese.

La Sosta, Via Sicardo 9, Tel. 03 72/45 66 56, Mo. geschl.
Ebenfalls in der Nähe der zentralen Piazza liegt dieses angenehme Lokal, in dem regionale Kost angeboten wird, wie Gnocchi ripieni alla cremonese, Cassoeula (Schweinefleischstücke und Weißkraut) mit Polenta und Bollito misto (gemischtes Kochfleisch) mit der typischen Mostarda aus Cremona.

Gardone Riviera (Lago di Garda)

Villa Fiordaliso, Corso Zanardelli 132, Tel. 03 65/2 01 58, Mo. und Di. mittag geschl.
Top-Restaurant in einer wunderschönen alten Villa mit Park. Man sitzt auf einer Terrasse über dem See. Internationale Küche, reichhaltiges Angebot an ausgesuchten Weinen.

Iseo

Trattoria Al Castello, Via Mirolte 55/B, Tel. 0 30/98 12 85, Mo. abend und Di. geschl.

Iseo (Fortsetzung)

Zu "Anna e Giorgio" kommt man durch einen Innenhof – etwas versteckt und daher hauptsächlich von Einheimischen aufgesucht. Giorgio, der Besitzer, kocht selbst und läßt sich am Grill gern zusehen. Sowohl drinnen als auch draußen in dem kleinen Garten sitzt man sehr schön. Es gibt leckeres Carpaccio und einen wundervollen Zabaione zum Nachtisch. Außerdem eine große Auswahl an guten Franciacorta-Weinen.

Lodi

I due agnelli, Via Castelfidardo 12, Tel. 03 71/42 67 77, So. abend und Mo. geschl.
Traditionelle Trattoria, in der man einen guten Risotto bekommt sowie Ossobuco und Trippa. Für ein Menü zahlt man 30 000 Lire. Kleines, ausgesuchtes Angebot an Weinen.

Luino (Lago Maggiore)

Internazionale, Piazza Marconi 18, Tel. 03 32/53 00 37, Di. geschl.
Gute Küche, regionale und internationale Gerichte, Gute Auswahl an Weinen. Preis des Menüs etwa 50 000 Lire.

Mailand

Trattoria Milanese, Via S. Marta 11, Tel. 02/86 45 19 91, Di. geschl.
Traditioneller Familienbetrieb; angeboten werden verschiedene Mailänder Spezialitäten: Risotto milanese mit Safran, Costoletta milanese (das Mailänder Schnitzel), Ossobuco, Bollito misto oder Cassoeula – verschiedene Stücke vom Schwein mit Weißkraut und Sellerie. Zum Nachtisch gibt es einen hausgemachten Zabaione. Menü um 50 000 Lire.

Torre di Pisa, Via Fiori Chiari 21, Tel. 02/87 48 77, So. Ruhetag, Sa. mittag geschl.
Im Brera-Viertel gelegenes kleines Restaurant mit schöner Atmosphäre. Gute hausgemachte Speisen, leckere Pasta, exzellente Fleischgerichte. Menü um 55 000 Lire.

Bottiglieria da Pino, Via Cerva 14, Tel. 02/76 00 05 32, So. geschl., nur mittags geöffnet
Preisgünstiges Lokal in Domnähe. Leckere leichte Gerichte wie Pasta mit Auberginen, kleine salzige Kuchen, Risotto milanese oder Stracotto. Auch die Desserts sind zu empfehlen.

Le Vigne, Ripa di Porta Ticinese 61, Tel. 02/8 37 56 17, Ruhetag So., Mo. abend geschl.
Eine nette Osteria im Navigli-Viertel; man kann einen kleinen Imbiß nehmen oder richtig essen, es gibt Kaninchen, Eselschmorbraten, Carpaccio, verschiedene Gemüse. Leckere Süßspeisen. Gute Weine, die allerdings nicht aus der Lombardei kommen. Menü um 35 000 Lire.

Capolinea, Via Ludovico il Moro 119, Tel. 02/89 12 20 24, Mo. Ruhetag
Hier treffen sich Mailands Nachtschwärmer und Künstler, die das Navigli-Viertel für ihre abendlichen Touren bevorzugen; angeboten werden hervorragende hausgemachte Nudelgerichte, schmackhaftes Gemüse und das legendäre Mailänder Schnitzel. Die Preise für ein Menü liegen bei 40 000 Lire. Angeschlossen ist ein Jazzlokal.

Mantua

Antica Osteria – Taverna S. Barbara, Piazza S. Barbara 19, Tel. 03 76/32 94 96, Mo. Ruhetag, Di. abend geschl.
Typisch mantuanische Küche. Es gibt Sorbir d'agnoli (eine Art Ravioli in Brühe), Tortelli di zucca (Ravioli mit Kürbisfüllung), Risotto alla mantovana mit Salamistückchen. Dazu kann man einen Lambrusco aus der Provinz Mantua wählen. Man sitzt in einem Innenhof des Palazzo Ducale oder in der gepflegt-gemütlichen Taverne.

Ristorante Pavesi, Piazza delle Erbe 13, Tel. 03 76/32 36 27, Do. geschl.
Kaum zu übersehen mitten im Trubel der Piazza delle Erbe liegt dieser sympathische Familienbetrieb. Angeboten werden mantuanische Kost,

verschiedene Nudel- und Fleischgerichte, aber auch Salate. Zum Kaffee wird der leckere Streuselkuchen – Sbrisolona – gereicht.

Mantua (Fortsetzung)

Ochina bianca, Via Finzi 2, Tel. 03 76/32 37 00, Mo. Ruhetag und Di. mittag geschl.
Moderne, angenehm eingerichtete Osteria, in der eine Riesenauswahl an Gerichten angeboten wird. Darunter natürlich die guten Kürbis-Tortelli, ein Risotto mit Schleie oder Stör sowie Rinderschmorbraten mit Amarone. Reichhaltige Weinkarte.

Monza

Prater, Piazza S. Paolo, Tel. 0 39/32 38 64, Mo. Ruhetag
Man sitzt drinnen sehr gepflegt und draußen auf einer Straßenterrasse versteckt hinter Bambusbüschen. Sehr zu empfehlen als Antipasti geräucherter Lachs (Salmone affumicato) und dann Pasta nach Tiroler Art mit Speck und Safran.

Orta S. Giulio (Orta-See)

Taverna Antico Agnello, Via Olina 18, Tel. 03 22/9 02 59, Di. geschl.
Schöne Osteria, in der internationale und regionale Speisen angeboten werden, u. a. gibt es leckeren Fisch aus dem Ortasee. Gute Weinkarte. Antipasti, Hauptgericht und Dessert zusammen etwa 45 000 Lire.

Pavia

Trattoria Ressi, Via Ressi 8, Tel. 03 82/2 01 84, So. geschl.
Schwer zu finden, dafür aber außerordentlich schön. Geschmackvoll eingerichtet in einem historischen Gebäude im Zentrum von Pavia. Lombardische Küche – ein nur kleines Angebot, dafür alles frisch zubereitet. Hauptgericht etwa 22 000 Lire, Vorspeise um 12 000 Lire. Gute Weinkarte mit Weinen der Region.

Antica Osteria dei Previ, Via Milazzo 65, Tel. 03 82/2 62 03, Mi. Ruhetag
Traditionsreiche Osteria, am rechten Flußufer in der Nähe des Ponte Coperto; man ißt verschiedene Risotti, Barsch, Hecht, Stör, leckeren Schweinebraten oder eine gute Cassoeula. Gute Weinkarte mit Weinen aus Italien und aus der Lombardei.

Goi – Antica Trattoria, Via Togliatti 2, San Martino Siccomario, Tel. 03 82/49 88 87
Ebenfalls auf der anderen Flußseite jenseits des historischen Zentrums gelegen. Angeboten werden internationale Gerichte.

Porlezza (Lago di Lugano)

Risorgimento, Via Vanetti 16, Tel. 03 44/6 11 2, kein Ruhetag
Restaurant mittlerer Preisklasse. Internationale und regionale Küche, gute Fleischzubereitungen.

Predore (Lago d'Iseo)

Il Gabbiano, Via Muciano 2, Tel. 0 35/93 84 81, Mo. Ruhetag
In der "Möwe" sitzt man außerordentlich schön auf einer kleinen Terrasse direkt am Iseosee. Ein Ausflug in das abgelegene Predore lohnt sich allein schon wegen dieses idyllischen Plätzchens! Neben Fleischgerichten steht Fisch aus dem Lago und aus dem Meer auf dem Speiseplan. Menü vom Antipasto bis zum Espresso für ca. 65 000 Lire.

Sabbioneta

Parco Cappuccini, Via Santuario 30, Tel. 0375/52005, Mo. Ruhetag, Mi. abend geschl.
Wenige Minuten außerhalb des historischen Zentrums kommt man in diesen hübschen kleinen Landpalast mit einem Park mit uraltem Baumbestand. Auf der Speisekarte stehen typisch mantuanische Fleischgerichte, außerdem Risotto alla mantovana und Tortelli di zucca, zum Kaffee gibt es Sbrisolona.

Salò

La campagnola, Via Brunati 11, Tel. 03 65/2 21 53, Mo. Ruhetag, Di. mittag geschl.
In der Campagnola sollte man Fisch aus dem Gardasee probieren: Forellen, Schleie, Hecht, Renke. Außerdem gibt es eine reichhaltige Aus-

Restaurants Salò (Fts.)

wahl an Fleischgerichten und Gemüse – alle Zubereitungen mit dem ausgezeichneten Olivenöl vom Gardasee.

Sirmione (Lago di Garda)

Trattoria Antica Contrada, Via Colombare 23, Tel. 0 30/9 90 43 69, Mo. und Di. mittag geschl.
Restaurant der gehobenen Preisklasse. Internationale Gerichte, aber auch hervorragende Zubereitungen von Fisch aus dem See. Vielfältige Weinkarte. Menüs zwischen 45 000 und 80 000 Lire.

Sondrio

Sozzani, Piazza Garibaldi 19, Tel. 03 42/51 04 04, 28. Juli – 30. Aug. geschl.
Dieses Restaurant im Hotel della Posta bietet feine regionale Küche sowie eine schöne Auswahl regionaler und anderer Weine.

Mossini, im Ortsteil Mossini, Tel. 03 42/51 40 40, Mo. Ruhetag
Von Sondrio aus fährt man etwa 10 Min. in Richtung Valmalenco nach Mossini. In der gut besuchten Osteria ißt man ausgezeichnete regionale Kost – Bresaola, Pizzoccheri, Sciatt und hervorragende Wildgerichte.

Amici vecchie cantine, Via Parravicini 6, Tel. 03 42/51 25 90, So. geschl.
Kein Restaurantbetrieb im eigentlichen Sinn; im Vordergrund stehen hier die Weine aus der Valtellina, die man offen, im "bicchiere" (Glas), bekommt. Dazu gibt es hervorragende Käsespezialitäten ebenfalls aus der Valtellina und den Nebentälern, u. a. den leckeren Bitto, oder in Öl eingelegte Paprika, Auberginen, Artischocken.

Varenna (Lago di Como)

Vecchia Varenna, Contrada Scoscesa 10, Tel. 03 41/83 07 93, Mo. geschl.
Man sitzt sehr schön mit Blick auf den See und die umgebenden Berge. Auf der Karte steht u. a. Fisch aus dem See, der sehr schmackhaft zubereitet ist.

Varese

Orchidea, Via Donizetti 5, Tel. 03 32/28 51 19, So. geschl.
Für gehobene Ansprüche, sehr gepflegtes Ambiente. Die wohlhabenderen Einheimischen feiern hier ihre Familienfeste. Viele Fischgerichte, reichhaltige Weinkarte. Die Preise für ein Menü liegen zwischen 40 000 und 80 000 Lire.

Il Retro, Via Donizetti 5, Tel. 03 32/28 25 15, So. geschl.
Wem der Nachbar zu teuer ist, kann eine Tür weiter im Hinterhof in die schlichtere und schöne "Rückseite" (retro) gehen, die denselben Inhaber hat. Hier gibt es gute Pizza Paella für 12 000 Lire.

Prima Cappella, Via del Santuario 15, Tel. 03 32/22 70 97, Mi. Ruhetag
Nach einem Spaziergang den Kapellenweg des Sacro Monte hinauf kann man sich hier stärken – die Prima Cappella, eine Mischung aus Ristorante, Pizzeria und Birreria hat nur abends geöffnet. Preisgünstig und rustikal. Bei schönem Wetter kann man draußen unter alten Bäumen sitzen.

Schiffsausflüge

Allgemeines

Auf den oberitalienischen Seen und auf dem Po kann man an verschiedenen Ausflugsfahrten (teilweise inkl. Besichtigungen von Sehenswürdigkeiten) teilnehmen. Die Schiffe fahren in den Frühlings- und Herbstmonaten nur eingeschränkt, während der Hauptsaison jedoch meistens täglich. Auskünfte erteilen die lokalen Fremdenverkehrsämter.

Lago d'Iseo

Sarnico – Iseo – Lovere – Monte Isola – Iseo – Sarnico
Information: Pro Loco in Lovere, Piazza Vittorio Emanuele 2,
Tel. 0 35/96 11 59; Pro Loco in Sarnico, Via A. Buelli 18, Tel. 0 35/91 09 00

Es gibt auch zahlreiche Privatanbieter für Schiffsausflüge wie hier in Sirmione.

Schiffsausflüge (Fortsetzung) Lago di Garda

Maderno – Bogliaco – Gargnano – Malcesine – Limone sul Garda – Torbole – Riva del Garda
Information: Verkehrsämter in Maderno, Via Lungolago 18, Tel. 03 65/64 13 30, und in Desenzano, Piazza Matteotti 2, Tel. 0 30/9 14 13 21-2

Lago di Como

Tour 1: Como – Cernobbio – Lenno – Tremezzo – Bellagio – Varenna
Tour 2: Lecco – Bellagio – Piona
Information: Verkehrsämter in Como (→ Auskunft) und in Lecco (→ Auskunft)

Lago Maggiore

Auf dem Lago Maggiore werden verschiedene Ausflugsfahrten angeboten, u. a. von Angera und Laveno aus zu den Inseln und nach Locarno und Ascona.
Information: Verkehrsämter in Luino, Via Dante 6, Tel. 03 32/53 00 19, und in Laveno, Palazzo Comunale, Tel. 03 32/66 66 66

Lago di Lugano und Lago Maggiore

Lugano – Ponte Tresa – Busfahrt nach Luino – Stresa – Borromäische Inseln und zurück
Information: Società di Navigazione del Lago di Lugano, Tel. 00 41/91/51 52 23, 23 46 10; Fremdenverkehrsamt in Luino, Via Dante 6, Tel. 03 32/53 00 19

Auf dem Po

Von Mantua aus werden verschiedene Schiffsfahrten über den Mincio bis zum Po angeboten. Weitere Möglichkeiten:
von Mantua über den Mincio und den Po aufwärts nach Boretto, oder von Mantua über S. Benedetto Po bis nach Venedig (Start in der Nähe des Castello S. Giorgio)
Information: Fremdenverkehrsamt in Mantua (→ Auskunft); Motonave Sebastiano N., Mantua, Tel. 03 76/36 08 70

Von Cremona nach Venedig

Von Cremona aus werden zwischen Mai und Oktober achttägige Schiffsfahrten über den Po bis nach Venedig mit Zwischenstop in verschiedenen Po-Städten bzw. umgekehrt von Venedig nach Cremona angeboten (VELA Tour Operator – Asti).
Information: Fremdenverkehrsamt in Cremona (→ Auskunft)

Sicherheit

Auch in der Lombardei, besonders in Mailand und in den touristischen Zentren, ist die Kleinkriminalität verbreitet. Auf Taschen, Koffer, Fotoapparate und andere Wertgegenstände sollte man besonders achtgeben. Kraftfahrzeuge – auch Leihwagen mit italienischen Kennzeichen –, vor allem Wohnwagen, Kleinbusse und teure Autos werden häufig aufgebrochen

Sicherheit (Fortsetzung)

oder entwendet. Man sollte auf keinen Fall Wertsachen, Papiere, Geld, Schecks, Scheckkarten und Schlüssel in abgestellten Wagen lassen, sondern sie stets direkt am Körper tragen. Handschuhfach und Kofferraum leeren und nicht abschließen. Über Nacht sollte man sein Auto nach Möglichkeit in einer verschlossenen Garage abstellen.

Die italienische Polizei ist hilfsbereit, steht aber dem Bandenwesen praktisch machtlos gegenüber. Nach einem Überfall, Raub oder Diebstahl setzt die Polizei ein Protokoll auf, das wichtig für die Schadensmeldung bei der Versicherung ist.

Sport

Radfahren

Für Radfahrer gibt es in der Lombardei ein breites Spektrum an Möglichkeiten, das von geruhsamen Radtouren in der Ebene über Fahrten an den Seeufern bis hin zu Bergtouren reicht. Besonders schöne Landschaften kann man per Rad in den Naturparks Ticino, Mincio, Groane und Adda erkunden. In den Naturparks in der Po-Ebene gibt es häufig Fahrradverleihstationen; die APT-Stellen in Pavia, Mantua und Lodi geben genauere Auskünfte und haben teilweise Karten, in denen kleinere Straßen eingezeichnet sind. In der feuchten Po-Ebene ist in den Sommermonaten unbedingt auf Mückenschutz zu achten!
Vom Allgemeinen Deutschen Fahrrad-Club (ADFC, Postfach 10 77 47, 28077 Bremen, Tel. 04 21/3 46 39 25) kann man das Buch "Gardasee mit Bike. Touren" und den Moser-Bike-Guide "Gardasee" mit 40 beschriebenen Touren beziehen. Im Buchhandel sind die Radwanderführer "Radwandern Gardasee", Stöppel Verlag, und "Oberitalien per Rad", Kettler-Verlag, erhältlich.
Der Touring Club Italiano gibt eine Broschüre mit Radtouren heraus: "Lombardia in bicicletta. Itinerari turistici", Touring Club Italiano, Corso Italia 10, I-20122 Milano, Tel. 02/8 52 61.

Wandern

Schöne Wandergebiete sind das Chiavenna-Tal ganz im Norden, das Veltlin (Valtellina), das Malenco-Tal nördlich von Sondrio, der Stilfser-Joch-Nationalpark, die Valcamonica, der Adamello, das Westufer des Comer Sees, die Orobischen Alpen nördlich von Bergamo, die Grigne und die Resegone (Valsassina, Ostseite des Comer Sees), das Voralpengebiet bei Varese und die nördlichen Apenninregionen im Oltrepò Pavese. Überall stehen Schutzhütten zur Verfügung.

Informationen

Bei der ENIT erhält man die Broschüre "Lombardia, Touristischer Bergführer Sommer/Winter", Istituto Geografico de Agostini, mit einzelnen Tourenbeschreibungen, Informationen über Schutzhütten und wichtigen Telefonnummern.
Kleinere Karten mit eingezeichneten Wanderrouten geben auch die APT-Stellen vor Ort aus.
Italienischer Alpenverein CAI, Sektion SEM (Mailänder Wanderverein), Via U. Foscolo 3, I-20121 Milano, Tel. 02/8 05 69 71

Klettern

Einige Gebiete in der Lombardei eignen sich hervorragend zum Klettern, insbesondere Valtellina, Valchiavenna, Val Brandet, Val di Campovecchio; außerdem bietet sich der Stilfser-Joch-Nationalpark zum Klettern an. Mailänder klettern bevorzugt in der Nähe von Lecco, hier gibt es auch eine bekannte Kletterer-Schule. Echte Kletterparadiese sind die Kalktürme in den Grigne oder die Granitfelsen im Mello-Tal. Das Mekka der Freeclimber ist Arco am Nordende des Gardasees, wo alljährlich die Weltmeisterschaften ausgetragen werden.

Reiten

Reiten ist vor allem im Rahmen der Agriturismo-Angebote möglich. Sehr viele der hier gemeldeten Betriebe bieten Reiter-Ausflüge an, stellen Pferde für Ausritte zur Verfügung oder weisen auf Reiterhöfe in der näheren

Reiten (Fortsetzung)

Umgebung hin. Besonders schön sind die Reitwege in den Naturschutzgebieten im Flachland wie beispielsweise im Ticino-Park. Bei der ENIT (→ Auskunft) erhält man die Broschüre "Führer des Agritourismus in der Lombardei", in dem alle Betriebe aufgeführt sind, in denen Reiten möglich ist.

Golf

Insgesamt gibt es in der Lombardei 28 Golfplätze, die sich um Mailand und an den oberitalienischen Seen konzentrieren. Sie werden in dem "Guide to Golf Courses in Lombardy" aufgeführt. Dieser ist erhältlich beim Fremdenverkehrsamt (→ Auskunft) und bei der Federazione Italiana Golf, Viale Tiziano 74, I-00196 Roma, Tel. 06/3 23 18 25, Fax 3 22 02 50.

Wassersport

Surfen und Segeln

Der Lago Maggiore, der Luganer See, der Comer See, der Iseosee und der Gardasee sind ideale Segel- und Surfreviere – zumal der Gardasee ist bekannt für seine gleichmäßigen, meist recht starken Winde. An allen Seen gibt es viele Segel- und Surfschulen. Außerdem kann man Boote mieten, muß dafür aber einen Segelschein vorlegen.

Es muß nicht immer das Meer sein. Die oberitalienischen Seen haben für Wassersportler viel zu bieten. Der Gardasee gilt gar als das Mekka der Surfer

Kanu

Kanu- und Kajakfahren erfreuen sich auf den Wasserläufen der Lombardei in den letzten Jahren zunehmender Beliebtheit. Wer eine längere Tour unternehmen möchte, kann von Mailand aus über den Naviglio Pavese, den Ticino und den Po bis zur Adria fahren. Ansonsten sind der obere Lauf der Adda im Veltlin, der Brembo nördlich von Bergamo und der Oglio nördlich von Brescia sehr geeignet.

Auskünfte

Genauere Auskünfte erhält man bei der lombardischen Regionalstelle des italienischen Kanu-Kajak-Clubs in Mailand,
Tel. 02/73 38 72.

Wasserwege in der Lombardei

Die Regione Lombardia hat den Führer "Wasserwege der Lombardei" herausgegeben; er ist erhältlich beim:
Consorzio Infoturismo, Via L. Porro Lambertenghi 28, 20159 Milano, Tel. 02/66 80 23 87 und 66 80 23 97, Fax 66 80 14 6.
Beschrieben sind Touren mit Kanu, Kajak, Ruder- oder Segelboot auf den Gewässern der Lombardei mit Angabe von Länge, Höhenunterschieden, Dauer, Schwierigkeitsgrad, nötiger Ausrüstung, geeigneten Monaten, Anfahrt und Adressen von ortsansässigen Sportbootklubs.

Angeln

Zum Angeln in den Gewässern der Lombardei braucht man eine Genehmigung, die man frühzeitig in Mailand bei der italienischen Federazione Italiana Pesca Sportiva, Viale Abruzzi 79, Tel. 02/2 04 39 52 beantragen sollte.

Der Winter gehört dem Wintersport. Auf den Skifan warten kilometerlange Abfahrten wie hier in Livigno-Carosello.

Wintersport

Allgemeines

In der Lombardei findet man hervorragende Wintersportmöglichkeiten besonders in den Hochalpengebieten der Provinz Sondrio. Aber auch in anderen Regionen gibt es zahlreiche kleinere Skiorte mit ausgebauten Abfahrtspisten und Langlaufloipen.

Provinz Sondrio

Livigno: 85 km Abfahrtspisten aller Schwierigkeitsgrade (27 Pisten), 40 km Langlaufloipen (5 Loipen)
Madesimo: 60 km Abfahrtspisten aller Schwierigkeitsgrade (29 Pisten), eine 4,5 km lange Langlaufloipe
Bormio: 80 km Abfahrtspisten aller Schwierigkeitsgrade (16 Pisten), 12 km Langlaufloipen (2 Loipen)
Santa Caterina Valfurva: 40 km Abfahrtspisten aller Schwierigkeitsgrade (12 Pisten), 15 km Langlaufloipen (2 Loipen)
Aprica: 60 km Abfahrtspisten aller Schwierigkeitsgrade (20 Pisten), eine 6 km lange Langlaufloipe

Wintersport, Provinz Sondrio (Fortsetzung)

Teglio: 15 km Abfahrtspisten (2 Pisten), eine 3 km lange Langlaufloipe
Valmalenco: 45 km Abfahrtspisten aller Schwierigkeitsgrade (24 Pisten), 30 km Langlaufloipen (7 Loipen)

Provinz Brescia

Ponte di Legno: 80 km Abfahrtspisten aller Schwierigkeitsgrade (21 Pisten), 17,5 km Langlaufloipen (3 Loipen)
Pisten gibt es außerdem in Borno, Montecampione, Collio, Passo di Maniva, Pezzeda, Gaver, Bagolino.

Provinz Lecco

Die wichtigsten Skigebiete in der Valsassina mit leichten bis mittelschweren Abfahrtspisten sind:
Barzio: 29,3 km Abfahrtspisten (32 Pisten), 30,5 km Langlaufloipen (5 Loipen)
Moggio: 11,35 km Abfahrtspisten (9 Pisten), 27 km Langlaufloipen (4 Loipen)
Alpe Giumello: 3,95 km Abfahrtspisten (4 Pisten), 6,2 km Langlaufloipen (2 Loipen)

Provinz Bergamo

Foppolo: 44 km Abfahrtpisten (23 Pisten) mittelschwer bis schwer, eine 3 km lange Langlaufloipe
Carona: 15 km Abfahrtspisten (15 Pisten), 15 km Langlaufloipe (3 Loipen)
S. Simone: 20 km Abfahrtspisten (18 Pisten), eine 6,5 km lange Langlaufloipe
Außerdem gibt es Pisten in Oltre il Colle, Serina Valpiana, Piazzatorre, Cusio, Monte Avaro, Valtorta, Selvino, Clusone, Valcanale, Ardesio, Spiazzi di Gromo, Lizzola, Valbondione, Monte Pora, Presolana-Paß, Colere, Polzone, Schilpario.

Weitere Wintersportorte sind Piani del Tivano, Monte Crocione, Alpe Grande (Provinz Como), im Apennin Brallo und Pian del Poggio (Provinz Pavia) sowie Brinzio, Cunardo und Alpe Forcora (Provinz Varese).

Schnee-Infotelefon

Von Mailand aus: Tel. 162, ansonsten Tel. 02/6 75 09

Wettervorhersage

Tel. 1911

Lawinenbericht

Bormio, Tel. 03 42/90 12 80; Mailand, Tel. 02/67 65 46 69;
Brescia, Tel. 0 30/5 44 49; Bergamo, Tel. 0 35/22 10 01.

ADAC-Schneetelefon

Schneeberichte für Italien, Informationen über die aktuelle Wintersportsituation, Schneehöhen, Länge der gespurten Loipen u. v. a.:
Tel. 0 89/76 76 25 58 (ab Mitte Dezember bis Ostern).

Literaturhinweis

Der ADAC Verlag (München) und Mairs Geographischer Verlag (Ostfildern) veröffentlichen alljährlich den Großen ADAC Ski Atlas Alpen.

Weitere Informationen

Weitere Informatinen erteilt u. a. die
Federazione Italiana Sport Invernali
Via Piranesi 44, I-20137 Milano
Tel. 02/71 95 18

Sprache

Das Italienische hat sich aus dem Lateinischen entwickelt und steht diesem von allen romanischen Sprachen am nächsten. Nicht zuletzt infolge der früheren politischen Zerissenheit des Landes entstanden zahlreiche Mundarten, unter denen sich im Verlauf des 13. und 14. Jh.s das Toskanische durchsetzte und bis heute die gültige Schriftsprache blieb.

Weitere Hinweise

→ Zahlen und Fakten, Bevölkerung

Sprechen und Verstehen ganz einfach

Zur Erleichterung der Aussprache:

c, cc	vor »e, i« wie deutsches »tsch« in deutsch, Bsp.: dieci, sonst wie »k«
ch, cch	wie deutsches »k«, Bsp.: pacchi, che
ci, ce	wie deutsches »tsch«, Bsp.: ciao, cioccolata
g, gg	vor »e, i« wie deutsches »dsch« in Dschungel, Bsp.: gente
gl	ungefähr wie in »Familie«, Bsp.: figlio
gn	wie in »Kognak«, Bsp.: bagno
sc	vor »e, i« wie deutsches »sch«, Bsp.: uscita
sch	wie in »Skala«, Bsp.: Ischia
sci	vor »a, o, u« wie deutsches »sch«, Bsp.: lasciare
z	immer stimmhaft wie »ds«

Die Betonung liegt bei den meisten mehrsilbigen Wörtern auf der vorletzten Silbe: ristorạnte, venịre. Abweichungen werden in diesem Sprachführer durch einen Punkt unter dem betonten Vokal angegeben.

Auf einen Blick

Ja./Nein.	Sì./No.
Vielleicht.	Forse.
Bitte./Danke.	Per favore./Grạzie.
Vielen Dank!	Tante grạzie.
Gern geschehen.	Non c'è di che!
Entschuldigen Sie!	Scusi!/Scusa!
Wie bitte?	Come dice?
Ich verstehe Sie/dich nicht.	Non La/ti capisco.
Ich spreche nur wenig ...	Parlo solo un po' di ...
Können Sie mir bitte helfen?	Mi può aiutare, per favore?
Ich möchte ...	Vorrei ...
Das gefällt mir (nicht).	(Non) mi piace.
Haben Sie ...?	Ha ...?
Wieviel kostet es?	Quanto costa?
Wieviel Uhr ist es?	Che ore sono?/Che ora è?

Kennenlernen

Guten Morgen!/Tag!	Buon giọrno!
Guten Abend!	Bụona sera!
Gute Nacht!	Bụona notte!
Hallo!/Grüß dich!	Ciạo!
Wie geht es Ihnen/dir?	Come sta?/Come stai?
Danke. Und Ihnen/dir?	Bene, grạzie. E Lei/tu?
Auf Wiedersehen!	Arrivederci!
Tschüs!	Ciạo!
Bis bald!	A presto!
Bis morgen!	A domani!

unterwegs

Auskunft

links/rechts	a sinistra/a destra
geradeaus	diritto
nah/weit	vicino/lontano
Wie weit ist das?	Quanti chilọmetri sono?
Ich möchte ... mieten.	Vorrei noleggiạre ...
... ein Auto	... una mạcchina.
... ein Fahrrad	... una bicicletta.
... ein Boot	... una barca.
Bitte, wo ist ...?	Scusi, dov'è ...?
der Hauptbahnhof	la staziọne centrale

die U-Bahn	la metro(politana)
der Flughafen	l'aeroporto
Zum ... Hotel.	All'albergo ...

Panne

Ich habe eine Panne.	Ho un guạsto.
Würden Sie mir einen Abschleppwagen schicken?	Mi potrebbe mandare un carro-attrezzi?
Gibt es hier in der Nähe eine Werkstatt?	Scusi, c'è un'officina qui vicino?
Würden Sie mir mit Benzin aushelfen?	Mi potrebbe dare un po' di benzina, per favore?

Tankstelle

Wo ist bitte die nächste Tankstelle?	Dov'è la prọssima stazịone di servịzio, per favore?
Ich möchte ... Liter ...	Vorrei ... litri di ...
... Normalbenzin.	... benzina normale.
... Super./... Diesel.	... super./... gasọlio.
... bleifrei/... verbleit.	... senza piọmbo (verde)/... con piọmbo.
...mit ... Oktan.	... a ... ottani.
Volltanken, bitte.	Il piẹno, per favore.

Straßenverkehr

Umleitung	Deviazione
Einbahnstraße	Senso unico
gesperrt	Sbarrato
langsam fahren	Rallentare
alle Richtungen	Tutti direzioni
rechts fahren	Tenere la destra
Hupverbot	Zone di silenzio
Beginn der Parkverbotszone	Zona tutelata INIZIO

Unfall

Hilfe!	Aiụto!
Achtung!/Vorsicht!	Attenzịone!
Rufen Sie bitte schnell ...	Chịami sụbito ...
... einen Krankenwagen.	... un'autoambulanza.
... die Polizei.	... la polizia.
... die Feuerwehr.	... i vịgili del fuọco.
Haben Sie Verbandszeug?	Ha materiale di pronto soccorso?
Es war meine Schuld.	È stata colpa mia.
Es war Ihre Schuld.	È stata colpa Sua.
Geben Sie mir bitte Ihren Namen und Ihre Anschrift!	Mi dịa il Suo nome e indirizzo, per favore!

Essen/Unterhaltung

Wo gibt es hier ...	Scusi, mi potrebbe indicare ...
... ein gutes Restaurant?	... un buon ristorante?
... ein typisches Restaurant?	... un locale tịpico?
Gibt es in der Nähe eine Eisdiele?	C'è una gelateria qui vicino?
Reservieren Sie uns bitte für heute abend einen Tisch für 4 Personen.	Può riservarci per stasera un tạvolo per quattro persone?
Auf Ihr Wohl!	Alla Sua salute!
Bezahlen, bitte.	Il conto, per favore.
Hat es geschmeckt?	Andava bene?
Das Essen war ausgezeichnet.	Il mangiare era eccellente.
Haben Sie einen Veranstaltungskalender?	Ha un programma delle manifestazịoni?

einkaufen

Wo finde ich ...?	Dov'è si può trovare ...?
eine Apotheke	una farmacịa

Sprache

eine Bäckerei	un panifịcio
ein Fotogeschäft	un negozio di artịcoli fotogrạfici
ein Kaufhaus	un grande magazzino
ein Lebensmittelgeschäft	un negọzio di gẹneri alimentari
den Markt	il mercato
den Supermarkt	il supermercato
den Tabakladen	un tabaccaio
den Zeitungshändler	un giornalạio

Übernachtung

Können Sie mir bitte ... empfehlen?	Scusi, potrebbe consigliarmi ...
... ein Hotel	... un albergo?
... eine Pension	... una pensiọne?
Ich habe bei Ihnen ein Zimmer reserviert.	Ho prenotato una cạmera.
Haben Sie noch ...?	È lịbera ...?
... ein Einzelzimmer	... una sịngola
... ein Zweibettzimmer	... una dọppia
... mit Dusche/Bad	... con doccia/bagno
... für eine Nacht	... per una notte
... für eine Woche	... per una settimana
... mit Blick aufs Meer	... con vista sul mare
Was kostet das Zimmer ...	Quanto costa la cạmera ...
... mit Frühstück?	... con la prima colaziọne?
... mit Halbpension?	... a mezza pensiọne?

Praktische Informationen

Arzt

Können Sie mir einen guten Arzt empfehlen?	Mi può consiglịare un buon mẹdico?
Ich habe Durchfall	Soffro di diarrẹa.
Ich habe ...	Ho ...
... Bauchschmerzen.	... mal di pancia.
... Fieber.	... la febbre.
... Kopfschmerzen.	... mal di testa.
... Zahnschmerzen.	... mal di denti.
... Sonnenbrand	... scottatura solare.

Bank

Wo ist bitte ...	Scusi, dove posso trovare ...
... eine Bank?	... una banca?
... eine Wechselstube?	... un'agenzịa di cạmbio?
Ich möchte diese ... DM (Schilling, Schweizer Franken) in Lire wechseln.	Vorrei cambịare questi marchi (scellini, franchi svịzzeri) in Lire.

Post

Was kostet ...	Quanto costa ...
... ein Brief ...	... una lẹttera ...
... eine Postkarte ...	... una cartolina ...
nach Deutschland?	per la Germạnia?

Zahlen

0	zero	10	dịeci	20	venti	101	centoụno
1	uno	11	ụndici	21	ventuno	200	duecento
2	due	12	dọdici	30	trenta	1000	mille
3	tre	13	trẹdici	40	quaranta	2000	duemila
4	quattro	14	quattọrdici	50	cinquanta	10000	diecimila
5	cinque	15	quịndici	60	sessanta		
6	sei	16	sẹdici	70	settanta	1/2	un mezzo
7	sette	17	diciassette	80	ottanta	1/4	un quarto
8	otto	18	diciọtto	90	novanta		
9	nove	19	diciannove	100	cento		

Carta	Speisekarte
prima colazione	Frühstück
caffè, espresso	kleiner, starker Kaffee – ohne Milch
caffè macchiạto	kleiner, starker Kaffee – mit wenig Milch
caffellatte	Kaffee mit Milch
caffè decaffeinizzato	koffeinfreier Kaffee
cappuccino	Kaffee mit aufgeschäumter Milch
tè al latte/al limone	Tee mit Milch/Zitrone
tè alla menta/alla frutta	Pfefferminz-/Früchtetee
tisana	Kräutertee
cioccolata	Schokolade
spremuta	frisch gepreßter Fruchtsaft
succo di frutta	Fruchtsaft
frittata	Omelett/Pfannkuchen
uọvo alla coque	weiches Ei
uọva al tegame	Spiegeleier
uọva sode	harte Eier
uọva strapazzate	Rühreier
pane/panino/pane tostato	Brot/Brötchen/Toast
cornetto	Hörnchen
burro	Butter
formạggio	Käse
salame	Wurst
prosciụtto	Schinken
miẹle	Honig
marmellata	Marmelade
iogurt	Joghurt
della frutta	etwas Obst
antipasti/minestre	**Vorspeisen/Suppen**
acciụghe	Sardellen
affettato misto	gemischter Aufschnitt
anguilla affumicata	Räucheraal
carciofini sott'ọlio	Artischockenherzen in Öl
funghi sott'ọlio	Pilze in Öl
melone e prosciụtto	Melone mit Schinken
minestrone	dicke Gemüsesuppe
pastina in brodo	Fleischbrühe mit feinen Nudeln
vitello tonnato	kalter Kalbsbraten mit Thunfischcreme
zuppa di pesce	Fischsuppe
Primi Piatti	**Nudel- und Reisgerichte**
pasta	Nudeln
... al burro/in bianco	... mit Butter
... alla napoletana/al pomodoro	... mit Tomatensoße (ohne Fleisch)
... alla bolognese/al ragù	... mit Tomatensoße (mit Fleisch)
... alle vọngole	... mit kleinen Muscheln
... alla carbonara	... mit Ei und Speck
... alla panna	... mit Sahne
... aglio e olio	... mit Knoblauch und Öl
... alla puttanesca	... mit Tomatensoße, Oliven und sehr scharfen Gewürzen
fettuccine/tagliatelle	Bandnudeln
gnocchi	kleine Kartoffelklößchen
polenta (alla valdostana)	Maisbrei (mit Schmelzkäse)
agnolotti/raviọli/tortellini	gefüllte Teigtaschen
vermicelli	Fadennudeln
risotto alla milanese	Reisgericht mit Safran
carni e pesce	**Fleisch und Fisch**
agnello	Lamm
ai ferri/alla griglia	vom Grill

ạnitra	Ente
aragosta	Languste
brasato	Braten
coda di rospo	Seeteufel
conịglio	Kaninchen
cozze/vọngole	Miesmuscheln/kleine Muscheln
fẹgato	Leber
fritto di pesce	gebackene Fischchen
gạmbero, grạnchio	Krebs, Krabbe
maiạle	Schweinefleisch
manzo/bue	Rind-/Ochsenfleisch
ossobuco	Kalbshaxenscheibe mit Soße
pesce spada	Schwertfisch
platessa	Scholle
pollo	Huhn
rognoni	Nieren
salmone	Lachs
scampi fritti	gebackene kleine (See-)Krebse
sọgliola	Seezunge
spezzatino	Geschnetzeltes/Gulasch
tonno	Thunfisch
trota	Forelle
vitello	Kalbfleisch
verdura e insalate	**Gemüse und salate**
aspạragi	Spargel
carciọfi	Artischocken
carote	Möhren, Karotten
cavolfiọre	Blumenkohl
cạvolo	Kohl
cicọria belga	Chicorée
cipolle	Zwiebeln
fagiọli	weiße Bohnen
fagiolini	grüne Bohnen
finocchi	Fenchel
funghi	Pilze
insalata mista	gemischter Salat
insalata verde	grüner Salat
lenticchie	Linsen
melanzane	Auberginen
patate	Kartoffeln
patatine fritte	Pommes frites
peperoni	Paprika
piselli	Erbsen
pomodori	Tomaten
sẹdano	Sellerie
spinaci	Spinat
zucca	Kürbis
formaggi	**Käse**
parmigiạno	Parmesankäse
pecorino	Schafskäse
ricotta	quarkähnlicher Frischkäse
Dolci e frutta	**Nachspeisen und obst**
albicocca	Aprikose
angụria/cocomero	Wassermelone
arạncia	Orange
cassata	Eisschnitte mit kandierten Früchten
ciliẹgie	Kirschen
coppa assortita	gemischter Eisbecher
coppa con panna	Eisbecher mit Sahne

fichi	Feigen
fragole	Erdbeeren
gelato	Eis
lamponi	Himbeeren
macedọnia	Obstsalat
mela	Apfel
melone/popone	Honigmelone
nocciọla	Haselnuß(-Eis)
pera	Birne
pesca	Pfirsich
prugna/susina	Pflaume
tirami su	Löffelbiskuit mit Kaffee und Mascarpone-Creme
uva	Trauben
vaniglia	Vanilleeis
zabaiọne	Eierschaumcreme
zuppa inglese	Biskuit mit Vanillecreme

Lista delle bevande	**Getränkekarte**
bevande	Getränke
acqua minerale	Mineralwasser
amabile	lieblich
amaro	Magenbitter
aranciata	Orangeade
bibita	Erfrischungsgetränk
bicchiere	Glas
birra scura/chiara	dunkles/helles Bier
birra alla spina	Bier vom Faß
birra senza alcool	alkoholfreies Bier
bottiglia	Flasche
con ghiaccio	mit Eis
digestivo	Digestiv
frappé/frullato	Milchmixgetränk (oft mit Eis)
gassata/con gas	mit Kohlensäure
grappa	Tresterschnaps
limonata	Limonade
liquore	Likör
liscia/senza gas	pur/ohne Kohlensäure
secco	trocken
spremuta di arancia	frisch gepreßter Orangensaft
spumante	Sekt
succo di frutta/di mele	Frucht-/Apfelsaft
succo di pomodoro	Tomatensaft
vino bianco/rosato/rosso	Weiß-/Rosé-/Rotwein
vino della casa	Hauswein
vino frizzante	Perlwein, moussierender Wein
vino sfuso/aperto	offener Wein

Straßenverkehr

Allgemeines

Die allgemeinen Verkehrsvorschriften in Italien unterscheiden sich nicht wesentlich von denen anderer europäischer Länder. Die Verkehrszeichen entsprechen den internationalen Normen (auf der Seite 301 werden einige Verkehrsschilder übersetzt).

Autostrada

Die Autobahnbenutzung in Italien ist gebührenpflichtig. Die Gebühr richtet sich nach Hubraum und Achsenabstand; für Wohnmobile und Pkw mit Wohnwagen bezahlt man fast das Doppelte des Pkw-Tarifs. Die Gebührenabschnitte müssen aufbewahrt werden, da sie beim Verlassen der Autobahn wieder eingezogen werden. Die Autobahngebühr kann entweder bar

Straßenverkehr, Autostrada (Fortsetzung)

oder mit Viacard bezahlt werden. Die Viacard gibt es im Wert von 50 000, 90 000 und 100 000 Lire. Man erhält sie in Italien bei den Automobilklubs, bei ACI-Büros an den Grenzübergängen oder bei den wichtigsten Autobahneinfahrten, in Tabakwarengeschäften sowie an Tankstellen. Die Viacard ist bis zum vollständigen Verbrauch des gespeicherten Betrages gültig.

Verkehrsbestimmungen

Höhere Bußgelder

Italien hat die Geldbußen für Verstöße im Straßenverkehr deutlich erhöht. Eine Überschreitung der zulässigen Höchstgeschwindigkeit um mehr als zehn Stundenkilometer wird mit umgerechnet knapp 240 DM geahndet, das Parken im Halteverbot mit mindestens 60 DM.

Gurtpflicht, Kindersitz

Während der Fahrt müssen alle Autoinsassen über 14 Jahre Sicherheitsgurte anlegen. Für Kinder bis vier Jahre sind Kindersitze vorgeschrieben.

Geschwindigkeitsbegrenzungen

Innerhalb geschlossener Ortschaften: 50 km/h. Außerhalb geschlossener Ortschaften: 90 km/h (Pkw mit Anhänger, Caravangespanne 70 km/h; Wohnmobile über 3,5 t 80 km/h). Auf Schnellstraßen: 110 km/h (Pkw mit Anhänger 70 km/h). Auf Autobahnen: Pkw bis 1100 ccm 110 km/h, über 1110 ccm 130 km/h (Pkw mit Anhänger und Caravangespanne 80 km/h; Wohnmobile über 3,5 t 100 km/h); Motorräder bis 149 ccm sind auf Autobahnen verboten, Motorräder bis 349 ccm 110 km/h, ab 350 ccm 130 km/h. Bei Nebel bzw. Sichtverhältnissen unter 100 m darf das Tempo 50 nicht überschritten werden. Bei Geschwindigkeitsüberschreitungen drohen hohe Bußgelder und schlimmstenfalls Fahrverbot.

Vorfahrt

Vorfahrt hat der auf den Hauptverkehrsstraßen fließende Verkehr, sofern diese durch ein auf die Spitze gestelltes weißes oder gelbes Quadrat mit roter bzw. schwarz-weißer Umrahmung beschildert sind. Sonst gilt grundsätzlich (auch im Kreisverkehr) die Regel "Rechts vor links". Auf schmalen Bergstraßen hat das bergauf fahrende Fahrzeug Vorfahrt. Schienenfahrzeuge haben immer Vorfahrt.

Hupen

Im Zweifelsfall kann außerhalb geschlossener Ortschaften vor dem Überholen gehupt werden, desgleichen vor Kreuzungen, Abzweigungen, unübersichtlichen Kurven und anderen gefährlichen Stellen. Bei Dunkelheit ist die Lichthupe zu verwenden.

Pannen

Ausländische Auto- oder Motorradreisende werden im Fall einer Panne auf italienischen Straßen kostenlos vom Pannendienst des italienischen Automobilclubs zur nächsten Werkstatt abgeschleppt. Privates Abschleppen auf der Autobahn ist verboten.

Tunnels

In Tunnels und Galerien muß man das Licht (Abblendlicht) einschalten.

Totalschaden

Bei Totalschaden ist die italienische Zollbehörde zu verständigen, da sonst u. U. für das Schadensfahrzeug Einfuhrzoll bezahlt werden muß.

Notrufe

Pannenhilfe: Tel. 116

Straßenpolizei: Tel. 113

Telefon

Öffentliche Fernsprecher

Direktwahl nach Deutschland, Österreich oder in die Schweiz ist von öffentlichen Fernsprechern mit orangerotem Telefonhörersymbol möglich. Die öffentlichen Fernsprecher funktionieren mit Telefonmünzen (gettoni; Wert: 200 Lit.), mit 100-, 200- und 500-Lire-Stücken oder mit Telefonkarten

Telefon (Fortsetzung)

(carta telefonica). Telefonkarten, die es im Wert von 5 000 und 10 000 Lire gibt, erhält man u. a. in Bars, an Zeitungskiosken oder in Tabakgeschäften.

Telefonstellen der Telecom Italia

Bei den Telefonstellen der Telecom Italia stehen öffentliche Fernsprecher zur Verfügung. In Mailand gibt es zentral gelegene Telecom-Telefonstellen in der Galleria Vittorio Emanuele II. und im Obergeschoß des Hauptbahnhofs (abgeschlossene Zellen). Außerdem gibt es hier auch Automaten, an denen man mit einem 5 000- oder 10 000-Lire-Schein Telefonkarten ziehen kann.

Tarife

Billigtarife gelten täglich ab 22.00 bis 8.00 Uhr sowie an den Wochenenden. Ein Dreiminutengespräch nach Deutschland kosten zum Normaltarif derzeit rund 6000 Lire.

Ländervorwahlen

Vorwahl
von Deutschland, Österreich und der Schweiz
nach Italien: 00 39

Vorwahl von Italien
nach Deutschland: 00 49
nach Österreich: 00 43
in die Schweiz: 00 41

Die Null der nachfolgenden Ortsnetzkennzahl entfällt.

Bargeldloses Telefonieren

Aus Italien kann man gebührenfrei rund um die Uhr unter Tel. 1 72 00 49 die Frankfurter Vermittlungszentrale (Deutschland-Direkt-Dienst) anrufen, die den Anruf an den gewünschten Gesprächspartner in Deutschland weitergibt. Die relativ hohe Gebühr wird dann – nach erklärtem Einverständnis – dem Gesprächspartner in Deutschland in Rechnung gestellt.

Veranstaltungen

Allgemeines

In den Monaten Juli und August finden in allen größeren Städten und an den oberitalienischen Seen Veranstaltungsreihen mit klassischen Konzerten, Rock- oder Pop-Konzerten sowie Jazz-Festivals etc. statt. Aktuelle Veranstaltungshinweise erhält man überall bei den APT-Stellen (→ Auskunft). In Mailand bekommt man Informationen und Tickets (Theater, Sport- und Musikveranstaltungen) u. a. im Bahnhof Mailand Nord (Piazza L. Cadorna). Beim APT Mailand liegt die Broschüre "Milano Mese" aus, in der alle Veranstaltungen des laufenden Monats aufgeführt sind.

Januar

Albaville (8 km östlich von Como), letzter Donnerstag im Januar: Gubiana-Fest. Gubiana ist eine Puppe, die den Winter symbolisiert und bei diesem Fest erst in einer Prozession durchs Dorf getragen und dann verbrannt wird. Musik, Tanz, Essen und Trinken.
Lodi, 19. Januar: Fest des hl. Bassiano.

Februar

Bagolino (8 km nordwestlich des Idrosees): Bekannter Karneval mit historischen Tänzen und Kostümen.

März

Limone (Gardasee): Festa di Mezzaquaresima; uraltes Fest zur halben Fastenzeit mit Wein, Polenta und Fisch aus dem Gardasee.
Pescarolo (12 km nordöstlich von Cremona), letztes Wochenende im März: Senigola-Fest, bei dem überall in den Straßen Blumen zum Frühlingsanfang verkauft werden, dazu gibt es typische Speisen.
Mailand, im März/April: Konzertzyklus für alte Musik in der Kirche S. Maurizio am Corso Magenta 15.

April

In vielen Orten der Lombardei gibt es Karfreitagsprozessionen.

Veranstaltungen

Ostern

Bormio: I Pasquali – ein Wettbewerb, bei dem jedes Stadtviertel ein Lamm zur Ostermesse bringt, anschließend gibt es Lammbraten.
Sabbioneta, Ende April/Anfang Mai: bekannte Antiquitätenmesse im Palazzo Ducale.

Mai

Rogarò (bei Tremezzo/Commer See), 3. Sonntag im Mai: Spargelfest mit Erntedank-Gottesdienst in der der Schwarzen Madonna geweihten Kirche, abends in den Gaststätten Spargelessen.
Legnano (25 km nordwestlich von Mailand), am letzten Sonntag im Mai: Sagra del Caroccio, Umzug mit einem Ochsenkarren in historischen Kostümen zur Feier des Sieges der Lombardischen Liga von 1176.

Juni

Mailand, 1. Sonntag im Juni: Festivale dei Navigli im Navigli-Viertel mit Wasserspielen und Schwimmwettkämpfen.
Abbiategrasso: Fischfest – Fisch und Wein – entlang dem Ticino-Ufer.
Limone, letzter Sonntag im Juni: Volksfest zu Ehren des Heiligen Petrus. Insgesamt 500 kg Fisch und lokaler Wein werden verteilt, dazu Musik und Tanz im Freien.
Lago di Como/Isola Comacina: Sagra di San Giovanni; Ende Juni wird die Johannisnacht mit einer beleuchteten Bootsprozession und Feuerwerk gefeiert. Außerdem im Sommer Konzerte in der Kirche Assunta in Orta.
Lago di Orta: Festival für alte Musik auf der Isola San Giulio oder in Orta; italienische und internationale Orchester spielen auf Originalinstrumenten und in historischen Kostümen.
Ascona, Ende Juni/Anfang Juli: New-Orleans-Festival mit verschiedenen Jazzrichtungen in der Altstadt von Ascona.
Gardone Riviera: Konzerte im Vittoriale degli Italiani.

Juli

Lugano, Anfang Juli: internationales Jazz-Festival Lugano an der Piazza Riforma.
Mailand: Konzertreihe mit klassischen Konzerten in Mailänder Innenhöfen.
Casalmaggiore (5 km westlich von Sabbioneta), erste zehn Julitage: Fest mit Chorkonzerten, Feuerwerken, Ruderregatten auf dem Po.
Berbenno (10 km westlich von Sondrio), 20. Juli: Fest der Caldenno-Alpe auf der 1800 m hoch gelegenen Alpe oberhalb von Berbenno mit Wein, Würsten und Polenta taragna.
Locarno, Ende Juli/Anfang August: internationales Filmfestival, u. a. auf einer Großleinwand unter freiem Himmel.
Luganer See, Ende Juli: vielerorts nächtliches Seefest mit Illumination und Feuerwerk.
Gardone Riviera (Gardasee): Operette und Tanz im Vittoriale.
Salò: Klassische Konzerte auf dem Domplatz.
Iseo, Ende Juli/Anfang August: Jazz-Fest in Iseo.
Casteldidone (östlich von Cremona), am letzten Samstag: Festa di melone, ein Volksfest im Castello Mina.
Salò (Gardasee), am letzten Samstag: Carnevale del Sole, ein sommerlicher Fasching.

August

Introbio (Valsassina nordöstlich von Lecco), 5. August: Fest der Madonna von Biadino; Prozession zur Wallfahrtskirche Madonna della Neve, 10 km von Introbio entfernt.
Almenno S. Salvatore (nordwestlich von Bergamo), 2. Sonntag im August: Ausstellung von Vögeln und Jagdhunden, Verkaufsausstellung für Jagdartikel, Wettbewerb im Nachahmen von Vogelstimmen.
Mariä Himmelfahrt: Am 15. August in vielen Orten Prozessionen.
Lumezzane (15 km nördlich von Brescia), 16. August: Molete-Fest (Fest der Scherenschleifer); aus der ganzen Umgebung kommen Besucher, um das älteste Handwerk dieser Region zu feiern.
Curtatone (bei Mantua), 14./15. August: Fiera di Grazie, Wettbewerb der Straßenmaler mit einem großen Fest.
Garda (Gardasee), 15. August: Palio delle contrade, eine Parade in historischen Kostümen und Wettrudern.

Lugano, Ende August: Blues to Bop & Worldmusic-Festival auf der Open-air-Bühne auf der Piazza Riforma.
Ascona, Ab Ende August bis Mitte Oktober: verschiedene klassische Konzerte an diversen Veranstaltungsplätzen.

Veranstaltungen im August (Fortsetzung)

Ascona, im September: Internationales Marionettenfestival mit Puppenspielers aus aller Welt.
Desenzano, 1. Sonntag im September: Entenfest mit Musik und Essen und Trinken.
Mezzegra (Lago di Como – Westufer), Mitte September: Missoltino-Fest, bei dem auf dem Kirchplatz Körbe mit landwirtschaftlichen Produkten der Region versteigert werden, anschließend wird "Missoltino" oder "Missoltitt" gegessen, der bekannte Fisch aus dem Comer See, der gesalzen und an der Sonne getrocknet wird. Dazu gibt es Wein.
Chiavenna, 3. Sonntag im September: Fest in den Grotti mit vielen regionalen Spezialitäten und Wein aus der Valtellina.
Gerola Alta (südlich von Morbegno – Valtellina): Bitto-Fest, bei dem es den leckeren Bitto-Käse gibt, dazu viel Musik.
Lago Maggiore: Settimane Musicali, Festival für klassische Musik in Stresa und auf der Isola Bella.
Bardolino (Gardasee): Festa dell'uva, Wein- und Traubenfest am letzten Wochenende.

September

Mailand: Konzertzyklus für Alte Musik in S. Maurizio, Corso Magenta 15

Oktober/ November

Mailand, 7. Dezember: Tag des hl. Ambrosius. Der Schutzheilige der Stadt wird mit Prozession und Märkten gefeiert. An diesem Tag wird auch die Saison an der Scala eröffnet.
Lodi: Santa-Lucia-Fest

Dezember

Verkehrsverbindungen

Flugverkehr

Allgemeines

Zwischen allen drei Flughäfen der Lombardei (Linate, Malpensa und Bergamo) gibt es Busverbindungen. Zwischen Linate und Malpensa verkehren zweimal täglich Busse (Air Pullman Tel. 02/40 09 92 60/66 98 45 09). Bei starkem Nebel werden Flüge mit Ziel Linate nach Malpensa umgeleitet, die Fluggäste werden dann nach Linate gefahren.

Linate

In Linate, 10 km östlich von Mailand, starten und landen hauptsächlich innereuropäische Flüge. Die STAM-Busse fahren alle 20 Minuten vom Flughafen zum Mailänder Hauptbahnhof Stazione Centrale, die Fahrzeit beträgt ca. 30 Minuten (STAM Tel. 02/71 71 06). Die Stadtbuslinie 73 fährt vom Flughafen zur zentralen Piazza S. Babila.

Flughafen / Auskunft

Tel. 02/74 85 22 00
Internationale Ankünfte: Tel. 28 10 63 10
Internationale Abflüge: Tel. 28 10 63 24
Inneritalienische Ankünfte: Tel. 28 10 62 82
Inneritalienische Abflüge: Tel. 28 10 63 00

Malpensa

Malpensa liegt 50 km nordwestlich von Mailand; hier starten und landen alle internatinalen Flüge. Es gibt eine Busverbindung mit dem Malpensa-Shuttle zum Mailänder Hauptbahnhof Stazione Centrale; Fahrzeit ca. 60 Minuten. Der Bus hält auch in der Nähe der Messe und in der Nähe des Kastells. Bis zum Jahr 2000 erhält der Flughafen eine Bahnstation, die Fahrt in die Innenstadt dauert dann 25 Minuten.

Auskunft / Flughafen

Tel. 02/74 85 22 00
Internationale Ankünfte: Tel. 26 80 06 19
Internationale Abflüge: Tel. 26 80 06 27

Malpensa (Fortsetzung)

Inneritalienische Ankünfte: Tel. 26 80 04 63
Inneritalienische Abflüge: Tel. 26 80 06 06

Bergamo Orio al Serio

Der Flughafen Bergamo ist erheblich kleiner, aber auch hier starten und landen neben inneritalienischen auch internationale Flüge. Busverbindungen bestehen nach Bergamo, nach Mailand (Hauptbahnhof), nach Linate und nach Malpensa (Information STAB Tel. 0 35/31 84 72).

Flughafen

Auskunft: Tel. 32 63 23

Eisenbahn

Allgemeines

Ferrovie dello Stato (F.S.) heißen die italienischen Staatsbahnen. Das Streckennetz ist in Norditalien sehr gut ausgebaut. Alle größeren Orte in der Lombardei sind mit der Bahn schnell zu erreichen. Lediglich die Alpenregionen stellen eine Ausnahme dar. Allgemeine Auskünfte der Ferrovie dello Stato in ganz Italien: Tel. 1 47/88 80 88.
Neben den staatlichen gibt es noch einige privat geführte Bahnen, u. a. von Brescia am Ostufer des Iseosees bis nach Edolo, kleine Strecken nördlich von Mailand in Richtung Lago Maggiore und Comer See.

Vergünstigungen

Innerhalb Italiens gibt es verschiedene Vergünstigungsangebote für Bahnreisen wie die Biglietti chilometrice, die Italy-Rail-Card, eine Netzkarte mit Gültigkeitsdauer von 8, 15, 21 oder 30 Tagen, die Carta Verde für Personen bis 25 Jahre und die Carta di argento für Personen ab 60 Jahren. Diese Karten kann man an italienischen Bahnhöfen kaufen.

Auskünfte bei den Bahnhöfen

Mailand Hauptbahnhof (Stazione Centrale) Tel. 02/7 50 01
Mailand Stazione Porta Garibaldi Tel. 02/6 55 20 78 und
Ferrovie Nord Tel. 02/48 06 67 71
Bergamo Tel. 0 35/24 76 24
Brescia Tel. 0 30/3 75 21 23
Como Tel. 0 31/26 14 94
Cremona Tel. 03 72/2 22 37
Lecco Tel. 03 41/36 41 30
Lodi Tel. 03 71/42 02 07
Mantua Tel. 03 76/3 21 67
Pavia Tel. 03 82/2 30 00
Sondrio Tel. 03 42/21 22 37
Varese Tel. 0 33 2/28 67 05.

Rhätische Bahn

Zwischen Tirano (Veltlin) und St. Moritz verkehrt die Rhätische Bahn. Auskünfte bei den APT-Touristeninformationen oder im Bahnhof in Tirano, Stazione Ferrovia Retica, Tel. 03 42/70 13 53.

Autobusverbindungen

Allgemeines

Die Städte sind durch Buslinien verbunden. Fahrkarten, Abfahrt und Auskünfte in Mailand bei Autostradale Viaggi, Piazza Castello (Mo. – Sa. 6.30 – 19.00 Uhr, So. 6.30 – 16.00 Uhr).

Schiffsverkehr

Allgemeines

An den oberitalienischen Seen gibt es Schiffsverbindungen, meistens durch Personenfähren oder Ausflugsschiffe, auf den großen Seen fahren auch Autofähren.
Auskünfte erhält man bei den APT-Büros in den jeweiligen Orten (→ Auskunft) oder bei den Schiffahrtgesellschaften:
Lago Maggiore: NLM, Luino (Varese), Tel. 03 32/53 01 89
Lago di Lugano: SNL, Cassarate (Lugano), Tel. 00 41 91/51 52 23

Schiffsverkehr (Fortsetzung)

Lago di Como: NLC, Como, Tel. 0 31/57 92 11, Lecco Tel. 03 41/36 40 36
Lago d'Iseo: NLI, Costa Volpino (Bergamo), Tel. 0 35/97 14 83
Lago di Garda: NLG Navigarda, Desenzano del Garda (Brescia), Tel. 0 30/9 14 13 21

Autofähren

Während der Sommermonate verkehren folgende Autofähren:
Lago Maggiore: zwischen Intra und Laveno
Lago di Como: zwischen Cadenabbia, Bellagio, Menaggio und Varenna
Lago di Garda: zwischen Maderno und Torri del Benaco; außerdem ein regelmäßiger, saisonunabhängiger Linienverkehr zwischen Riva del Garda und Desenzano

Stadtverkehr Mailand

U-Bahn

In Mailand gibt es drei Metrolinien (Linie 1 rot, Linie 2 grün, Linie 3 gelb). In der U-Bahn findet man sich gut zurecht, die Ausschilderung ist verständlich. Metrostationen erkennt man an einem roten "M".

Straßenbahn/Bus

Mailand verfügt außerdem über ein gutes Bus- und Straßenbahnnetz. Karten mit den Linien erhält man bei den Fremdenverkehrsämtern der APT am Dom und im Bahnhof oder in der U-Bahnstation am Dom.

Fahrkarten

Es gibt einfache Tickets, mit denen man eine U-Bahn-Fahrt machen bzw. innerhalb von 75 Min. umsteigen kann zwischen U-Bahn und Bus- bzw. Straßenbahn. Außerdem gibt es günstige Tageskarten, mit denen man alle U-Bahn-, Bus- und Straßenbahnlinien benutzen kann; sie gelten für 24 oder für 48 Stunden. Fahrkarten erhält man an den Zeitungskiosken, in einigen Bars sowie an Automaten oder Verkaufsständen in U-Bahnstationen.

Touristenstraßenbahn

In Mailand gibt es eine Touristenstraßenbahn, die dreimal täglich von der Piazza Castello u. a. über Dom, S. Lorenzo, S. Maria delle Grazie, Piazza della Scala fährt. Auskunft: Tram Turistico, Tel. 8 05 53 23.

Zeit

In Italien gilt die Mitteleuropäische Zeit (MEZ). Für die Sommermonate (ab Ende März bis Ende Oktober) wurde – wie in Deutschland – die Mitteleuropäische Sommerzeit (MESZ = MEZ + 1 Std.) eingeführt.

Zeitungen und Zeitschriften

Italienische Zeitungen

Bedeutende überregionale Zeitungen sind der in Mailand erscheinende "Corriere della Sera" sowie "La Repubblica" und "La Stampa".

Ausländische Presse

Deutschsprachige Zeitungen und Zeitschriften sind in Mailand und in den größeren Städten in der Regel erhältlich.

Zollbestimmungen

Zollfreie Zone

In Livigno im Nordosten der Lombardei gibt es eine zollfreie Einkaufszone mit ca. 200 Duty-free-Läden.

EU

Innerhalb der Europäischen Union ist der Warenverkehr für private Zwecke weitgehend zollfrei. Zur Abgrenzung zwischen privater und gewerblicher

Zollbestimmungen

Zollbestimmungen EU (Fortsetzung)

Verwendung gelten folgende Höchstmengen: 800 Zigaretten, 400 Zigarillos, 200 Zigarren, 1 kg Rauchtabak; 10 l Spirituosen, 20 l Zwischenerzeugnisse, 90 l Wein (davon max. 60 l Schaumwein) und 110 l Bier. Bei Stichprobenkontrollen ist glaubhaft zu machen, daß die Waren tatsächlich nur für den eigenen privaten Verbrauch bestimmt sind.
Mobiltelefone dürfen mitgeführt werden; ihre Benutzung ist allerdings nur im D1- und D2-Netz möglich und erlaubt.
Für CB-Funkgeräte ist Rückfrage beim ADAC erforderlich.

Devisenbestimmungen

Die Ausfuhr von Lire und Devisen ist ohne Deklaration bei der Einreise bis zu einem Gesamtbetrag von 20 000 000 Lit gestattet.

Duty-free-Shops

Bis Ende 1999 kann man noch in Duty-free-Shops Waren für den persönlichen Verbrauch zollfrei bis zu einem Wert von 170 DM einkaufen.

Einreise nach Deutschland, Italien und Österreich aus Nicht-EU-Ländern

Für Reisende aus Nicht-EU-Ländern (u. a. Schweizer Staatsbürger) liegen die Freimengengrenzen für Personen über 17 Jahre bei 200 Zigaretten oder 100 Zigarillos oder 50 Zigarren oder 250 g Rauchtabak, ferner bei 2 l Wein und 2 l Schaumwein oder 1 l Spirituosen mit mehr als 22 Vol.-% Alkoholgehalt.
Die Einfuhr von Lire und ausländischen Zahlungsmitteln nach Italien ist frei; jedoch empfielt es sich (wegen der mitunter strengen Devisenkontrolle bei der Ausreise), größere Mengen von Devisen mit dem an der Grenze erhältlichen Formblatt (Modulo V 2) zu deklarieren.

Wiedereinreise in die Schweiz

Abgabenfrei für Personen ab 17 Jahre sind 200 Zigaretten oder 50 Zigarren oder 250 g Rauchtabak, an alkoholischen Getränken 2 l mit bis zu 15 Vol.-% Alkoholgehalt und 1 l mit mehr als 15 Vol.-% Alkoholgehalt; ferner Geschenke im Wert bis 100 sfr., für Personen unter 17 Jahre bis 50 sfr. (eine Anpassung dieser Werte an die EU-Beträge ist geplant). Nähere Auskünfte erteilt die Eidgenössische Oberzolldirektion, Monbijoustraße 40, CH-3000 Bern, Tel. 0 31/3 22 61 11.

Register

Verzeichnis der Karten und graphischen Darstellungen

Bildnachweis

Agostini: S. 40 (Carrieri), 85 (Pubbli Aer Foto), 109 (Pozzoni)
AKG Berlin: S. 34, 36 (oben)
Ente Ticinese Ascona: S. 153
HB-Verlag, Hamburg: S. 5, 45, 89, 97, 159, 176, 237, 258, 274
IFA: 157, 210
Susanne Kierig: Zeichnungen S. 53 und 204
Kunsthistorisches Museum, Wien: S. 32
Lade: S. 6/7, 110, 156
Mauritius: S. 6 (unten), 103, 106, 284, 298
Dr. Eva Missler: S. 43, 51, 90, 94, 100, 170, 221, 223, 228, 232 (rechts), 242, 246
Schapowalow: S. 171
Wolfram Schleicher: S. 1, 3, 6 (oben), 7 (3x), 8/9, 13, 14, 22, 27, 30, 33, 36 (unten), 37, 38, 39, 42, 60/61, 65, 68, 69, 72, 73 (2x), 77, 78, 82, 83, 98, 101, 104, 107 (2x), 112, 113, 115, 117, 118, 122, 123, 127, 130, 133, 134, 136, 137, 138, 140, 142, 143, 147, 149, 152, 162, 166, 168, 178, 181,183, 191, 193, 195, 197, 200 (2x), 205, 207, 208, 215, 218 (2x), 226, 229, 232 (links), 233, 238, 241, 243, 250, 252, 253, 255, 256, 260/261, 273, 295, 297
Steffens: S. 41, 48, 174
Thomas: S. 18
Ullstein: S. 33 (unten)
ZEFA: S. 129

Impressum

Ausstattung:
136 Abbildungen
27 Karten, Pläne und graphische Darstellungen, 1 große Reisekarte

Text: Dr. Eva Missler und Anja Schliebitz

Bearbeitung: Baedeker-Redaktion (Anja Schliebitz)

Kartographie: Christoph Gallus, Hohberg-Niederschopfheim; Mairs Geographischer Verlag, Ostfildern und Istituto Geografico De Agostini, Novara (Reisekarte)

Gesamtleitung: Rainer Eisenschmid, Baedeker Ostfildern

1. Auflage 1998

Urheberschaft: Karl Baedeker GmbH, Ostfildern
Nutzungsrecht: Mairs Geographischer Verlag GmbH & Co., Ostfildern (Kemnat) bei Stuttgart

Sprachführer: In Zusammenarbeit mit Ernst Klett Verlag GmbH,
Redaktion PONS Wörterbücher

Druck: Mairs Graphische Betriebe GmbH & Co., Ostfildern
Printed in Germany
ISBN 3-89525-484-3

Gedruckt auf 100% chlorfreiem Papier

Notizen

Verlagsprogramm

Städte in aller Welt

Amsterdam
Athen
Bangkok
Barcelona
Berlin
Brüssel
Budapest
Dresden
Florenz
Frankfurt/M.
Hamburg
Hongkong
Istanbul
Köln
Kopenhagen
Lissabon
London
Madrid
Moskau
München
New York
Paris
Potsdam
Prag
Reutlingen · Tübingen
Rom
San Francisco
St. Petersburg
Singapur
Stuttgart
Tokio
Venedig
Weimar
Wien

Reiseländer · Großräume

Ägypten
Australien
Baltikum
Belgien
Brasilien
China
Dänemark
Deutschland
Dominikanische Republik
Finnland
Frankreich
Griechenland
Großbritannien
Indien
Irland
Israel
Italien
Japan
Jordanien
Kanada
Karibik
Kenia
Kuba
Luxemburg
Marokko
Mexiko
Motorradtouren in Italien
Namibia
Nepal
Neuseeland
Niederlande
Norwegen
Österreich
Polen
Portugal
Schweden
Schweiz
Skandinavien
Spanien
Sri Lanka
Südafrika
Syrien
Thailand
Tschechien · Slowakei
Tunesien
Türkei
Ungarn
USA

Regionen · Inseln · Flüsse

Algarve
Andalusien
Bali
Bodensee
Bretagne
Burgund
Capri
Costa Brava
Deutsche Weinstraße
Elba
Elsaß/Vogesen
Florida
Französische Atlantikküste
Fuerteventura
Gran Canaria
Griechische Inseln
Harz
Hawaii
Ibiza
Ischia
Istrien · Dalmatinische Küste
Italienische Riviera
Kalifornien
Korfu · Ionische Inseln
Korsika
Kreta
Kykladen
Lanzarote
Loire
Lombardei · Mailand · Oberital. Seen
Madeira
Mallorca
Malta
Mecklenburg-Vorpommern
Oberbayern
Provence · Côte d'Azur
Rhodos
Rügen
Ruhrgebiet
Sachsen
Salzburger Land
Sardinien
Schottland
Schwäbische Alb
Schwarzwald
Seychellen
Sizilien
Südtirol
Sylt
Teneriffa
Tessin
Toskana
Türkische Küsten
Umbrien
USA · Südstaaten
USA · Südwesten
Zypern

Städte in Deutschland und der Schweiz

Augsburg
Bamberg
Basel
Berlin (gr. + kl.)
Bonn
Bremen
Celle
Darmstadt
Freiburg
Hannover
Heidelberg
Konstanz
Leipzig
Lübeck
Mainz
Mannheim
Nürnberg
Regensburg
Trier
Wiesbaden